Michael Grant
Von Alexander bis Kleopatra

Michael Grant

Von Alexander bis Kleopatra

Die hellenistische Welt

Gondrom

Lizenzausgabe der Gondrom Verlag GmbH & Co KG,
Bindlach, mit freundlicher Genehmigung der
Gustav Lübbe Verlag GmbH, Bergisch Gladbach.
© 1984 für die deutsche Ausgabe bei
Gustav Lübbe Verlag GmbH, Bergisch Gladbach
© 1982 by Michael Grant Publications Ltd.
Die Originalausgabe erschien unter dem Titel
»From Alexander to Cleopatra. The Hellenistic World«
bei Weidenfeld & Nicolson, London.
Aus dem Englischen übersetzt von Diether Eibach

Umschlaggestaltung: Manfred Peters, Köln
Satz: Friedrich Pustet, Regensburg
Printed in Austria
ISBN 3-8112-0529-3

Inhalt

Vorwort

Dieses Buch behandelt jene glänzende, geschichtsträchtige, dreihundert Jahre dauernde Epoche, die auf das sogenannte »klassische« Zeitalter der Griechen folgte.

Griechische Geschichte wird im allgemeinen in einer Weise dargestellt, welche die Akzente verschiebt zugunsten des »klassischen Griechenland«, während die darauffolgende weit längere Periode, die damit endete, daß Rom die Herrschaft übernahm, zu kurz kommt. Das »klassische Griechenland« erlebte seinen Höhepunkt im 5. Jahrhundert v. Chr., als sich zunächst eine Anzahl der für das Land typischen Stadtstaaten zusammenschloß (ein bisher nie dagewesener Vorgang), um den persischen Armeen erfolgreich Widerstand zu leisten (490, 480 bis 479).* Danach entzweiten sich die führenden Mächte Athen und Sparta und wurden Gegner in dem langen, für beide Seiten verlustreichen Peloponnesischen Krieg (431–404), aus dem zuletzt Sparta als Siegerin hervorging. Diese Epoche brachte aber auch eine Unzahl außerordentlicher Werke in Literatur und Kunst hervor – in der Tragödie und der Komödie ebenso wie in der Geschichtsschreibung, der Architektur und der Bildhauerkunst. Damit einher ging eine mächtige Entfaltung geistigen Lebens, wobei Athen eine führende Rolle spielte: Hier wirkten der Staatsmann Perikles und der Philosoph Sokrates (gest. 399).

Nach dem Ende des Peloponnesischen Krieges setzten die Stadtstaaten ihre fruchtlosen Streitereien fort. (Platon schrieb damals seine Dialoge.) Dann änderte sich die politische Konstellation, als unter Philipp II. von Makedonien die Stadtstaaten nach der Schlacht von Chaironeia (338) zur Bedeutungslosigkeit herabsanken. Sein Sohn Alexander III., der Große, drang in Asien ein, wurde Herr über das riesige Perserreich und stieß bis nach Indien vor. Von einigen seiner Taten wird auch in diesem Buch die Rede sein, die eigentliche Darstellung setzt jedoch erst mit seinem frühen Tod (323) ein. Erst in diesem Zeitabschnitt zerfiel die griechische Welt, die durch Alexanders giganti-

---

* Alle Jahresangaben beziehen sich, falls nicht anders angegeben, auf die Zeit vor Christus.

sche Unternehmungen eine so unglaubliche Ausdehnung erlebt hatte, in eine Vielzahl von Königreichen, bis diese schließlich nach jahrhundertelanger Unabhängigkeit eine Beute Roms wurden. Mit Ägypten – unter der Herrscherin Kleopatra (VII.) – erlag im Jahre 30 der letzte große hellenistische Staat der römischen Übermacht. Baktrische Griechen im fernen Afghanistan und Pakistan bewahrten ihre Selbständigkeit allerdings länger. Diese etwa dreihundert Jahre dauernde Epoche, die dem Untergang dieser Staaten vorausging, ist ungewöhnlich ereignisreich. Die Geschehnisse und die Ideen dieser Zeit stehen uns Heutigen häufig weit näher als die der vorangegangenen klassischen Epoche, und zwar nicht nur zeitlich gesehen. Außerdem haben jene drei Jahrhunderte noch sehr viel mehr bedeutende Persönlichkeiten hervorgebracht als das Zeitalter der Klassik.

Die Menschen damals waren zwar die unmittelbaren Erben der kulturellen Tradition des klassischen Griechenland, gaben ihr jedoch sehr bald neue, eigene Züge. Nicht nur hatte Alexander der Große das geographische Weltbild der Griechen vollständig verändert, er hatte sie auch in Berührung gebracht mit andersartigen, uralten Kulturen. Doch trotz aller Wanderzüge, trotz Siedlungstätigkeit und Landnahme blieben diese »modernen« Griechen in Lebensstil und Kultur im wesentlichen griechisch. Ihr Griechentum sollte sich jedoch sehr bald aus vielerlei Gründen von dem der Vorfahren beträchtlich unterscheiden. So gravierend waren diese Unterschiede, daß man einen neuen Begriff für die griechische Kultur der Zeit nach Alexander prägte: Man nannte es das »hellenistische Zeitalter« und grenzt es damit ab von der früheren Zeit der »klassischen« Hellenen. Der Begriff »hellenistisch« stammt jedoch nicht aus dem Altertum, sondern ist in seiner heutigen Bedeutung eine Schöpfung des frühen 19. Jahrhunderts.[1] Recht populär wurde er allerdings nie. Dabei ist er eine akzeptable, ja treffende Bezeichnung für die Zeit nach Alexander dem Großen, die, im klassischen Hellenentum wurzelnd, neue, eigenständige Formen hervorgebracht hat. Eine der bedeutsamsten Entwicklungen bildete die Entstehung großer Monarchien, deren Könige die Nachfolger Alexanders waren. Zu nennen sind hier vor allem – neben dem alten Herrscherhaus der Antigoniden (Makedonien) – die neuen Dynastien der Ptolemaier (Ägypten und die angrenzenden Gebiete) und der Seleukiden (Syrien, Babylonien und die Gebiete östlich davon). Diese Königreiche waren über ihre Zeit hinaus von Bedeutung: Sie dienten als Modelle für das kommende, noch viel größere Römerreich. Was militärische Stärke und politisches Gewicht anbetraf, so stellten die hellenistischen Monarchien die traditionellen Stadtstaaten der Griechen weit in den Schatten. Das heißt jedoch nicht, daß diese Stadtstaaten nun keine Rolle mehr gespielt hätten; einige erlebten sogar eine gewisse Blütezeit und machten individuelle Entwicklungen durch. Manche *polis* (und auch ältere Stammeseinheiten) schlossen sich zu Bündnissen zusammen und bildeten starke Machtblöcke – eine Möglichkeit, die den selbstbewußt-selbstgefälligen Stadtstaaten der früheren Zeit entgangen war. Die Römer lernten von beiden: Sie verbesserten das System verbündeter Stadtstaaten ebenso wie die Organisationsform der hellenistischen Monarchie, wodurch sie letztlich jene Stärke erlangten, die der griechischen *oikumene* zum Verhängnis wurde.

Als »Vorläufer« des römischen Weltreichs darf die Zeit des Hellenismus gewiß nicht apostrophiert werden; ebensowenig kann man sie aber als bloßes Anhängsel des »klassischen Griechenland« abtun – dazu waren ihre Leistungen zu originell. Mit gutem Grund zählten hellenistische Schriftsteller zwei hervorragende Bauwerke der eigenen Epoche unter die Sieben Weltwunder: den Leuchtturm von Alexandria und den Koloß von Rhodos sowie ein weiteres Bauwerk, das zu Beginn der hellenistischen Zeit entstanden war, das Mausoleum von Halikarnassos.

Wäre der Koloß von Rhodos erhalten geblieben, böte er ein anschauliches Beispiel für den damals aufkommenden »neuen« Realismus, durch den sich die Werke der Bildhauerkunst, das Drama und die Lyrik so außerordentlich von den klassischen Vorbildern unterscheiden. Eines der auffälligsten Merkmale dieses Realismus war sein gesteigertes Interesse am geistig-emotionalen Wesen des Menschen, dem Biographen und Porträtkünstler beredten Ausdruck verliehen. Das Interesse am Menschen als Individualität schloß erstmals auch die Frau ein: Ihre Stellung im öffentlichen Leben, in Literatur und Kunst.

All das hängt eng zusammen mit dem Schwinden der alten Idee der Polis, dem Bemühen der Bürger um einen starken, unabhängigen Stadtstaat. Als die großen hellenistischen Königreiche entstanden, verlor diese Idee zunehmend an Bedeutung, obwohl die Stadtstaaten bestehen blieben. Der Bürger konnte sich nun nicht mehr ohne weiteres auf die vertrauten administrativen Strukturen seiner Heimatpolis stützen, die Verwaltungszentren der neuen Großstaaten aber waren zu weit entfernt oder zu unpersönlich. So mußten sich die Menschen den veränderten Gegebenheiten anpassen und neue Wege suchen, um trotz des Verlusts des vertrauten persönlichen Umfelds das Leben weiterhin lebenswert zu erhalten.

Die überkommene Vorstellung von einer allgemeinen Passivität der Menschen dieses Zeitalters ist nicht länger haltbar. Andererseits darf man nicht übersehen, daß viele Griechen damals in der Vorstellung lebten, der Lauf der Dinge sei durch ein unabänderliches Fatum oder gar durch die Sterne bestimmt. Gefühlsbetonte und aufgeschlossenere Menschen wandten sich den neuen heidnischen Mysterienkulten zu, die zunehmend die Verehrung der olympischen Götter, deren Macht so offensichtlich geschwunden war, im Herzen der Menschen verdrängten. Viele nachdenkliche Leute aber hielten sich von den Ekstasen dieser Heilslehren fern und sahen den Sinn ihres Lebens darin, die *ataraxia* zu erreichen, den Zustand des Seelenfriedens, die unerschütterliche Ruhe und Sicherheit des Philosophen, dem weder Schicksal noch Zufall etwas anhaben können. Das Verlangen nach der *ataraxia* entspricht nicht ganz dem Selbstlosigkeitsgebot der jüdisch-christlichen Ethik. Aber es ist ein großartiges Ideal, das die hellenistische Epoche der Geistesgeschichte geprägt hat: Die philosophischen Schulen der Kyniker, Stoiker, Epikureer und Skeptiker haben immer wieder versucht, diesem einzigartigen gemeinsamen Ziel näherzukommen.

Andere, von diesen Schulen zumindest beeinflußte Autoren der Zeit waren bestrebt, das Ideal der *ataraxia* auf ihre Weise zu verwirklichen. So wandte sich die Literatur wiederholt dem Thema *Utopia* zu, dem Entwurf einer idealen Gesellschaft, die, von den entwicklungshemmenden Fesseln der alten Polis befreit, dem einzelnen Bürger den perfekten individuellen Freiraum zur Selbstverwirklichung verschaffen sollte. Viele bedeutende Schriftsteller der Zeit wählten für sich eine andere Form des Eskapismus. Sie gingen nach Alexandria, wo sie, finanziell unterstützt vom Museion und der Bibliothek, die Möglichkeit hatten, sich vom herrschenden Realismus zu distanzieren und ausschließlich für die Mitglieder ihrer eigenen elitären Gemeinschaften zu schreiben. Einem dieser Autoren, Theokrit, gelang es, in Leben und Werk eine Brücke zu schlagen zwischen Realismus und Eskapismus. Sein besonderer persönlicher Weg, den Frieden der Seele zu erreichen, ist geradezu genial: seine bukolische Dichtung, die hundertmal ergreifender ist als alle verniedlichenden »Idyllen« und »Schäferpoesien« seiner Rokoko-Nachfahren. Es ist eine Kunstform, die Geist und Gefühl gleichermaßen anspricht und den empfänglichen Leser zur ersehnten *ataraxia* hinführen kann.

Zu danken habe ich Professor Marylin B. Arthur, Professor David M. Halperin und Professor Sara B. Pomeroy für das Überlassen von Büchern und Aufsätzen; Dr. William Brashear, Professor G. S. Kirk, Professor Hugh Lloyd-Jones und Mrs. Eva Neurath danke ich für wertvolle Hilfe, Mrs. Flora Powell-Jones für ihre Unterstützung bei der Erstellung der Bibliographie, Miß Linden Lawson und Miß Paula Iley vom Verlag Weidenfeld and Nicolson für die Druckvorbereitung, Mr. Charles Scribner jun. für seinen Rat, den Inhalt des Buches betreffend, meiner Frau für ihre tatkräftige Unterstützung.

Gattaiola, 1982   *Michael Grant*

Einleitung:
Die Welt der Griechen verändert sich

1. Alexander III., der Große

König Philipp II. von Makedonien (359–336), der sein Land durch die
Herrschaft über die Stadtstaaten des griechischen Mutterlandes zur
Großmacht erhoben hatte, plante bereits einen gemeinsamen Zug mit
den Griechen gegen das persische Achämenidenreich – eine zweihundert Jahre alte Dynastie, die über weite Gebiete von der Ägäis und
Ägypten bis nach Zentralasien herrschte. Philipp hatte mehrere Gründe
für diesen Kriegszug: Rache für den Einfall der Perser in Griechenland
und in Makedonien im Jahrhundert zuvor, Verärgerung über diplomati-
sche Aktivitäten der Perser, die die griechische Opposition gegen Philipp II. stützten, das Verlangen, den einzigen mächtigen Gegner des
makedonischen Reiches auszulöschen und schlichter Expansionsdrang.
    Nach der Ermordung des sechsundvierzig Jahre alten Königs setzte
sein neunzehnjähriger Sohn Alexander III. (der Große) den Plan des
Vaters mit Begeisterung in die Tat um. Im Jahre 334 überquerte er an der
Spitze von vierzigtausend Makedonen und Griechen den Hellespont (die
heutigen Dardanellen), traf am Flusse Granikos (heute Çan Çayi) auf die
Vorhut der Perser und schlug diese entscheidend. Danach konnte er das
westliche und südliche Kleinasien mühelos erobern. Im folgenden Jahr
vernichtete er die Hauptstreitmacht des Perserkönigs Dareios III. (Kodomannos) bei Issos; Dareios' Gattin, seine Kinder und seine Mutter
wurden gefangengenommen. Alexander ließ sich auf die ihm angebote-
nen Friedensverhandlungen nicht ein, sondern stieß weiter vor auf das
phönikische Tyros – es fiel erst 332 nach langer Belagerung –, besetzte
Ägypten (seit 525 eine persische Provinz) und gründete Alexandria
(331). Von dort zog er weiter durch Mesopotamien, überquerte den
Tigris und bezwang Dareios erneut in einem überlegen geführten
Gefecht bei Gaugamela (Arbela). Nach diesem Sieg nahm er die Hauptstädte im Herzen des Perserreiches ein: Babylon, Susa und Persepolis
(das durch Brand zerstört wurde), während Dareios in die Provinz
Medien südlich des Kaspischen Meeres floh. Dort fiel er einem Mordan-
schlag seiner eigenen Leute zum Opfer. Alexander nahm daraufhin den
Titel eines Großkönigs an.

1 Die Eroberungen Alexanders III., des Großen, 334–325 v. Chr.

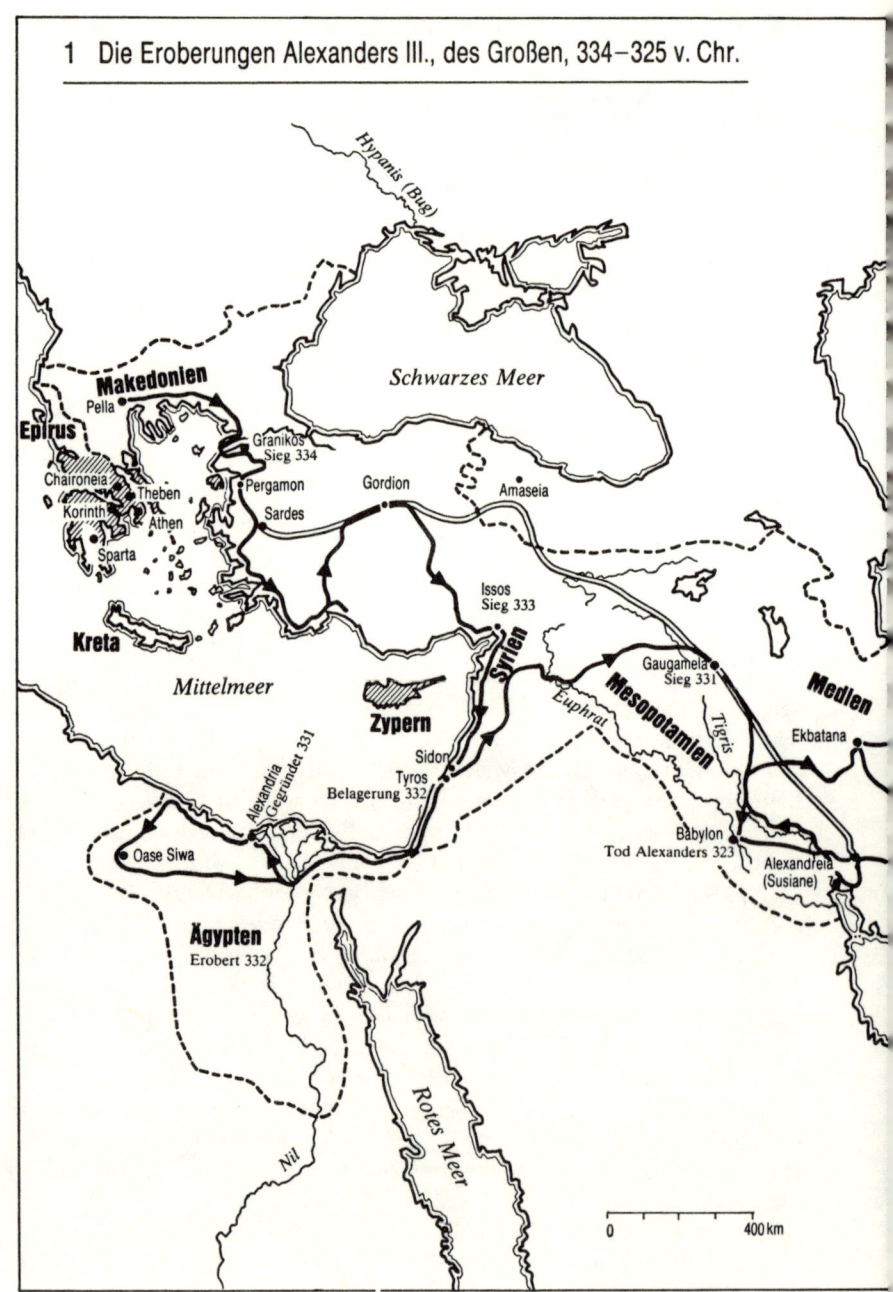

Hypanis (Bug)

Makedonien
Pella

Epirus

Chaironeia
Theben
Korinth
Athen
Sparta

Granikos
Sieg 334

Pergamon
Sardes

Schwarzes Meer

Gordion

Amaseia

Issos
Sieg 333

Kreta

Mittelmeer

Zypern

Sidon
Tyros
Belagerung 332

Syrien

Gaugamela
Sieg 331

Euphrat

Mesopotamien

Tigris

Medien

Ekbatana

Alexandria
(Gegründet 331)

Oase Siwa

Babylon
Tod Alexanders 323

Alexandreia
(Susiane)

Ägypten
Erobert 332

Nil

Rotes Meer

0   400 km

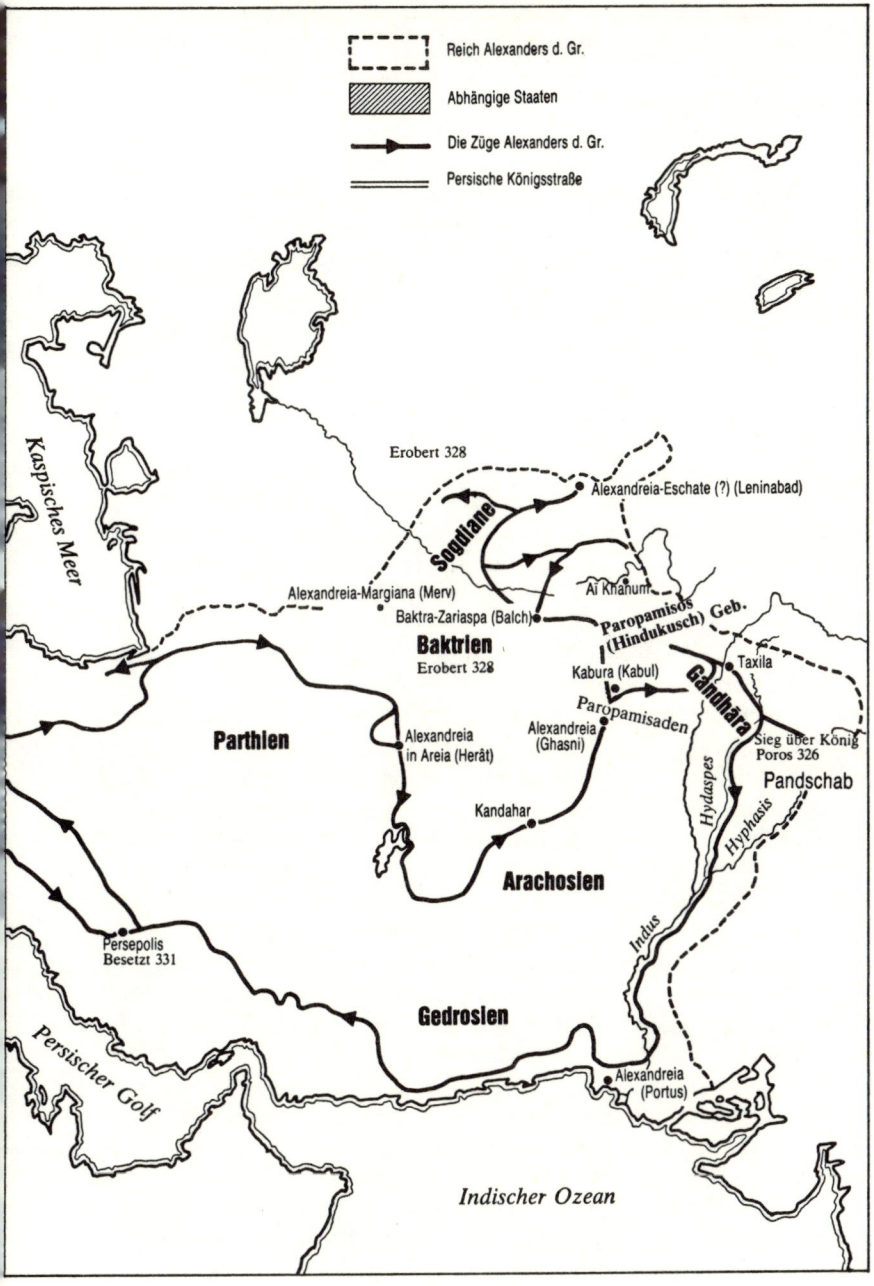

Reich Alexanders d. Gr.

Abhängige Staaten

Die Züge Alexanders d. Gr.

Persische Königsstraße

Kaspisches Meer

Erobert 328

Alexandreia-Eschate (?) (Leninabad)

Sogdiane

Alexandreia-Margiana (Merv)

Aï Khanum

Baktra-Zariaspa (Balch)

Paropamisos
(Hindukusch) Geb.

Baktrien
Erobert 328

Kabura (Kabul)

Taxila

Gandhara

Parthien

Alexandreia
in Areia (Herât)

Alexandreia
(Ghasni)

Paropamisaden

Sieg über König
Poros 326

Hydaspes

Pandschab

Kandahar

Hyphasis

Arachosien

Indus

Persepolis
Besetzt 331

Gedrosien

Persischer Golf

Alexandreia
(Portus)

Indischer Ozean

Während der nächsten drei Jahre dehnte er die Grenzen des Reiches außerordentlich weit nach Osten aus. Nach seiner Heirat mit der baktrischen Fürstentochter Roxane durchquerte er mit seinem Heer in südlicher Richtung das Paropamisos-Gebirge (Hindukusch) und unterwarf den Fürsten Omphis (Ambhi), der von seiner Hauptstadt Taxila (Sirkap) aus die Region Gandhara am Oberlauf der Flüsse Indus, Hydaspes (Jhelum) und Askesines (Chenab) kontrollierte. Alexander befand sich nun im Tal der großen indischen Ströme (326). Doch hier im Pandschab kehrte er um, da die Truppen sich weigerten, weiter nach Osten zu marschieren. Nachdem er das Indusdelta erreicht hatte, zog Alexander mit einem Teil seiner Truppen in westlicher Richtung auf dem mörderischen Landweg durch die Wüsten Süd-Gedrosiens (Makran, Belutschistan und süd-östliche Teile Persiens), während die Flotte unter Nearchos westwärts auf der Küstenroute zum Persischen Golf segelte. Lange schienen die Schiffe verschollen, und Alexander befürchtete das Schlimmste. Eines Tages jedoch tauchten zwei versprengte Seeleute auf, und schließlich erschien Nearch selbst – für Alexander einer der bewegendsten Augenblicke seines Lebens. Er schwor beim griechischen Göttervater Zeus und beim libyschen Gott Ammon, die Ankunft seines Admirals habe ihn mit größerer Freude erfüllt als alle Eroberungen in Asien.

Nach seiner Rückkehr nach Susa ließ Alexander einige Statthalter wegen Mißwirtschaft hinrichten und griff wegen angeblicher Verschwörungen auch in seiner nächsten Umgebung äußerst hart durch. In Opis und Tigris löste die Kunde von der geplanten Reorganisation des Heeres (es sollten zahlreiche Perser aufgenommen werden) eine gefährliche Meuterei unter den Makedonen aus (324). Dieses Projekt gehörte zu seinem Plan, das Reich gemeinsam mit den Persern zu regieren. Er selbst vermählte sich zum Zeichen einer künftigen engen Verbindung der Völker mit Barsine Statira, einer Tochter Dareios' III. (ohne jedoch die Ehe mit Roxane zu lösen). Schon im folgenden Jahr, im Sommer 323, starb Alexander an einer fieberhaften Erkrankung – eine Wunde aus dem Indienfeldzug und ein Hang zur Trunksucht mögen zur Verschlimmerung der Krankheit beigetragen haben. Der Verdacht, er sei vergiftet worden, ließ sich jedoch nicht erhärten.

Der erst zweiunddreißigjährige Alexander hinterließ ein Reich, das sich von der Adria und der Kyrenaika bis nach Indien erstreckte. Seine Eroberungen hatten die Welt grundlegend verändert. Die Motive für seine unerhört kühnen Unternehmungen waren vielschichtig: Der »barbarische« Makedone Alexander wollte beweisen, daß er Größeres vollbringen konnte, als je ein Grieche; der Sohn wollte die Ruhmestaten des erfolgreichen Vaters noch übertreffen und den geplanten Rachefeldzug gegen die Perser durchführen – beflügelt durch sein großes Vorbild Achilleus, seinen mythischen Ahnherrn, den Eroberer der früheren Großmacht Asiens, Troja. Andere Gründe kamen hinzu: vor allem der Wunsch, an die äußersten Grenzen der *oikumene* vorzustoßen. Alexander sprach in diesem Zusammenhang selbst von seinem unstillbaren Verlangen *(pothos)*, ein weit entferntes, unmöglich scheinendes Ziel zu erreichen. Der *pothos* prägte auch seine Persönlichkeit, die widersprüchlichste Züge aufwies: Alexander war verschlagen, waghalsig, außerordentlich anziehend und furchteinflößend zugleich. Dieser Charakter zusammen mit einem Leben von unerhörter Dramatik hat die Phantasie von Biographen und Porträtkünstlern immer wieder von neuem beflügelt. Wie kaum jemand vor ihm oder auch nach ihm hatte Alexander die Fähigkeit und Begabung, seine Vorstellungen in geradezu atemberaubender Weise in die Realität umzusetzen.

Er erforschte zahlreiche Länder, brachte den Griechen den Königstitel, führte die göttliche Verehrung des Herrschers ein, gründete zahlreiche Griechenstädte und ließ Münzen prägen, die im ganzen Reich Geltung hatten. Die sagenhafte Ausschmückung seines Lebens und seiner Taten – eines der erstaunlichsten und dauerhaftesten Phänomene unserer Geistesgeschichte – übertraf jedoch bei weitem sein tatsächliches Erbe. So war der außerordentliche Plan einer Verschmelzung des persischen mit dem griechischen Volk nicht realisiert worden, und fast alle anderen Vorhaben blieben ebenfalls unvollendet.

Hätte ihn sein Freund Hephaistion überlebt – der Mann, für den er den alten persischen Titel eines Wesirs wieder einführte –, wäre dieser vielleicht Alexanders Nachfolger geworden. Doch Hephaistion war schon 324 gestorben. Als man den König in seinen letzten Stunden fragte, wem er sein Reich vererben wolle, soll er geantwortet haben: »Dem Stärksten.« Nach einer Sage tauchen in der Ägäis bei Sturm die Meerjungfrauen auf und rufen vorübersegelnden Schiffen zu: »Wo ist Alexander der Große?« Und der Kapitän schreit im tosenden Sturm zurück: »Alexander der Große lebt, herrscht und erhält der Welt den Frieden.« Tragische Ironie! Den Frieden zu erhalten: Eben das gelang Alexander nicht – im Gegenteil. Nach seinem frühen Tod führten seine Feldherren untereinander Kriege, die vier Jahrzehnte dauern sollten.

2. Die Diadochen

Fast alle, die nun einen Anspruch auf das Erbe geltend machten, hatten wichtige Positionen in der Armee inne. Zunächst standen zwei Könige an der Spitze des Reiches: Philipp III. Arrhidaios (Alexanders geistig zurückgebliebener Halbbruder) und der kleine Alexander IV., der Sohn, den Roxane nach dem Tod Alexanders geboren hatte. Einige Feldherren wollten die Einheit des Reiches erhalten, welches durch dieses Königtum angeblich repräsentiert wurde. Doch die überwiegende Mehrheit war darauf bedacht, die Könige zu stürzen, um sich selbst eigene Königreiche zu verschaffen. In militärischer wie politischer Hinsicht bietet daher die Zeit der Diadochenkämpfe, die zweiundvierzig Jahre dauerte, ein höchst verwirrendes Bild. Obwohl die Ziele der Beteiligten – Landgewinn und Absicherung der eigenen Position – klar zutage lagen, erscheinen die Einzelaktionen dem Betrachter chaotisch und ziellos. Dennoch lassen sich, im Auftauchen und Verschwinden sowie in den kaleidoskopartig wechselnden Beziehungen der Protagonisten, einige Linien deutlicher erkennen.

Zunächst erwies sich die Zentralgewalt nach Alexanders Tod als schwach und nicht sehr weitreichend, und zwar nicht allein wegen der Machtlosigkeit der beiden Könige, sondern vor allem aufgrund der Politik der drei führenden Makedonen. Antipatros, der schon einer der wichtigsten Berater König Philipps II. gewesen war, hatte die Stellung eines Reichsverwesers von Europa inne. Perdikkas, Alexanders ranghöchster Feldherr, führte faktisch die Regierungsgeschäfte. Er versuchte, seine Position zu legitimieren und die Macht in seiner Hand zu konzentrieren. Der Dritte im Bunde, Krateros, auf Befehl Alexanders mit makedonischen Veteranen nach Griechenland unterwegs, wurde zum Vormund für König Philipp III. Arrhidaios bestellt, vielleicht auf Betreiben des Perdikkas.

Andere Offiziere ernannten sich selbstherrlich zu Statthaltern der verschiedensten Provinzen. Alexanders Feldherr Ptolemaios I. – später Soter (Retter) genannt – ging als Statthalter König Philipps III. Arrhidaios nach Ägypten, trat dort aber bald als Alleinherrscher auf, gründete den ptolemaiischen Staat und brachte die Kyrenaika unter seine Herrschaft. Antigonos I. Monophthalmos (der Einäugige) war unter Alexander zehn Jahre Statthalter Phrygiens (im westlichen Kleinasien) gewesen. Nun dehnte er seinen Machtbereich bis an die Südküste der Halbinsel aus. Alexanders früherer Leibwächter und Feldherr Lysimachos übernahm Thrakien und Teile Nordwest-Kleinasiens. Eumenes von Kardia, der Sekretär Philipps II. und Alexanders, erhielt Kappadokien, obwohl es diese Provinz erst noch zu erobern galt.

Während der Kämpfe, die nun folgten, schlug Antipatros einen Aufstand griechischer Stadtstaaten unter der Führung Athens nieder – es war der sogenannte »Lamische Krieg« – und eine Erhebung von Söldnern in Baktrien (Afghanistan). Als Ptolemaios I. Alexanders Leichnam entführte und nach Ägypten bringen ließ, kam es zu weiteren kriegerischen Auseinandersetzungen, in deren Verlauf Perdikkas von seinen eigenen Offizieren umgebracht wurde. Krateros fiel im Kampf gegen Eumenes. Im nordsyrischen Triparadeisos wurde Antipatros 321 zum alleinigen Regenten und Stellvertreter der beiden jugendlichen Könige ausgerufen, sein Freund Antigonos I. Monophthalmos zum Oberbefehlshaber des Heeres in Asien. Ein anderer Freund Alexanders, der damals noch wenig bekannte Feldherr Seleukos I. – er erhielt später den Beinamen Nikator (der Sieger) – wurde Statthalter von Babylon.

In den folgenden fünf Jahren vollzog sich eine weitere Schwächung der Zentralgewalt, besonders nach dem Tode von Antipatros (319). Sein Nachfolger Polyperchon machte gemeinsame Sache mit Eumenes, offenbar als selbsternannter Vertreter der Reichseinheit, mußte jedoch dem Sohn des Antipatros, Kassandros, weichen, der ihn aus Makedonien und einem Großteil Griechenlands vertrieb. Antigonos I. verdrängte Eumenes aus Asien und ließ den von seinen Truppen Verlassenen umbringen (316). Ein Jahr zuvor war König Philipp III. Arrhidaios einem Anschlag der Olympias (der Mutter Alexanders des Großen) zum Opfer gefallen, da sie glaubte, auf diese Weise die spätere Alleinherrschaft ihres Enkels Alexander IV. zu sichern.

Im weiteren Verlauf versuchte Antigonos I., unterstützt von seinem Sohn Demetrios I., mit allen ihm zur Verfügung stehenden Mitteln Alleinherrscher im Reich Alexanders zu werden. Dem widersetzten sich Kassandros, Ptolemaios I. Soter und Lysimachos. Im Jahre 312 wurde Demetrios I. von Ptolemaios I. bei Gaza geschlagen. Seleukos I., der vor Antigonos I. aus Babylon hatte weichen müssen, gewann die Stadt und mit ihr Alexanders Gebiete im Osten zurück und legte so den Grundstein für das Königreich der Seleukiden.

Der im Jahre 311 ausgehandelte Waffenstillstand hatte nur ein Jahr Bestand. König Alexander IV. wurde noch im gleichen Jahr von Kassandros getötet, der sich in Griechenland und Makedonien festsetzen wollte. Seleukos I. leistete Antigonos I. weiterhin erfolgreich Widerstand (310–309). Demetrios I. machte seinem Beinamen Poliorketes (der Städtebelagerer) wenig Ehre, als es ihm trotz eines Seesieges über Ptolemaios I. vor Zypern nicht gelang, Rhodos zu nehmen. Antigonos I. schmückte sich 306 mit dem Königstitel (ohne Bezugnahme auf ein bestimmtes Territorium), worauf Ptolemaios I. und Seleukos I. seinem Beispiel folgten (305–304). Zu jener Zeit war für alle offensichtlich, daß die ehrgeizigen Pläne des Antigonos die größte Gefahr für die übrigen Herrscher darstellten. Schließlich fiel Antigonos I. 301 in der »Schlacht der Könige« bei Ipsos (Phrygien). Lysimachos und Seleukos I. auf der einen, Antigonos auf der anderen Seite führten jeweils ungefähr fünfundsiebzigtausend Mann in den Kampf. Die Schlacht wurde durch die

Kriegselefanten des Seleukos entschieden, die dieser von dem indischen König Chandragupta Maurya gegen Abtretung einiger östlicher Gebiete erhalten hatte. Damit war der Traum von einem zukünftigen Einheitsreich unwiderruflich vorbei, denn allein Antigonos I. wäre imstande gewesen, ihn zu verwirklichen. Nach Ipsos wurde das Erbe Alexanders unter vier Könige aufgeteilt: Seleukos I., Lysimachos, Ptolemaios I. und Kassandros.

Die kriegerischen Auseinandersetzungen der Diadochen waren damit aber noch keineswegs beendet. Trotz der Niederlage des Vaters bei Ipsos konnte Demetrios I. wieder in Griechenland und sogar (nachdem Kassandros 297 gestorben war) in Makedonien Fuß fassen. Im Jahr 288 jedoch fielen Lysimachos und Pyrrhos I. von Epirus – der westliche Nachbar Makedoniens – gemeinsam in Makedonien ein. Demetrios wurde vertrieben und floh nach Kleinasien. Von Seleukos I. in Syrien in ehrenvoller Gefangenschaft gehalten, starb er drei Jahre später. Demetrios' Sohn Antigonos II. Gonatas konnte sich nur mit Mühe in Griechenland behaupten, während Lysimachos sein Herrschaftsgebiet durch verschiedene Blitzaktionen erweiterte. So eroberte er von Makedonien aus Thrakien, Thessalien und sogar Kleinasien. Im Jahre 281 griff ihn sein früherer Bundesgenosse Seleukos I. an, und bei Korupedion in Lydien (nördlich von Smyrna in Kleinasien) standen sich die über Achtzigjährigen, die beiden letzten überlebenden Feldherren Alexanders, gegenüber. Da Lysimachos Schlacht und Leben verlor, wurde Seleukos' Macht gefestigt. Aber nur kurze Zeit darauf fiel er durch Mörderhand.

Die Szene wandelte sich nun durch das Auftreten der kriegerischen Kelten (Galater), die um 280 den Balkan überfluteten. Antigonos II. Gonatas errang gegen sie bei Lysimacheia in Thrakien einen entscheidenden Sieg (278/277). Die Reste der geschlagenen Kelten flohen über den Hellespont (Dardanellen) nach Kleinasien, so daß Antigonos seine Herrschaft auch über Makedonien ausdehnen konnte. Das »Zeitalter der Diadochen« war nun vorüber, und die drei großen hellenistischen Königreiche waren vollständig etabliert. Die Dynastie der Antigoniden behauptete sich in Makedonien, die Seleukiden beherrschten Syrien, Babylonien und Gebiete weiter östlich davon, die Ptolemaier Ägypten.

An den Rändern dieser instabilen Machtblöcke war es jedoch anderen griechischen oder teilweise hellenisierten Königreichen gelungen, ihre Unabhängigkeit zu wahren. Am Nordufer des Schwarzen Meeres beherrschten die Spartokiden das mächtige und blühende Bosporanische Reich (Kimmerischer Bosporus); in den von Alexander unberührt gebliebenen Teilen Kleinasiens wie Bithynien, Pontos und Kappadokien konnten sich einzelne Dynastien behaupten.

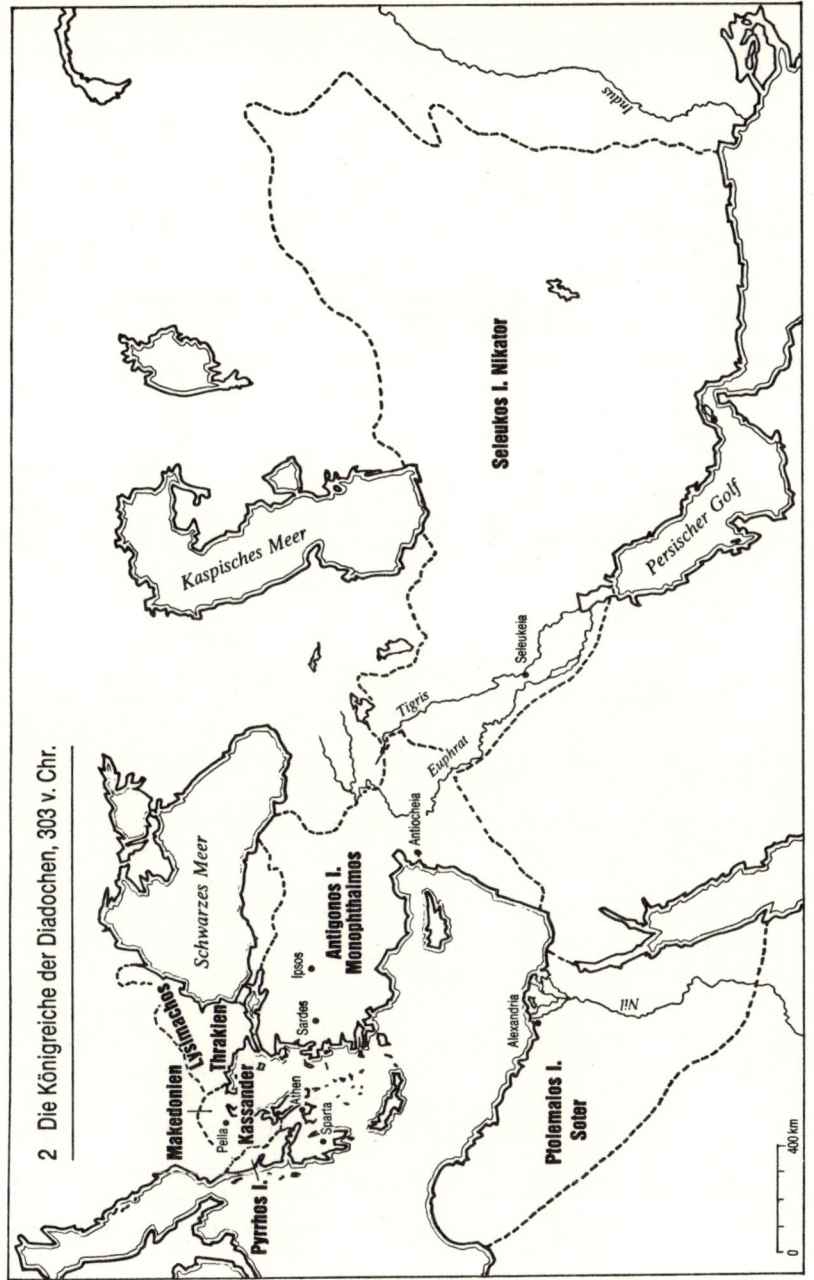

2 Die Königreiche der Diadochen, 303 v. Chr.

19

Im griechischen Westen beherrschte Agathokles, der Tyrann von Syrakus (317–289), einen Großteil Siziliens. Die übrigen Stadtstaaten der Insel wandten sich daher um Hilfe an das semitische Karthago, ursprünglich eine Kolonie des phönikischen Tyros und inzwischen die größte See- und Handelsmacht im westlichen und zentralen Mittelmeerraum. Als die Karthager daraufhin Syrakus belagerten, segelte Agathokles mit seiner Flotte nach Karthago und griff die Stadt an. Im Jahre 306 wurde jedoch der Frieden auf der Grundlage des *status quo* wieder hergestellt. Zur selben Zeit wandte sich das reiche Taras in Apulien (Tarentum, heute Taranto), das einem Bund von griechischen Städten im hellenisierten Süditalien – *Magna Graecia* (Großgriechenland) – angehörte, des öfteren an Heerführer in der griechischen Heimat mit der Bitte, sie gegen Angriffe italischer Gegner in Schutz zu nehmen.

3. Das Gleichgewicht der Kräfte

Die nun folgende Periode gilt als die große Zeit des Hellenismus, obwohl die Beziehungen der Königreiche untereinander alles andere als harmonisch waren.

Antigonos II. Gonatas zum Beispiel wurde von seinem Nachbarn, dem König Pyrrhos I. von Epirus, hart bedrängt. Eine Zeitlang hielt sich Pyrrhos in Süditalien auf (280–275), nachdem ihn die Griechengründung Taras zu Hilfe gerufen hatte, um den Übergriffen der Römer, die damals die bestimmende Macht in Mittelitalien waren, besser standhalten zu können. Nach fünfjährigem Krieg kehrte der König aus dem griechischen Westen zurück und überließ Taras seinem Schicksal. Er sah sich in der Folgezeit als Speerspitze der griechischen Stadtstaaten gegen Antigonos II., fiel jedoch 272 beim Kampf um die Stadt Argos.

Obwohl Makedonien nach dem Tode des Pyrrhos wieder als Großmacht gelten konnte wie schon siebzig Jahre zuvor unter Philipp II., gab es doch einen entscheidenden Unterschied: Makedonien war nun nicht mehr der einzige große Griechenstaat im östlichen Mittelmeer; es gab dort auch die Seleukiden und Ptolemaier. Die Ptolemaier besaßen das Küstenland in Kleinasien bis hinauf in die Ägäis. Die Seleukidenmonarchie, jetzt unter Antiochos I. Soter (281–261), mußte sich hingegen verstärkt um den Süden und Osten des Reichsgebiets kümmern, wo gewaltige Völkerverschiebungen im Gange waren. Diese Bewegungen erstreckten sich auch auf das Herzland des Reiches, Syrien und den Libanon. Die Grenze des Seleukidenreiches mit Ägypten, die theoretisch von dem Flüßchen Eleutheros (Nahr el Kelb) gebildet wurde, war dauernd heftig umkämpft. Der erste Krieg um den Besitz dieser Region entbrannte 274 zwischen Antiochos I. und Ptolemaios II. Philadelphos (der neun Jahre zuvor die Nachfolge seines Vaters Ptolemaios I. Soter angetreten hatte). Antiochos I. sah sich jedoch nicht in der Lage, den Grenzkrieg mit allen Mitteln zu führen, da seine Kräfte zu jener Zeit durch Kämpfe gegen die in Kleinasien eingedrungenen Kelten gebunden waren. Trotz eines siegreichen Feldzuges gegen sie (275) bildeten die Kelten auch weiterhin eine ständige Gefahr. Antiochos mußte sogar ihre Ansiedlung im Zentrum der Halbinsel hinnehmen, in einem Landstrich, der nach ihnen Galatia benannt wurde.

Unter dem Zwang der Verhältnisse erkannte der Seleukide 272, wenn auch mit gewissen Vorbehalten, die ägyptische Oberhoheit über das südliche Syrien an. Ptolemaios II. Philadelphos suchte sich daraufhin ein anderes, entfernteres Betätigungsfeld: Er wandte sich Europa zu mit dem Ziel, die Macht der makedonischen Dynastie in Griechenland zu untergraben. So veranlaßte er den spartanischen König Areus (Sparta war noch immer der führende Stadtstaat auf der Peloponnes) zum Angriff auf Makedonien. Auch Athen, das hoffte, seine frühere Bedeutung wiederzuerlangen, beteiligte sich zusammen mit anderen Städten an dem Unternehmen. Der Chremonideische Krieg (267–261), so genannt nach dem athenischen Wortführer Chremonides, endete mit einer verheerenden Niederlage der gegen Makedonien gerichteten Koalition, deren eigentlicher Urheber Ägypten war.

In Asien allerdings gewannen die Ptolemaier an Einfluß, als sich große Randgebiete des Seleukidenreiches selbständig machten. Zuerst profitierte das reiche Pergamon unter Philetairos (282–263), dem Begründer der Attaliden-Dynastie, von der Schwäche der Seleukiden. Nach der Thronbesteigung des Antiochos II. Theos (261–246) schüttelten sodann die riesigen Provinzen Persien und Baktrien die seleukidische Oberhoheit ab und wurden selbständige Staaten unter persischen (parthischen) beziehungsweise griechischen Dynastien. In der Zwischenzeit hatte Antiochos II. jedoch seine Herrschaft durch ein Bündnis mit Antigonos II. Gonatas von Makedonien zu stabilisieren versucht (259). Im folgenden Jahr vernichtete Antigonos die ägyptische Flotte bei der Insel Kos. Ein weiterer Sieg über die Ägypter gelang ihm im Jahre 245, als er den Angriff des Ptolemaios III. Euergetes (246–221) vor der Insel Andros erfolgreich abwehrte.

Diese Seesiege verhalfen Antigonos in der Ägäis zu einer Vormachtstellung. Doch widersetzten sich nun überraschenderweise zwei kleinere Staatenbünde auf dem griechischen Festland. Der eine war der Ätolische Bund, eine Konföderation verschiedener Stämme Mittelgriechenlands, die durch ihren erfolgreichen Abwehrkampf gegen die Kelten (279) viel an Einfluß gewonnen hatten. Im Gegensatz dazu war der Achäische

Bund ein Bündnis autonomer Städte südlich des Golfs von Korinth, dem ihr Führer Aratos seine Heimatstadt Sikyon eingliederte (251). Aratos eroberte im Jahre 243 die makedonische Festung Korinth, unterstützt von Ptolemaios III. Euergetes. Später verbündete sich Aratos mit Antigonos III. Doson (229–221) und ging gegen Sparta vor. Dessen König Kleomenes III. hatte – nach dem Vorbild des Königs Agis IV. – grundlegende soziale Reformen durchzuführen versucht, die Aratos und anderen gefährlich revolutionär schienen. In der Schlacht bei Sellasia (222) erlitt Kleomenes eine vernichtende Niederlage.

Mit dem Seleukidenreich stand es unter Seleukos II. Kallinikos Pogon (der Bärtige, 246–226) nicht zum besten. Ein Vertrag hatte zwar 241 die Grenzen gegen Ägypten gesichert, aber um den Preis der syrischen Küste, die man den Ptolemaiern überlassen mußte. Mit seinem Bruder Antiochos Hierax (der Falke) lag Seleukos II. zehn Jahre lang in kriegerischer Fehde, so daß die beabsichtigte Wiedereroberung von Pergamon, Parthien und Baktrien nicht in Angriff genommen werden konnte.

Nach der Ermordung Seleukos' II. begann in allen drei Reichen eine Epoche der »jugendlichen Herrscher«: Das Seleukidenreich sah die Thronbesteigung des erst achtzehnjährigen Antiochos III., des Großen (223–187). Ptolemaios IV. Philopator (221–204) folgte seinem Vater Ptolemaios III. Euergetes, und in Makedonien herrschte Philipp V. (221–179), Adoptivsohn des Antigonos III. Doson. Es war nur eine Frage der Zeit, bis der Streit zwischen Antiochos III. und Ptolemaios IV. um das südliche Syrien ausbrechen mußte. Antiochos handelte sich mit einem Vorstoß nach Ägypten nicht nur eine Niederlage bei Raphia südlich von Gaza (217) ein, sondern verlor auch große Teile seiner syrischen Gebiete. (Auf ägyptischer Seite fochten in dieser Schlacht viele Tausende einheimischer Ägypter Seite an Seite mit den Griechen.) Gleichwohl begann Antiochos III. im Jahre 212 einen sieben Jahre dauernden Feldzug im Osten, der den Spuren Alexanders folgte und dessen Höhepunkt die Überquerung des Paropamisos (Hindukusch) war. Obwohl dieses Unternehmen als eines der bemerkenswertesten der Zeit galt, waren die konkreten Resultate nur gering. Immerhin gelang es dem König in der Folgezeit, Süd-Syrien und Palästina wieder zu annektieren, nachdem er in der Schlacht von Paneion (200) über die Truppen des jungen Ptolemaios V. Epiphanes (205–180) siegreich geblieben war.

4. Der Aufstieg Roms

Inzwischen machte sich die Macht des aufstrebenden Rom immer deutlicher bemerkbar. Den ersten Vorgeschmack hatten griechische Truppen bereits während der letztlich erfolglosen Feldzüge des Königs Pyrrhos I. in Süditalien und Sizilien erhalten (280–275). Nach dem Sieg Roms über die Karthager im ersten Punischen Krieg (264–241) wurde Sizilien die erste römische Übersee-Provinz. So kamen viele griechische Stadtstaaten Siziliens unter römische Oberhoheit, wobei es König Hieron II. von Syrakus (269–215) gelang, im Laufe der römisch-karthagischen Auseinandersetzung geschickt die formale Unabhängigkeit aufrechtzuerhalten. Römische Schiffe landeten wenig später an der Küste Illyriens, um die räuberische Flotte der Königin Teuta (229) zu vernichten und den Piratenzügen des einstigen Verbündeten Demetrios von Pharos (219) Einhalt zu gebieten. Der junge König Philipp V. von Makedonien betrachtete dies als unzulässige Einmischung. Er schloß daraufhin mit Roms Erzfeind Hannibal während des Zweiten Punischen Krieges (218–201) ein Bündnis und stieß in den Süden Griechenlands vor. Dies führte zum sogenannten Ersten Makedonischen Krieg (215 bis 205), einem relativ unwichtigen Ereignis, in dessen Verlauf die Römer ihre griechischen Verbündeten (die Ätoler) im Stich ließen, als sie mit den Makedonen den Frieden von Phoinike schlossen (205).

Nun schien Philipp V. die Gelegenheit günstig, gegen ägyptische Außenposten entlang der kleinasiatischen Küste vorzugehen, worin wiederum Attalos I. Soter (241–197) von Pergamon und der mächtige Inselstaat Rhodos eine gefährliche Bedrohung erblickten. Nach einem Seegefecht der Verbündeten gegen Philipps Flotte bei Chios, das unentschieden endete, wandten sich die Rhodier, Pergamon und Ägypten hilfesuchend an Rom, das als Sieger des Zweiten Punischen Krieges noch mehr an Prestige gewonnen hatte. Die Antwort war der Zweite Makedonische Krieg (200–197), in dem der römische Feldherr T. Quinctius Flamininus nach mehreren Schlachten schließlich bei Kynoskephalai in Thessalien siegreich blieb: der erste große Erfolg in einer Reihe von Kämpfen, die zuletzt zum Zusammenbruch des hellenistischen Staatensystems führen sollten. Zunächst ließ Rom Makedonien und seine Dynastie ungeschoren. Doch Flamininus' Proklamation der »Freiheit« Griechenlands bedeutete in Wirklichkeit nichts anderes, als daß in Zukunft nicht Makedonien, sondern Rom die Dinge in Griechenland in die Hand nehmen würde. Trotzdem vermochte der Achäische Bund unter Philopoimen (253–183) zu diesem Zeitpunkt seinen Einfluß noch beträchtlich auszudehnen.

Bald darauf sollte auch das Seleukidenreich die Macht der Römer zu spüren bekommen. Im Jahre 192 ließ sich Antiochos der Große von den Führern des Ätolischen Bundes dazu überreden, in Griechenland einzufallen. Dieses unüberlegte Abenteuer kam ihn teuer zu stehen: Bei den Thermopylen (191) und bei Magnesia in West-Kleinasien wurde er zu Lande, bei Myonnesos (190) zur See entscheidend geschlagen. Im Frieden von Apameia (188) mußte der Seleukide auf das gesamte Kleinasien westlich des Tauros verzichten und einen Großteil des Gebietes an den dortigen Bündnispartner Roms, Eumenes II. Soter von Pergamon (197–160/59), abtreten.

Die Nachfolger von Antiochos III., dem Großen, waren Seleukos IV. Philopator (187–175) und Antiochos IV. Epiphanes (175–164). In Ägypten herrschte um diese Zeit Ptolemaios VI. Philometor (180–145); Perseus, der Sohn Philipps V., bestieg 179 den makedonischen Thron. Als sich der Attalide Eumenes II. Soter in Rom über Perseus und dessen angeblich feindselige Absichten gegenüber Pergamon beklagte, kam es zum Dritten Makedonischen Krieg, der drei Jahre dauerte und mit der Niederlage des Königs Perseus bei Pydna (168) endete. Das makedonische Königreich wurde in vier abhängige »Republiken« aufgeteilt und war somit die erste der großen hellenistischen Monarchien, die den römischen Waffen vollständig unterlag.

Pydna bedeutete in der Tat das Ende der Unabhängigkeit aller Länder des griechischen Ostens diesseits von Baktrien und Indien, denn Rom konnte sich jetzt ungestört Antiochos IV. Epiphanes widmen. Der Seleukide war in das ptolemaiische Königreich eingefallen und hatte das Nildelta besetzt. Bevor er ganz Ägypten erobern konnte, forderten die Römer ultimativ seinen Rückzug. Er mußte sich zwar dem römischen Druck beugen (168), fühlte sich aber offenbar immer noch mächtig genug, gegen seinen eigenen Verbündeten Judaea vorzugehen. Aus Furcht vor einer proptolemaiischen Gesinnung des judaeischen Priesterstaates sah er sich veranlaßt, während des Rückmarsches vor allem im aufständischen Jerusalem hart durchzugreifen. Antiochos IV. hatte dort versucht, die Bevölkerung zu hellenisieren und Jerusalem in eine Griechensiedlung (Antiocheia) umzuwandeln, die anstelle des hebräischen Gottes Zeus verehren sollte. Die Juden erklärten schließlich ihre Unabhängigkeit unter der Dynastie der Hasmonäer (Makkabäer).

Nach dem erfolglosen Aufstand eines gewissen Andriskos hoben die Römer die republikanische Verfassung der vier Teilstaaten Makedoniens auf und ernannten es zu einer ihrer Provinzen (148). Davon war auch das übrige Griechenland betroffen, nachdem ein Heer des Achaischen Bundes gegen den Willen Roms Sparta angegriffen hatte und in der Folge von Lucius Mummius geschlagen worden war. Die wichtigste Stadt des Bundes, Korinth, ließ der Sieger dem Erdboden gleichmachen (146). Im

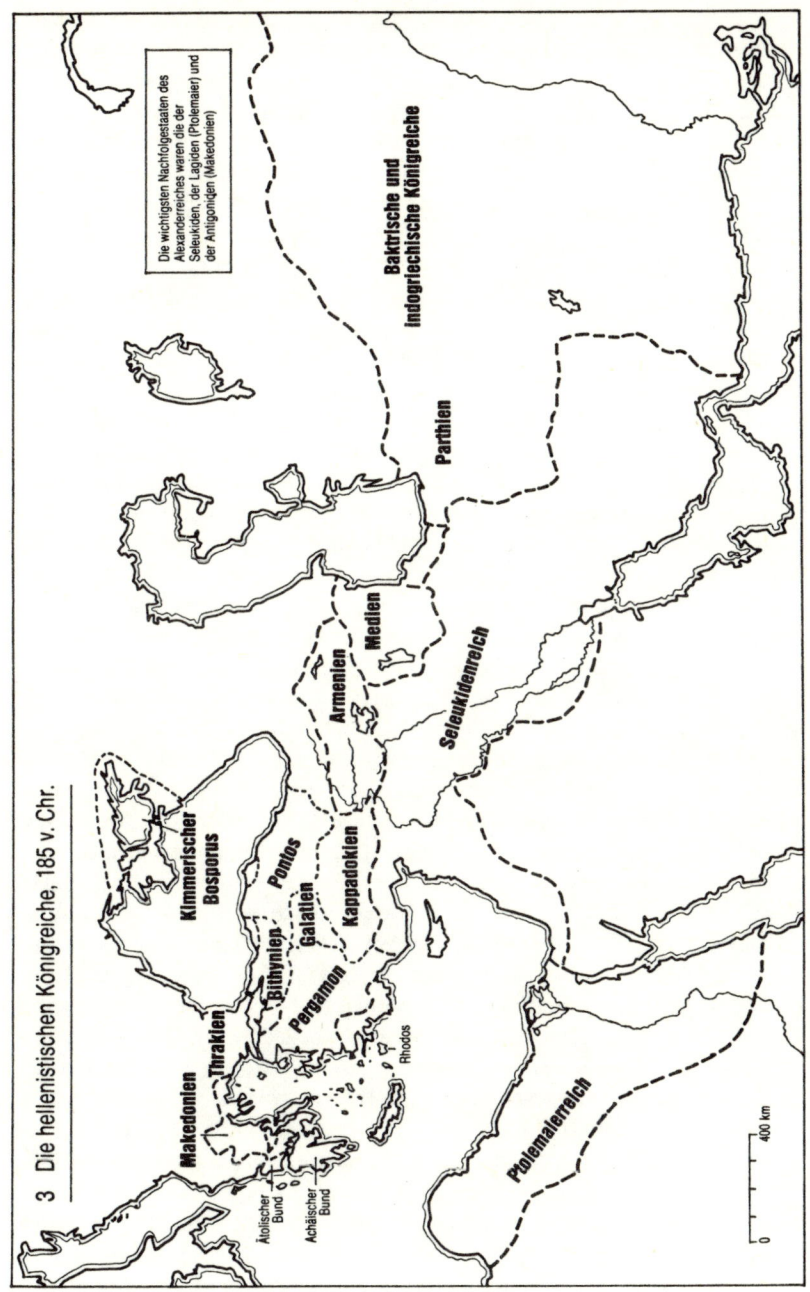

3 Die hellenistischen Köngreiche, 185 v. Chr.

Die wichtigsten Nachfolgestaaten des Alexanderreiches waren die der Seleukiden, der Lagiden (Ptolemaier) und der Antigoniden (Makedonien)

Baktrische und Indogriechische Königreiche

Parthien

Medien

Armenien

Seleukidenreich

Kimmerischer Bosporus

Pontos

Kappadokien

Galatien

Bithynien

Pergamon

Thrakien

Makedonien

Rhodos

Aitolischer Bund

Achäischer Bund

Ptolemäerreich

400 km

0

25

selben Jahr endete der Dritte Punische Krieg mit der völligen Zerstörung Karthagos durch die Römer. Das Punische Reich wurde zur Provinz Africa, der »Kornkammer« Roms. Zwölf Jahre später setzte König Attalos III. Philometor von Pergamon die Römer als Erben seines Reiches ein, wahrscheinlich, um sozialen Unruhen vorzubeugen. Aus dem Reich des Attalos wurde die blühende, sagenhaft reiche römische Provinz Asia. Die sozialreformerische Revolte des Aristonikos, der die Übernahme verhindern wollte, wurde niedergeschlagen.

In dieser Zeit verfielen wegen der inneren Wirren die Reiche der Ptolemaier und der Seleukiden immer mehr, und Rom konnte im selben Maße seinen Einfluß ausdehnen. Im Norden Afghanistans hingegen erlebte der baktrische Griechenstaat, den selbst der lange Arm Roms nicht erreichte, eine Blütezeit. Seit der Abtrennung vom Seleukidenreich (um 256/55) war sein Territorium unter Euthydemos I. von Baktrien (um 235–200) erheblich ausgedehnt worden. Zu Beginn des neuen Jahrhunderts beherrschten Mitglieder der Dynastie sogar die Gegend um Taxila jenseits des Indus. Menander Soter Dikaios, der ungefähr zwischen 160 und 140–130 regierte, wagte als der mächtigste hellenistische Herrscher seiner Zeit sogar einen weiten Vorstoß ins nordwestliche Indien. Nach seinem Tod gab es jedoch Streitigkeiten um die Thronfolge. Sein Reich zerfiel in mehrere baktrische bzw. indogriechische Königreiche, die nacheinander alle dem Ansturm skythisch-parthisch-indischer Nomadenvölker erlagen: Baktrien etwa um 130, die indo-griechischen Staaten mehr als ein volles Jahrhundert später.

An den Westgrenzen des Seleukidenreiches leistete als einziger Mithridates IV. Eupator, Herrscher über das teilweise hellenisierte Königreich Pontos im nördlichen Kleinasien, den Römern ernsthaften Widerstand. Mithridates, den man auch mit den Beinamen »Dionysos« und »der Große« belegte, bestieg um das Jahr 120 den Thron. Er eroberte Teile des dreihundert Jahre alten Bosporanischen Reiches (Kimmerischer Bosporus, Krim) jenseits des Schwarzen Meeres und herrschte einige Zeit über die bis dahin unabhängigen Königreiche Kappadokien und Bithynien. Im Jahre 89, als Rom noch in den Bundesgenossenkrieg verwickelt war, erklärte ihm Mithridates VI. den Krieg. Er überquerte das Ägäische Meer und fiel in Makedonien und Griechenland ein, wo ihn Athen und andere Stadtstaaten unterstützten. Nachdem Sulla ihn aus Griechenland vertrieben hatte, erneuerte er den Kampf um das Jahr 74. Es dauerte jedoch weitere acht Jahre, bis er Rom endgültig unterlag. Der siegreiche Feldherr Pompeius vereinigte das westliche Pontos mit Bithynien zu einer neuen römischen Provinz entlang der Südküste des Schwarzen Meeres. Bald darauf wurden die blühenden Griechenstädte am Westufer des Schwarzen Meeres (z. B. Istros im heutigen Rumänien,

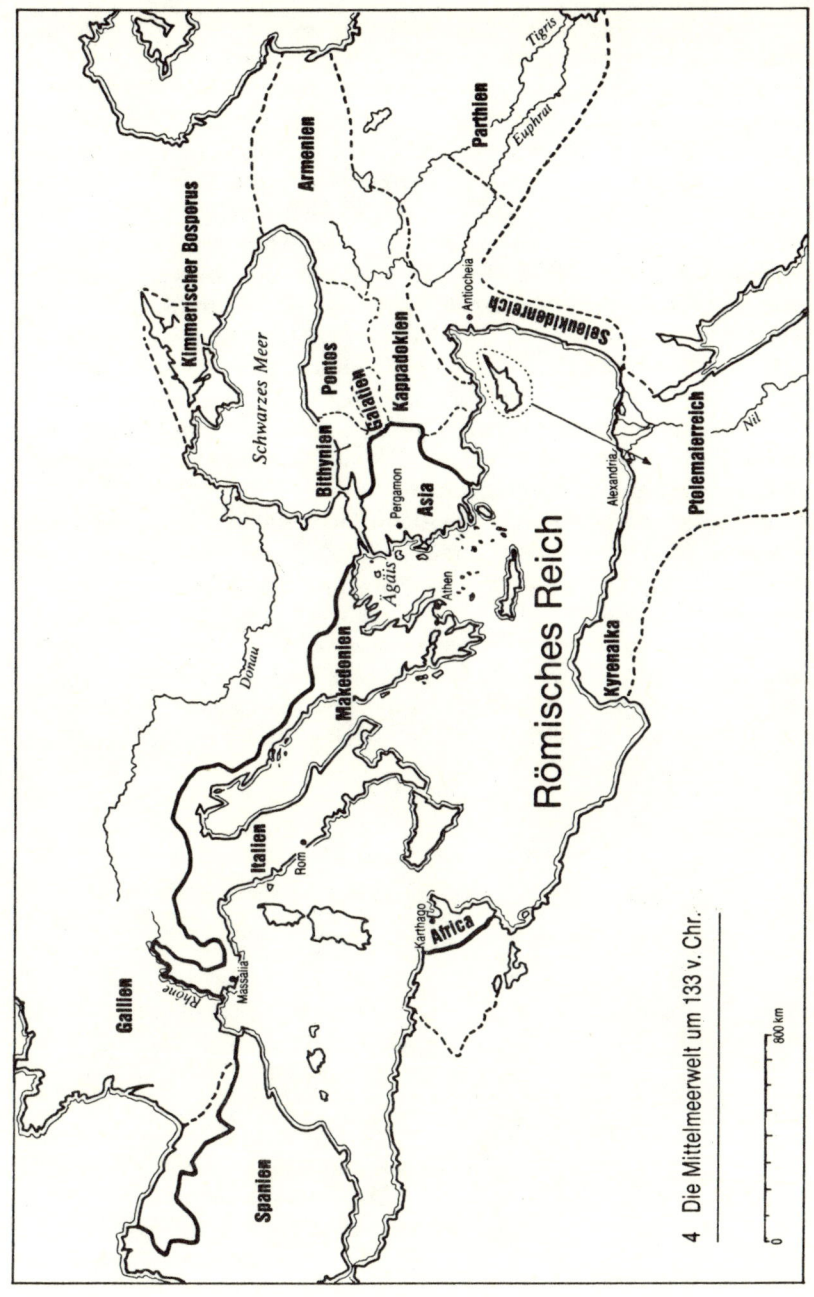

4 Die Mittelmeerwelt um 133 v. Chr.

Parthien

Armenien

Kimmerischer Bosporus

Schwarzes Meer

Bithynien

Pontos

Galatien

Kappadokien

Seleukidenreich

Antiocheia

Tigris

Euphrat

Nil

Ptolemäerreich

Alexandria

Pergamon

Asia

Ägäis

Athen

Römisches Reich

Makedonien

Kyrenaika

Donau

Italien

Rom

Massalia

Rhône

Karthago

Africa

Gallien

Spanien

800 km

Odessos und Mesembria, heute Nesebur in Bulgarien) von dem daki-
schen König Burebistas geplündert und eingenommen. Der Daker hatte
sich aus den verschiedenen Stämmen des nördlichen Balkan ein mächtiges, aber kurzlebiges Königreich geschaffen (um 60–44 v. Chr.).

Nachdem Pompeius Kleinasien neu geordnet hatte, zog er im Jahre 64
nach Syrien, um die Reste des Seleukidenreiches in einer römischen
Provinz zusammenzufassen. Der einzige größere hellenistische Staat,
der formal noch immer seine Unabhängigkeit gegenüber Rom gewahrt
hatte, war Ägypten. Gleichwohl geriet es mehr und mehr unter römischen Einfluß und wurde das Ziel von allerlei Abenteurern, welche die
Schätze Ägyptens anzogen. Die letzte ägyptische Königin Kleopatra
(51–30 v. Chr.) – offiziell Kleopatra VII. Philadelphos Philopator Philopatris – faßte den kühnen Plan, das mächtige Ptolemaierreich der
Vergangenheit zunächst mit der Hilfe von Gaius Iulius Caesar, dann mit
der Unterstützung von Marcus Antonius wiederaufzurichten. Sie wurde
die Geliebte beider. Ihr Traum zerstob im Jahr 31 allerdings jäh: Vor
Aktium vernichtete Caesars Großneffe Octavian, der spätere Kaiser
Augustus, Marcus Antonius' römisch-ägyptische Flotte. Im folgenden
Jahr wurde ganz Ägypten von Rom annektiert und zu seinem wichtigsten Getreidelieferanten. Die großen hellenistischen Königreiche, die
aus dem Erbe Alexanders des Großen hervorgegangen waren, gehörten
damit der Vergangenheit an. Weit im Osten herrschte Hermaios Soter
noch weitere dreißig Jahre über indo-griechische Gebiete, bevor auch
dieses Königtum im Reich der Kušan aufging.

Die
hellenistische
Welt

I. Kapitel:
Die hellenistischen Königreiche

1. Die Königreiche in Europa

Das Zentrum des alten makedonischen Königreichs lag in der großen Ebene Niedermakedoniens, die von den Flüssen Haliakmon und Axios (Vardar) samt deren Nebenströmen durchzogen und von Bergen umschlossen wird. Seine Könige betrachteten sich von frühester Zeit an als Hellenen, die Bevölkerung jedoch, ein Mischvolk, neigte dazu, in den Griechen Fremde zu sehen, was auf Gegenseitigkeit beruhte. Ihre Sprache allerdings war ein griechischer Dialekt. Der Einfluß der griechischen Kultur nahm seit dem frühen 5. Jahrhundert beständig zu, nachdem Alexander I. (um 495 – 450/440) von den Organisatoren der Olympischen Spiele als Grieche anerkannt worden war. Doch selbst in hellenistischer Zeit spielte der Unterschied zwischen Griechen und Makedonen eine wichtige politische Rolle. Lediglich bei der Kolonisation in Übersee traten die Gegensätze weniger zutage.

Die Kontinuität der makedonischen Monarchie war den Griechen in der archaischen und klassischen Epoche fremdartig, ja anachronistisch erschienen, und tatsächlich bewahrten die makedonischen Könige ja noch lange einige charakteristische Züge der Stammesfürsten des »heroischen Zeitalters«. So standen sie beispielsweise mit dem Adel auf sehr vertrautem Fuße, und dieser stellte die berittenen »Gefährten« *(hetairoi)* des Königs. Der Monarch verkörperte jedoch nach wie vor den Staat und übte absolute Gewalt in allen Teilbereichen des öffentlichen Lebens aus. Allerdings verfügte das Heer über gewisse tradierte Rechte, etwa über das Privileg der Königswahl durch Akklamation. Doch in klassischer Zeit spielte es nach der Königswahl als Versammlung freier waffenfähiger Männer keine führende Rolle mehr.

Der größte Reichtum des Landes waren seine Bauern. Härte und Zähigkeit, gepaart mit großem Freiheitsdrang, dazu absolute Zuverlässigkeit und Loyalität – diese Eigenschaften waren ihre Stärke im Kampf mit den kriegerischen Nachbarstämmen. Auf Holz, Getreide und Weinbau ruhte das wirtschaftliche Fundament des Staates. Die ursprüngliche Königsresidenz im Landesinnern, Aigai, wurde wegen ihrer sprichwörtlichen Reichtümer der »Garten des Midas« genannt: Rebenhänge, prächtige Gärten und Rosen in Fülle sollen den Besucher verzaubert haben. Vor einiger Zeit identifizierte man das Dorf Vergina als das alte Aigai, und sensationelle archäologische Funde aus der Zeit um 340 wurden gemacht (so entdeckte man u. a. acht Gräber und Grabbauten). Später wurde Pella Hauptstadt und größte Stadt des Landes. Sie lag etwa fünfundzwanzig Kilometer vom Meer entfernt, war aber durch einen kleinen Fluß und einen − heute verlandeten − Binnensee mit ihm verbunden.

Pellas wirtschaftliche und kulturelle Blüte fiel wahrscheinlich mit der Regierungszeit des Königs Archelaos I. (413−399) zusammen, der schnurgerade Straßen und gutbefestigte Burgen bauen ließ und außerdem die Anzahl der schwerbewaffneten Reiter vergrößerte. Von entscheidender Bedeutung für Makedoniens Geschichte war jedoch König Philipp II. (359−336). Er festigte und erweiterte systematisch seine Stellung, bemächtigte sich der überaus ergiebigen Gold- und Silberminen am Pangaion und stellte mit diesen Reichtümern vorzüglich ausgebildete und modern bewaffnete Fußtruppen auf. Die Schafhirten des Hochlandes wurden durch ihn, wie es heißt, zu zivilisierten Bürgern. Bei Chaironeia (338) schlug er die vereinigten Streitkräfte der griechischen Stadtstaaten vernichtend und zwang sie, sich unter seiner Führung zum »Korinthischen Bund« zusammenzuschließen.

Philipp hatte alle Vorbereitungen getroffen, jenen Eroberungszug zu unternehmen, den sein Sohn Alexander der Große durchführte. Aber er wurde im Alter von sechsundvierzig Jahren ermordet. Demosthenes (384−322), der in Philipp einen verräterischen Despoten sah, versuchte vergebens, die Griechen gegen ihn aufzuwiegeln. Ein anderer Rhetor in Athen, Isokrates (436/35−338), war dagegen der Meinung, der König sei genau der rechte Mann für Griechenland. Ein jüngerer Zeitgenosse, der Historiker Theopompos von Chios, stellte den König in den Mittelpunkt seines Geschichtswerkes über diese Epoche (die *Philippika*), obwohl er andererseits die »Gefährten« des Monarchen als einen Haufen wüster Gesellen bezeichnete. Philipps Taten erregten auch später noch die Gemüter der Griechen. Sie alle aber mußten zugeben, daß er ebenso wie sein Sohn Alexander das Tor zu einer neuen Zeit weit aufgestoßen hatte.

Alexander formte das Heer aus einer makedonischen in eine eher kosmopolitische Armee um, die sich ihm allein verpflichtet fühlte. Während der Diadochenkriege erlebten Makedonien und seine Armee mehrere plötzliche Machtwechsel. Die Folgen waren schlimm: Das Land wurde ausgeplündert und aufgeteilt. Kassandros gründete durch Zusammenschluß mehrerer benachbarter Gemeinwesen die neuen Städte Kassandreia (316, anstelle des alten Poteidaia) und Thessalonike (heute Saloniki). Thessalonike wurde durch den *synoikismos* von sechsund-

5 Der Norden

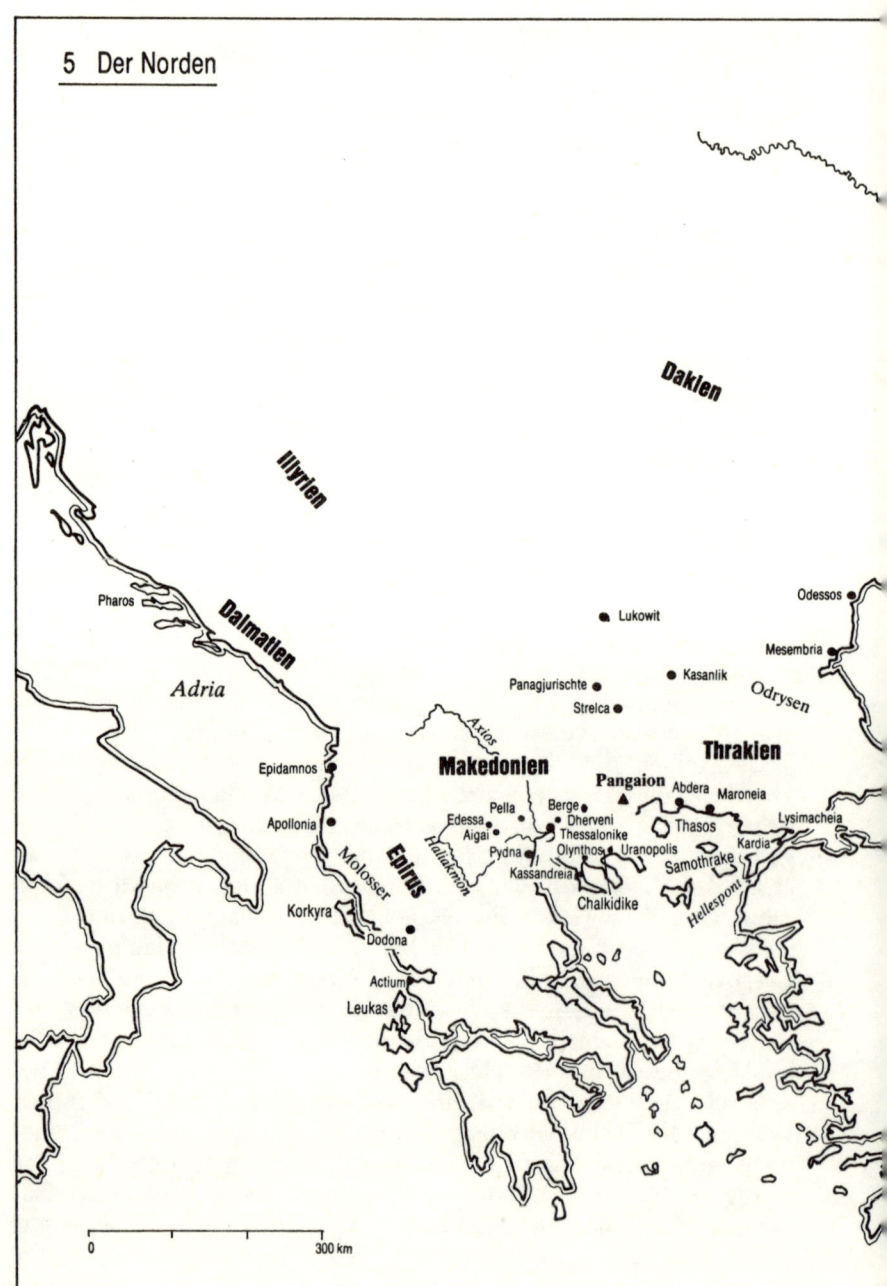

Daklen

Illyrien

Pharos

Dalmatien

Adria

Odessos

Lukowit

Mesembria

Panagjurischte ●

● Kasanlik

Odrysen

Strelca ●

Epidamnos

Makedonien

Thrakien

Apollonia

Pella

Berge ●

Pangaion

Abdera Maroneia

Edessa
Aigai

Dherveni

Thasos

Lysimacheia

Pydna

Thessalonike

Molosser

Haliakmon

Epirus

Olynthos

Uranopolis

Kardia

Kassandreia

Samothrake

Korkyra

Chalkidike

Hellespont

Dodona

Actium

Leukas

Axios

0   300 km

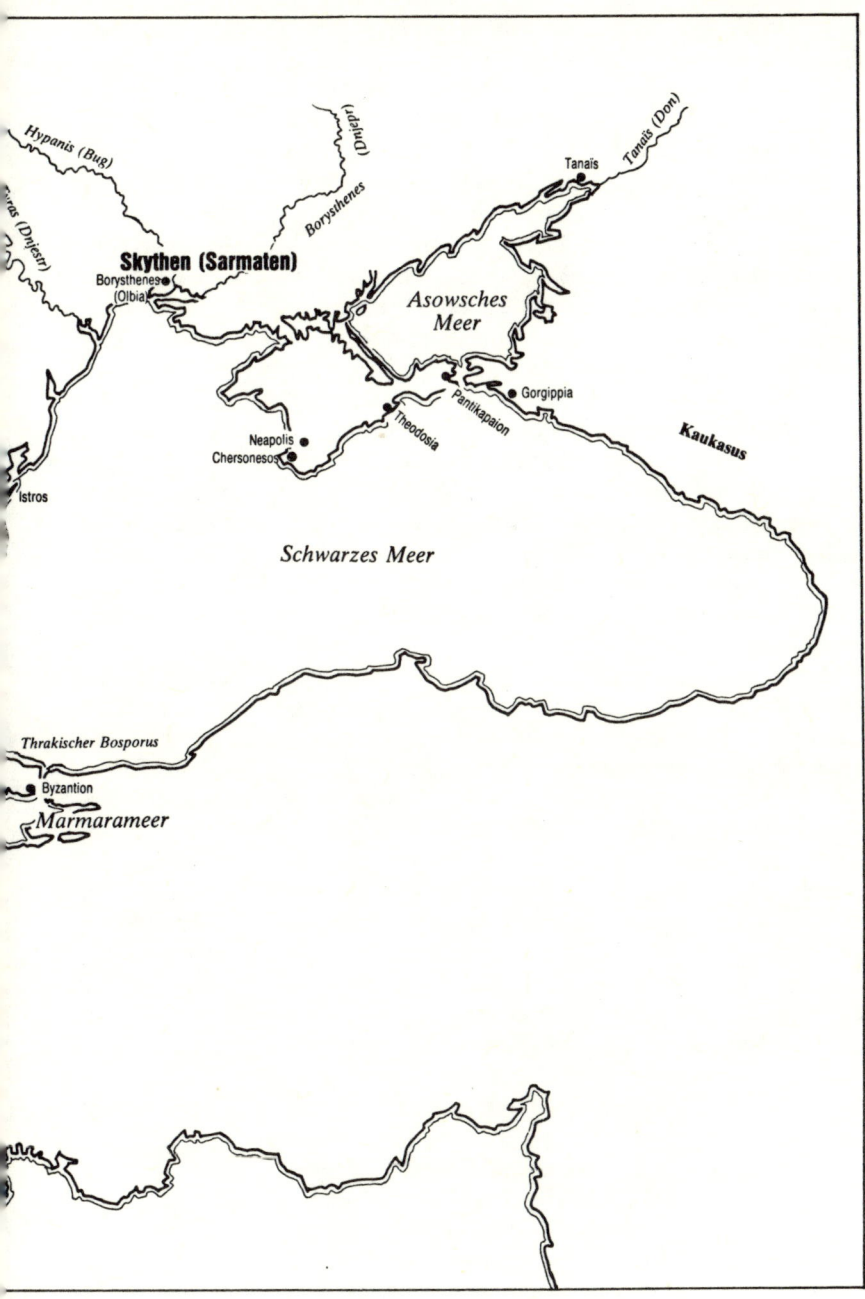

Hypanis (Bug)

Borysthenes (Dnjepr)

Tanais (Don)

Tanais

ras (Dnjestr)

Borysthenes

Skythen (Sarmaten)

Borysthenes
(Olbia)

*Asowsches
Meer*

Gorgippia

Pantikapaion

Kaukasus

Neapolis

Theodosia

Chersonesos

Istros

Schwarzes Meer

Thrakischer Bosporus

Byzantion

Marmarameer

zwanzig früheren Gemeinden 316/15 geschaffen und entwickelte sich als Nachfolgerin von Pella zu Makedoniens wichtigstem Seehafen. Doch auch Pella wurde von Kassandros weiter ausgebaut. Sein Bruder Alexarchos gründete Uranopolis (Stadt des Himmels) auf der Chalkidike unfern vom Berge Athos. Die thessalische Stadt Demetrias am Pagasäischen Golf verdankt ihre Entstehung (um 293) Demetrios I. Poliorketes (der Städtebelagerer); hier wurden ebenfalls mehrere Dörfer zusammengelegt. Demetrias sollte ein wichtiger Militärstützpunkt werden, eine der »Fußfesseln« (wie Korinth am Isthmus oder Chalkis auf Euböa), die man Griechenland anlegte, um die Hegemonie der Makedonen zu sichern. Keine dieser Neugründungen betrachtete sich jedoch als völlig zum makedonischen Königreich gehörig.

Was aus dem Land werden sollte, war lange Zeit mehr als unsicher, bis es Antigonos II. Gonatas (283 – 239) gelang, seine Macht wieder zu festigen. Um 280 konnte er sich, als ihn Pyrrhos I. von Epirus hart bedrängte, praktisch nur in seinen Militärstützpunkten halten. Doch gelang ihm 278/77 bei Lysimacheia in Thrakien ein vernichtender Schlag gegen die Kelten (Galater), der Makedonien und Griechenland von der Gefahr aus dem Norden befreite. Antigonos II. hatte demnach entscheidend dabei mitgewirkt, den Hellenismus vor den Barbaren zu beschützen.

Damit begann die Konsolidierung des Machtbereichs der makedonischen Könige. Sie regierten zwar mit starker Hand, ersparten den Griechen aber weitgehend drückende Steuerlasten, da sie sich vorwiegend auf Einkünfte aus ihren Königsgütern stützten. Sie blieben weiterhin die Herrscher über das freie Volk der Makedonen, die jetzt nur noch in Kriegszeiten Soldaten stellen mußten, denn man hatte die langen Dienstzeiten, die früher unter König Philipp II. üblich waren, abgeschafft. Die Stärke der makedonischen Truppen betrug zu diesem Zeitpunkt höchstens dreißigtausend Mann. Krieg und Auswanderung hatten die Bevölkerung deutlich vermindert. Die Hauptmasse des Heeres bestand nun aus Söldnern, Griechen, Illyrern und Angehörigen der Gebirgsvölker im Norden, von denen sich viele in Makedonien niedergelassen hatten. Die Könige legten diese Truppen vorwiegend in die über ganz Griechenland verteilten makedonischen Festungen.

Inzwischen schritt die Hellenisierung Makedoniens weiter fort. Im 3. Jahrhundert verdrängte die griechische Gemeinsprache (d. h. die attische *koiné*) den makedonischen Dialekt; langsam wurden auch die olympischen Götter heimisch. Diese Zeit der Blüte kennzeichnete auch die Herrschaft von Philipp V. (221–179) und Perseus (179–168), der Demetrias zu einer florierenden internationalen Hafenstadt erweiterte, wie neuere Ausgrabungen bezeugen. Man legte für Notzeiten große

Getreidevorräte an. Solche Zeiten sollten bald kommen, da beide Monarchen in der Auseinandersetzung mit Rom ihre Kräfte überschätzten. Die Niederlage des Perseus bei Pydna (168) bedeutete das Ende des makedonischen Königreichs. Vier schwache Republiken traten für kurze Zeit an seine Stelle, bevor im Jahre 148 das gesamte Gebiet römische Provinz wurde.

Die Niederlage war einerseits auf die Überlegenheit der römischen Legionen und ihrer militärischen Führung zurückzuführen: Der flexiblen Taktik der Römer hatte die griechische Phalanx nichts Gleichwertiges entgegenzusetzen. Doch Makedonien mußte Rom auch deshalb unterliegen, weil es einfach zu wenige Makedonen gab. Die Bevölkerungszahl überschritt selbst in den besten Zeiten kaum die Vier-Millionen-Grenze; im 2. Jahrhundert waren es sogar weit weniger – zuwenig, um dem volkreichen Italien erfolgreich Widerstand leisten zu können.

Eines der Länder im Umkreis Makedoniens, das dem Eroberungsdrang Philipps II. erlag, war das östliche Nachbarland Thrakien. Entlang der Küste hatten sich seit dem 8. Jahrhundert v. Chr. Griechen angesiedelt – so z. B. in Byzantion (dem späteren Konstantinopel) und Abdera (der Heimat bekannter Persönlichkeiten wie Protagoras, Demokrit und Hekataios). Doch das Landesinnere blieb nahezu unberührt. Hier hausten kriegerische Bergstämme, die ein dem Griechischen nur entfernt verwandtes indo-europäisches Idiom sprachen. Im 5. Jahrhundert wurde der größte Teil Thrakiens von einem dieser Stämme, den Odrysen, beherrscht, denen die griechischen Küstenstädte tributpflichtig waren. Ein Jahrhundert später konnte Philipp II. nach einem erfolgreichen Feldzug die odrysischen Fürsten seinerseits zu Tributzahlungen zwingen. Im Jahre 342 gründete er die Militärkolonie Philippopolis (sie wurde auch *Poneropolis* – Schurkenstadt – genannt; heute Plowdiw/ Bulgarien) zum Schutze des Verkehrs zwischen Makedonien und den griechischen Städten am Schwarzen Meer.

Nach dem Tod Alexanders des Großen fiel Thrakien (mit Ausnahme von zwei alten Stammesherzogtümern) zusammen mit einem Teil des nordwestlichen Kleinasiens an Lysimachos, der seiner neuen Hauptstadt auf der thrakischen Chersones (heute die Halbinsel Gallipoli) den Namen Lysimacheia gab (309). Der kulturelle Einfluß Griechenlands erstreckte sich jedoch weit hinaus über sein relativ kleines Herrschaftsgebiet. So beweist etwa die Malerei an den Gräbern von Kasanlik (Bulgarien) (um 300) deutlich die Einflüsse des griechischen Stils. Anderenorts deuten Trinkhörner aus Gold und Silber auf persischen Einfluß hin, obwohl sie von griechischen Künstlern geschaffen wurden (dies trifft zu auf Teile der bedeutenden Schatzfunde von Lukowit und Panagjurischte in Bulgarien, die wahrscheinlich dem Fürsten Seuthes III. zuzuordnen sind). In Strelca fanden Archäologen vor kurzem das Grab eines thrakischen Adligen aus jener Zeit.

Aufgrund der Zwistigkeiten zwischen Lysimachos und den anderen Diadochen konnten die Kelten (Galater) in Thrakien Fuß fassen, nachdem man sie aus Makedonien verdrängt hatte. Jene Kelten, die nicht nach Kleinasien (Galatien) weiterzogen, gründeten 279 das keltische Königreich Tylis, dem die Stadt Byzantion tributpflichtig wurde. Ein Aufstand der Thraker (216), den Makedonien unterstützte, bereitete dem keltischen Joch zwar ein Ende, doch in römischer Zeit hatten die griechischen Küstenstädte von neuem unter den Kelten zu leiden, die sich nach und nach auch die thrakischen Bergvölker unterwarfen. Dennoch blieb das hohe Niveau der thrakischen Kultur erhalten. Eine hervorragend gearbeitete große Silberschale aus dem 2. oder 1. Jahrhundert (gefunden in Gundestrup/Dänemark) stammt wahrscheinlich aus Thrakien. In der Endphase des hellenistischen Zeitalters spielten thrakische Fürsten wiederholt eine wichtige Rolle in der römischen Politik. Später kam das Land als Klientelstaat unter Roms Oberhoheit, wurde aber erst im Jahr 46 n. Chr. römische Provinz.

Thrakische Fürsten, alle mehr oder weniger hellenisiert, übten auch im übrigen Schwarzmeerraum ihren Einfluß aus. So hatte sich zum Beispiel 298 eine thrakische Dynastie Bithyniens im nordöstlichen Kleinasien bemächtigt. Aber schon lange vor dieser Zeit, um 480, hatten thrakische Fürsten ein mächtiges Reich am Kimmerischen Bosporus gegründet (an der Meerenge zwischen dem Schwarzen und dem Asowschen Meer). Zu jener Zeit gelang es den herrschenden Archaionaktiden von Pantikapaion (Weg der Fische im Persischen, heute Kertsch), die benachbarten Griechenstädte zu einem Defensivbündnis zusammenzuschließen, um der Bedrohung durch Skythen, Sarmaten und andere barbarische Nachbarn wirkungsvoll zu begegnen. Ab 438 errichtete der thrakische Söldnerführer Spartokos I. ein zentralistisch organisiertes Staatswesen, in dem eine kleine griechische bzw. gräzisierte Führungsschicht über die einheimische Bevölkerung herrschte – die hellenistischen Königreiche der Zukunft vorwegnehmend. In den folgenden Jahrhunderten entwikkelte sich das Reich der Spartokiden, das u. a. weite Teile Südrußlands mit einschloß, zu einem blühenden, unabhängigen und politisch gewichtigen Königreich.

Griechische Kultur und Lebensart durchdrangen das Leben am Nordrand des Schwarzen Meeres in vielfältiger Weise. Leukon I. (389/88 – 349/48) bezeichnete sich selbst als »Archon von Bosporus und Theodosia« (eine griechische Hafenstadt auf der Krim) und ernannte sich zum

»König« über andere unterworfene Völkerschaften. Pairisades I. (349/48–311/10) dehnte seinen Machtbereich bis in die Gegend um Gorgippia (Anapa) am Kaukasus und Tanaïs an der Mündung des gleichnamigen Flusses (Don) aus. Ferner bekämpfte er die Krim-Skythen, ein teilweise hellenisiertes Volk, deren Hauptstadt später Neapolis (heute Simferopol) war. Spartokos III. (304/03–284/83) schmückte sich mit dem Titel »König von Bosporus«. Im Laufe des 3. Jahrhunderts wurde Eupatorion im Südwesten der Krim (die Nachbarstadt des autonomen Chersonesos) dem Spartokidenreich einverleibt.

Im Bosporanischen Reich war zwar das Fischereiwesen hoch entwikkelt, doch den Reichtum des Landes bildete sein Zugang zu den endlosen Weiten des russischen Hinterlandes. Man exportierte Getreide in andere hellenistische Königreiche und in die Stadtstaaten der Ägäis. Einer der wichtigsten Abnehmer war Athen, das im Austausch Olivenöl, Wein, Luxusgüter sowie Theaterstücke der Neuen Komödie lieferte. Diese wirtschaftliche Blüte beruhte nicht zuletzt auf der Sklavenarbeit unterworfener nichtgriechischer Völker. Eine eigene königliche Münzprägung nach griechischem Vorbild sowie die Gold- und Silberstateren aus der Stadt Pantikapaion zeugen vom Reichtum des Bosporanischen Reiches. Prunkvoll ausgestattete Felsengräber bei Kertsch zeigen mesopotamisch-ägyptische und griechische Einflüsse. Darüber hinaus gibt es Goldschmiedearbeiten von verschwenderischer Formenvielfalt, die wahrscheinlich von Künstlern aus Baktrien oder Parthien hergestellt wurden und die die bei den Völkern des Schwarzmeerraums so beliebte Tierornamentik verwenden.

Die Skythen und Sarmaten des Hinterlandes beteiligten sich gemeinsam mit den Griechenstädten an der Küste an dem lukrativen Sklavenhandel. Von Zeit zu Zeit stellten sie aber auch eine ernsthafte Bedrohung für jene Region dar. So konnte sich zum Beispiel die autonome Polis Borysthenes (Olbia) unfern der Mündung des Hypanis (Bug) in das Schwarze Meer nur durch beträchtliche Abstandszahlungen an den Stammesfürsten Saitaphernes freikaufen. Das nötige Geld brachte Protogenes auf, einer der reichsten Bürger der Stadt. Skythen und Sarmaten setzten auch den Herrschern des Bosporanischen Königreiches heftig zu und schwächten den Staat ab der Regierungszeit des Königs Spartokos IV. (245–215) in zunehmendem Maße. Schließlich mußte Pairisades V. den König von Pontos, Mithridates VI., zu Hilfe rufen. Dieser entsandte eilends – auch im Interesse seiner eigenen Großmachtpläne für den Schwarzmeerraum – seine Truppen und annektierte später (108/07) das gesamte Bosporanische Reich, das er in Personalunion mit seinem Königreich regierte. Nach Mithridates' Tod gaben die Römer das Bosporanische Reich an Pharnakes II., der sich zuvor gegen seinen Vater erhoben hatte und bald Anstrengungen unternahm, auch das Reich von Pontos zurückzugewinnen. Nach seiner Niederlage gegen Iulius Caesar bei Zela floh er zum Bosporus, wurde aber dort von dem inzwischen abgefallenen Statthalter Asandros getötet. Die Geschichte des Bosporanischen Reiches war damit aber noch lange nicht beendet. Aufgrund seiner strategischen und wirtschaftlichen Bedeutung wurde es von Rom bevorzugt behandelt und existierte als römischer Klientelrandstaat noch weitere dreihundertfünfzig Jahre.

Westlich von Makedonien lag Epirus, das zu Beginn des hellenistischen Zeitalters kurzfristig einige politische Bedeutung erlangte; ein rauhes Gebirgsland mit schmalen, ebenen Küstenstreifen am Ionischen Meer, landeinwärts geprägt von engen, waldreichen sowie gutbewässerten Tälern und Hochebenen und unterteilt durch drei parallel zur Küste verlaufende Gebirgsketten. Die wilden Bergstämme im Landesinneren waren unterschiedlicher Herkunft. Sie bedienten sich einer indo-europäischen Sprache (des Illyrischen) und führten ihre Geschichte bis in die Zeiten Homers zurück. Allmählich öffneten sie sich den Einflüssen der wenigen griechischen Kolonien an der Küste (etwa Ambrakia oder Leukas und Korkyra, heute Korfu). Auch zog das berühmte Orakel der alten Kultstätte Dodona Scharen von Pilgern aus ganz Griechenland an. Die griechische Kultur drang auf diese Weise langsam auch in diese unwirtliche Gegend vor.

Die Molosser, die in der Ebene bei Dodona siedelten, einigten als erste den größeren Teil von Epirus unter ihrem König Alexander I. (342–31), einem Schwager Philipps II. von Makedonien. Im Stile eines Helden des Heroischen Zeitalters setzte er nach Taras (Tarent) über, das ihn um Hilfe ersucht hatte, und eroberte zusammen mit Rom weite Teile Süditaliens. Trotz anfänglicher Erfolge konnte er sich nicht halten und wurde schließlich bei Pandosia ermordet. Dann erweiterte Pyrrhos I. (297–73) die Grenzen seines Königreiches nach Norden hin, wahrscheinlich bis in die Gegend um Epidamnos (das spätere Dyrrhachium). Ebenso griff er im Süden und Osten auf makedonisches Gebiet über und befreite sich damit vom Einfluß der Makedonenkönige. Leukas, Korkyra und Ambrakia verloren ihre Autonomie, Ambrakia machte er mit großem finanziellen Aufwand zu seiner Hauptstadt. Ein Krieg mit Makedonien brachte ihm weiteren Landzuwachs, aber es gelang ihm letztlich nicht, das Erworbene zu halten. Immerhin hatte er sein wenig entwickeltes Land dem Hellenismus geöffnet.

Wie zuvor schon Alexander I. folgte auch Pyrrhos I. einem Hilferuf Tarents und fiel in Süditalien ein. Diesmal galt es, römische Übergriffe abzuwehren (280). Nach mehreren siegreichen Gefechten – es war die erste feindliche Berührung Roms mit der griechischen Welt – beschloß er, in Sizilien die Karthager anzugreifen, die damals die Verbündeten Roms waren. Deren völlige Vertreibung von der Insel, auf der sie seit Jahrhunderten seßhaft gewesen waren, war eigentlich nur noch eine Frage der Zeit. Pyrrhos indes überlegte es sich anders und versuchte sein Glück noch einmal in Italien. Dort erlitt er allerdings in der Schlacht bei Beneventum (275) eine derart schwere Niederlage, daß er sich gezwungen sah, mit dem kläglichen Rest seiner Streitmacht, die auf rund ein Drittel ihrer ursprünglichen Stärke zusammengeschmolzen war, nach Epirus zurückzusegeln. Seinen Plan, von dort aus Antigonos II. Gonatas anzugreifen, ließ er wieder fallen und marschierte statt dessen südwärts in die Peloponnes. Im Kampf um die Stadt Argos wurde er von einem Ziegelstein getroffen, den eine alte Frau von einem Hausdach aus auf ihn geworfen hatte; dann enthauptete ihn ein makedonischer Soldat.

Trotz seiner beachtlichen Leistungen innerhalb von Epirus war Pyrrhos I. nicht in der Lage, weder in Griechenland noch im griechischen Italien seine militärischen Erfolge in dauerhaften politischen Einfluß umzumünzen. Die Bedeutung von Epirus stand und fiel mit seiner Person; seine Nachfolger verzettelten sich in Kleinkriegen, und 232 erlosch die Monarchie. Ein Stammesverbund, der an ihre Stelle trat, zerfiel nach kurzer Zeit ebenfalls. Als sich die Molosser später – im Gegensatz zu ihren Nachbarstämmen – auf die Seite des glücklosen Königs Perseus schlugen, verfielen sie der Rache der römischen Sieger: Ihr Gebiet wurde vollständig verwüstet und einhundertfünfzigtausend Menschen deportiert (167). Im Jahre 146 wurde das Land der neuen römischen Provinz Macedonia einverleibt.

Die illyrischen Völker entlang der nördlichen Adriaküste gehörten wie die Epiroten zur indo-europäischen Sprachfamilie, waren aber in ihrer Gesamtentwicklung noch rückständiger als diese. In der zweiten Hälfte des 2. Jahrhunderts v. Chr. herrschte König Agron über ein Gebiet, das sich von Dalmatien bis zum Fluß Aoos (Vjosa) erstreckte; die griechischen Küstenstädte im Süden blieben trotzdem weiterhin unabhängig und dienten als Warenumschlagplätze – so zum Beispiel Apollonia. Nach dem Tod des Königs im Jahre 231 erhob sich seine Witwe Teuta gegen Rom und belagerte die bedeutende griechische Hafenstadt Epidamnos. Sie mußte aber der anrückenden römischen Flotte weichen (229) und sich schließlich fast ganz von der Küste zurückziehen. Im Jahre 219 forderte sie Rom erneut heraus, woraufhin ein römisches Heer nach Illyrien aufbrach. Dies wiederum rief König Philipp V. von Makedonien auf den Plan, der Königin Teuta zu Hilfe eilte, und damit wurde Rom endgültig in die politischen Wirren der Balkanhalbinsel hineingezogen. Später ließ sich der Illyrerkönig Genthios – dessen Porträtmünzen griechische Inschriften tragen – von König Perseus dazu überreden, die Römer anzugreifen. Er wurde 168 vernichtend geschlagen und gefangengenommen. Rom teilte das Illyrische Königreich in drei autonome, doch von ihm abhängige Kleinstaaten auf. In der Folgezeit mußte Rom noch einige weitere Strafexpeditionen in dieses unruhige Gebiet unternehmen, bevor es ab dem 1. Jahrhundert ständig von Provinzstatthaltern verwaltet wurde.

In zwei Staaten, die zwar klein, doch von großer Bedeutung waren, nämlich in Sparta und in Syrakus auf Sizilien, hatten sich bestimmte Formen der Monarchie aus früherer Zeit erhalten. Allerdings wandelten sie sich in der hellenistischen Epoche, so daß auch sie den übrigen hellenistischen Königreichen in vielem ähnelten. Die Staatsverfassung Spartas war altertümlich und ungewöhnlich. Zwei Könige – aus den Häusern der Agiaden und Eurypontiden – standen gleichberechtigt an der Spitze des Staates und bildeten zugleich die militärische Führung. In archaischer und klassischer Zeit glichen sie allerdings eher »Spitzenbeamten«, die mit den Monarchen der hellenistischen Epoche nichts gemein hatten. Ihre Macht war eingeschränkt; Exekutive, Judikative und die polizeiliche Gewalt lagen nicht in ihren Händen, sondern wurden von jährlich gewählten *Ephoren* (im 5. Jahrhundert waren es fünf) ausgeübt. Sparta hatte somit eine »gemischte« Verfassung, die in späterer Zeit nicht nur von dem hellenistischen Historiker Polybios, sondern auch von den Gründungsvätern der Vereinigten Staaten von Amerika bewundert wurde.

Sparta, das zu jenen Staaten gehörte, in denen der dorische Dialekt, die Sprache der frühen Einwanderer gesprochen wurde, beherrschte seit Jahrhunderten die Stämme Lakoniens und Messeniens, die der unteren Bürgerklasse der *Periöken* (die im Umkreis Wohnenden) angehörten. Von den Bürgerrechten der spartanischen Vollbürger, der *Spartiaten*, waren sie weitgehend ausgeschlossen. Die restliche Bevölkerung bildete die Klasse der *Heloten*, eine Art von Staatssklaven, die das den Spartiaten gleichmäßig zugeteilte Land bearbeiten mußten. Die relativ kleine Oberschicht der spartanischen Vollbürger war sich der zahlenmäßigen Überlegenheit der Periöken und Heloten sehr genau bewußt und begegnete dieser latenten Bedrohung durch eine besondere Lebensform. Von klein auf stand der Spartaner unter staatlicher Kontrolle. Die Erziehung war hart und streng militärisch; auch das weitere Leben wurde in äußerster Kargheit zugebracht und durch gemeinsame Übungen und das gemeinsame Mahl bestimmt. Dieses unerbittliche, doch in sich schlüssige Erziehungskonzept – man führte es auf den legendären Gesetzgeber Spartas Lykurg zurück – fand Interesse und Bewunderung in ganz Griechenland, und zwar gleichermaßen bei konservativen Militärs wie auch bei Anhängern des Gleichheitsideals.

Um 500 v. Chr. stand Sparta an der Spitze des Peloponnesischen Bundes, einer Wehrgemeinschaft, die auch über die Halbinsel hinaus großen Einfluß ausübte. Zusammen mit Athen teilte man sich den Ruhm, den glänzenden Sieg über die Perser erfochten zu haben, und als beide Staaten im Peloponnesischen Krieg um die Hegemonie in Griechenland rangen, blieb Sparta am Ende siegreich (404). Seine Niederlage bei Leuktra (371) gegen das erstarkende Theben brachte nicht nur den Verlust Messeniens, sondern beendete auch Spartas Vormachtstellung in Mittelgriechenland. Dem gegen Philipp II. von Makedonien gerichteten Defensivbund der Hellenen trat Sparta nicht bei, und ein verspäteter Aufstand gegen die Herrschaft der Makedonen zur Zeit des Alexanderzugs wurde von Antipatros, Alexanders Reichsverweser in Europa, niedergeschlagen. Der Spartanerkönig Areus (309/08–265) versuchte später noch einmal, eine antimakedonische Allianz zu bilden, verlor jedoch im Chremonideischen Krieg bei Korinth Schlacht und Leben.

In dem am Handel desinteressierten Sparta waren als Währung seit alters nur Münzen aus Eisen zugelassen, bis der selbstbewußte König Areus auch Silbergeld mit seinem Porträt prägen ließ. Der Vorgang zeigt, daß man damals nicht nur die Zurückhaltung gegenüber der Geldwirtschaft aufgab, sondern daß auch die »spartanische« Lebensform immer mehr ausgehöhlt wurde: Die harte, entbehrungsreiche Erziehung der Jugend war gemildert, das gemeinsame Mahl der Spartiaten abgeschafft worden. Außerdem verdrängte auch in Sparta die attische *koiné* allmählich den dorischen Dialekt. Darüber hinaus gehörte das Gleichheitsprinzip bei der Landaufteilung der Vergangenheit an. Statt dessen gab es nun etwa einhundert Männer und Frauen, deren großer Reichtum Mißgunst erregte. Andere Spartiaten hingegen waren gezwungen, Darlehen zu hohen Zinsen aufzunehmen, so daß viele von ihnen verarmten und den für die Vollbürgerschaft erforderlichen Eigenbesitz nicht mehr nachweisen konnten. Die Folge war ein rapides Schrumpfen der obersten Bürgerklasse auf nur siebenhundert Spartiaten. Für zweitausend ehemalige Vollbürger bedeutete der Entzug des Bürgerrechts einen Schicksalsschlag, der sie mit Haß und Bitterkeit erfüllte. So ging Sparta um die Mitte des 3. Jahrhunderts einer ernsthaften Krise entgegen – einer Krise, die auch das übrige Griechenland sehr bald heimsuchen sollte.

König Agis IV. (244–241) versuchte nicht nur, die ursprünglichen Ideale der »spartanischen« Lebensform neu zu beleben, sondern auch die einheitliche Zuteilung des Landbesitzes im Sinne Lykurgs wiedereinzuführen. Er wollte es dem berühmten Vorfahren gleichtun und versprach, viertausendfünfhundert neue, gleich große Ackerstellen einzurichten. Gleichzeitig schlug er vor, die Gesamtzahl der Spartiaten durch einen Schuldenerlaß sowie durch Erteilung des Bürgerrechts an einige Periöken zu erhöhen. Gegen die Pläne des Königs erhob sich jedoch eine starke Opposition: Die Großgrundbesitzer begrüßten zwar eine Tilgung ihrer Schulden, doch wollten sie kein eigenes Land zu einer Neuverteilung des Bodens zur Verfügung stellen. Einige Ephoren hielten die Maßnahmen für gefährlich revolutionär und unterstützten die Argumente der Großgrundbesitzer. Aber auch diejenigen, die das Vollbürgerrecht bereits vor geraumer Zeit verloren hatten und einem Schuldenerlaß freudig zustimmten, fanden es empörend, daß man zweitklassige Periöken wie ihresgleichen behandeln wollte, Agis ließ nichts unversucht: Er versicherte sich der Mitwirkung seiner Mutter Agesistrata (die neben seiner Großmutter Archidamia zu den reichsten Spartanerinnen gehörte), setzte Ephoren ab und zwang seinen Mitkönig Leonidas II., ins Exil zu gehen. Als Agis tatsächlich Schuldscheine verbrennen ließ, kehrte Leonidas wieder zurück, und der reformfreudige König wurde von den Ephoren erschlagen.

Kleomenes III. (237–221), der Sohn des Leonidas, war entschlossen, die Pläne von König Agis zu verwirklichen. Bei diesem Vorhaben wurde er von der Witwe des Reformers, die er zu seiner Gemahlin gemacht hatte, eifrig unterstützt. Obwohl er ein Anhänger der Stoa war, – er hatte den stoischen Philosophen Sphairos von Borysthenes (Olbia), einen guten Kenner der spartanischen Verfassung zu sich eingeladen –, entschied sich Kleomenes dafür, die notwendigen Sozialreformen mit Gewalt durchzusetzen. Reformen im Inneren sollten seiner Meinung nach einhergehen mit auswärtigen militärischen Erfolgen. Aufgrund dieser Überzeugung führte er sein Heer nach Norden und annektierte einige Städte des Ätolischen Bundes (229). Dann wandte er sich gegen Aratos, den Führer des Achaischen Bundes. Es gehört zu den wahrhaft tragischen Momenten in der Geschichte Griechenlands, daß die beiden fähigsten Politiker der Zeit (läßt man die großen Monarchien außer acht) sich bekämpften.

Die verarmte Bevölkerung vieler Städte außerhalb Spartas ergriff ebenfalls Partei für Kleomenes, in der Hoffnung, durch seine Reformen werde sich auch ihr eigenes Los verbessern. Nach zwei siegreichen Gefechten gegen die Achaier kehrte er jedoch nach Sparta zurück, um sich mit Elan der Innenpolitik zu widmen. Als erstes ließ Kleomenes vier Ephoren hinrichten; danach schaffte er das Ephorat als Institution ab. Er setzte einen allgemeinen Schuldenerlaß durch, verlieh Periöken und auswärtigen Söldnern das Bürgerrecht, verteilte viertausend neue Akkerstellen und bot ferner Tausenden von Heloten die Freiheit an – ein

Schritt, der weit über Agis' Pläne hinausging und bei den Sklavenhaltern in ganz Griechenland größte Beunruhigung auslöste. Die ganze Aktion diente Kleomenes III. letzten Endes nur dazu, das Heer zu vergrößern. Er hatte nämlich vor, den Achaischen Bund neuerlich anzugreifen, aber mit einer weit stärkeren Kriegsmacht. Aratos erschien die Entwicklung in Sparta derart bedrohlich, daß er seine bisherige antimakedonische Politik aufgab und den Makedonenkönig um Hilfe bat. Bei Sellasia an der Grenze Lakoniens kam es im Jahr 222 zur entscheidenden Schlacht: Antigonos III. Doson besiegte zusammen mit den verbündeten Achaiern Kleomenes. Spartas Truppen wurden fast völlig vernichtet, Sparta selbst fiel an die Sieger. Kleomenes floh nach Ägypten und beging dort (nach einem fehlgeschlagenen Aufstandsversuch) Selbstmord.

Nach dem mysteriösen Tod des jungen Königs Pelops bestieg ein Mann namens Nabis, der frühere Vormund des Königs und wahrscheinlich ein Nachkomme ausgewiesener Eurypontiden, Spartas Thron (207–192). Er erwies sich nicht so sehr als König im traditionellen spartanischen Sinne, sondern gebärdete sich vielmehr als »moderner« hellenistischer Autokrat. So hielt er sich eine Leibwache aus Söldnern, verbündete sich mit kretischen Piraten, »befreite Sklaven«[1] (wahrscheinlich handelte es sich dabei um Heloten) und sah sich als Vollstrecker der Reformpolitik des Kleomenes, nur daß er wesentlich rigoroser als dieser vorging. Besonders bei den ärmeren Bevölkerungsschichten war er populär, und auch in den Städten außerhalb Spartas verbreitete sich rasch sein Ruf. Nachdem ihm die Achaier unter ihrem Feldherrn Philopoimen eine Niederlage zugefügt hatten, wandte sich Nabis im Zweiten Makedonischen Krieg gegen Philipp V. und unterstützte statt dessen die Interessen Roms. Dann aber kühlten die Beziehungen zu Flamininus ab, der den Aktivitäten des Spartaners mißtraute. Im Jahre 192 wurde der König von einem Offizier des Ätolischen Bundes ermordet, der Nabis ebenfalls für einen unzuverlässigen Bündnispartner hielt.

Der Versuch, eine »Sozialrevolution« in Sparta durchzuführen, scheiterte an deren restaurativem Charakter. Neue Reichtümer konnten nicht verteilt werden, da es zu wenige gab. Hinzu kam, daß die drei »Reformkönige« zu keiner Zeit über die Machtmittel verfügten, um ihren Herrschaftsanspruch dauerhaft auf der Peloponnes durchsetzen zu können – trotz des für die ärmeren Bevölkerungsschichten attraktiven Programms. Die Führungsschichten in den anderen Stadtstaaten wurden von diesen »ungewöhnlichen« Königen zutiefst verunsichert. Nabis, der es zunächst verstand, seine Machtposition zu nutzen, beging den entscheidenden Fehler, sich von Rom abzuwenden. Nach seinem Tod erzwang Philopoimen Spartas Anschluß an den Achaischen Bund. Als dieser von Rom aufgelöst wurde, blieb Sparta formell eine autonome

Stadt innerhalb der neuen römischen Provinz, verlor jedoch den Zugang zur See. Erst Augustus gestattete dem Klientelfürsten von Sparta, Eurykles, das Stadtgebiet wieder bis zum Meer hin zu erweitern.

Die Ureinwohner Siziliens *(Siceli, Sicani, Elymi)* sahen sich seit dem 8. Jahrhundert beständig mit zwei Einwanderergruppen konfrontiert. Im Westen der Insel ließen sich Siedler aus dem semitischen Sprachraum nieder. Sie stammten aus den Küstengebieten Phönikiens, vor allem den großen Hafenstädten Tyros und Sidon, die ihrerseits wiederum enge wirtschaftliche und politische Beziehungen zu dem von ihnen gegründeten Karthago unterhielten. Im Osten Siziliens befanden sich die Kolonien der Griechen. Der griechische Geschichtsschreiber Timaios von Tauromenion (um 356–260) versuchte nachzuweisen, daß Sizilien von Anfang an eine griechische Insel gewesen sei.

Unter den zahlreichen autonomen Griechenstädten war Syrakus die bedeutendste. Gelon I. (um 490–478), der Sieger über Karthago, hatte versucht, seine *tyrannis* erblich zu machen (die Griechen verstanden unter *tyrannis* ein nichterbliches, autokratisches Regime). Nach Gelons Tod trat sein Bruder Hieron I. (478–467/66) die Nachfolge an. Nur wenige Jahre nach der Katastrophe der Athener vor Syrakus (413) machte sich der Offizier Dionysios I. (um 405–367) durch einen Staatsstreich zum Herrn der Stadt. In wechselvollen Kämpfen konnte er sich der Karthager erfolgreich erwehren. Unter seiner Herrschaft entwickelte sich Syrakus zu einer der führenden und am stärksten befestigten Städte der griechischsprachigen Welt. Die Syrakusaner dehnten ihren Machtbereich über die gesamte östliche Hälfte der Insel aus und rühmten sich überdies, die größte Flotte im Mittelmeerraum zu besitzen. In einzigartiger Weise verbanden sich in Syrakus die Elemente des klassischen Stadtstaates mit denen des imperialen Königtums.

Dionysios II. (367–344), Sohn Dionysios' I., wies das Ansinnen Platons zurück (der mit einem Verwandten des Monarchen namens Dion befreundet war), aus ihm einen »Philosophen-König« zu machen. Nach einer Blockade der Stadt durch die karthagische Flotte vertrieb ihn eine Gruppe syrakusanischer Oppositioneller, worauf der Korinther Timoleon die Tyrannenherrschaft abschaffte und die Stadt gleichzeitig von der karthagischen Bedrohung befreite. Obwohl die Lobeshymnen des Timaios reichlich übertrieben klingen, wurden Timoleons republikanische Reformen insgesamt wohl positiv aufgenommen, sicherlich auch deshalb, weil sie frei von allen selbstsüchtigen Motiven waren. Jedenfalls konnte die archäologische Forschung eine erstaunliche wirtschaftliche Prosperität und umfangreiche Bautätigkeit nachweisen.

Als sein Augenlicht zunehmend schwächer wurde, zog sich Timoleon aus dem öffentlichen Leben zurück (337). Zwanzig Jahre später setzte

Agathokles von Thermae Himeraeae dem republikanischen Zwischen-
spiel in Syrakus wieder ein Ende, als er dort erneut die Tyrannenherrschaft aufrichtete (317–289). Seine Macht stützte sich auf die unteren
Volksschichten; den Adel drangsalierte er offenbar in grausamer Weise.
Timaios, den Agathokles ins Exil schickte, übertreibt hier vielleicht in
seiner Darstellung. Die Karthager, die seinen Staatsstreich unterstützt
hatten, fielen von ihm ab, worauf Agathokles eine bis dahin unvorstell-
bare Expedition unternahm: Er führte sein Heer mitten durch die
Blockadeflotte der Karthager, landete in Nordafrika und griff die Stadt
Karthago (310) an. Nach anfänglichen Erfolgen wurde er zwar wieder
zum Rückzug gezwungen (307), sein Herrschaftsgebiet konnte er später
jedoch über fast ganz Sizilien ausweiten. Außerdem drang er in Unter-
italien ein und eroberte sogar um 300 die Insel Korkyra (Korfu). Vier
Jahre zuvor hatte er sich selbst zum König ernannt, und auf seinen
Münzen erschien das dreibeinige Emblem seiner Herrschaft, die *triskelis*.
Ohne Zweifel war er die herausragende Herrschergestalt im westlichen
Mittelmeerraum. Gegen Ende seiner Regierung milderte er sein Regime, und Syrakus erlebte eine Epoche des Friedens und der wirtschaftlichen Blüte. Seinem Tod aber folgte eine Zeit der Wirren.

Der neue Tyrann Hiketas (288–279) wurde von den Karthagern
besiegt. Sizilien wäre ihnen wahrscheinlich in die Hände gefallen, wäre
König Pyrrhos I. von Epirus nicht dort gelandet. Nach dessen Abzug
begründete einer seiner syrakusanischen Offiziere, Hieron II., eine
neue Tyrannis. Hieron regierte über fünfzig Jahre lang den Stadtstaat
(um 269–215). Zwar erwies sich zu Beginn des Ersten Punischen
Krieges sein Eintreten für Karthago als schwerwiegender Fehler, doch
wechselte er später noch rechtzeitig die Fronten, um vom römischen Sieg
im Jahre 241 zu profitieren. Während das ganze übrige Sizilien nach dem
Krieg die erste römische Überseeprovinz wurde, blieb das syrakusani-
sche Gebiet im Osten der Insel unter Hierons Verwaltung.

Hierons Gemahlin Philistis, die mit der Familie Dionysios' I. verwandt war, half ihrem Gatten durch ihre Abkunft, seinen Herrschaftsanspruch zu legitimieren. Hieron rühmte sich aber auch, er wolle die
Siege eines Gelon I. oder Hieron I. wiederholen. Vor seinen murrenden
Untertanen schirmte ihn die starke römische Militärmacht ab – und auf
expansionistische Abenteuer ließ er sich wohlweislich nicht ein. Im
Inneren konnte er seine Position in vielerlei Hinsicht ausbauen. Hieron
griff in seiner Finanz- und Steuerpolitik *(Lex Hieronica)* teilweise auf die
Steuergesetzgebung Ptolemaios' II. Philadelphos zurück. Die Römer
waren davon so beeindruckt, daß sie dieses Steuersystem nach und nach
in ihrer eigenen Provinz einführten. Ursprünglich sah die Lex Hieronica
(im Gegensatz zur ägyptischen Urfassung) eine zehnprozentige Abgabe

an den König vor, die auf alle landwirtschaftlichen Produkte seines Landes erhoben wurde. Hieron II. verfaßte selbst ein Handbuch über den Landbau und setzte den Getreideexport – er ließ große, festungsartige Getreidespeicher errichten – bewußt als politisch-ökonomisches Druckmittel ein. Im Hinblick auf den Handel mit Rhodos und Ägypten unterhielt er eine beachtliche Flotte, darunter das Fünftausend-Tonnen-Schiff »Alexandria«.

Obgleich Sizilien einen so bedeutenden Philosophen wie Empedokles von Akragas (gest. um 433) hervorgebracht hatte, war Platons Plan, den Hof von Syrakus nach den Vorstellungen des Philosophen zu formen, nicht von Erfolg gekrönt. Auch später konnte das »neureiche« hellenistische Sizilien keineswegs als kulturell führende Region gelten. In Centuripae nordwestlich von Syrakus wurden zwar hervorragende Vasenmalereien geschaffen, und Hieron ließ großartige Bauwerke errichten, so den größten Altar der Zeit (etwa 216 × 24 Meter). Aber es gab nur wenige einheimische Schriftsteller. Der einzige Nachfolger des Timaios blieb Philinos von Akragas mit seiner tendenziös gegen Rom gerichteten Darstellung des Ersten Punischen Krieges. Immerhin pflegte Sizilien eigene literarische Traditionen, so die laut Überlieferung hier entstandene Schäferpoesie. Der Syrakusaner Sophron schrieb im 5. Jahrhundert verschiedene Stegreifstücke in Prosa *(Mimen)*, und auch Theokrit, ein Meister in beiden literarischen Gattungen, stammte aus dieser Stadt. Ein Bittgedicht Theokrits an Hieron, worin er diesen um seine Gönnerschaft bat, blieb offensichtlich erfolglos, denn Theokrit wandte sich zunächst nach Kos, dann nach Alexandria. Zu Archimedes, ebenfalls Syrakusier und der größte Naturwissenschaftler seiner Zeit, stand Hieron dagegen in freundschaftlicher Beziehung. Seine technischen Erfindungen schienen ihm besonders für militärische Zwecke höchst nützlich zu sein.

Hieron II. lebte lange genug, um den Römern im Zweiten Punischen Krieg gute Dienste leisten zu können. Syrakus bildete eine natürliche Barriere zwischen Hannibals Heer in Italien und den Nachschubwegen Karthagos. Nach Hierons Tod schlug sich sein Enkel Hieronymus jedoch auf die Seite der Karthager, da er von ihrem Sieg über Rom überzeugt war. Hieronymus wurde Opfer einer Verschwörung. Syrakus aber, 213/ 212 von den Römern belagert, mußte sich schließlich ergeben und wurde geplündert – trotz aller Verteidigungsvorrichtungen des Archimedes. Er selbst wurde von einem römischen Soldaten getötet. Rom schaffte das Königtum ab, die Stadt wurde der Provinz Sizilien einverleibt.

Nie mehr sollte die Insel im Altertum eine politische Rolle spielen; ihre Bedeutung lag fortan auf wirtschaftlichem Gebiet: Für Rom gehörte Sizilien bald zu den bedeutendsten Getreidelieferanten; Scharen von Sklaven schufteten unter schlechtesten Bedingungen auf riesigen Landgütern. Sizilien wurde daher später zum Schauplatz der größten Sklavenaufstände in der Geschichte Roms (135–132 und 104–100).

2. Die Ptolemaier

Ägypten, geprägt vom schmalen, aber ungemein fruchtbaren Tal des Nils, hatte wegen seiner uralten Kultur und seiner natürlichen wirtschaftlichen Ressourcen schon immer das Interesse der Griechen gefunden. Seit dem Jahr 525, als Kambyses Ägypten erobert hatte, gehörte das Pharaonenland zwei Jahrhunderte lang zum persischen Achaimenidenreich. Zwar gelang es den Ägyptern nach einem Aufstand (um 410–404), ihre Selbständigkeit für längere Zeit wiederzuerlangen, doch 341 zwang der Großkönig Artaxerxes III. Ochos das Land erneut unter persische Oberhoheit. Nur neun Jahre später konnte Ägypten Alexander als Befreier vom persischen Joch begrüßen.

Unter Alexander blieb das historische Memphis die Hauptstadt des Landes. Der König legte aber auch den Grundstein zu einer neuen griechischen Kolonie, die noch heute seinen Namen trägt, Alexandria. Es gehörte schon das Genie eines Alexander dazu, um zu erkennen, daß aus dem armseligen Fischerdorf Rhakotis eine bedeutende und reiche Handelsmetropole werden konnte. Wahrscheinlich sollte sie den Platz der von ihm zerstörten phönikischen Hafenstadt Tyros einnehmen, denn im Gegensatz zu fast allen anderen Stadtgründungen Alexanders war sie nicht als militärischer Stützpunkt, sondern als Handelshafen angelegt.

An der Westspitze des Nildeltas auf einem Hügelrücken gelegen, war die Stadt landeinwärts durch Nilkanäle mit dem Mareotissee verbunden; nach Norden zum Mittelmeer hin schuf man zwei durch die vorgelagerte Insel Pharos hervorragend geschützte Seehäfen. Alexandria vereinte damit alle Vorzüge eines See- und Flußhafens und war für die großen Seeschiffe wie für die kleineren Nilsegler gleich gut als Umschlagort geeignet. Der durch Sostratos von Knidos geplante Bau des großen Leuchtturms auf der Insel Pharos, unter Ptolemaios I. Soter begonnen und unter seinem Sohn Ptolemaios II. Philadelphos um 279 vollendet, galt als eines der Sieben Weltwunder. Reichtum und Bedeutung gewann die Stadt nicht allein als Ausfuhrhafen für ägyptische Waren, sondern auch als größter Stapelplatz des Mittelmeergebietes, als Drehscheibe des Handels zwischen Ost und West.

In der Form eines Rechtecks von der Größe 6,5 × 1,1 Kilometer angelegt, zählte Alexandria gegen Ende des 3. Jahrhunderts bereits etwa eine halbe Million Einwohner und war damit die größte Stadt der

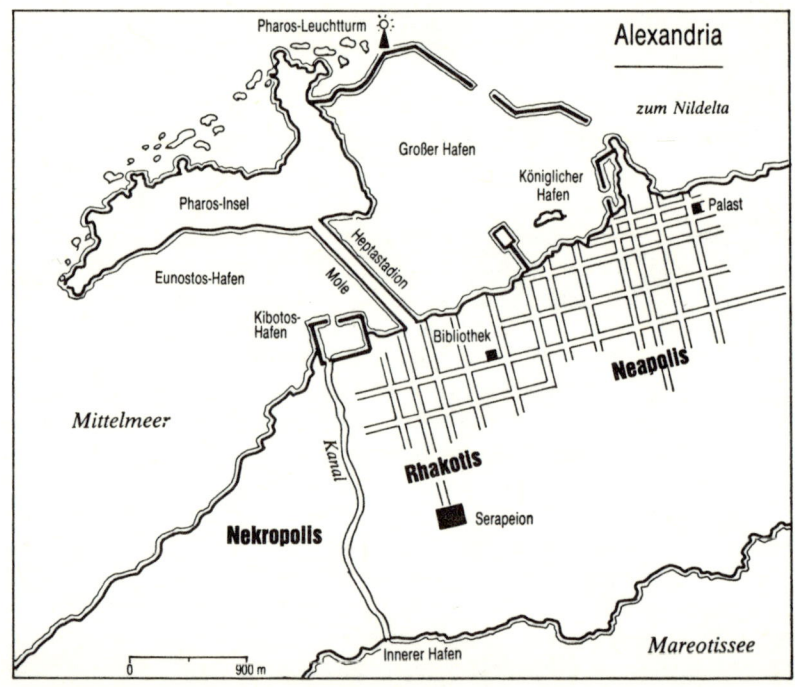

Alexandria

Pharos-Leuchtturm
zum Nildelta
Großer Hafen
Königlicher Hafen
Palast
Pharos-Insel
Eunostos-Hafen
Heptastadion
Mole
Kibotos-Hafen
Bibliothek
Neapolis
Mittelmeer
Kanal
Rhakotis
Serapeion
Nekropolis
Mareotissee
Innerer Hafen
0   900 m

griechischen *oikumene*. Zudem besaß sie unter allen Kolonien den höchsten Bevölkerungsanteil griechischer und makedonischer Abstammung.

Griechische Sitten und Gebräuche wurden in der Stadt eifrig gepflegt und bewahrt, auch blieben die Bindungen zur Heimat lange Zeit sehr eng. Die griechische Bevölkerung Alexandrias erfreute sich besonderer Privilegien und hatte eine eigene Bürgerorganisation *(politeuma)*, doch weder Rat noch Volksvertretung – jedenfalls in späterer Zeit. Auch die große jüdische Kolonie besaß ein eigenes *politeuma*. Außerdem lebten und arbeiteten in der Stadt neben Zehntausenden von Ägyptern zahllose Angehörige der verschiedensten Völker und Stämme. Alexandria war ein Schmelztiegel der Nationen, *die* kosmopolitische Stadt des Hellenismus schlechthin. Besonders anziehend wirkte sie auch auf unternehmungslustige junge Leute aus aller Welt, die hier die vielfältigen Anregungen und Vergnügungen einer internationalen Metropole genießen konnten.

Ein Großteil der Stadt bestand aus prächtigen Steinbauten, so daß später ein römischer Feldherr bemerkte, sie könne wohl niemals ein Raub der Flammen werden, denn es fehle an Holz. Viele Bauwerke

48

wurden weltberühmt: der Leuchtturm von Pharos, das Museion, die Bibliothek, der Serapistempel. Dazu kamen die Palastbauten der Ptolemaier, die man in der Nähe anmutiger Parkanlagen errichtete. Überreste davon hat man heute im Ostteil des alten Hafenbezirks entdeckt. Hier residierte das Herrscherhaus der Ptolemaier, seitdem Ptolemaios I. Soter (der Sohn eines Makedonen namens Lagos) die Hauptstadt von Memphis nach Alexandria verlegt hatte. Ptolemaios war von Alexander als Statthalter von Ägypten eingesetzt worden.

Nach Alexanders Tod übernahm Ptolemaios I. die Macht im Lande (und in der Kyrenaika); seit 305/304 führte er den griechischen Königstitel. Die durch ihn begründete Dynastie der *Lagiden* herrschte wesentlich länger als die beiden anderen großen hellenistischen Herrscherhäuser und fand erst mit dem Tod der Königin Kleopatra VII. im Jahr 30 ihr Ende.

Ptolemaios' glänzende organisatorische Begabung ließ das seit längerer Zeit von Kriegswirren verschont gebliebene Land rasch aufblühen. Theokrit, auf die Gunst der Ptolemaier hoffend, erklärte, daß Lagos' Sohn großartige Dinge erreicht habe, die niemand außer ihm hätten gelingen können. Den Nachfolger Ptolemaios II. Philadelphos (283–246) bedachte der Dichter mit noch schmeichelhafterem Lob.

In den von Ägypten abhängigen Gebieten Syriens und Kleinasiens gründeten die Ptolemaier weitere griechische Kolonien, nicht jedoch im dichtbesiedelten Nilstaat, der seit alters straff zentralistisch verwaltet wurde und damals etwa sechs bis sieben Millionen Einwohner hatte.

Alexandria im Norden und das oberägyptische Ptolemais (in der Thebais) blieben als neue, griechisch geprägte Verwaltungszentren des Landes Ausnahmen. Beide traten sozusagen in Konkurrenz zu ihren altägyptischen Nachbarstädten Memphis bzw. Theben, wobei Alexandria zum Sammelpunkt aller Griechen des Landes wurde. Ptolemaios I. Soter betonte nachdrücklich die Bedeutung der Stadt, als er den einbalsamierten Leichnam Alexanders mit großem Pomp von Memphis, wo er sich für kurze Zeit befunden hatte, hierher überführen ließ. Die einstige Gründung des großen Makedonen war nun auch seine letzte Ruhestätte geworden: ein politischer Schachzug, der Ptolemaios als den wahren Erben Alexanders legitimieren sollte.

Alexandria war jedoch eine recht ungewöhnliche Hauptstadt, die trotz ihrer guten Verbindung zum Hinterland niemals vollständig zu Ägypten gehörte, sondern eher den Eindruck eines riesigen Fremdkörpers machte. Man reiste von Alexandria nach »Ägypten«. Neben ihrer Funktion als Zentrum des Griechentums war sie der wichtigste Hafen des östlichen Mittelmeergebietes und die Hauptstadt eines Imperiums.

Obwohl die Ptolemaier in den Augen der Griechen »Könige« waren, galten sie nie als Könige »von Ägypten«, sondern (wie übrigens auch die anderen Diadochen) einfach als Herrscher – ein recht allgemeiner und unverbindlicher Begriff. Die überseeischen Besitzungen rückten Ägypten ins Zentrum der internationalen Politik, und die Könige waren darauf bedacht, diese Gebiete zu sichern und ständig zu erweitern. Zum Zeitpunkt der größten Machtentfaltung der Ptolemaier gehörten zum Reichsgebiet neben der Kyrenaika (mit der alten Stadt Kyrene) auch Zypern, wo man die alten Königreiche in Stadtstaaten umwandelte. Dazu kamen noch viele andere Inseln, die Küstengebiete Kleinasiens, der Libanon und Südsyrien. Um die beiden letztgenannten Territorien (*Koilesyrien*, d. h. Hohl-Syrien) führte man insgesamt fünf Kriege. Im Jahr 241 siegten die Ptolemaier über die Seleukiden, nach der Niederlage bei Paneion (200) war Koilesyrien jedoch endgültig verloren.

Das Seereich der Ptolemaier hatte zwei wichtige Funktionen zu erfüllen. Es sollte das ägyptische Kernland vor feindlichen Angriffen schützen und durch den Handel unermeßliche Gewinne einbringen, die bei einer autarken Binnenwirtschaft militärische Unternehmungen finanzieren mußten. Durch ihre überseeischen Besitzungen beherrschten die Ägypter weitgehend den Markt rund um die Ägäis; hier wurde der gesamte Mittelmeer- und Osthandel abgewickelt, und von hier kamen zum Beispiel Teer, Metalle und Bauholz für Schiffe, Rohstoffe, über die das Nilland nicht selbst verfügte. Auch viele der von den Ptolemaiern so dringend benötigten Schiffsbauer oder erfahrene Schiffsoffiziere stammten von den Küsten der Ägäis.

Die Ptolemaier-Könige waren jedoch nicht allein auf ihren Besitz im Norden und Nordwesten fixiert, auch im Osten und Süden Ägyptens erschlossen sie alte und neue Handelsstraßen. Seefahrer der frühen Ptolemaierzeit erkundeten das Rote Meer und die südlich davon gelegenen Landsstriche, nachfolgende Generationen entdeckten Schiffahrtsrouten nach Afrika und Indien, sorgten für die Sicherheit der Warenumschlagplätze an den Endpunkten der arabischen Karawanenstraßen und bekämpften die Seeräuberei. Über die Südroute nach Ägypten kommende Rohmaterialien wurden im Land veredelt und gingen als hochwertige Exportprodukte in das gesamte Mittelmeergebiet: Die Exportwirtschaft war die tragende Säule des ptolemaiischen Staatswesens.

Damit Handel und Wandel reibungslos funktionieren konnten, mußte man das Staatswesen perfekt durchorganisieren. Ptolemaios I. Soter und insbesondere sein Nachfolger Ptolemaios II. Philadelphos bauten die Staatsverwaltung aus, wobei ihnen sehr zustatten kam, daß Äypten längere Zeit von kriegerischen Verwicklungen verschont blieb. Ein hervorstechender Zug des ptolemaiischen Staatsaufbaus war eine hochentwickelte und allgegenwärtige Bürokratie, die einmalig in der Welt war. Die griechischen Beamten in Ägypten verwalteten ihr Land hervorragend, so der geniale Apollonios, der seit 268/67 über zwanzig Jahre das wichtige Finanzressort leitete. Die in den sog. *Zenonpapyri* gesammelte Korrespondenz des Zenon von Kaunos, eines Mitarbeiters und Vertrauten des Apollonios, haben uns die meisten Kenntnisse über die ägyptische Staatswirtschaft und Verwaltungspraxis vermittelt. Eines der interessantesten Dokumente aus dieser Sammlung enthält die folgende offizielle Verlautbarung: »Niemand hat das Recht zu tun, was er will, aber alles ist zum Besten eines jeden geregelt.«[3] Nach dieser Doktrin gehörte das Land allein den Königen, doch mußten sie es zum Nutzen aller verwalten. Daher bemühten sie sich, die Trennung zwischen ziviler und militärischer Gewalt aufzuheben, um die Verwaltung und ihre allgegenwärtige Polizei nach den Richtlinien militärischer Disziplin immer vollkommener durchorganisieren zu können.

Jede nur denkbare Finanzierungsquelle wurde zum Vorteil des Herrschers ausgeschöpft; die Wirtschaft diente ausschließlich der Staatsmacht, und das ganze System glich einem disziplinierten, fleißigen Bienenstaat, in dem jeder einzelne nur für ein Ziel zu arbeiten hatte: den Reichtum des Herrschers zu mehren. Freilich hatte dieses System auch Mängel: Die Könige mußten oft zufrieden sein mit dem, was sie vorfanden; faule Kompromisse, Schlamperei und mangelnde Kompetenz waren an der Tagesordnung. Trotzdem muß man den Ptolemaiern bescheinigen, daß sie ihre merkantilistische Wirtschaftspolitik zielstrebiger verfolgten als die übrigen hellenistischen Herrscher, wenngleich die Attaliden in Pergamon oder Hieron II. von Syrakus sich alle Mühe gaben, mit den Ptolemaiern zu wetteifern. Eine erstaunlich fortgeschrittene Demographie sowie hervorragende Wirtschaftsstatistiken ermöglichten es der ägyptischen Regierung genauestens abzuschätzen, was ihre Untertanen arbeiteten und wie hoch der Wert ihrer Arbeitsleistung zu veranschlagen war. In späterer Zeit freilich schienen die Beamten in ihren eigenen Statistiken regelrecht zu ersticken.

Am besten läßt sich das System am Beispiel der Landwirtschaft erläutern. Angeregt durch Ägyptens einzigartige natürliche Ressourcen, wurden die ersten beiden Ptolemaier die tatkräftigsten Förderer der Melioration in der griechischen Geschichte. Ptolemaios II. Philadelphos rekultivierte ausgedehnte Wüstenstriche im Fajum. Griechische Ingenieure erprobten dort die fortschrittlichsten Bewässerungsmethoden (eine der wenigen wichtigen technischen Errungenschaften der Zeit), so daß sich die Bauern, die bisher ihren durch den Nilschlamm fruchtbaren Boden in primitiver Weise bearbeitet hatten, plötzlich aus der Bronzezeit in die Gegenwart, d. h. in die Eisenzeit versetzt sahen. Werkzeuge aus Eisen waren in Ägypten nämlich bisher noch nicht verwendet worden.

Ein beträchtlicher Teil des Bodens war »Königsland«, das den Königen gehörte und von ihren Beauftragten bearbeitet wurde. Die Größe dieser Besitztümer läßt sich nicht exakt bestimmen. Verglichen mit denen der anderen hellenistischen Monarchien waren sie vermutlich weitläufiger, da die Ptolemaier, wie es heißt, eine halbe Million Menschen von dem Ertrag ihrer Ländereien ernähren konnten. Theoretisch galt ganz Ägypten als »mit dem Speer erobertes Gebiet«, d. h. es gehörte – bis auf die griechischen Städte – ganz allein dem König. Ein großer Teil des Landes war allerdings als Lehen vergeben. Griechen und Makedonen bekamen bestimmte Ländereien als *Kleruchien* zugewiesen, Eigentümer blieb jedoch der König. Langgediente Offiziere und Beamte erhielten Land zu besonders günstigen Bedingungen, bisweilen auch kostenlos. So versicherte man sich ihrer Loyalität. Denn obgleich die Ptolemaier nach dem Grundsatz handelten, viel zu nehmen und wenig zu geben, so waren sie doch aus Berechnung großzügig bei der Vergabe von Privilegien an verdiente Leute. Der Finanzminister Apollonios zum Beispiel erhielt drei Quadratmeilen kultiviertes Land in Philadelphia (einer Gründung Ptolemaios' II. im Fajum), das er mit modernsten Methoden bearbeiten ließ. Außerdem wurde Königsland zu den unterschiedlichsten Bedingungen auch häufig an Ägypter oder an Institutionen, zum Beispiel an Heiligtümer oder an ganze städtische Gemeinden, vergeben.

Die Regierung stellte Vieh, Saatgut und Gerätschaften, dafür mußten die Pächter alle Anordnungen genauestens befolgen. So durften sie beispielsweise nur das anbauen, was der offizielle Plan vorsah (die Pläne wurden jedes Jahr überprüft), auch war der Zeitpunkt der Aussaat exakt vorgeschrieben. Ein hoher Anteil der Erträge mußte an die Regierung verkauft oder als Pachtzahlung und Steuer abgeliefert werden. Besonders scharf war die Überwachung zur Erntezeit, wenn die zur Abgabe bestimmten Anteile ausgesondert, in den Bezirksstädten gesammelt und nach Alexandria verschifft wurden, wo man sie in den Getreidespeichern einlagerte.

Das ökonomische System der Ptolemaier wird häufig als »staatsmonopolistisch« oder »staatssozialistisch« bezeichnet und als der bis heute vielleicht am besten durchdachte Versuch in dieser Richtung angesehen. Das ist jedoch nur bedingt richtig, denn die Arbeit, die von ägyptischen Landarbeitern auf ihrem eigenen Stück Königsland geleistet wurde, ist nur ein Teil der Wirtschaftstätigkeit. Daneben gab es zahlreiche Bauern, die ihr Land vom König zwar gepachtet hatten, aber nicht direkt für ihn arbeiteten; sie waren allerdings verpflichtet, sämtliche Anordnungen striktest zu befolgen. Man trifft den Sachverhalt vielleicht besser, wenn man von einer hierarchisch geordneten »Befehlswirtschaft« spricht.

Auch das Getreide mußte wie jedes andere Produkt in jeder Region nach dem offiziellen Zeitplan angebaut werden, und diesen paßte man den Bedürfnissen des königlichen Hofes an. Der Getreidehandel übertraf alles andere an Bedeutung; er war Ägyptens Haupteinnahmequelle. Zu einer Zeit, als Weizen und Gerste eine weit größere Rolle bei der Ernährung spielten als heute, waren die Ptolemaier die wichtigsten Getreidelieferanten der Welt. Man exportierte jedes Jahr Millionen von Scheffeln, wobei Rhodos und Delos als internationale Umschlagplätze dienten. Rhodos war auch das Warenlager für Gewürze jeder Art, damals eines der wichtigsten »Luxusgüter« (sie dienten allerdings vorrangig der Nahrungsmittelkonservierung). Im ägyptischen Alexandria wurde der Gewürzhandel übrigens streng kontrolliert: Die Arbeiter mußten sich nach Feierabend einer Leibesvisitation unterziehen.

Die Methoden der »Befehlswirtschaft« galten auch für Herstellung, Verkauf und Export des begehrten Papyros. Das Monopolerzeugnis Ägyptens diente nicht nur als Schreibmaterial – die Kunst des Schreibens gewann immer mehr Anhänger, Papyros wurde daher im internationalen Handel zu einem Exportschlager –, man verwendete es auch beı der Fabrikation von Segeltuch, von Matten, Seilen und Körben, ja sogar beim Weben von Stoffen. Noch ein weiteres Produkt unterlag einer strengen staatlichen Kontrolle, nämlich Öl (das übrigens ausschließlich im Land selbst verbraucht wurde). Es handelte sich meist nicht um Olivenöl (Olivenbäume gab es in Ägypten nur wenige, Oliven genoß man als Frucht), sondern um Sesamöl (die beste Qualität), Safloröl (von der Färberdistel), Kürbisöl, Leinsamenöl und Krotonöl, alles Sorten, die aus den im Niltal heimischen Pflanzen gewonnen wurden. Auch hier galt ein exakter, freilich den wechselnden Erfordernissen ständig angepaßter Anbauplan. Die Kontrolle, die entweder direkt von Beamten des Königs oder indirekt über die Pächter ausgeübt wurde, war in jedem Produktionsstadium außerordentlich genau. Es war festgelegt, wie groß das zum Ölanbau erforderliche Stück Land sein durfte; vorgeschrieben waren auch der zeitliche Ablauf der Produktion und der Preis, den die Ölhändler für die Verkaufserlaubnis zu zahlen hatten und so fort. Die Arbeiter waren am Gewinn beteiligt; sie wurden aber so streng überwacht, daß es ihnen sogar verboten war, den Wohnort zu wechseln.

Beim Weinbau bemühte man sich ebenfalls um moderne Anbaumethoden. (Der Weinbau war schon früher bekannt gewesen; die Ägypter bevorzugten allerdings Gerstenbier.) Neben der Kultivierung neuer Ländereien für Obst und Gemüse betrieben die Könige auch eine fortschrittliche Viehwirtschaft; Widder, Stiere und Eber wurden für die Zucht importiert. Es wurde sehr viel mehr – und besseres – Weideland als früher ausgewiesen, damit mehr Schafwolle erzeugt werden konnte und überdies die Grünfutterversorgung für die königliche Kavallerie sichergestellt wurde. Gleichermaßen interessiert waren die Könige an der Textil- und Parfumherstellung, an der Fischzucht, an der Einrichtung von Bädern und Brauereien, an Ziegelherstellung, Glasfabrikation und Metallverarbeitung, aber auch am hochentwickelten Kunstgewerbe. Alle diese Industriezweige wurden von Konzessionären geleitet, soweit nicht königliche Beamte damit betraut wurden. Diese Konzessionäre erhielten gegen Entrichtung einer Gebühr eine Betriebserlaubnis, die ihnen die Ausübung ihres Gewerbes garantierte. Den üblichen Kontrollen waren freilich auch sie unterworfen.

Das ptolemaiische Steuersystem war ähnlich perfektioniert. Die in einigen anderen hellenistischen Staaten übliche direkte, allgemeine Grundsteuer wurde zwar nicht erhoben, doch schröpften die Ptolemaier ihre Untertanen in einem vorher nicht dagewesenen Ausmaß. Detaillierte Aufstellungen von mehr als zweihundert Steuerarten sind uns erhalten. Besonders Ptolemaios II. erpreßte eine solche Fülle von Abgaben, wie sie selbst heute kaum vorstellbar ist. Jedermann, ganz gleich aus welcher Schicht, zahlte hohe Steuern, um bei den Produzenten einkaufen zu können, die ihrerseits unter den Abgaben stöhnten. Um die Konkurrenz anderer Länder auszuschalten, hatten die Ptolemaier einen eigenen »phönikischen« Münzfuß eingeführt, und außerdem erhoben sie eine fünfzigprozentige Importsteuer auf ausländisches Öl (betroffen war vor allem griechisches Olivenöl, das den einheimischen Ölarten überlegen war). Wenn Händler trotzdem Öl importierten, mußten sie es dem König zu einem festen Preis verkaufen. Zuwiderhandlungen wurden mit hohen Geldstrafen geahndet. Das Eintreiben dieser Gelder besorgten Steuerpächter. Wie sich später im Römischen Reich zeigte, führte dieses System leicht zu Amtsmißbrauch. Doch die Ptolemaier überwachten, zumindest in der Frühzeit, die Steuerpächter außerordentlich streng.

Die zahlreichen Besteuerungen wiederum trugen zu einer rapiden Entwicklung des Bankwesens bei. In der griechischen Welt waren Banken schon seit langem bekannt. Als Folge des weitreichenden Geld- und Warenverkehrs kam es nun wie auch anderswo in der hellenistischen Welt zur Gründung neuartiger Geschäftsbanken. Schriftliche Dokumente ersetzten die mündlichen Abmachungen der früheren Zeit. Neu war auch die zentrale Steuerung durch die Staatsbank in Alexandria, die über verschiedene Zweigstellen verfügte. Diese »Königsbanken« bürgten für die Erfüllung der Verträge zwischen dem Staat und den

Steuerpächtern; außerdem dienten sie als Einzahlungsstelle für Steuern, die in Naturalien oder Bargeld entrichtet wurden. Daneben mußten sie beispielsweise Anweisungen aus der Staatsschatulle auszahlen und umgekehrt mit allen Mitteln den Wohlstand der Könige mehren. Auch um private Vermögen kümmerten sich die Banken.

Manchmal waren Banken mit Tempeln zusammengeschlossen. Jahrtausendelang waren die Tempel Zentren ägyptischer Kultur gewesen, und auch jetzt noch prägten sie nachhaltig das ökonomische, geistige und künstlerische Leben. In den Tempelgesellschaften hatte sich die einheimische Oberschicht Ägyptens erhalten; sie galten als Mittelpunkt der nationalen Bildung; in Schrift und Kunsthandwerk pflegte man literarische und epigraphische Traditionen, das reiche kulturelle Erbe wurde hier an die nachfolgenden Generationen weitergegeben, und zwar weitgehend unbeeinflußt von der fremden Kultur der Griechen. Die Ptolemaier förderten die ägyptische Tradition und übernahmen den Schutz der Tempelgesellschaften, gewährten ihnen Privilegien und finanzielle Unterstützung. Manetho, der ägyptische Oberpriester in Heliopolis *(ōn)*, schrieb zum Dank eine Geschichte Ägyptens in griechischer Sprache (sie wurde später von unbekannten Bearbeitern ergänzt und verbessert) und widmete sie Ptolemaios II. Philadelphos. Dessen Sohn Ptolemaios III. Euergetes (246–221) bemühte sich besonders um gutes Einvernehmen mit der einheimischen Priesterschaft. Der Isis- und Serapiskult, den die Ptolemaier eifrig förderten, war nichts anderes als die hellenisierte Version der ägyptischen Tradition. Andererseits nahmen die Könige es hin, daß vereinzelt die ursprüngliche ägyptische Religion fortbestand, und machten keinen Versuch, deren traditionelle Formen zu verändern. Die neuen Machthaber wollten nicht nur griechische Könige, sondern auch ägyptische Pharaonen sein. Ptolemaios V. Epiphanes (205–180) wurde in Memphis sogar nach ägyptischem Ritus gekrönt.

Trotzdem verlor die ägyptische Kultur nach und nach an Lebenskraft, denn die Beziehungen zwischen Griechen (und Makedonen) und Ägyptern blieben im Grunde unbefriedigend. Das Hauptproblem war, daß die Griechen einen sehr viel höheren Sozialstatus besaßen. Gewiß: Manchen der ägyptischen Durchschnittsbürger ging es unter den ersten Ptolemaierkönigen besser als jemals zuvor, denn die Könige schützten viele vor den schlimmsten Pressionen – aber nur im Interesse des Königshauses. Man konnte auch nicht behaupten, daß die Ptolemaier Rassisten waren – ihre Politik hatte immer nur den eigenen Vorteil im Auge. Trotzdem waren es vor allem die Griechen, welche das Regime stützten und lebensfähig hielten. Diese Tatsache blieb niemandem verborgen; soziale Spannungen konnten daher nicht ausbleiben.

Die Griechen waren von Ägyptens uralter Kultur unverkennbar tief beeindruckt. Ihre Schriftsteller hatten schon früh mit glühender Bewunderung von einzelnen Institutionen berichtet, wenn auch häufig ungenau. Griechische Ärzte brannten darauf, von der ägyptischen Medizin zu lernen, griechische Dichter übernahmen gern ägyptische Vorlagen, zum Beispiel im *Traum des Nektanebos*. Darüber hinaus wurden in den weniger wohlhabenden Schichten griechisch-ägyptische Mischehen durchaus üblich, zumindest seit Ptolemaios II. Philadelphos. Doch die Griechen waren mit der Überzeugung ins Land gekommen, die Ägypter seien gewalttätig und verschlagen. Dieses Vorurteil hielt sich hartnäckig. Kein Wunder also, daß griechische Richter bei Verfahren gegen Ägypter sehr voreingenommen urteilten. Eingeborene Bauern verrichteten für einen Hungerlohn niedere Arbeiten, die man andernorts nur Sklaven zumutete. Trotzdem wurden sie weitaus höher besteuert als griechische Bürger, und praktisch führten sie das Leben von Leibeigenen. Im schlimmsten Fall wurden sie mit unbeschreiblicher Grausamkeit behandelt. So berichtet etwa Agatharchidos von Knidos (2. Jahrhundert) über ihr Los in den Sträflingslagern der nubischen Goldminen.[4] Die Staatsgefängnisse in den altgriechischen Städten des Mittelmeerraumes waren nie besonders komfortabel gewesen (Sokrates verbrachte seine letzten Tage in solch einem athenischen Gefängnis). Noch schmutziger waren die *ergasteria* auf den großen Sklavenplantagen der neuen hellenistischen Großstaaten. Doch sie alle wurden von den Goldminen der Ptolemaier an Scheußlichkeit übertroffen. Natürlich mußten die meisten Ägypter keine so schrecklichen Leiden erdulden. Aber auch der einfache ägyptische Bürger sah sich mit Hab, Gut und Leben gänzlich den Interessen von Fremden ausgeliefert.

Das ptolemaiische Wirtschaftswunder war nicht von langer Dauer. Die zentralisierte Bürokratie konnte nur mit Beamten fehlerlos funktionieren, die von überdurchschnittlicher Tatkraft waren – und sich niemals irrten. Über eine gewisse Zeit wurde zumindest die erste Forderung erfüllt. Doch auf längere Sicht bewirkte die wachsende Benachteiligung und Ausbeutung der Ägypter zunächst Verbitterung und dann Hoffnungslosigkeit und Verzweiflung. Das Verhältnis zwischen Griechen und Ägyptern verschlechterte sich – nicht auf einen Schlag, sondern nach und nach. Doch schon in der Korrespondenz des Zenon von Kaunos, des Mitarbeiters von Apollonios, gibt es Beweise für die Diskriminierung von Ägyptern: »Ich kann nicht wie ein Grieche auftreten *(hellenizein)*«, klagt ein (arabischer ?) Kameltreiber. Unter Ptolemaios III. Euergetes beschwert sich ein Priester, daß der bei ihm einquartierte Grieche auf ihn herabschaue, »weil er ein Ägypter sei«.[5]

Ptolemaios IV. Philopator (221–205) hingegen erkannte, daß ein engeres Zusammengehen mit den Einheimischen notwendig war, um die griechische Herrschaft überhaupt aufrechtzuerhalten. Außenpolitisch sah er sich zunehmend isoliert, der Westhandel war fast zum Erliegen gekommen, was eine verheerende Inflation zur Folge hatte. In dieser Krisensituation entschloß er sich, seine Herrschaft innenpolitisch zu sichern, indem er die Ägypter zur Zusammenarbeit aufrief. Seinen glänzenden Sieg über den Seleukiden Antiochos III., den Großen, bei Raphia (217) konnte er nur erringen, weil er ein großes Kontingent ägyptischer Soldaten am Kampf beteiligt hatte.

Wie so oft, erwuchsen daraus neue Probleme. Die Griechen sahen sich plötzlich sehr selbstbewußten Ägyptern gegenüber, die unverhohlen ihre Ansprüche geltend machten. Gleichzeitig brachen vereinzelt Stammesrevolten aus, die sich nicht eindämmen ließen und weiter um sich griffen. Zwei Jahrzehnte lang (208/7–187/6) beherrschten nubische Könige, die sich vom Reich losgesagt hatten, nahezu die gesamte oberägyptische Thebais, von jeher eine Brutstätte des ägyptischen Nationalismus. Erst Ptolemaios V. Epiphanes (205–180) beendete die Abspaltung der Abtrünnigen mit brutalsten Mitteln.

Es war eine Zeit wüstester lokaler Umsturzversuche, Belagerungen und Überfälle. Auch die Nilschiffahrt schien nicht mehr sicher. In diesen Jahren sahen sich nicht nur die Ägypter, sondern auch die herrschende Klasse bedroht. Ein Einsiedler namens Ptolemaios beklagte sich zum Beispiel, man habe ihn überfallen, weil er Makedone sei. Der Verlust fast aller überseeischen Gebiete an den Seleukiden Antiochos IV. Epiphanes nach der Schlacht von Panion (200) machte dem Osthandel Ägyptens ein Ende und führte zu weiterer Verarmung. Dynastische Querelen und Skandale sowie die Inflation in den Jahren 174/73 zeugen vom wirtschaftlichen Niedergang des Landes in der folgenden Epoche.

Die Landarbeiter hatten sich angewöhnt, zum Zeichen des Protestes die Arbeit zu verweigern – nicht weil sie sich davon Lohnerhöhungen oder bessere Arbeitsbedingungen versprachen, sondern aus schierer Verzweiflung. Oft wurden die Protestaktionen durch irgendeinen zufälligen Ärger ausgelöst. Im Verlauf des 2. Jahrhunderts kam es noch schlimmer: Bauern (selbst Steuerpächter, die ihren Verpflichtungen nicht mehr nachkommen konnten) streikten, verließen scharenweise ihre Arbeitsplätze und Häuser und suchten in Heiligtümern Zuflucht oder gingen in den Untergrund. »Wir sind erschöpft«, lesen wir auf einem Papyros, »wir wollen davonlaufen.«⁶ Die wirtschaftliche Situation verschlimmerte sich noch weiter, weil nicht mehr genügend Leute da waren, um das Land zu bestellen. Ptolemaios VIII. Euergetes II., der im Ruf stand, der einheimischen Bevölkerung gewogen zu sein, erließ 118 eine bemerkenswerte Verfügung (es ist nicht die erste ihrer Art), in der er Erleichterungen anordnete: Amnestie, Befreiung von Dienstleistungen, Steuernachlässe, der Rat an Beamte, sich zu mäßigen.[7] Aber es war zu spät. Ägypten taumelte unaufhaltsam dem Zusammenbruch und der Abhängigkeit von skrupellosen Römern entgegen. Mehr als ein Ptolemaier ging mit sich zu Rate, ob er dem Römerreich sein Königreich überlassen solle, nach dem Vorbild Attalos' III. Philometor, der den Römern Pergamon vermacht hatte.

Der Zustand der riesigen Stadt Alexandria gehörte zu den schlimmsten Problemen, denen sich die Regierung und natürlich auch die profitgierigen römischen Abenteurer gegenübersahen. Die griechischmakedonische Bevölkerung bestand aus einem brodelnden Rassengemisch, das, leicht erregbar, jederzeit bereit war, einen Aufruhr anzuzetteln. Auch der Königspalast war zeitweise in den Händen zweifelhafter Persönlichkeiten, zum Beispiel des verschlagenen mordgierigen Sosibios und seiner Freunde, die für Ptolemaios IV. Philopator die Regierungsgeschäfte führten. Später wurde der Hof, obwohl er griechisch blieb, ähnlich wie die Königshöfe im Osten von Eunuchen beherrscht, häufig von recht zwielichtigen Gestalten. Dieses instabile Gebilde Alexandria war die Machtbasis der Kleopatra VII. Philadelphos Philopator Philopatris, die im Jahr 51 den Thron bestieg und einen letzten verzweifelten Versuch unternahm, Königtum und Reich vor dem Untergang zu retten: durch ihre Verbindung mit Iulius Caesar (der angeblich der Vater ihres Sohnes Ptolemaios XV. Caesar oder Kaisarion war), danach durch die Liaison mit Marcus Antonius (von dem sie weitere Kinder hatte). Aber der Versuch schlug fehl – kurz danach ging auch das letzte indogriechische Königreich unter –, und nach nahezu dreihundert Jahren ptolemaiischer Königsherrschaft wurde das Land im Jahr 30 römische Provinz. Trotz aller Rückschläge war Ägypten immer noch so reich, besonders an Getreide, daß sich die gesamte römische Wirtschaftsstruktur grundlegend wandelte. Unter der Herrschaft der Römer ging es dem ägyptischen Volk jedoch nicht mehr so gut wie unter den Ptolemaiern – zumindest unter den frühen Königen dieser Dynastie.

3. Die Seleukiden

In der Blütezeit des Reiches beherrschten die Seleukiden ein Gebiet von mehr als zwei Millionen Quadratkilometer, das sich von der Ägäis bis Afghanistan und Turkestan erstreckte und von etwa dreißig Millionen Menschen bewohnt war (zum Vergleich: Ägypten hatte zur selben Zeit weniger als sieben Millionen, Makedonien vier Millionen Einwohner), und das, obwohl Seleukos I. Nikator seine am weitesten im Osten gelegenen Gebiete um 303 an den indischen Fürsten Chandragupta Maurya im Tausch gegen Kriegselefanten abgetreten hatte. Die imponierende Ausdehnung dieser Gebiete ließ den Anspruch der Seleukiden nicht abwegig erscheinen, daß sie weit eher als etwa die Ptolemaier oder Antigoniden die legitimen Nachfolger Alexanders des Großen seien, der die ganze Welt beherrscht hatte. Die seleukidischen Herrscher konnten die Staatsgewalt auf nichts anderes stützen, als auf die eigene Person und die Armee, ein stehendes Heer von nicht mehr als siebzigtausend Mann, die Söldner eingeschlossen. Sie mußten daher die größten Anstrengungen darauf verwenden, diesen schwerfälligen Koloß recht und schlecht zusammenzuhalten.

Es gab eine ganze Anzahl Fakten, die den Zerfall des Seleukidenreiches geradezu herausforderten. Zum Beispiel existierten zwei Hauptstädte nebeneinander, Neugründungen in verschiedenen Ländern: Antiocheia in Syrien und Seleukeia am Tigris in Babylonien. Bei den Provinzen im Inneren des Reiches gab es überdies eine klare Trennung zwischen zentralen, direkt verwalteten und schwer zugänglichen abgelegenen Gebieten. Da der Arm des Königs nicht so weit reichte, wurden diese Gebiete häufig nicht einmal von seleukidischen Statthaltern (auch diese waren verhältnismäßig selbstständig), sondern von unabhängigen Kleinkönigen, Stammesfürsten oder den geistlichen Führern der alten Tempelstaaten regiert. In den kleinasiatischen und syrischen Tempelstaaten galten noch die alten Feudalordnungen, welche die Seleukiden möglichst einzuschränken versuchten, indem sie deren Ländereien annektierten und säkularisierten, wo immer sie konnten. Ein durchgreifender Erfolg blieb ihnen jedoch versagt.

Die früheren Achämenidenkönige waren mit dieser Situation durchaus vertraut gewesen. Aber anders als im persischen Reich gab es im seleukidischen Herrschaftsgebiet zahlreiche autonome Siedlungen oder Kolonien mit griechischer bzw. hellenisierter Bevölkerung. Die griechische Kolonisation war zwei oder drei Jahrhunderte lang fast zum Erliegen gekommen, bis Philipp II. – in Thrakien – und in viel größerem Umfang sein Sohn Alexander III., der Große, das Problem mit neuer Energie angingen. Beide Könige maßen der Kolonisation in einer Epoche des historischen Umbruchs grundlegende Bedeutung bei. Zwanzig solcher Alexanderstädte, und nicht die unwahrscheinliche Zahl von siebzig, die von Plutarch (im 2. Jahrhundert) überliefert ist[8], sind mit einiger Sicherheit lokalisiert worden, dreizehn hat man zweifelsfrei identifiziert. Sie finden sich östlich des Euphrat und weiter über »Alexandreia am Kaukasus« im Paropamisos-Gebirge (Hindukusch) bis zum Pandschab.

Alexander hat sich ganz gewiß nicht bewußt als Apostel des Hellenis-

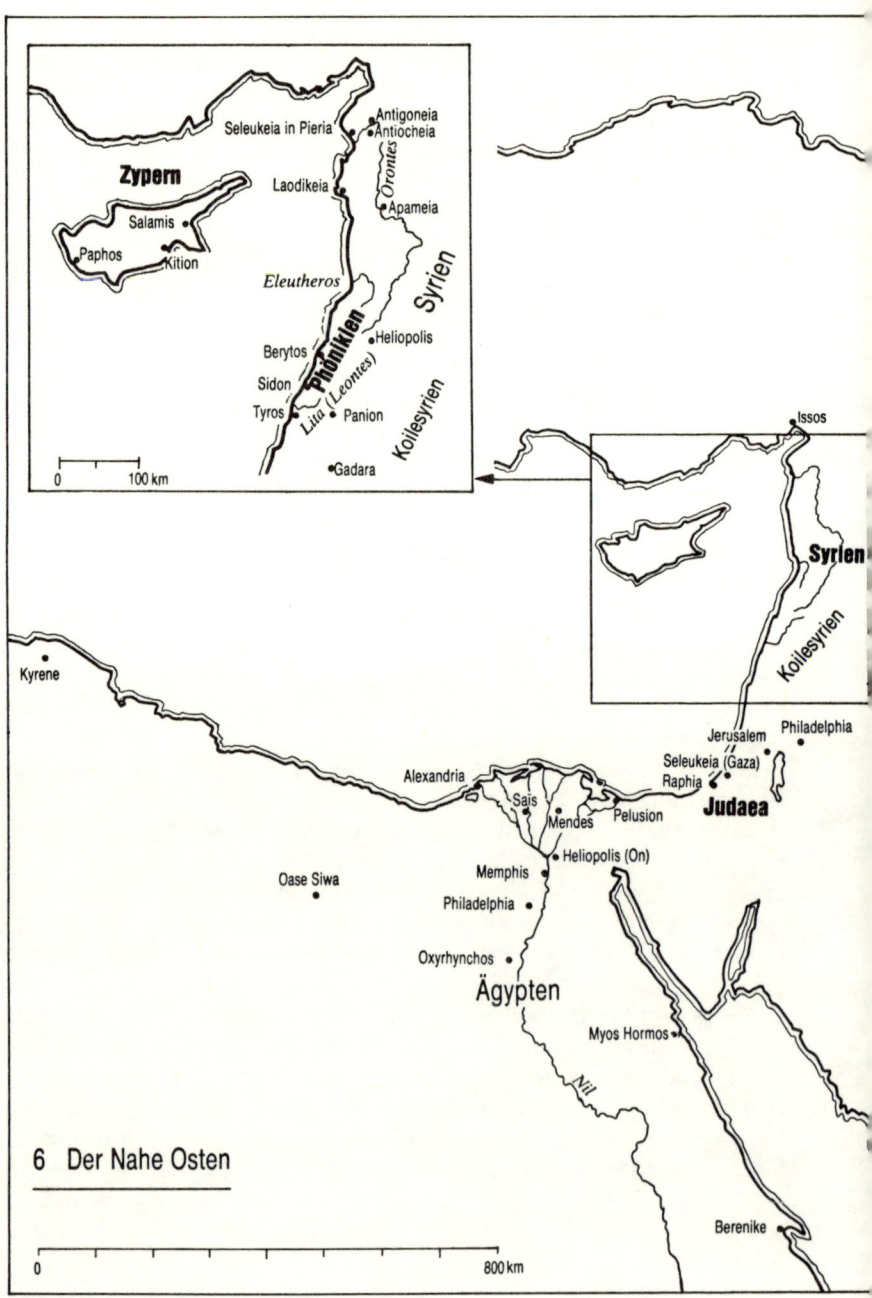

6 Der Nahe Osten

Zypern (inset map) — Seleukeia in Pieria, Antigoneia, Antiocheia, Laodikeia, Orontes, Apameia, Salamis, Paphos, Kition, Eleutheros, Syrien, Phönikien, Berytos, Heliopolis, Sidon, Tyros, Litas (Leontes), Panion, Koilesyrien, Gadara

0   100 km

Issos, Syrien, Koilesyrien

Kyrene

Jerusalem, Philadelphia, Seleukeia (Gaza), Raphia, **Judaea**

Alexandria, Sais, Mendes, Pelusion

Heliopolis (On)

Oase Siwa, Memphis, Philadelphia

Oxyrhynchos

Ägypten

Myos Hormos

Nil

Berenike

0   800 km

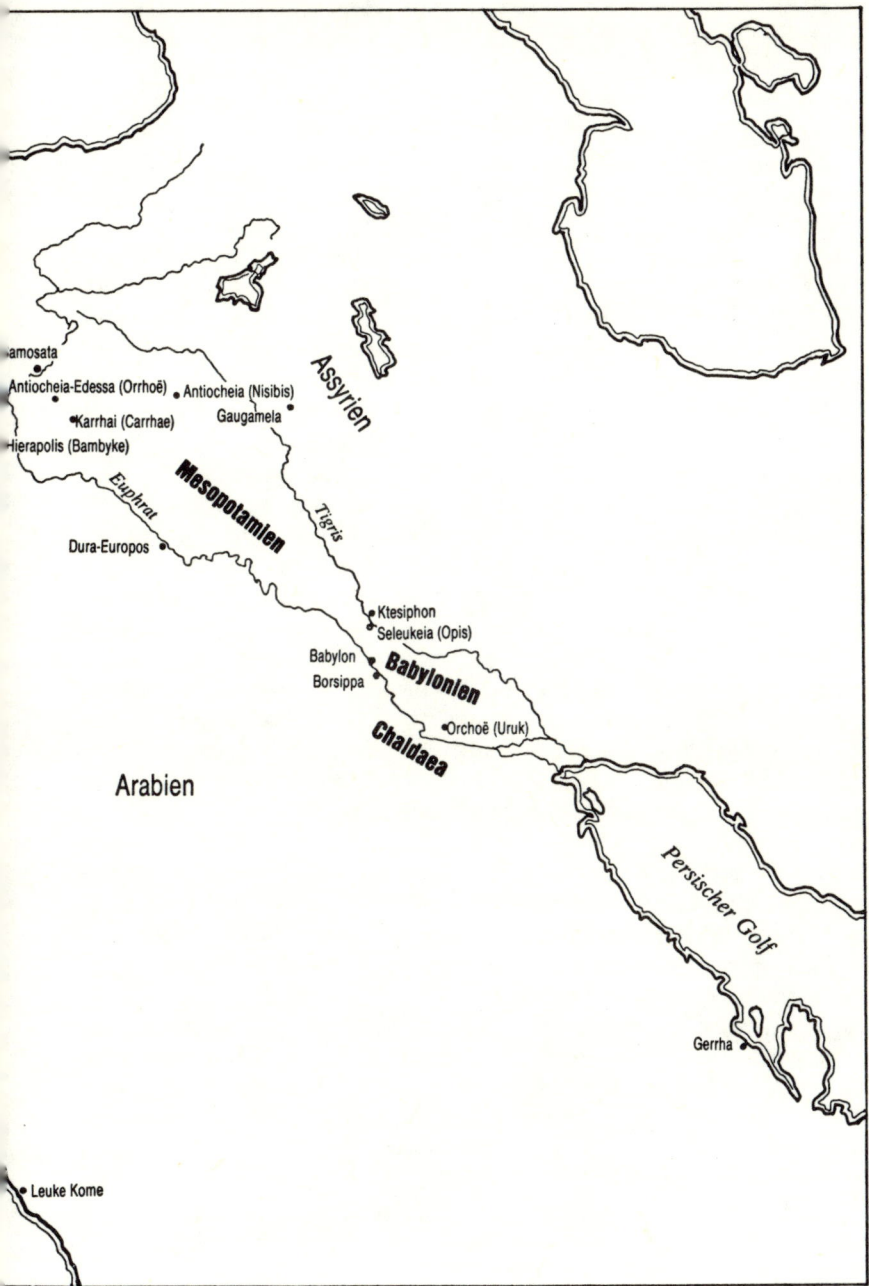

amosata

Antiocheia-Edessa (Orrhoë) • • Antiocheia (Nisibis)

•Karrhai (Carrhae)   Gaugamela

Hierapolis (Bambyke)

Assyrien

Mesopotamien

Euphrat

Tigris

Dura-Europos •

• Ktesiphon
• Seleukeia (Opis)

Babylon •
Borsippa

Babylonien

Chaldaea

•Orchoë (Uruk)

Arabien

Persischer Golf

Gerrha •

• Leuke Kome

mus gesehen. Seine Siedlungspolitik (eine Ausnahme ist Alexandria in Ägypten) entsprang in erster Linie militärischem Zweckdenken. Die Lage der Neugründungen – oft an Orten, an denen Städte bereits existierten – war unter strategischen Gesichtspunkten gewählt. Zum Beispiel an Pässen oder Furten oder zur Kontrolle bestimmter Landesteile, die erst kurz zuvor erobert worden waren (wobei natürlich auch an Handelsbeziehungen und -wege gedacht wurde).

Die neuen Siedlungen waren mit Befestigungsanlagen versehen, so daß sie wenn nötig verteidigt werden konnten. Die neuen Bewohner dieser verschiedenen Alexanderstädte waren meist zwangsverpflichtete frühere Söldner, aus denen im Notfall rasch ein Reserveheer erfahrener Kämpfer gebildet werden konnte. Welchen Status die neuen Siedlungen rechtlich hatten, ist uns nicht bekannt. Die meisten genossen wohl nicht die städtischen Freiheiten, die einer Polis zustanden, und blieben einem königlichen Statthalter unterstellt. Jedoch war die Erhebung zur Stadt für den Fall vorgesehen, daß sich die Gründung als nützlich erwies. Eine planvolle Organisation des Stadtlebens, vergleichbar mit der im ägyptischen Alexandria, war in einer solchen Kolonie sicherlich die Ausnahme.

Die Entwicklung verlief im übrigen nicht so günstig, wie sich Alexander dies vorgestellt hatte. Schon vor seinem Tod und erst recht danach gab es schwere Unruhen unter den Kolonisten in Baktrien, worauf viele ihr Bündel packten und in ihre Heimat zurückkehrten. Einige dieser Siedlungen zerstörte Chandragupta Maurya, als Seleukos I. Nikator ihm die östlichen Landesteile überließ, andere wiederum verschwanden, als im Jahre 293 die nomadischen Sakai (Skythen) in Persien einfielen. Abgesehen von seiner berühmten ägyptischen Gründung erlangte kaum eine der Alexanderstädte bleibende Bedeutung.

Und doch hatten Alexanders Pionierleistungen seine Nachfolger, insbesondere die Seleukiden, dazu ermutigt, neue Versuche zu unternehmen, den riesigen Raum ihres Herrschaftsgebietes zu bevölkern. Sie bemühten sich, entweder Alexanders verlassene Siedlungen wieder zum Leben zu erwecken, oder sie gründeten auf eigene Faust neue. Wie Alexanders Kolonien wurden die meisten der seleukidischen Niederlassungen als Militärstützpunkte gegründet, und mußten anfangs ohne städtische Organisation auskommen. Ob diese ersten seleukidischen Siedler nun Veteranen waren oder noch aktive Soldaten: Sie bildeten wiederum ein jederzeit verteidigungsbereites Reserveheer.

Bei der Kolonisation taten sich die ersten beiden seleukidischen Herrscher, Seleukos I. Nikator (312–281) und Antiochos I. Soter (281–261), besonders hervor. Nicht jede Stadt mit einem seleukidischen Namen war übrigens auch tatsächlich eine seleukidische Gründung.

Einige der älteren Städte nahmen einfach seleukidische Namen an, ohne daß neue Siedler zugezogen wären. So übertreibt Appian höchstwahrscheinlich, wenn er Seleukos I. Nikator fünfzig Städtegründungen zuschreibt, doch ist die Leistung dieses Königs noch immer groß genug, wenn er, was anzunehmen ist, auch nur etwas mehr als die Hälfte davon gründete, nämlich sechzehn Kolonien mit Namen Antiocheia (nach seinem Vater Antiochos, einem Makedonier), fünf Städte mit Namen Laodikeia (nach seiner Mutter Laodike), vier Neugründungen mit Namen Apameia (nach seiner persischen Gattin Apama), eine Stadt Stratonikeia (nach seiner makedonischen Gattin Stratonike, die er nach dem Tod der Apama heiratete) und neun Siedlungen namens Seleukeia, mit denen er sich selbst verherrlichte. Sein Sohn, Antiochos I. Soter, im Grunde eine wenig bedeutende Herrschergestalt, fand trotz endloser Schwierigkeiten in seinem Riesenreich die Zeit, immerhin noch etwa zwanzig Städte zu gründen. Einige dieser Gründungen könnten allerdings auch auf Antiochos II. Theos (261–246) zurückgehen. Später setzte Antiochos IV. Epiphanes (Theos Epiphanes Nikephoros, 175–163) die Siedlungstätigkeit fort, auch machte er viele orientalische Gemeinden zu griechischen Städten, indem er ihnen eine Verfassung nach griechischem Recht gab.

Schließlich waren an die siebzig Pflanzstädte über das ganze seleukidische Reich verteilt, viele in Syrien-Kilikien, Kleinasien und Mesopotamien, wo sich die griechische Polisorganisation bis in die römische und byzantinische Zeit hinein erhalten konnte. Darüber hinaus gab es ein großräumiges Siedlungsgebiet – das sich allerdings nicht so lange erhalten hat – in Hufeisenform am Rand der fruchtbaren persischen Hochebene – und auch noch weiter östlich. Dort sind in jüngster Zeit zwei Siedlungen ausgegraben worden, die vielleicht jener frühen seleukidischen Periode zugeordnet werden können. Eine dieser Ausgrabungen liegt bei Aï Khanum am Ufer des Oxos in Baktrien (Afghanistan) jenseits des Paropamisos-Gebirges (Hindukusch). Es handelt sich dabei um eine typisch griechische Stadt mit einem Gymnasion, einer ummauerten Kultstätte, einer Wandelhalle (Stoa) mit Statuen griechischer Bildhauer und einer Inschrift, die davon berichtet, daß ein gewisser Klearchos nach Delphi gereist sei, um die Sprüche am heiligen Schrein des Orakels abzuschreiben. Die vorliegenden Funde lassen sich etwa auf das Jahr 300 datieren, so daß die Kolonie sehr wohl eine Gründung Seleukos' I. Nikator gewesen sein könnte. Andererseits wurde sie auch schon mit Alexanders Gründung Alexandreia Eschate (die Entlegenste) in Zusammenhang gebracht. Bisher herrschte die Auffassung vor, daß es sich hierbei um Leninabad, das frühere Khodjend, handle. Eine zweite Siedlung, vergleichbar mit der obengenannten, was die Entstehungszeit und den griechischen Charakter betrifft – auch hier gibt es eine ummauerte Kultstätte – liegt bei Kandahar im Süden Afghanistans (dem alten Arachosia). Auch diese Siedlung ist mit großer Wahrscheinlichkeit frühseleukidisch, obwohl Alexander ebenfalls der ursprüngliche Gründer gewesen sein könnte. Etwa aus dem Jahr 275 datiert eine Säulenbasis, die dem Sohn eines gewissen Aristonax gewidmet wurde. Sie zeigt, daß die neue Grenze östlich von Kandahar (das aber offensichtlich noch länger unter seleukidischer Herrschaft blieb) verlief, nachdem im Jahre 303 ein Teil von Afghanistan dem indischen Fürsten Chandragupta Maurya überlassen wurde. Um 260 ging die Stadt schließlich in den Besitz von Chandragupta Mauryas Enkel Ashoka (um 274–232) über.

Bei dem Bemühen, weite Teile Asiens zu kolonisieren, erwiesen sich die Seleukiden als umsichtige Planer, die mit Tatkraft, Geschick und Ausdauer ans Werk gingen. So entstand eines der bemerkenswertesten Staatsgebilde im Altertum, das hinsichtlich der Flächenausdehnung sogar die Kolonien der griechischen Blütezeit übertraf. Nur die Spanier in Mexiko und Peru schufen Vergleichbares: Wie Lateinamerika war der Osten des seleukidischen Reiches ein Tummelplatz für Abenteurer aller Art, die dort ihr Glück versuchten.

Die neuen Siedlungen brachten verhältnismäßig wenige Makedonen, dafür aber um so mehr Griechen ins Land. Sie kamen hauptsächlich aus den ärmeren Gegenden des Mutterlandes und wollten dem kümmerlichen Leben und dem Mangel an Arbeit in der Heimat entfliehen. Die neuen Siedlungen dienten wie die Pflanzstädte Alexanders auch bei den Seleukiden in erster Linie militärischen Zwecken. Erstaunlicherweise fand man dennoch bei einigen Orten Hinweise, die auf von Anfang an zivile Neugründungen schließen lassen, ein Anzeichen dafür, daß man bei der Siedlungstätigkeit sehr bald schon neben militärischen auch nichtmilitärische Zwecke verfolgte. Vor allem lag den Seleukiden die Einigung ihrer äußerst heterogenen Provinzen am Herzen, und dies sollte nach Möglichkeit durch einen Städtebund geschehen. In einem späteren Stadium gewährte man ihnen (anders als zur Zeit Alexanders) den Status von autonomen Griechenstädten. Sie waren schließlich mit den üblichen Institutionen griechischer Stadtstaaten ausgestattet – einem eigenen Stadtrecht, der traditionellen Stadtverwaltung mit einem Magistrat, einem Rat, mit Tempeln und Sportstätten.

Das Seleukidenreich bestand also in weit größerem Umfang als die mit ihm rivalisierenden Monarchien aus einem Verbundsystem griechischer Städte. Dies hatte noch einen besonderen Aspekt: Den Erbauern neuer Städte wurden traditionsgemäß göttliche Ehren zuerkannt, und daher pflegte man in den seleukidischen Neugründungen auch immer den Kult des Herrscherhauses – ein starkes Band, um den inneren Zusammenhalt zu garantieren, denn verfassungsrechtliche Beziehungen zwischen dem König und seinen Städten bestanden nicht. Das einzige Bindeglied außer dem Herrscherkult waren bestimmte individuelle von den Königen verliehene Privilegien, die zu respektieren sie sich verpflichtet fühlten. Diese Privilegien waren recht großzügig, auch die Gewährung der Selbstverwaltung gehörte dazu – häufig aus schierer Notwendigkeit, denn die Herrscher mußten sich in Krisenzeiten auf die Loyalität der Städte verlassen können. Die Seleukiden unterstützten übrigens stets die Städte gegen die alteingesessenen adeligen Grundbesitzer, deren Macht sie (ebenso wie die der Tempelstaaten) zu beschränken suchten. Daher blieben die Städte treue Parteigänger der Monarchie, wie später die römischen Kolonien in Italien.

Wirtschaftliche – auch landwirtschaftliche – Überlegungen waren gewöhnlich nicht ausschlaggebend bei der Städteplanung. Trotzdem entwickelten sich einige neue Siedlungen, insbesondere Seleukeia am Tigris, zu bedeutenden Handelszentren. Landwirtschaftlich nutzbares Land wurde den Neugründungen manchmal sehr reichlich zugeteilt, in seiner Ausdehnung nur vergleichbar mit dem Umland von Athen oder Sparta. Diese Ländereien waren ursprünglich Eigentum des Herrschers gewesen. Wenn man sie nun den Städten überließ, so bedeutete dies nicht nur Verlust, sondern auch Gewinn für die königlichen Finanzen, denn die neuen Besitzer mußten für ihr Land Steuern zahlen. Die Städte stellten überdies eine finanzielle Entlastung für die Zentralregierung dar, weil sie sich selbst verwalteten und der königliche Verwaltungsapparat dadurch relativ klein gehalten werden konnte.

Von der neuen Welle der Kolonisation blieb auch die einheimische Bevölkerung nicht unberührt. Unter den Kolonisten gab es viele Asiaten (hauptsächlich Perser). Bei den zivilen Gründungen stellten die Einheimischen sogar oft das Gros der Siedler. Sie arbeiteten vorwiegend auf den Feldern der griechischen und makedonischen Kolonisten. Auch Nomaden der Gegend wurden in die Kolonien gebracht und seßhaft gemacht. Umgekehrt ließen sich Griechen des öfteren in den einheimischen Dörfern oder Städten des eroberten Gebietes nieder. Wenn ein *synoikismos* (Zusammenschluß) zweier oder mehrerer solcher Siedlungen verfügt wurde, war schon von vornherein das griechische Element vorhanden. Außerdem heirateten die Kolonisten oft einheimische Frauen, da es in der Fremde natürlich zu wenig griechische Mädchen gab.

Auf diese Weise lebte eine beachtliche Anzahl von Einheimischen auch in den Neugründungen. Man mußte also praktikable Regelungen für das Zusammenleben der verschiedenen Volksgruppen finden. Loyale Zusammenarbeit mit den unterworfenen Völkern gehörte gewiß nicht zu den Prinzipien der seleukidischen Innenpolitik: Die Behauptung des athenischen Rhetors Isokrates, das Griechentum sei keine Frage der Abstammung, sondern der Bildung, die aufgeklärte Politik Alexanders den Persern gegenüber, zeitgenössische griechische Studien fremder Kulturen, ein neu erwachtes Interesse der Künstler an ethnischen Besonderheiten – all das ist gewiß auch typisch für die Zeit. Doch wurde das traditionelle Vorurteil gegen die Barbaren davon kaum berührt.

Die Weiterblickenden unter den seleukidischen Herrschern standen jedoch vermutlich der Idee der völligen Eingliederung Einheimischer recht aufgeschlossen gegenüber. Die Integration bot für alle Vorteile; deshalb war man in den frühen Kolonien bereit, auch den Asiaten gewisse Rechte einzuräumen, obwohl ihnen das Bürgerrecht gewöhnlich nicht verliehen wurde. Um den Geist der Kooperation zu fördern, gewährte später Antiochos IV. Epiphanes bereitwillig vielen nichtgriechischen Gemeinden eine griechische Stadtverfassung.

In manchen Landesteilen war solchen Maßnahmen einiger Erfolg beschieden. Die Oberschicht in Syrien und bestimmten Regionen Kleinasiens setzte zumindest einer teilweisen Hellenisierung nur wenig Widerstand entgegen. Weiter im Osten gelang das kaum. Zwar akzeptierten die Asiaten in diesen Ländern griechische Lebensformen – man kann sie häufig sogar als »Kultur-Griechen« bezeichnen, die auch den gemeingriechischen Dialekt, die *koiné*, beherrschten –, aber sie blieben ihren eigenen Traditionen verhaftet. Am Ende überdauerten sie ihre Eroberer; der seleukidischen Kolonisation war nur ein Teilerfolg beschieden.

Nicht ganz unschuldig daran waren die griechisch-makedonischen Siedler. Meist bestanden sie, trotz der erwähnten Bindungen und Berührungspunkte, hartnäckig auf der sprachlichen und kulturellen Trennung. Wenn man nur die Einheimischen die Felder bestellen ließ, so hieß das, daß sie sich selbst dafür zu gut waren. Der uralte Gegensatz zwischen Stadtbewohnern und Bauern blieb erhalten. Die Art der Tätigkeit zog schließlich eine klare Trennungslinie zwischen den Griechen und den unterworfenen Völkern. Außerdem waren die Kolonisten zahlenmäßig in der Minderheit. Die Einwanderung tatkräftiger Siedler aus Griechenland ließ zusehends nach, und im 2. Jahrhundert, als Griechenland keinen Bevölkerungszuwachs mehr verzeichnen konnte, hörte sie praktisch ganz auf. Die Seleukiden hatten zudem alle Hände voll damit zu tun, um sich ihrer Feinde zu erwehren. Nach Antiochos IV. Epiphanes gab es daher keine größere Kolonisationsprogramme mehr. Die schlimmste Bedrohung stellte Rom dar, dessen Legionen später ja auch das Reich der Seleukiden zerstörten. Paradoxerweise waren es aber auch die Römer, die seleukidische Kolonien in Kleinasien und Syrien vor dem Untergang bewahrten und die Entwicklung der Städte weiterführten.

Die Seleukiden hatten keine Anstrengung gescheut, um die Mittel für die überaus kostspielige Kolonisation aufzubringen. Die Steuergesetzgebung war so perfektioniert, daß ihr keine gesellschaftliche Gruppe entrinnen konnte: Zum Beispiel gab es eine allgemeine Bodenertragssteuer, die ein Drittel der Ernte forderte. Ein Großteil des kultivierten Landes blieb jedoch den Königen vorbehalten, deren Beauftragte nach recht rückständigen Methoden wirtschafteten, indem sie Kleinbauern auf Erbpachtbasis beschäftigten.

Die Landwirtschaft war wohl wichtig für die Seleukiden, aber doch lange nicht so bedeutsam wie der internationale Handel, den sie in vorher nie gekanntem Ausmaß betrieben. Jeder Seleukidenherrscher war ein Großunternehmer, der Millionen am Warenaustausch des Mittelmeergebietes mit Zentralasien, Indien und Arabien verdiente. Alle großen Handelsstraßen führten durch das Reich. Sie waren hervorragend ausgebaut und durch ein Straßennetz mit dem Hinterland verbunden. Erleichtert wurde der Handel durch ein einheitliches Münzsystem, das die Könige neu einführten und zur Basiswährung im ganzen Reich machten. Sie beschleunigten auf diese Weise den schon im Perserreich begonnenen Übergang von der Naturalwirtschaft zur Geldwirtschaft. Wenngleich die Seleukiden durch ihren politischen Ehrgeiz bisweilen in arge Bedrängnis gerieten, so blieb ihr ungeheurer Reichtum davon doch unberührt. Sie konnten sich mit einer ständig wachsenden Zahl von Hofbeamten umgeben, die ebenso wohlhabend waren. Ein gewisser Hermias zum Beispiel, Minister Antiochos' III., war in der Lage, ein ganzes Heer aus seiner Privatschatulle zu finanzieren.

Hier soll noch ein kleiner Überblick über die verschiedenen Regionen des Reiches folgen.

In Syrien versuchten die ersten Seleukiden, durch Städtegründungen zumindest den nördlichen Teil des Landes zu einem zweiten Makedonien zu machen. Als Erinnerung an die alte Heimat sollte eine Fülle makedonischer Ortsnamen ein Gefühl der Zusammengehörigkeit erzeugen und den Neuankömmlingen das Eingewöhnen erleichtern.

Hauptziel der seleukidischen Politik war, das syrische Gebiet umfassend zu schützen, besonders im Süden, wo es vom ptolemaiischen Ägypten ständig bedroht wurde. Denn Syrien war ein sehr reiches Land. Seine Landwirtschaft (samt dem Weinbau) lieferte gute Erträge, seine Städte und Häfen waren die Ausgangspunkte der großen nach Osten führenden Karawanenstraßen. Eine berührte Petra und Palmyra, die andere zog sich durch das Euphrattal. Antiocheia am Orontes, die

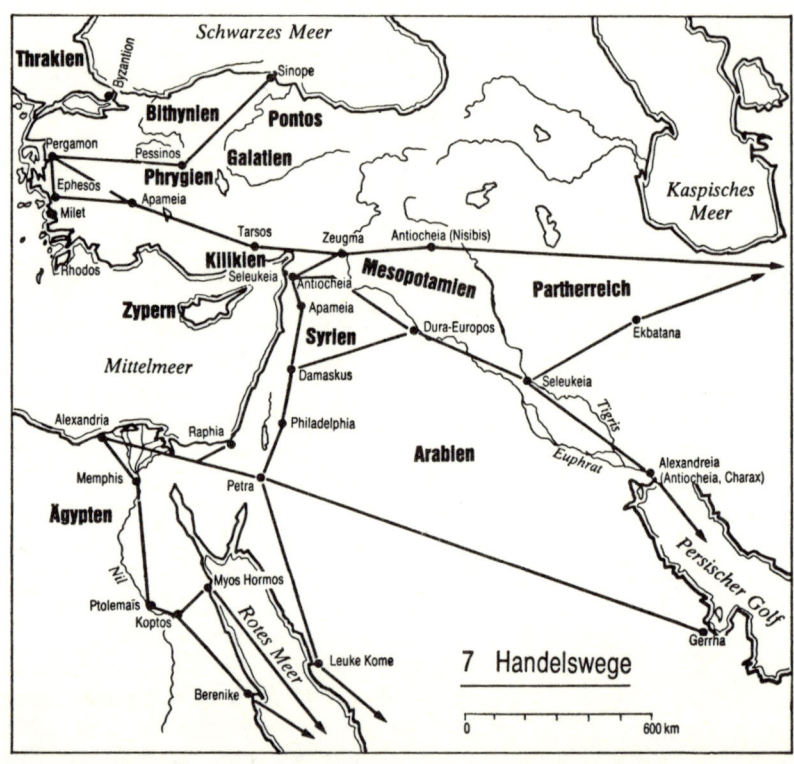

Schwarzes Meer

Thrakien

Byzantion

Sinope

Bithynien

Pontos

Pergamon

Pessinos

Galatien

Ephesos

Phrygien

Apameia

Milet

Tarsos

Zeugma

Antiocheia (Nisibis)

Kaspisches
Meer

Rhodos

Kilikien

Seleukeia

Antiocheia

Mesopotamien

Partherreich

Zypern

Apameia

Syrien

Dura-Europos

Ekbatana

Mittelmeer

Damaskus

Seleukeia

Alexandria

Raphia

Philadelphia

Arabien

Euphrat

Tigris

Alexandreia
(Antiocheia, Charax)

Memphis

Petra

Ägypten

Nil

Myos Hormos

Persischer Golf

Ptolemaïs

Koptos

Rotes Meer

Gerrha

Berenike

Leuke Kome

7 Handelswege

0   600 km

Neugründung Seleukos' I. Nikator (um 300), der fünftausenddreihun-
dert Athener und makedonische Veteranen als Siedler zugewiesen
wurden (sie kamen aus der kurzlebigen Neugründung Antigoneia des
Antigonos I. Monophthalmos), entwickelte sich bald zur Hauptstadt der
westlichen Reichshälfte und trat an Stelle von Seleukeia in Pierien, das
als Hafen wichtig blieb. Antiocheia, damals eine der größten Städte der
Welt, gilt als ein Beispiel für den hervorragenden Entwicklungsstand der
antiken Stadtkultur. Seine Bedeutung als Umschlagplatz für Waren des
Ost-West-Handels, der für einige Zeit durch den Verlust von Seleukeia
an Ägypten (241) geringer geworden war, nahm nach der Rückerobe-
rung dieses Hafens im Jahr 219 wieder zu.

Trotz der zahlreichen kriegerischen Auseinandersetzungen mit den
Ptolemaiern war die hellenistische Zeit eine der glänzendsten Epochen in
der Geschichte Syriens. Die recht guten Erfolge bei der Hellenisierung
des Landes werden u. a. durch eine beachtliche Reihe griechischer
Philosophen, vor allem Stoiker, belegt, die Syrien hervorbrachte. Doch

das Land blieb im wesentlichen von beiden Kulturen bestimmt. Man pflegte die großen autonomen Tempelbezirke der syrischen Gottheiten, ja sie erlebten sogar eine Blütezeit unter griechischen Namen: Baalbek als Heliopolis, Bambyke als Hieropolis. In Kilikien (südöstliches Kleinasien), eigentlich nur ein Anhängsel des seleukidischen Syrien, wurde aus Kastabala ebenfalls Hieropolis, während der kilikische Tempelstaat Olba den eigenen Namen und seine Tempeldynastie beibehielt. Die führenden syrischen und phönikischen Städte erhielten äußerlich mehr und mehr griechischen Charakter. So gelang es zum Beispiel einem gewissen Diotimos von Sidon im 3. Jahrhundert, die Offiziellen der Olympischen Spiele von der Echtheit seiner griechischen Abstammung dadurch zu überzeugen, daß er eine mythologische Verbindung zwischen seiner Stadt und dem böotischen Theben konstruierte. Tatsächlich war einer der sidonischen Könige (um 325 – 300) im »Alexandersarkophag« (jetzt in Istanbul) beigesetzt worden, einem reich ornamentierten und mit Reliefs geschmückten Marmorsarkophag aus der zweiten Hälfte des 4. Jahrhunderts. In der Folgezeit erhielt Sidon den Status einer Republik. Die Stadt lag in jenem Gebiet, das mit Tyros (das sich von der Zerstörung durch Alexander erholt hatte) nach dem Sieg Antiochos' III. bei Panion (200) von Ägypten an Syrien kam.

Dieser Erfolg entschädigte die Seleukiden teilweise für schmerzliche Gebietsverluste in anderen Teilen Asiens. In Kleinasien hatten sie ursprünglich die westlichen und südlichen Landesteile kontrolliert, ausgenommen jene Küstenstriche, die den Ptolemaiern oder Rhodiern gehörten, und ihr Statthalter hatte in Sardes residiert. Aber die kriegerischen Galater im Hinterland schwächten den Einfluß der Seleukiden auf der Halbinsel – insbesondere nachdem die Seleukiden selbst in recht kurzsichtiger Weise die Galater in einigen Bürgerkriegen um Unterstützung gebeten hatten. Im Jahre 263 gelang es Eumenes I. von Pergamon, sich mit Hilfe der Ägypter von der seleukidischen Oberhoheit zu befreien, und seitdem blieb sein Land unabhängig. Nach drei Niederlagen gegen die Römer, bei den Thermopylen (191), vor Myonnesos und bei Magnesia am Sipylos (190), denen der Friedensvertrag von Apameia (188) folgte, mußte Antiochos III. die Grenze bis zum Taurusgebirge, also fast bis auf syrisches Gebiet zurückverlegen.

Syrien war eine der Hauptstützen des Reiches; als zweite galt das weiter östlich gelegene Babylonien, das ebenfalls zum semitischen Sprachraum gehörte. Als Alexander der Große diesen Teil Mesopotamiens von den Achämeniden eroberte, beließ er den Satrapen Mazaios auf seinem Posten. Er selbst trat bewußt als legitimer Nachfolger der alten Dynastie auf. Nachdem Seleukos I. Nikator seinen Anspruch auf Babylonien erfolgreich gegen die anderen Diadochen verteidigt hatte, folgte er Alexanders Beispiel. Er würdigte Babylonien als die ursprüngliche Basis seiner Herrschaft, indem er dem Land seinen besonderen Schutz gewährte und ihm damit eine Sonderstellung zuwies. Babylonien hatte Elemente seines zentralistisch orientierten Verwaltungssystems in die neue Zeit herübergerettet, und die Seleukiden respektierten diese Tradition weitgehend. Insbesondere ist hier das altehrwürdige Rechtssystem zu nennen, das ein wichtiges einigendes Band darstellte. Außerdem übernahmen die Könige die uralte babylonische Theokratie. Wie Alexander vor ihm – er ließ den Tempel des Gottes Bêl wiedererrichten – so leitete auch Seleukos I. Nikator seine Herrschaft von den Göttern Bêl und Marduk ab. Er und seine Nachfolger legten großen Wert auf gute Beziehungen zur babylonischen Priesterkaste der Magier. Mit großzügiger Förderung der Seleukiden wurden die Tempel des Marduk (in Babylon), des Anu (in Orchoi/Uruk) und des Nabu (in Borsippa) wieder aufgebaut; die Priester konnten ihre Religion in ihrer eigenen Sprache und nach traditionellem Ritus ausüben. Nach dem Verlust der Westprovinzen wurde es für die Seleukiden immer wichtiger, sich die wohlwollende Unterstützung der Babylonier zu erhalten. So gelang es vielen, bis in die ranghöheren Positionen in Verwaltung und Heer aufzusteigen.

Die Seleukidenkönige errichteten jedoch auch eine ganze Reihe griechisch-makedonischer Kolonien am mittleren Euphrat und Tigris; besonders erwähnenswert ist die Stadt Seleukeia. Sie wurde von Seleukos I. Nikator um 312 (kurz nach der Eroberung des Landes) gegründet, und lag im Stadtgebiet des alten Opis am Ufer des Kanals, der die beiden Ströme verband. Seleukeia am Tigris stieg rasch zur zweiten Hauptstadt des Reiches auf und war zugleich die Residenz des Thronerben. Das bildete einen gewissen Ausgleich zum Einfluß der Magier, und die Seleukiden sahen nicht ungern, daß diesen damit eine kulturelle Konkurrenz erwuchs, wenn sie das nach außen hin auch kaum offen zeigten.

Die Neugründung brachte durch ihre ungewöhnlich günstige Lage auch dem Handel enorme Vorteile. Mesopotamien war für die Finanzen des Reiches ein überaus wichtiges Land. Während der blutigen Auseinandersetzungen um die Nachfolge Alexanders litt das Land sehr, man beklagte schreckliche Schäden und Verluste. Doch unter den Seleukiden blühte Babyloniens Wirtschaft wieder auf. Die natürliche Fruchtbarkeit des Bodens wurde noch verbessert durch ein leistungsfähiges Bewässerungssystem, die tausendjährige Tradition der Textilverarbeitung wiederbelebt, Handel und Bankwesen, wenn auch unter staatlicher Kontrolle, aber keiner allzu strengen, entwickelten sich hervorragend. Den größten Anteil am allgemeinen Aufschwung hatte Seleukeia am Tigris, die Rivalin und Nachfolgerin der einstigen Metropole Babylon, das wegen seines sumpfigen Geländes benachteiligt war. Seleukeia besaß einen auch für Seeschiffe geeigneten Binnenhafen und pflegte Handelsbeziehungen zu Siedlungen am Persischen Golf, vor allem zu Alexandreia in der Susiana, von wo aus Schiffe aus Südarabien und Indien den Tigris aufwärts fuhren. Die neue Polis war auch der Schnittpunkt aller bedeutenden Handelsstraßen in der Region. Eine davon galt als sichere Landroute nach Antiocheia am Orontes, der zweiten Hauptstadt des Reiches. Eine andere wichtige Karawanenstraße führte in die entgegengesetzte Richtung, über Ekbatana (Epiphania) in Medien (heute Hamadan im nördlichen Iran) zur fernen Grenze im Osten. Nur wenige Städte haben das Wirtschaftsleben eines halben Kontinents so beherrscht wie Seleukeia am Tigris, eine der größten Städte der damaligen Welt.

Seleukeia war auch Schauplatz eines bemerkenswerten ethnischen Experiments, ähnlich dem von Alexandria im ptolemaiischen Königreich. Nach dem älteren Plinius soll die Polis im 1. Jahrhundert n. Chr. sechshunderttausend Einwohner gehabt haben.[9] Viele Bürger waren griechischer oder makedonischer Abstammung, wodurch die Stadt ihren vorwiegend griechischen Charakter bis in römische Zeit bewahrte. Das Zusammenleben von Griechen und Einheimischen in seleukidischen Gründungen war, wie bereits erwähnt, nicht zu vermeiden. In Seleukeia sprang dieses Phänomen besonders ins Auge, denn neben vielen syrischen und jüdischen Bürgern lebte hier auch eine große Anzahl von Babyloniern. Sie scheinen in dem bunten Völkergemisch besondere Vorrechte genossen zu haben. Auf städtischen Münzen sind nämlich anstelle der sonst üblichen Fortuna zwei Göttinnen als Personifikationen der Stadt (Fortunae oder Tychai) Hand in Hand abgebildet. Aus demselben Grund wurde eine andere mesopotamische Gründung des Seleukos I., Antiocheia bei Kallirhoe (Edessa Orrhoe, jetzt Urfa), als halbbarbarische Stadt bezeichnet.[10] Dura-Europos am Euphrat, eine weitere Gründung Seleukos' I., lag an der Route von Seleukeia am Tigris nach Antiocheia. Ihr waren eine ähnlich lange Lebensdauer und eine glückliche Zukunft beschieden: Die ersten griechisch-makedonischen Siedler heirateten Einheimische, doch deren Nachkommen betrachteten sich als Griechen.

Die Kultur Babylons, seine Sitten und Gebräuche waren in Griechenland durchaus nicht unbekannt. Sie sollten aber noch bekannter werden, das wenigstens war die Absicht des Berossos, eines Bêl-Priesters in Babylon, der zu diesem Zweck eine Geschichte seiner Heimat in drei Büchern verfaßte, die *Babyloniaka* (oder *Chaldaika*, nach Chaldäa, einem Ort zwischen Babylon und dem Persischen Golf). Er widmete das Werk Antiochos I. Soter. Wie Manetho in Ägypten und andere Schriftsteller in den Randgebieten der griechischen *oikumene* schrieb er in der Sprache der Fremden, der *lingua franca,* um Land und Leute Babylons den Griechen, Neusiedlern und Reisenden nahezubringen.

Der Einfluß Babylons auf die griechische Kultur zeigte sich jedoch lediglich in einigen Spezialgebieten. Die Griechen bewiesen einiges Interesse an der babylonischen Religion und ihren Priestern, die ungenau »Chaldäer« genannt wurden. Alexander und die Seleukiden huldigten dem Gott Bêl, und Alexander erkundigte sich sogar bei der Priesterschaft, nach welchem Ritus man ihn verehren solle. Platon hat angeblich einen Chaldäer in seine Akademie berufen. Die Verehrung von Himmelskörpern in seinen *Gesetzen* (Nomoi) und in der *Epinomis* (der Verfasser dieses Werkes ist unbekannt, er scheint aber Platons Auffassungen wiederzugeben) trägt semitische, chaldäische Züge. Anklänge daran finden sich auch in der stoischen Kosmologie des Zenon, der aus Kition im semitischsprachigen Zypern stammte.

Am deutlichsten erkennbar wird der mesopotamische Einfluß auf die griechische Welt jedoch in der Astronomie. Beziehungen chaldäischer Astrologen zu den Griechen bestanden schon im 5. Jahrhundert; eine wirklich fruchtbare Zusammenarbeit kam dann aber erst auf dem mehr wissenschaftlich orientierten Gebiet der Himmelskunde zustande. Begünstigt durch die reine Luft und lange, regenlose Perioden hatten die babylonischen Astronomen schon sehr früh mit präzisen Beobachtungen begonnen und diese schriftlich niedergelegt. Die Fortschritte griechischer Astronomen vom 3. Jahrhundert an sind, abgesehen von unterschiedlichen Berechnungsmethoden, eindeutig solchen babylonischen Studien zu verdanken. Der Astronom Seleukos – er lebte wahrscheinlich um 150 und verfocht als einziger die heliozentrische These des Aristarchos – stammte aus Seleukia am Tigris und wurde als »Chaldäer« bezeichnet. Auch sein großer Zeitgenosse Hipparchos von Nikäa hatte Zugang zu babylonischen Aufzeichnungen von Sonnen- und Mondfinsternissen und machte davon regen Gebrauch. Eine der größten Leistungen der Seleukiden war die Einführung eines hervorragenden echten Kalenders, der neben babylonischen auch persische Monate berücksichtigte und weite Verbreitung fand. Die Babylonier besaßen außerdem eine hochentwickelte Algebra; Teile davon tauchten später in der griechischen Mathematik wieder auf. Auf literarischem Gebiet ist der Einfluß dieser Region ebenfalls nicht zu übersehen: Das Thema der *Ninos*-Erzählung, des frühesten bekannten hellenistischen Romans, stammt aus dem assyrischen Kulturraum.

Wenngleich diese Beispiele beweisen, daß es zwischen Griechen und der Bevölkerung an Euphrat und Tigris einen Kulturaustausch auf bestimmten Gebieten gegeben hat, so fand er praktisch doch nur in einer Richtung statt. Trotz aller Bemühungen um Gemeinsamkeit, trotz des

Handelsverkehrs in Seleukeia am Tigris oder des täglichen Miteinanders in den Kolonien blieben die Völker Mesopotamiens und der umliegenden Länder von der Hellenisierung fast unberührt. Die verhältnismäßig geringe Zahl von Griechen konnte sich gegenüber der festgefügten, tief verwurzelten Tradition Babyloniens nicht durchsetzen.

Das seleukidische Herrschaftsgebiet erstreckte sich auch auf das ehemals achämenidische Persien. Bis zum heutigen Tag ist es das größte Staatswesen geblieben, das jemals westlich von China existiert hat: Zwei Jahrhunderte lang (549–330) hatte dieses heterogene, autarke Gebilde Bestand, dank einer vernünftigen, flexiblen Politik der Dezentralisierung. Das Reich der Achämeniden war der einzige ausländische Staat, über den sich die Griechen ernsthaft Gedanken gemacht hatten, da in diesem Staat viele griechische Untertanen lebten; außerdem war Persien oft in kriegerische Auseinandersetzungen mit den griechischen Stadtstaaten verwickelt gewesen. Möglicherweise haben einige Vorsokratiker von der achämenidisch-persischen Gedankenwelt profitiert. Dies könnte zum Beispiel durchaus für Demokrit von Abdera zutreffen. Der achämenidische Großkönig Kyros I. (459–529) wurde um 360 in der *Kyropaideia* des Atheners Xenophon als das Urbild des klassischen Helden gepriesen. Philipp II. von Makedonien übernahm nach reiflicher Überlegung manches Detail aus dem persischen Militär- und Verwaltungsapparat, und häufig lebten vornehme Perser an seinem Hof im Exil, als Alexander jung war. Nachdem der junge König die Perser durch eine überlegene Kriegführung bezwungen, ihr ganzes Reich von Kleinasien bis Indien annektiert und durch seine Siege das Antlitz der damaligen Welt verändert hatte (334–327), äußerte er in Opis (dem späteren Seleukeia am Tigris) in einem geradezu prophetischen Gebet den Wunsch, Perser und Makedonen sollten in Frieden miteinander leben und das riesige Reich gemeinsam verwalten.[11] Das stand in scharfem Gegensatz zu den strikt panhellenistischen antipersischen Vorstellungen des athenischen Rhetors Isokrates (436–338); ebenso stellte er sich damit gegen seinen Lehrer Aristoteles. Er näherte sich der Idee eines Weltstaates, die damals im Bewußtsein des Volkes langsam Gestalt annahm. Die Verwirklichung seiner Idee begann er damit, daß auf seine Veranlassung achtzig Offiziere und etwa zehntausend Soldaten in einer Massenhochzeit persische Mädchen heirateten, daß er für seine Provinzen persische Statthalter behielt oder neu ernannte.

Von den achtzehn ursprünglich Berufenen waren zum Zeitpunkt seines Todes noch drei im Amt; danach folgten keine weiteren Berufungen von Persern. Viele konservative Makedonen und Griechen hatten die Idee des Königs ohnehin unerträglich gefunden. Ihnen mißfiel auch, daß sich Alexander nach Art der Perser kleidete und das persische Hofzeremoniell einschließlich der Huldigungsformen übernahm, wenn er sich auf persischem Gebiet befand. Ihre Annahme, daß er damit einen Anspruch auf göttliche Ehren erhob, entbehrt jedoch der Grundlage; die persischen Monarchen waren »Herrscher von Gottes Gnaden«, keine Gottkönige.

Als Seleukos I. Nikator Persien in Besitz nahm, setzte er neue Akzente. Anders als die Mehrzahl der übrigen Offiziere, die Perserinnen geheiratet hatten, trennte er sich zwar nicht von seiner Frau Apama, einer Adligen aus dem fernen Sogdiane (Afghanistan), aber er trug keine persische Tracht mehr und distanzierte sich von den Huldigungsformen der Perser. Wesentliche Elemente der persischen Verwaltung behielt er bei, fügte sie jedoch in ein System ein, in dem das griechische Element eindeutig vorherrschte. Während der ersten beiden Generationen scheint es keine Ausländer in den seleukidischen Führungseliten gegeben zu haben, und auch später war ihr Anteil nicht höher als zwei bis drei Prozent. Während Syrien und Mesopotamien von Völkern semitischer Sprache und Kultur bewohnt waren, sprachen die Völker der persischen Region weiter im Osten persische, also indo-europäische Idiome und Mundarten. Die Seleukiden sahen in der Herrschaft über das Hochland den sichersten Schutz ihrer zentralen mesopotamischen Gebiete, und außerdem war dadurch das machtpolitische Gleichgewicht zwischen den Seleukiden und ihren ägyptischen und makedonischen Rivalen hergestellt. Wiederum, wie im semitischen Mesopotamien, galt auch hier die Anlage von Kolonien als beste Methode, das Land zu kontrollieren. Und wiederum läßt sich das Ausmaß des wechselseitigen Einflusses zwischen griechischen Siedlern und Einheimischen nur schwer abschätzen. Um diese Zeit hatte bei den griechischen Literaten – wobei frei erfundene und gefälschte Berichte eine Rolle spielten – die Gestalt des Zoroaster, des legendären Begründers des persischen Sonnenkults, König Kyros I. verdrängt, der bisher als Verkörperung des Persischen schlechthin gegolten hatte. Diese Entwicklung ist charakteristisch für eine Epoche, in der die Griechen sich mehr und mehr für fremde Kultformen zu interessieren begannen. Freilich kam es im seleukidischen Persien kaum jemals zur Ausbildung eines religiösen Synkretismus, d. h. zur Verschmelzung von griechischen mit fremden Gottheiten, wie es andernorts gelegentlich beobachtet wurde. Griechische und orientalische Formen der Götterverehrung existierten nebeneinander. Dasselbe gilt für die beiden Kulturkreise, die von solch ausgeprägter Eigenständigkeit waren, daß sie einander nie ernsthaft gefährlich werden konnten, trotz zahlloser enger Kontakte in der Vergangenheit. Sieht man von einigen wenigen Schriften über persische Geschichte und Geographie ab, die von in

Persien lebenden Griechen und von philhellenischen Persern verfaßt wurden, so blieb der Einfluß persischer Kultur auf die Griechen recht dürftig. Überdies waren den Griechen die persischen Dialekte nicht geläufig. Was die Perser betrifft, so mag ein persischer Adliger wohl gelegentlich seinen befestigten Landsitz verlassen und hier und da mit Griechen verkehrt haben. Doch das bedeutete keineswegs, daß die Perser insgesamt auch nur im geringsten hellenisiert worden wären: Der Hellenismus konnte sich in Persien nicht durchsetzen. Eine längere Friedenszeit und politisch stabile Verhältnisse über mehrere Generationen hinweg hätten die Lage möglicherweise verändert. Doch dazu kam es nie.

Statt dessen verstärkte sich allmählich die Abneigung, die man gegenüber dem Hellenismus empfand. Das Ende war die völlige Lösung der verschiedenen persischen Provinzen vom Reich. Wiederholte Konflikte im seleukidischen Königshaus begünstigten diese Entwicklung; ein weiterer Grund war die ständige Bedrohung Persiens durch zentralasiatische Nomadenvölker, der die regionalen Statthalter nicht wirksam begegnen konnten, weil sie gehalten waren, in erster Linie gegen die Ptolemaier zu kämpfen oder gegen Aufrührer im Innern vorzugehen. Die fähigeren unter den seleukidischen Königen versuchten, die langsame Ablösung Persiens vom Reich aufzuhalten, indem sie einer Provinz die Autonomie gaben und dafür militärische Unterstützung und gelegentliche Tributleistungen verlangten. Aber alle diese Bemühungen erwiesen sich letztlich als ungeeignet.

Schließlich führte der Aufstand des Diodotos I. Soter gegen Antiochos II. Theos (um 256–255) dazu, daß das gesamte riesige Baktrien sowie das indische Grenzland, wo die persischen bzw. indischen Völker zahlenmäßig das Übergewicht hatten, für das Seleukidenreich endgültig verlorengingen. Immerhin war die herrschende Dynastie des Diodotos noch griechischen Ursprungs und wesentlich geschickter als die Seleukiden bei der Schlichtung von Streitigkeiten zwischen den verschiedenen Stämmen und Rassen. In Zentralpersien gelang es allerdings einer einheimischen persischen Dynastie, den Seleukiden die Macht zu entreißen. Den entscheidenden Schlag führte der Parther Arsakes I., dessen Dynastie 247 an die Macht kam und bald ganz Persien beherrschte.

Nachdem auch den Bemühungen Antiochos' III., des Großen, im Osten (212–206) kein dauerhafter Erfolg beschieden war, setzten die Parther ihre Eroberungen im Westen fort und annektierten 141 den größten Teil Mesopotamiens, wo die Oberschicht zunehmend selbstbewußter gegen das geschwächte seleukidische Regime aufgetreten war. Die kühne Wiedereroberung von Babylonien und Medien durch Antiochos VII. Euergetes Sidetes (130) brachte keinen dauernden Erfolg, da der König bereits im folgenden Jahr starb. Danach blieb der seleukidische Reststaat im wesentlichen auf das Gebiet von Syrien beschränkt. Die Römer duldeten ihn zunächst, zerstörten ihn aber schließlich während der politischen Neuordnung des griechischen Ostens durch Pompeius (63). Tigranes I., »König der Könige« (ursprünglich der Herrscher von Armenien), der selbst einundzwanzig Jahre zuvor das Erbe der letzten Seleukiden angetreten hatte, wurde aus Syrien vertrieben.

Zweieinhalb Jahrhunderte lang hatten sich die Seleukiden bemüht, Alexanders unklare Ideen von einem Vielvölkerstaat zu verwirklichen. Trotz spektakulärer Erfolge mußten die Seleukiden letzten Endes scheitern, weil das Zusammenleben der griechischen Führungsschicht mit den unterworfenen Völkern sich niemals als stabil genug erwies.

4. Die Randstaaten des Nahen Ostens

Das wegen seines schwierigen Geländes schwer zugängliche Kleinasien kam niemals völlig unter die Herrschaft Alexanders des Großen: Er betrachtete es praktisch als Durchgangsland. Auch für die Seleukiden war das Land nicht viel mehr als ein Schauplatz ihrer Auseinandersetzungen mit den Ptolemaiern. So blieben die nördlichen Regionen und das zentrale Hochland der Halbinsel politisch in zwei voneinander unabhängige Staaten aufgeteilt. Tief im Landesinnern lag Galatien, das von keltischen (gallischen) Eindringlingen, die im Jahr 278 den Hellespont überquert hatten, und deren Nachkommen bewohnt wurde. Die Galater waren in drei verbündeten Stammeseinheiten organisiert, die eine beachtliche Militärmacht darstellten. Sie gehörten jedoch nicht zum hellenistischen Kulturkreis. Ihre frühesten Münzen mit griechischer Inschrift tauchten erst nach 64 auf, als das Land bereits Teil des Römischen Reiches war. Drei andere Staaten Kleinasiens, nämlich Bithynien, Pontos und Kappadokien, erlebten eine neue Blüte unter Regenten, die fast ihre ganze Kraft darauf verwenden mußten, seleukidische Vorstöße abzuwehren. Diese Fürsten waren ihrer Abstammung nach keine Griechen, übernahmen über griechische Lebensart und hellenistische Kultur.

Bithynien im Nordwesten der Halbinsel produzierte vielerlei Agrarprodukte, besaß ausgedehntes Weideland, Nutzholz und edlen Marmor und verfügte über mehrere Häfen sowie über gute Landverbindungen. Der bithynische Fürst Zipoetes I. (328–280), der wie viele seiner Untertanen, thrakisches Blut in den Adern hatte, brachte es fertig, sich Alexander dem Großen nicht zu unterwerfen. Er widerstand erfolgreich auch dem Lysimachos, nahm 297 den Titel »König« an und schlug Angriffe des Seleukiden Antiochos I. Soter zurück. Als sein Sohn Nikomedes (280–255) bei einer internen Auseinandersetzung im Königshaus Unterstützung benötigte, holte er die Gallier (Galater) nach Kleinasien. Auf ihn geht aber auch das Interesse an der hellenistischen Kultur zurück, zu der sein Königreich dank seiner geographischen Lage mühelos Zugang hatte. Bithynien wurde dadurch praktisch ein Griechenstaat. Die Hafenstadt Nikomedeia (Izmit), um 265 von Nikomedes I. durch einen *synoikismos* zweier Griechenstädte gegründet, wurde seine Residenz.

Durch Kriege, die mit der Arbeit einheimischer Sklaven finanziert wurden, und geschickte Diplomatie erreichte Bithynien eine beachtliche Ausdehnung, dazu politisches Gewicht und wirtschaftliche Bedeutung. Diese Entwicklung erreichte ihren Höhepunkt unter Prusias I. Cholos, »dem Lahmen«, der um 230–182 regierte. Trotz verschiedener Schwierigkeiten – zum Beispiel weilte der Karthager Hannibal (gest. 183/82) als Flüchtling an seinem Hof, eine politisch höchst brisante Angelegenheit –, vermied er den direkten Bruch mit den Römern. Seine Nachfolger erlagen mehr und mehr dem römischen Einfluß; zu nennen sind besonders Prusias II. Kynegos, »der Jäger« (um 182–149), der sich wegen seiner feigen Haltung gegenüber dem Senat die Verachtung der Nachwelt zuzog, und Nikomedes IV. Philopator (um 94–74), der sein Königreich den Römern testamentarisch vermachte.

Der Nachbarstaat Pontos erstreckte sich von der fruchtbaren wasser- und waldreichen nördlichen Küstenregion Kleinasiens bis zu den erzhaltigen Gebirgen des Hinterlandes. Regiert wurde er von Angehörigen des persischen Feudaladels; unter der Bevölkerung der pontischen Dörfer wurden jedoch nicht weniger als zweiundzwanzig verschiedene Dialekte gesprochen. In Pontos gab es auch mächtige autonome Tempelstaaten. Besonders erwähnenswert ist Komane (die »Stätte der Hymnen«), wo der altehrwürdige Kult der Natur- und Muttergottheit Ma oder Enyo gepflegt wurde (die identisch ist mit der griechischen Göttin Kybele); Schweine und Schweinefleisch waren bei diesem Kult strikt verboten. Der Tempelstaat besaß ausgedehnte Ländereien und wurde regiert von Hohenpriestern – deren Amt erblich war – mit absoluter Gewalt über sechstausend männliche und weibliche Tempelsklaven.

Mithridates I. Ktistes, »der Gründer«, (301–266), ein teilweise hellenisierter Perser, der sich auf seine Abstammung vom achämenidischen Herrscherhaus berief, erlangte die Herrschaft über Pontos und behauptete sich gegenüber Ansprüchen des Antigonos I. Monophthalmos und der Seleukiden, indem er im Einvernehmen mit Bithynien die Gallier (Galater) nach Kleinasien holte. Zu seiner Hauptstadt machte er

Amasia, das in der ersten Hälfte des 2. Jahrhunderts von Sinope abgelöst wurde.

Die Nachfolger Mithridates' I. bauten ihre Stellung weiter aus. Sie holten viele Griechen ins Land, und schließlich wurde dieses als eigenständiger hellenistischer Stadt anerkannt. Die Münzporträts von Mithridates III. (um 220–185) und Pharnakes I. (185–169) zählen zu den bemerkenswertesten und realistischsten Prägungen der Antike. Pharnakes I., ein vom Glück begünstigter Herrscher und Philhellene, hatte den ehrgeizigen Plan, ein riesiges Schwarzmeer-Reich aufzubauen. Mithridates V. Euergetes (um 150–120), der Nutznießer dieses Expansionsdranges, wurde der mächtigste König in Kleinasien.

Sein mutiger und umsichtiger Sohn Mithridates VI. Eupator Dionysos, der Große (um 120–63), ein brillanter Organisator, der auch bei der Auswahl seiner Feldherrn und Beamten eine geschickte Hand bewies, griff die Idee des Pharnakes von einem Schwarzmeer-Imperium auf und setzte sie in die Tat um, indem er seinen Herrschaftsbereich um die umliegenden Länder erweiterte. Er eroberte schließlich auch die römische Provinz Asia. Für die Römer wurde seine Politik damit zur gefährlichsten Herausforderung, die sie je von einem hellenistischen Herrscher erfahren hatten.

Als Mithridates VI. im Jahre 66 Pompeius unterlag, wurde das Kerngebiet seines Reiches der römischen Provinz Bithynien und Pontos zugeschlagen, andere Reichsteile gingen an verschiedene Klientelrandstaaten Roms. Zur selben Zeit verlor auch Tigranes I., der armenische »König der Könige« und Verbündete des Mithridates, die von ihm eroberten Territorien im Umkreis Armeniens. Sein angestammtes Königreich durfte er bis zu seinem Tod (um 56) behalten. Danach blieb das armenische Hochland jahrhundertelang ein Zankapfel zwischen Rom und dem Partherreich.

Kappadokien im östlichen Teil Kleinasiens war ein zerklüftetes, schwer zugängliches Hochland mit extremen Temperaturschwankungen und geringen Ernteerträgen. Es gab jedoch riesige Herden von Pferden, Schafen und Maultieren. Der frühere persische Satrap Ariarathes I., ein angeblicher Nachkomme des Achämeniden Kyros I., vereitelte zwar die Absicht Alexanders, ihn abzusetzen, wurde aber 322 von Perdikkas getötet, der einen anderen Diadochen (Eumenes von Kardia) auf den kappadokischen Thron brachte. Im Jahr 301 eroberte Ariarathes II. das Land zurück, und fortan galt er nominell als Vasall der Seleukiden. Sein Sohn Ariaramnes ließ sich noch vor 250 die Anerkennung seiner Unabhängigkeit von den Seleukiden bestätigen. Dessen Sohn und Nachfolger Ariarathes III. (um 250–220) erklärte sich zum Basileus – König–

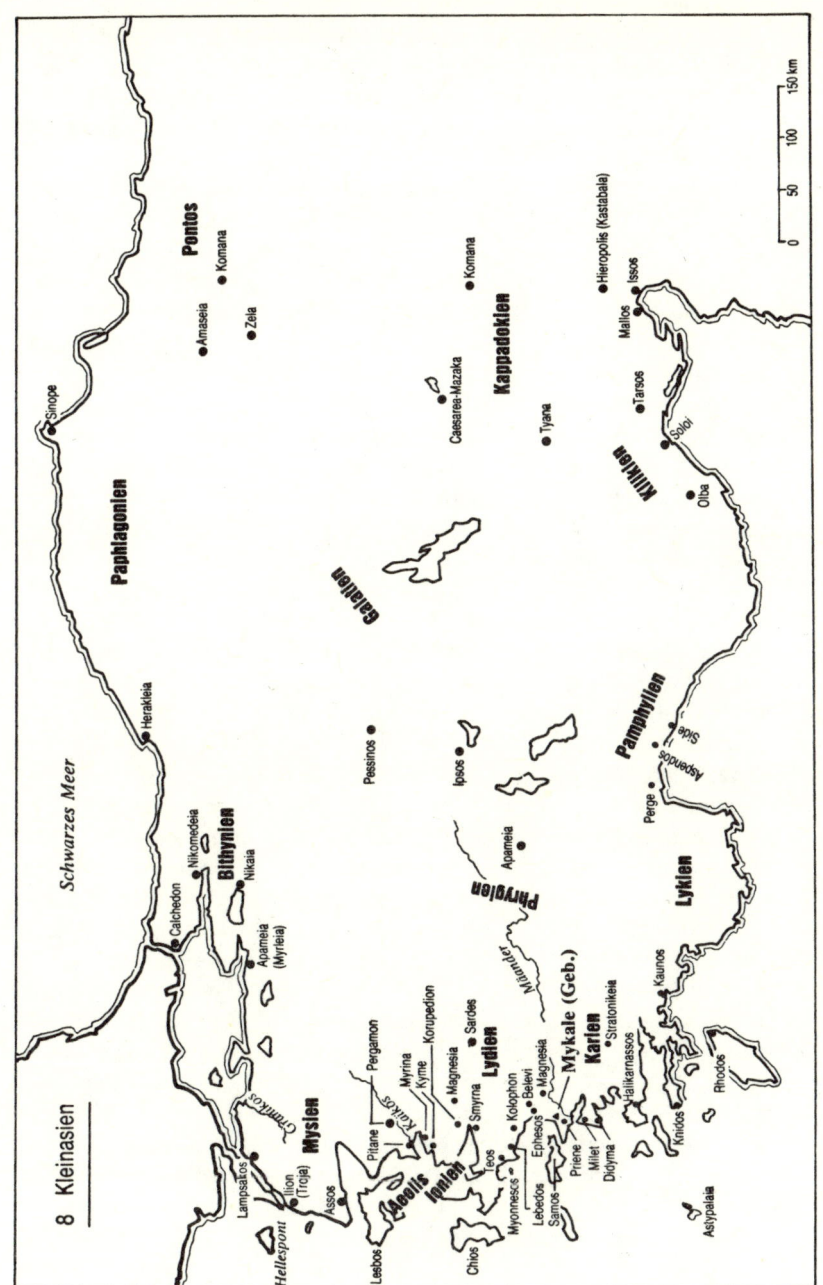

8 Kleinasien

Schwarzes Meer

Paphlagonien

Pontos

Amaseia

Komana

Zela

Sinope

Caesarea-Mazaka

Komana

Kappadokien

Tyana

Galatien

Hierapolis (Kastabala)

Issos

Mallos

Tarsos

Soloi

Kilikien

Olba

Herakleia

Pamphylien

Pessinos

Ipsos

Side

Aspendos

Apameia

Perge

Bithynien

Nikomedeia

Nikaia

Phrygien

Lykien

Apameia
(Myrleia)

Maeander

Mykale (Geb.)

Kaunos

Mysien

Pergamon

Myrina

Kyme

Korupedion

Sardes

Magnesia

Stratonikeia

Karien

Lampsakos

Kaïkos

Pitane

Kolophon

Belevi

Magnesia

Halikarnassos

Rhodes

Ilion
(Troja)

Smyrna

Ephesos

Priene

Assos

Teos

Knidos

Hermos

Aeolis

Ionien

Lydien

Lebedos

Samos

Myonnesos

Milet

Didyma

Hellespont

Lesbos

Chios

Astypalaia

0   50   100   150 km

und ließ den Titel auf seine Münzen prägen. Er und sein Sohn blieben verbündete der Seleukiden, bis Antiochos III., der Große, von den Römern besiegt wurde (189/88). Von da an waren die kappadokischen Könige gezwungenermaßen Vasallen der Römer. Das Land wurde jedoch erst 17. n. Chr. von den Römern annektiert.

Unter den kappadokischen Monarchen setzte der persische Adel den Lebensstil früherer Zeiten fort. Von ihren Burgen aus herrschten sie über eine Bauernschaft, deren Tölpelhaftigkeit und derbe Umgangsformen sprichwörtlich waren. Die Sozialstruktur in Kappadokien ähnelte der im pontischen Reich. Auch in Kappadokien gab es Tempelstaaten, darunter ebenfalls ein Komane, das der Muttergottheit Ma geweiht war. Es gab nur wenige Städte, und die Hellenisierung ging nur langsam vonstatten, wenn auch der Hof von Mazaka (später Caesarea, heute Kayseri) im Erscheinungsbild hellenistisch war, wie auch die Königsmünzen den griechischen Einfluß erkennen lassen. Insbesondere König Ariarathes V. Eusebes Philopator (163–130) förderte die griechische Kultur in seinem Land nach Kräften; er wurde sogar Ehrenbürger von Athen.

Bithynien, Pontos und Kappadokien waren der Eingliederung ins Reich der Seleukiden entgangen. Pergamon erreichte seine Unabhängigkeit dadurch, daß es sich langsam vom Reich löste. Die Stadt im Gebiet der Mösier (einem nichtgriechischen Stamm) lag etwa fünfundzwanzig Kilometer von der See entfernt an einem strategisch günstigen Punkt, der das fruchtbare Tal des Kaikos (Bakir Çay) beherrschte. Der Ort erlangte Bedeutung unter Philetairos, einem Eunuchen makedonisch(?)-paphlagonischer Abstammung. Philetairos, ein Offizier des Antigonos I. Monophthalmos, wurde unter Lysimachos Burgkommandant von Pergamon. Später trat er zu Seleukos I. Nikator (282) über. Er nahm einen riesigen Schatz mit, um nicht mit leeren Händen vor Seleukos zu erscheinen. Seitdem regierte er in Pergamon als seleukidischer Statthalter bis zu seinem Tode (263). Als die Gallier einfielen, leistete er erfolgreich Widerstand und zwang sie, weiter nach Osten in das spätere Galatien weiterzuziehen. Die Nachfolger des Philetairos ließen aus Verehrung sein Porträt auf ihre Münzen prägen. Sein an Sohnesstatt angenommener Neffe Eumenes I. (263–241) entledigte sich mit ägyptischer Hilfe der seleukidischen Oberhoheit und erweiterte sein Territorium. Obwohl es den Seleukiden gelang, einige Landstriche zurückzuerobern, konnte er seine Unabhängigkeit wahren. Auch die Eroberungen des Attalos I. Soter (241–197) waren nicht von Dauer. Als er jedoch einen bedeutenden Sieg über die Galater erfochten hatte, nahm er die Königswürde an und erneuerte den Anspruch seiner Dynastie, Hüterin des Hellenismus zu sein. Überdies eröffnete er durch seine Intervention am Westufer der Agäis Pergamon ein neues Feld der Betätigung. Vor allem versuchte er die ehrgeizigen Pläne Philipps I. von Makedonien zu durchkreuzen, indem er erst den Ätolischen Bund, dann, im Zweiten Makedonischen Krieg, die Römer unterstützte (200–197).

Sein Sohn Eumenes II. Soter (197–160/159) führte diese Politik fort und sicherte sich dadurch bedeutende Gebietsgewinne (189–188) zu Lasten des besiegten Seleukiden Antiochos III., ohne daß der Staat unübersichtliche Ausmaße annahm. Die Einwohnerzahl des pergamenischen Reiches betrug damals etwa fünf oder sechs Millionen, das Reichsgebiet erstreckte sich über annähernd die Hälfte der Gesamtfläche Kleinasiens, dazu gehörten so alte Kulturlandschaften wie Lydien und Phrygien. Eumenes II. verwirkte später das Vertrauen Roms, weil er angeblich geheime Verhandlungen mit deren makedonischem Feind Perseus geführt hatte. Seinem Bruder Attalos II. Philadelphos (160/159–138) gelang es allerdings, die Gunst der Römer zurückzugewinnen. In verschiedenen Kleinkriegen erwies sich Rom erneut als verläßlicher Freund Pergamons.

Die Attaliden lebten bescheidener als die Seleukiden und Ptolemaier, verstanden sich aber genau wie diese als absolute Herrscher. Sie sicherten ihre Herrschaft, indem sie klugerweise die Nachfolgefrage nicht durch Familienfehden oder Usurpationen gefährdeten. Die Könige Pergamons entwickelten zahlreiche kulturelle Aktivitäten (zu nennen ist hier besonders Eumenes II. Soter) und machten aus ihrer Hauptstadt ein Wunder an künstlerisch gestalteter Architektur. Es ist wohl kaum übertrieben, wenn man behauptet, daß Pergamon sein Umland stärker hellenisierte als etwa das ägyptische Alexandria. Letztlich aber war die Stadt, ebenso wie Alexandria, nur die griechische Fassade eines Staates, dessen Bevölkerung aus nichtgriechischen Bauern bestand, die in ihren Dörfern wie seit alters ihren eigenen religiösen Kulten anhingen.

Es war die Arbeit dieses einheimischen Volkes, das die ökonomische Basis für den Reichtum der Attaliden schuf, die als die reichsten Herrscher Asiens galten. Ihr Wohlstand – deutlich abzulesen an der weiten Verbreitung der pergamenischen Münzen – beruhte ähnlich wie bei den Ptolemaiern auf strikter und geschickt organisierter Kontrolle der Wirtschaft. Vor allem galt dies für den Silberbergbau, die einträgliche Weizenproduktion sowie für die im großen Stil betriebene Viehzucht. Die Viehzüchter produzierten auch wichtige Nebenerzeugnisse, etwa Wollstoffe und Pergament. Pergament wurde zur Herstellung von Büchern für die Bibliothek zu Pergamon verwendet, die mit der alexandrinischen Bibliothek durchaus konkurrieren konnte.

Die Attaliden übten eine direkte Kontrolle in ihrem Staat aus, indem sie im Lande, ähnlich wie die Seleukiden, Militärstützpunkte errichteten. Pergamon und seine griechischen Nachbarstädte erhielten die üblichen Polisverfassungen, doch mischten sich die Könige häufig in die städtischen Angelegenheiten ein. Sie versuchten dies damit zu rechtfertigen, daß sie eine Abwehrfront gegen die Übergriffe der Galater aufbauen müßten. Zahlreiche alte ägäische Stadtstaaten, die die Attaliden nach 189–188 von Antiochos III. als Kolonien erhielten, wurden mit wesentlich mehr Fingerspitzengefühl und mit größerer Zurückhaltung behandelt. Obwohl man auch ihnen beachtliche Steuern aufbürdete, gewährten die Attaliden aber auch ganz bewußt großzügige Hilfen. Alte, wirtschaftlich leistungsfähige Tempelstaaten, zum Beispiel das Heiligtum der Agdistis (Kybele) und des Attis in Pessinos, erhielten den Status autonomer Bezirke; jedenfalls ist dies für die Jahre 183–166 belegt, als das genannte Heiligtum zu Pergamon gehörte. Eumenes II. ließ hier einen neuen Tempel und Säulengänge errichten und korrespondierte mit dem Priesterkönig wie ein Monarch mit seinesgleichen.

Fast alle Attaliden waren fähige, entschlossene und opferbereite Herrscher. Sie regierten ihren Staat mit großem Talent; zu Lande und zu Wasser war Pergamon eine starke Militärmacht; immerhin hatten seine Truppen die Galater besiegt – ein Erfolg, dessen sie sich zu Recht rühmten. Die Könige waren ausgezeichnete Diplomaten: Sie kauften sich Verbündete, schafften sich potentielle Gegner mit Geldzahlungen vom Hals und nutzten Rivalitäten der Nachbarn zum eigenen Vorteil. Das stabilste Element ihrer Außenpolitik waren jedoch die guten Beziehungen zu Rom, die nur einmal kurzzeitig gefährdet waren. Eine Zeitlang zog Pergamon aus dieser Allianz wesentliche Vorteile, auf lange Sicht beschleunigte sie allerdings den Untergang der hellenistischen Welt, denn sie stärkte Roms Position gegenüber den übrigen griechischen Staaten. Der Vorwurf des Verrats, der den Herrschern von Pergamon von allen Seiten gemacht wurde, besteht daher nicht ganz zu Unrecht, und sie konnten ihn auch nicht durch ihre eigene griechisch-patriotische Propaganda entkräften. Der letzte, recht exzentrische König von Pergamon, Attalos III. Philometor Euergetes (138–133), setzte die Welt in großes Erstaunen, als er seine Güter und den Königsschatz, nach Ansicht mancher Zeitgenossen sein ganzes Königreich, den Römern vermachte. Möglicherweise wollte er so die griechische Oberschicht vor drohenden Aufständen im Land schützen. Pergamon wurde kurzerhand zur römischen Provinz Asia erklärt, nachdem römische Truppen die Revolte des Aristonikos (133–130) niedergeschlagen hatten. Die neue Provinz veränderte infolge ihres großen Reichtums das gesamte Wirtschaftsgefüge des Römischen Reiches.

Etwa zu der Zeit, als das Königreich Pergamon verschwand, wurde eine weitere ehemals seleukidische Provinz im östlichen Mittelmeer unabhängig: der jüdische Priesterstaat.

Politisch wie auch in anderer Beziehung war Judaea eine Ausnahmeerscheinung in der hellenistischen Welt. Nachdem Alexander der Große das Land den Achämeniden entrissen hatte, kam es erst unter die Herrschaft der Ptolemaier, dann griffen die Seleukiden danach. Schließlich erlangte Judaea 129 seine nationale Unabhängigkeit.

Die Hellenisierung Syriens blieb selbstverständlich nicht ohne Auswirkung auf das Nachbarland Judaea. Dort stieß sie jedoch auf größeren Widerstand, da die Hebräer mit Leib und Seele dem monotheistischen Glauben anhingen. Er stützte sich auf die Bibel, genauer gesagt auf das Alte Testament, wie es später von den Christen genannt wurde. In Judaea ist schon im 7. Jahrhundert – wenn nicht noch früher – der Einfluß griechischer Kultur nachweisbar. Rund zweihundertfünfzig Jahre später sollte dieser Einfluß besonders stark werden, was beispielsweise Silbermünzen des 4. Jahrhunderts aus der persischen Provinz Jehud bezeugen. Sie imitieren für den Handelsverkehr mit Griechenland griechische Prägungen. Als Alexander der Große 332 das Land besetzte, kamen die Juden zum ersten Mal in unmittelbaren Kontakt mit der griechischen Welt. Die Konflikte und Wechselbeziehungen der Kulturen, die hier aufeinanderstießen, wirkten sich auch auf ihren Staat aus.

Nach dem Tod Alexanders war Judaea eines der vielen von den Ptolemaiern annektierten Gebiete außerhalb Ägyptens. Viele Juden, auch alexandrinische, dienten wie andere Ausländer im ptolemaiischen Heer, und umgekehrt gab es in jedem Dorf Judaeas griechische Beamte und Händler. Außerdem entwickelten sich Griechenstädte rund um das jüdische Kernland. Noch vor dem Ende der hellenistischen Periode belief sich die Zahl dieser Städte auf mindestens dreißig. Vielleicht war das von Alexander teilweise zerstörte, dann aber wieder aufgebaute Gaza eine der ersten dieser graeko-orientalischen Städte. (Die Stadt erhielt später den Namen Seleukeia.) Alexander oder Perdikkas siedelten Makedonen in Samaria an. Besondere Bedeutung erlangte Gadaria. Es brachte trotz der großen Entfernung von Griechenland und einer vielsprachigen Bevölkerung bedeutende Persönlichkeiten der griechischen Geisteswelt hervor, so den Epikureer Philodemos, den Satiriker Menippos und den Dichter Meleager. Die Gründung dieses Gürtels griechischer Festungsstädte rund um das jüdische Zentralplateau hatte natürlich einen militärischen Zweck: Sie sollten nämlich die hellenistischen Könige dabei unterstützen, die häufig recht widerspenstigen Juden unter Kontrolle zu halten, eine Aufgabe, der sich die Städte mit Begeisterung unterzogen.

Die Ptolemaier betrachteten Judaea als einen der vielen Tempelstaaten des Nahen Ostens, mit denen sie von Kleinasien und Syrien her recht vertraut waren. Folglich erkannten sie bereitwillig die Hohenpriester als Regenten des Landes an unter der Bedingung, daß ihre eigene Oberhoheit gewährleistet war. Als jedoch der Hohepriester Onias II. König Ptolemaios III. Euergetes (242–240), vermutlich weil er innerlich auf seiten der Seleukiden stand, Steuern vorenthielt, übertrug der König einem jüdischen Scheich und Geschäftsmann vom Ost-Jordanufer namens Tobias die nichtreligiösen Aufgaben seines Amtes. Tobias' Nachfolger wurde sein Sohn Joseph, ein geschickter Geschäftsmann. Obwohl kein überzeugter Anhänger hellenistischer Kultur, war sein Auftreten doch hinreichend vom Griechentum geprägt, so daß man ihn am alexandrinischen Hof willkommen hieß – und daß er in einem Brief an Apollonios, den ptolemaiischen Finanzminister, sich nicht davor scheute, auf »die Götter« zu verweisen.[12] Auch viele andere Juden, nicht nur die Mitglieder der wohlhabenden Priesterfamilien, sondern möglicherweise auch die gebildete Oberschicht, waren bereit, den Hellenismus in gewissen Grenzen zu akzeptieren. »Wir wollen uns mit den Völkern (Gojim) ringsum verbinden, denn seit wir uns von ihnen abgesondert haben, trifft uns viel Ungemach«[13], heißt es im Ersten Buch der Makkabäer. Das Griechische wurde sehr rasch Amts-, Handels-, ja sogar die Umgangssprache der Gebildeten und verdrängte das Hebräische, die Sprache der Literatur, der Gesetzgebung und der Liturgie (das einfache Volk sprach weiterhin aramäisch).

Im Jahre 200 annektierte Antiochos III., der Große, nach seinem Sieg bei Panion das Land der Ptolemaier. Von nun an mußten die Steuern an die Seleukiden entrichtet werden, und sie waren es auch, die die Hohenpriester ernannten. Anfangs ging man behutsam vor und nahm Rücksicht auf die Gefühle der Juden. So erließ Antiochos III. ein Dekret, das ihnen die Beibehaltung ihres gesamten Brauchtums zubilligte. Der Tempel in Jerusalem sollte wie die Heiligtümer anderer Tempelstaaten von der Steuerpflicht ausgenommen werden und Anspruch auf finanzielle Zuwendungen haben. Die weiterhin sehr einflußreichen Tobiaden waren sich jedoch nicht einig darüber, welche Haltung sie gegenüber den Seleukiden einnehmen sollten. Um das Jahr 180 galt der Hohepriester aus dem Hause der Tobiaden, Onias III., als proägyptisch, was als subversiv angesehen wurde, während sein Bruder Jason (Josua) das neue seleukidische Regime unterstützte. Jason bot Antiochos IV. Epiphanes auch höhere Tributzahlungen an, um seine Ernennung zum Hohenpriester (175–172) zu erreichen. Dies jedoch verstieß gegen den Erbcharakter des Amtes. Er erkaufte sich außerdem von dem Seleukidenherrscher das »Privileg«, Jerusalem in eine Griechenstadt (Polis) umzuwandeln, vielleicht auch das Recht, eine griechische Gemeindeverwaltung *(politeuma)* neben der Tempelbehörde aufzubauen.[14] Die neue Stadt sollte Antiocheia in Judaea heißen und zum Beispiel ein Gymnasion für unbeschnittene junge Athleten erhalten, die natürlich nackt auftraten. Derartige Neuerungen schockierten nicht nur die Orthodoxen, sondern vertieften die bereits bestehende soziale und wirtschaftliche Kluft in der Bevölkerung noch mehr, da die ärmeren Schichten das Bürgerrecht in der neuen Griechengemeinde nicht erwerben konnten – und zweifelsohne in der Mehrzahl auch nicht wollten.

Jason wurde, wie nicht anders zu erwarten, abgesetzt und ins Exil nach Sparta geschickt (der Judenstaat und Sparta empfanden sich als geistesverwandt, denn beide besaßen eine ähnlich festgefügte Tradition). Die Einstellung von Jasons Nachfolger, einem gewissen Menelaos, zur Orthodoxie war allerdings noch laxer. Er versprach dem König sogar weit größere Geldsummen als Jason (dazu mußte er sich am Tempelsilber vergreifen). Überdies betrieb er hemmungslos die Hellenisierung und erklärte sich sogar dazu bereit, daß eine griechische Garnison in die Zitadelle von Jerusalem verlegt wurde. Im Jahre 168 kehrte Jason zurück, ließ Menelaos gefangennehmen und verjagte die griechenfreundliche Verwaltung.

Unglücklicherweise wurde Jason von Antiochos IV. Epiphanes, der zu dieser Zeit in schwere Kämpfe mit Ägypten verwickelt war, verdächtigt, er plane einen proägyptischen Staatsstreich (ob der Verdacht zurecht bestand, ist bis heute nicht erwiesen). Im Jahr zuvor hatte Antiochos selbst den Tempelschatz geplündert. Nun kam er erneut nach Jerusalem, setzte, nachdem er unter seinen Gegnern ein Blutbad angerichtet hatte, die syrische Garnison wieder ein und weihte den Tempel des hebräischen Gottes dem olympischen Zeus. Der Umgang mit den Juden, so fand er, brachte nur Schwierigkeiten mit sich; wohl deshalb hielt er es für das beste, deren Religion im hellenistischen Synkretismus aufgehen zu lassen. Das stand ganz im Einklang mit seiner Politik, die Verfassungen der Städte seines Reiches zu hellenisieren. Trotzdem hat er, der ja nicht einmal vor der Plünderung von Tempelschätzen zurückschreckte, niemals versucht, die religiösen Kulte der anderen Tempelstaaten in seinem Reich zu verbieten.

Da der religiöse Synkretismus ohnehin eine Zeiterscheinung war, lag es nahe anzunehmen, daß sich auch Zeus und der Gott der Juden ebenfalls verschmelzen lassen und die Kulte assimiliert werden könnten. Doch Antiochos oder seine Ratgeber schätzten die Lage falsch ein. Die Juden dachten keineswegs daran, dieses Vorgehen demütig hinzunehmen – im Gegenteil. Die Aktion vereinte die ganze Bevölkerung – ausgenommen erklärte Anhänger der Hellenisierung – in flammender

Empörung, die sich in einem Volksaufstand entlud. Der führende Kopf der Revolte war Judas Makkabäus, ein Priester aus dem Hause der Hasmonäer; unterstützt wurde er von der fanatischen antihellenistischen Religionspartei der Chassidim, die die Märtyreridee populär machte und überall großen Zulauf fand. Die Makkabäerbewegung erwies sich als so stark, daß der Tempel im Jahre 164 wiederum dem Gott der Juden geweiht werden konnte. Der neue Hohepriester Alkimos, ein gemäßigter Prohellene, behielt sein Amt – wenn auch unter Schwierigkeiten – bis zu seinem Tod im Jahre 159. Bereits 160 war Judas Makkabäus gestorben; auf ihn folgte sein Bruder Jonathan (Jehonatan), der den Seleukiden militärische Unterstützung gewährte und sich so nicht nur als Hoherpriester (152) Anerkennung sicherte, sondern auch als »Statthalter von Judaea« (150). Einige Jahre später verjagte Simon, ein Bruder von Judas und Jonathan, die Soldaten der seleukidischen Garnison (142), wurde darauf von einer jüdischen Volksversammlung als Hoherpriester eingesetzt und bald auch wie ein hellenistischer König gekrönt. Von seinem Königstitel machte er allerdings keinen Gebrauch.

Während der folgenden achtzig Jahre blieben die Juden unabhängig, sieht man von einer Zwischenperiode während der Regierungszeit des Antiochos VII. Euergetes Sidetes des Großen (139–129) ab. Die herrschende Hasmonäer-Dynastie wurde im allgemeinen von den Römern unterstützt, da sie als Gegengewicht zu dem dahinsiechenden Seleukidenreich sehr nützlich war. Innenpolitisch konnte sich die Dynastie auf die aristokratischen, nur oberflächlich hellenisierten Sadduzäer stützen, doch beim Volk schwand ihre Popularität allmählich. Seit Johannes Hyrkanos I. (Jehohahan, 134–104), in dessen Regierungszeit sich vielleicht die ersten Münzprägungen der Hasmonäer datieren lassen, erhöhte das Regime seine militärische Schlagkraft erheblich; der Makkabäerstaat wurde auf Kosten der umliegenden Griechenstädte erweitert. So wandelte sich die ursprünglich religiös begründete Gemeinschaft der Juden in einen nichtreligiösen Staat nach griechischem Vorbild. Die beiden ersten hasmonäerfreundlichen Makkabäerbücher sind denn auch in griechischer Sprache geschrieben (wobei das erste Buch eine hebräische Vorlage hatte), obwohl sie projüdisch sind. Aristobul I. (Jehudah, 104–103) legte sich sogar den Beinamen »Philhellen« zu[15], Alexander I. Jannaios (Jehonatan, 103–76) nannte sich König[16] und umgab sich an seinem Hof mit hellenistischem Luxus. Das hinderte beide Herrscher nicht, als überzeugte Patrioten aufzutreten, wenn es um Angriffe der feindlichen griechischen Nachbarn und deren zwangsweise Bekehrung zum Judentum ging. Judaea erreichte seine größte Machtstellung unter Herodes I., dem Großen, (37–4), dem Begründer einer neuen – der idumäischen – Dynastie unter römischer Protektion.

Das Volk stand gefühlsmäßig dem orthodoxen Judentum meist näher als seine Herrscher. Die spätere aufgeklärt-nationalistische Pharisäerbewegung, die sich mehr auf die lokalen Synagogengemeinden stützte, trat zwar als Gegner der makkabäischen Herrscher auf und widersetzte sich entschieden jedem Versuch, Königtum und Hohepriestertum zu vereinen. Doch letztlich ist auch und gerade der Makkabäeraufstand die Ursache dafür gewesen, daß sich der Hellenismus in Judaea nicht durchsetzen konnte. Auch andere orientalische Kulturen wie die Babyloniens und Persiens konnten sich der Hellenisierung entziehen. Aber Judaea wehrte sich entschiedener als jedes andere Land gegen alles, was die hellenistische Kulturwelt anzubieten hatte. Auf die Dauer erwiesen sich die Juden als ein Volk, das sich nicht assimilieren ließ. Und wenngleich dieses Volk gemessen an der Bevölkerungszahl verhältnismäßig unbedeutend war, so führte doch gerade sein Widerstand, den es allen Assimilierungsbestrebungen entgegensetzte, zu einem der bedeutsamsten Wendepunkte in der griechischen Geschichte: Die Juden und ihre Religion prägten die kommenden Jahrhunderte und wurden schließlich die Wegbereiter des Christentums.

Ein weiterer wesentlicher Aspekt des Judentums jener Zeit war das Leben in der Diaspora (Zerstreuung). Als Sargon II. von Assyrien sich Israels (d. h. des nördlichen jüdisch-palästinischen Königreiches) 722–721 v. Chr. bemächtigt hatte, verpflanzte er über siebenundzwanzigtausend wohlhabende Bürger zwangsweise in Gebiete seines Reiches, und dort verschwanden diese »zehn verlorenen Stämme« spurlos. In den Jahren 597–586 mußte sich das südliche Königreich Judaea einschließlich seiner Hauptstadt Jerusalem dem babylonischen König Nebukadnezar II. beugen, welcher gleichfalls viele Tausende von Juden in sein Kernland Mesopotamien deportierte. Obwohl später der persische Großkönig Kyros I. den Nachkommen erlaubte, nach Judaea zurückzukehren, zogen es viele vor, in Mesopotamien zu bleiben, verloren jedoch nie den Kontakt mit Jerusalem und seinem wiederaufgebauten Tempel. Artaxerxes III. Ochos (358–338) siedelte eine größere Anzahl Juden in seiner nördlichen Provinz Hyrkanien am Kaspischen Meer an.

Nachdem sein Nachfolger Dareios III. Kodomannos von Alexander besiegt worden war, wurde die Neugründung des Eroberers, Alexandria in Ägypten, sehr bald ein wichtiges Zentrum der jüdischen Diaspora: Es lebten hier mehr Juden als in Jerusalem selbst. Wahrscheinlich seit dem 6. Jahrhundert siedelten Juden in Ägypten. Ptolemaios I. Soter holte noch mehr ins Land, hauptsächlich Kriegsgefangene oder ehemalige Söldner, und Ptolemaios VI. Philometor (180–145) verlieh einzelnen Juden sogar hohe Staatsämter. Die Juden in Alexandria lebten bis um 150 wahrscheinlich verstreut inmitten der griechischen Bevölkerung der

Stadt; um diese Zeit entstand auch mit offizieller Billigung ein abgeson-
dertes Wohnviertel in Palastnähe (Delta-Bezirk), wo den Juden weitgehend die Selbstverwaltung erlaubt wurde. Zwar genossen sie nicht wie
die Griechen das alexandrinische Bürgerrecht, waren aber de facto
gleichberechtigt und standen im Ansehen weit über der einheimischen
ägyptischen Stadtbevölkerung. Sie wurden von ihrem eigenen Ältesten-
rat regiert und besaßen die frühesten der uns heute bekannten Synago-
gen. Ihre Gottesdienste hielten sie oft in griechischer Sprache: Das
Griechische ersetzte bald das Aramäische als Umgangssprache der jüdischen Gemeinden in Ägypten.

Der griechische Historiker Hekataios von Abdera hatte um 315 eine
(heute verlorene) historische Schrift über die Juden verfaßt, wahrscheinlich als Teil einer Geschichte Ägyptens (um 315). Obgleich er ihnen
offensichtlich durchaus wohlwollend gegenüberstand, konnte er nicht
umhin anzumerken, daß die Juden gerne unter sich blieben, weil sie, von
Moses darin bestärkt, Fremde und Ungläubige haßten. In dieselbe Kerbe
hieb die später erschienene umfangreiche, aber weit stärker antisemi-
tisch geprägte Literatur. Dies war lange, bevor es Christen gab (die
dasselbe Thema wieder aufgriffen). Der ägyptische Oberpriester Manetho widmete Ptolemaios II. Philadelphos (283 – 246) eine Geschichte
Ägyptens, in die ein unbekannter Grieche einen Zusatz eingefügt hatte,
worin behauptet wurde, daß der legendäre Exodus aus Ägypten für die
Juden ganz und gar kein Ruhmesblatt darstellte. In der zweiten Hälfte
des 2. Jahrhunderts brachte Mnaseas von Lykien Geschichten in Umlauf, in denen es hieß, daß die von den Juden im Tempel verehrte
Gottheit lediglich ein Eselskopf sei (der Tempel war für Besucher nicht
zugänglich und daher von Geheimnissen umwittert); die Juden seien
also eigentlich Atheisten. Es war das Unbekannte und daher Unheimli-
che ihrer religiösen Praktiken, das gegen die Juden sprach, aber auch ihre
Privilegien. Die Verfolgungen unter Antiochos IV. Epiphanes veranlaßten auch die umliegenden Griechenstädte, auf jede erdenkliche Weise
gegen die Juden vorzugehen. In der damals bekannten Welt gab es nur
zwischen Griechen und Juden eine derart tiefe Kluft zwischen zwei
Völkern.

Inzwischen hatten jedoch die alexandrinischen Juden damit begonnen, selbst griechische Literatur hervorzubringen. Ihre größte Leistung
war die griechische Übersetzung der Bibel, die sogenannte Septuaginta,
weil angeblich siebzig oder zweiundsiebzig Übersetzer dabei beschäftigt
waren. Das Werk entstand nicht im Auftrag von Ptolemaios II. Philadelphos, wie die Überlieferung behauptet, um dem Werk größere Bedeutung zu verleihen, sondern während eines längeren Zeitraums. Die
Anfänge fallen allerdings in die Regierungszeit dieses Ptolemaierkönigs.

Die Septuaginta stand im Widerspruch zu dem alten Glauben, daß durch die Übersetzung der heiligen Texte ein Teil ihrer wirkenden Kraft auf den Feind übergehe, außerdem wurde die Abgrenzung, auf die die Juden so großen Wert legten, dadurch zum Teil aufgehoben. Für sehr viele Juden, die das Original kaum mehr lesen konnten, wurde jedoch die Bibel jetzt wieder zugänglich.

Die Septuaginta wirkte auch auf andere jüdische Schriftsteller, die sich der griechischen Sprache bedienten, als Anreiz. Doch keines dieser Werke, auch nicht die Septuaginta, hatte in religiöser Hinsicht eine nennenswerte Wirkung auf die Griechen. Für sie war jeder von der Bibel ausgehende Denkansatz kaum nachzuvollziehen und konnte deshalb auch für ihre Lebensführung keinerlei Bedeutung gewinnen. Jüdische Autoren in Alexandria schrieben trotzdem weiter in griechischer Sprache, weniger, um neue Konvertiten zu gewinnen, als zum Wohle der eigenen Gemeinde. Vor allem lag ihnen daran, das Selbstbewußtsein der Juden zu stärken und ihnen das Gefühl zu vermitteln, den alexandrinischen Griechen ebenbürtig zu sein. Das Ergebnis war eine jüdische Literatur in griechischer Sprache, der bei den anderen nichtgriechischen Völkern Vorderasiens nichts Vergleichbares zur Seite gestellt werden kann, sowohl hinsichtlich der Fülle als auch der literarischen Qualität.

Viele jüdische Apologeten widersprachen den Thesen von Schriftstellern wie Hekataios von Abdera und behaupteten, das Judentum, nicht der Hellenismus, sei der Ursprung aller Kultur und Wissenschaft. Man war allerdings der Meinung, daß beide miteinander vereinbar seien. Eine dieser alexandrinischen Juden, ein gewisser Demetrios, verfaßte im 3. Jahrhundert ein Buch *Über die Könige von Judaea*, dem eine ganze Serie jüdischer Historien in griechischer Sprache folgte. Eupolemos, der, obgleich Diplomat, ein miserables Griechisch schrieb, meinte um 150, die Griechen hätten es Moses zu verdanken, daß sie das Schreiben überhaupt gelernt hatten. Ein anderer Jude, Aristobul (er ist nicht identisch mit dem hasmonäischen Herrscher gleichen Namens), brachte um 100 eine Reihe ähnlicher Moseslegenden in Umlauf, um zu zeigen, daß die Weisheit der Hebräer viel älter und verehrungswürdiger sei als die griechische Philosophie. Er zitierte auch echte oder erfundene griechische Schriften, die seine Ansicht erhärten sollten. Zweifellos war in allen jüdischen Werken dieser Art griechisches Gedankengut enthalten. Dies gilt auch für Schriften in hebräischer Sprache wie den *Ekklesiastes* (der Prediger, um 250?). Er betont die Vergeblichkeit jeglichen menschlichen Strebens zu einer Zeit, in der das Judentum von griechischen Ideen in Frage gestellt wurde. Der *Ekklesiastikos*, um 190 von Ben Sira (Sirach) verfaßt und 116 ins Griechische übersetzt, steht für die jüdisch-orthodoxe Gegenmeinung. Ende des 2. Jahrhunderts bescheinigte der *Brief des Aristeas* den Juden, sie seien keine »Barbaren« und könnten sehr wohl griechische Lebensart übernehmen, ohne wesentliche Elemente ihrer Religion zu gefährden. Der Autor von *Joseph und Aseneth* veranschaulicht das gleiche Problem in einem Roman über ein jüdisches Thema aus der Genesis: Joseph, der Sohn Jakobs, heiratet die Tochter des Priesters von Heliopolis (On). Es handelt sich hier um den vermutlich ältesten Roman in griechischer Sprache, der auf uns gekommen ist. Die jüdische Literatur in griechischer Sprache fand ihren Höhepunkt in dem lehrhaften philosophischen Werk des Philon Judaios (um 30 v. Chr. bis 45 n. Chr.); auch er verdankt weit mehr der griechischen Tradition als der hebräischen (das Hebräische eignete sich von der Sprachstruktur her weniger für das Gebiet der Philosophie), obwohl er sich gewissenhaft bemühte, beiden Gedankenwelten gerecht zu werden.

Die Diaspora erstreckte sich neben Ägypten auch auf viele andere Länder. Am höchsten war der jüdische Bevölkerungsanteil offenbar in Syrien. Seleukos I. Nikator holte Juden in seine Neugründung Antiocheia. Unter Antiochos III., dem Großen, dauerte die Einwanderung von Juden an. Ihren Höhepunkt erreichte sie während der Regierungszeit Antiochos' IV. Epiphanes, als zahlreiche jüdische Emigranten das krisengeschüttelte Judaea verließen. Ebenso lebten viele Glaubensgenossen in Mesopotamien, insbesondere in Seleukeia am Tigris. Antiochos III. schickte zweihundert dieser jüdisch-mesopotamischen Familien nach Kleinasien, wo sie helfen sollten, die Herrschaft der Seleukiden zu stabilisieren. Es war übrigens nicht die einzige Umsiedlungsaktion dieser Art. Das erste Buch der Makkabäer erwähnt die Existenz jüdischer Bevölkerungsgruppen auf den Ägäischen Inseln, in Griechenland und in Kyrene. Auch in Rom gab es nach der Neuordnung des Ostens durch Pompeius (63 v. Chr.) eine bedeutende jüdische Gemeinde, die bis heute existiert. So konnte das damals sehr populäre Sibyllinische Orakel erklären, daß »jedes Land und jedes Meer von Juden erfüllt« sei.[17]

In den für die Umsiedler fremden Städten der Ptolemaier, Seleukiden oder Attaliden neigten die jüdischen Einwanderer dazu, sich in eigenen Wohnvierteln niederzulassen, welche jedoch keineswegs Ghettocharakter hatten; denn ein Jude war sehr wohl bereit, sich allen Berufsgruppen innerhalb der Stadt, in der er wohnte, anzuschließen, ebenso betrieb er auch den Ackerbau im städtischen Umland. Der stets enge Kontakt dieser Auslandsjuden mit der Heimat kam auch der führenden Priesterkaste in Jerusalem zugute, denn seit dem 1. Jahrhundert wurden dem Tempel immer wieder beachtliche Summen Geldes gestiftet.

Im allgemeinen blieben die Juden in der Diaspora dem Glauben der Väter treu; die Garantie der freien Religionsausübung half ihnen dabei entscheidend. Trotzdem zeigte der jüdische Kultus nicht allein in Alexandria, sondern auch andernorts Spuren hellenistischer Einflüsse. Zum Beispiel gab es viele sogenannte »Judaisten«, Heiden, die mit der jüdischen Religion sympathisierten, den Monotheismus und den Sabbath, die Speisevorschriften und wesentliche Teile des hebräischen Sittenkodex akzeptierten, aber die Beschneidung der Männer oder die rituellen Waschungen der Frauen ablehnten, da man diese Gepflogenheiten in ihrer vorwiegend griechischen Umgebung als widerwärtig empfand.

In der Spätzeit des Hellenismus lebten ungefähr acht Millionen Menschen, die sich zum Judentum bekannten, und davon vielleicht sieben Millionen zum größten Teil mehr oder weniger vom Hellenismus geprägt, in Landesteilen, die einst griechisch waren, aber nun zum Römischen Reich gehörten.

Der bedeutendste Vertreter der jüdischen Diasporagemeinden war der Apostel Paulus (gest. 64 n. Chr. oder später). Er stammte aus der hellenisierten Stadt Tarsos in Kilikien im Südosten Kleinasiens, sprach und schrieb griechisch und verkörperte so die klassische Mischung aus Hebräertum und Hellenismus – allerdings nur bis zu einem gewissen Grad: Als Mitglied der jüdischen Gemeinde in Tarsos gehörte er wie diese zur pharisäischen Partei, die jeder Verwässerung des orthodoxen Judentums energischen Widerstand entgegensetzte. Die Juden Kleinasiens lehnten in ihrer Mehrzahl Paulus dennoch ab, weil sie seine Lehre von der Göttlichkeit Jesu Christi als gotteslästerlichen Verrat an ihrer monotheistischen Tradition betrachteten. So wandte er sich an die Heiden, denen er seine gelegentlich hellenistisch eingefärbte Verkündigung der Botschaft Jesu nahezubringen suchte. Das gelang anfangs nur mit sehr mäßigem Erfolg, da ihm auch die Nichtjuden den verlangten absoluten Gehorsam und den unbedingten Glauben verweigerten. So blieb seine Heidenmission vorläufig ohne Resonanz, und außer einer kleinen Gruppe von Juden, den Erben der ursprünglichen jüdischen Gefolgschaft Jesu, gab es kaum jüdische Christen. Erst als nach dem Tod des Paulus im ersten großen Judenaufstand 66 n. Chr. sich neben den Juden auch die Judenchristen gegen die römische Obrigkeit erhoben, gewann das Christentum unter den Heiden an Bedeutung. Bei diesen Heidenchristen sollte die Zukunft des christlichen Glaubens in den kommenden Jahrhunderten liegen: Die ursprünglich jüdische Keimzelle des Christentums war bereits vor dem Ende des Altertums abgestorben.

Judaea und Pergamon machten sich im Westen des Seleukidenreiches selbständig. Doch auch an der Ostgrenze fielen vom Reich große Gebiete ab, in denen verschiedene persische und mesopotamische Stämme siedelten, die indoeuropäische bzw. semitische Dialekte sprachen.

Um 300 v. Chr. wanderten die Parni oder Aparni, die einem Dreierbund halbnomadischer skythischer (indoeuropäischer) Stämme angehörten, aus Zentralasien nach Parthien ein. Parthien im engeren Sinne deckte sich annähernd mit der Provinz Khorasan im heutigen Iran südöstlich des Kaspischen Meeres. Um 247 rebellierte ihr Fürst Arsakes I. gegen den seleukidischen Statthalter Andragoras (der selbst seit Antiochos II. Theos als Abtrünniger galt) und erkämpfte für sein Volk die Unabhängigkeit, wobei er sein Gebiet beträchtlich erweiterte. Die Parther sprachen den mittelpersischen Pahlawi-Dialekt, als Religion nahmen sie den persischen Mazdaismus an. Der Seleukide Antiochos III., der Große, konnte zwar zeitweise große Teile Parthiens wiedergewinnen, doch mußte er schließlich die Partherherrschaft anerkennen, da er sich außerstande sah, ein so großes Gebiet auf Dauer zu halten.

Der Partherkönig Mithridates I. (um 171–138) vergrößerte sein Reich durch die Eroberung Mediens (Nordpersien) und Babyloniens (Mesopotamien) beträchtlich. Dabei geriet der Seleukidenherrscher Demetrios II. Nikator Theos Philadelphos in seine Gefangenschaft. Mithridates I. gilt seitdem als der eigentliche Begründer des persisch-semitischen Partherreiches, das eine Größe von fast einer Million Quadratkilometer hatte. Nachdem der Versuch des Antiochos VII. Euergetes Sidetes, Medien und Babylonien wiederzuerobern, fehlgeschlagen war (129), regierten die Partherkönige unangefochten in den Ländern östlich von Syrien. Gelegentlich machten ihnen noch feindliche Einfälle zu schaffen, etwa von nomadischen Reitervölkern, oder die Angriffe des armenischen Königs Tigranes I. (um 87). Um diese Zeit hatte sich das Zentrum des Partherreiches nach Mesopotamien verlagert. Nach dem glänzenden Sieg über die römische Armee des Triumvirn Crassus bei Carrhae (53) hatte das Partherreich noch weitere dreihundert Jahre Bestand.

Die Partherkönige verwalteten ihr Großreich nicht zentralistisch, sondern mit Hilfe des Provinzadels, der meist ein recht geruhsames Leben führte bei Jagden und anderen Vergnügungen. Die zahlreichen Vasallenstaaten wurden von einheimischen Fürstenhäusern regiert. Diese Vasallenstaaten mußten der königlichen Armee Truppenkontingente stellen; die wichtigsten Abteilungen waren die gepanzerten Reiter (Kataphrakten), die mit Wurflanzen, Pfeil und Bogen bewaffnet waren.

In der vorwiegend auf Ackerbau und Handel ausgerichteten Wirtschaft Parthiens spielte die Produktion von Gütern nur eine untergeordnete Rolle. Die wichtigsten Handelspartner waren zuerst China, dann das Römische Reich. Dennoch war man bestrebt, zu beiden Mächten Abstand zu halten. Die Parther bauten zahlreiche Städte, und diese Neugründungen entwickelten sich oft zu blühenden Handelszentren. Der königliche Hof blieb meist nicht lange an einem Ort. Als Winterresidenz bevorzugte man – nach der Eroberung Babyloniens – die Stadt Ktesiphon (gegenüber Seleukeia am Tigris). Auch Ktesiphon war aus einer parthischen Militärkolonie hervorgegangen. Seleukeia, weiterhin die größte Stadt des Reiches, hatte trotz seiner gemischten Bevölkerung einen vorwiegend griechischen Charakter bewahrt und behielt sogar auf den Münzen die Jahreszählung der Seleukidenzeit bei.

Den Griechenstädten gewährten die Parther die gleiche Autonomie, die ihnen unter den Seleukiden zugestanden worden war. Auch in der Religionsfrage blieb man sehr tolerant. Das Griechische galt als offizielle Verwaltungssprache, auch blieben Verwaltungsstruktur, Rechtsprechung und die Titel griechisch.

Die Partherkönige beschäftigten griechische Sekretäre und beriefen Griechen in den königlichen Rat; sie förderten Handel, Forschung und Geschichtsschreibung der Griechen. Mit einem Wort: Die Parther übernahmen von den Griechen all das, was ihnen gut und brauchbar dünkte. So legte sich beispielsweise Mithridates I. nach der Eroberung Babyloniens den Titel Philhellenos zu – nach dem Vorbild anderer Könige. Parthische Künstler machten als erste im Osten den Versuch, sich mit griechischer Kunst auseinanderzusetzen und ihre Erkenntnisse bei den eigenen Werken zu verwerten. Bei Grabungen in Mithradatkirt (Nisa), einer parthischen Königsstadt beim heutigen Aschkabad (Turkmenien, UdSSR), wurde ein griechisches Theater freigelegt, außerdem fand man gutgearbeitete Trinkbecher in einem persisch-griechisch-parthischen Mischstil. Die parthische Münzprägung, unter Mithridates noch durchaus in der Nachfolge griechischer Vorbilder, gewinnt nach seinem Tod mehr Eigenständigkeit. In den westlichen Reichsgebieten treten nun auch immer deutlicher spezifisch »parthische« Skulpturen oder Bauformen hervor. Dura-Europas beispielsweise, eine ursprünglich seleukidische Militärkolonie, die sich unter den Parthern zu einer bedeutenden Stadt entwickelte, zeigt diese allmähliche Abkehr von westlichen Vorbildern recht anschaulich.

Das Reich der Parther blieb im weiteren Verlauf der Geschichte der einzige ernstzunehmende Gegner Roms, bis es im Ansturm der persischen Sassaniden um 224 n. Chr. unterging.

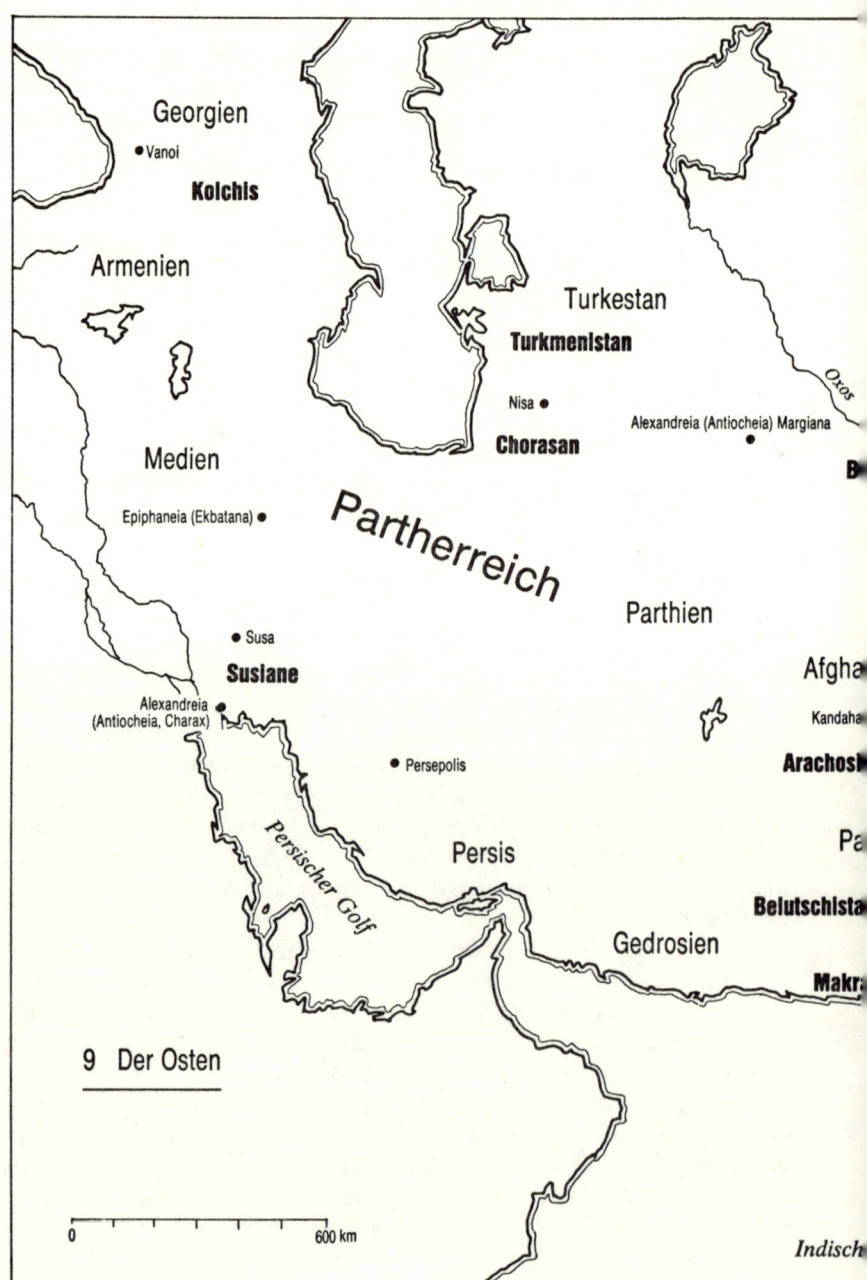

Georgien
• Vanoi

Kolchis

Armenien

Turkestan

Turkmenistan

Nisa •

Alexandreia (Antiocheia) Margiana

Oxos

B

Chorasan

Medien

Epiphaneia (Ekbatana) •

Partherreich

Parthien

Afgha

• Susa

Kandaha

Susiane

Arachos

Alexandreia
(Antiocheia, Charax) •

• Persepolis

Pa

Persischer Golf

Persis

Belutschista

Gedrosien

Makr

9 Der Osten

0   600 km

Indisch

94

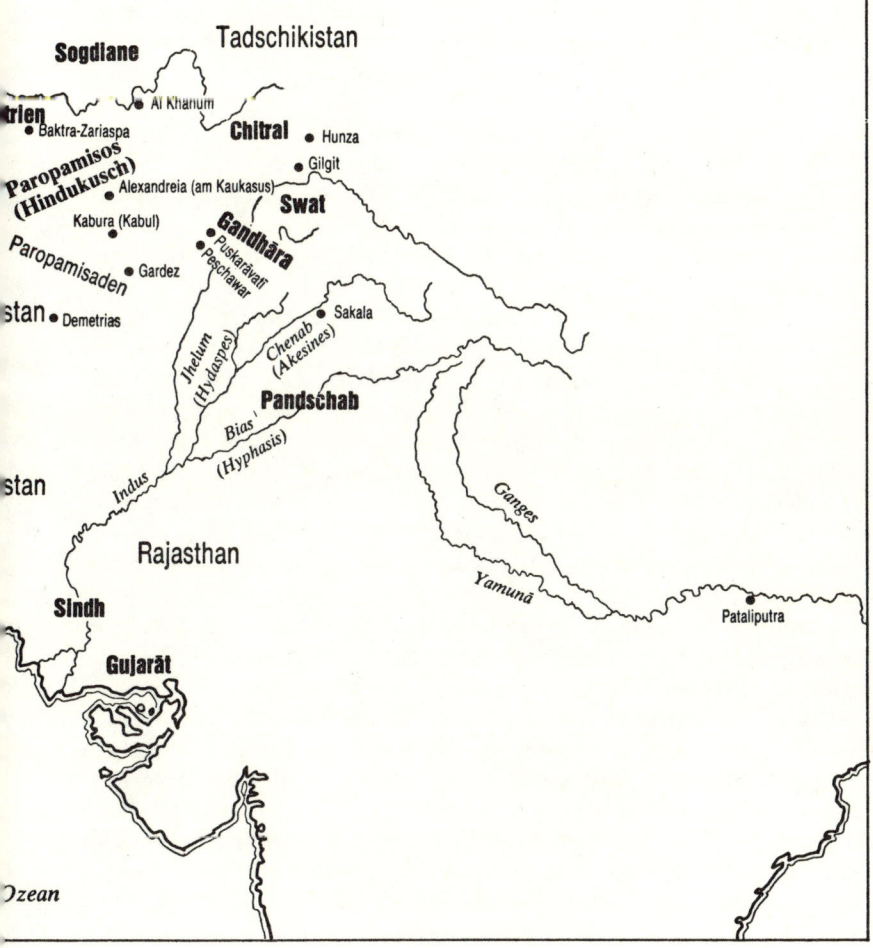

Sinkiang

Alexandreia-Eschate (?)

Sogdiane

Tadschikistan

trien

Al Khanum

Baktra-Zariaspa

Chitral

Hunza

Paropamisos
(Hindukusch)

Alexandreia (am Kaukasus)

Gilgit

Kabura (Kabul)

Swat

Gandhāra

Puskarāvatī

Paropamisaden

Gardez

Peschawar

stan

Demetrias

Sakala

Jhelum
(Hydaspes)

Chenab
(Akesines)

Pandschab

Bias
(Hyphasis)

Indus

Ganges

stan

Rajasthan

Yamunā

Sindh

Pataliputra

Gujarāt

Ozean

95

Als sich das parthische Persien im 3. Jahrhundert v. Chr. anschickte, die Seleukidenherrschaft gänzlich abzuschütteln, waren die Nachfolger Alexanders nicht länger imstande, seine weiter östlich gelegenen Eroberungen von Samarkand bis zum Indus zu halten. Von Norden nach Süden umfaßte dieses Gebiet am äußersten Ende Persiens Sogdiane, heute etwa dem sowjetischen Tadschikistan entsprechend, Baktrien (Afghanistan) südlich des Oxos und nördlich des Paropamisos-Gebirges im Hindukusch, Arachosien, das Land der Paropamisaden in Südafghanistan, und schließlich die Wüstengebiete Gerosiens (Belutschistan und Südostpersien), Schauplatz der schwierigen Rückkehr Alexanders aus Indien. Auf indische Stämme war er zunächst in Gandhara (Nordpakistan) gestoßen; sie wohnten um und in der Umgebung des Peschawar-Tals östlich des Khaiberpasses, aber noch diesseits des Indus. Jenseits des Stroms lag das Königreich Taxila, dessen Regent Omphis (Ambhi) sich 327 unterworfen hatte. Weiter im Süden, zwischen Jhelum und Chenab, herrschte der indische König Poros (Parvataka oder Parvatesch), der von Alexander besiegt, dann aber wieder eingesetzt worden war.

Die Griechen hatten von diesen fernen Gebieten auch schon vor dem Alexanderzug gehört. Bereits Dareios I. (521–486) hatte den Griechen Skylax von Karyanda beauftragt, den Lauf des Indus bis zur Mündung zu erforschen, und dem indischen Grammatiker des Sanskrit, Panini (er lebte im 5. Jahrhundert v. Chr. und stammte aus der Gegend um Taxila), waren die Griechen und ihre Schrift wohlbekannt. Außerdem standen viele griechische Söldner im Dienste der Achämeniden und wurden ausschließlich im östlichen Persien, in Afghanistan und sogar im Industal angesiedelt. Alexander, dessen Admiral Nearchos von Kreta einen aufschlußreichen Bericht über seine Erfahrungen in Indien schrieb, gründete griechische Siedlungen noch an den äußersten Grenzen seines Reiches: Alexandreia »am Kaukasus« (in Wirklichkeit das Hindukusch-Gebirge) war die von Griechenland am weitesten entfernte Alexanderstadt.

Nördlich des Hindukusch lag die Provinz Baktrien, das reichste jener östlichen Länder und Schnittpunkt der Handelsrouten Asiens. Reich an gutem Acker- und Weideland, galt es auch als »Land der tausend Städte«. Die Zahl ist wohl übertrieben, zumindest aber waren es ein paar hundert ummauerte und befestigte Städte. Erst nach zwei Feldzügen gelang es Alexander, Baktrien und die fruchtbare Sogdiane zu unterwerfen. Ein Aufstand von dreizehntausend dort angesiedelter griechischer Söldner im Jahre 325 machte deutlich, daß seine Herrschaft kaum als gesichert gelten konnte. Bald nach Alexanders Tod hören wir von neuen Unruhen, die Perdikkas niederschlug. Sehr rasch traten also separatistische Tendenzen in diesem Landstrich zutage. Nicht von ungefähr gründete Seleukos I. Nikator (vielleicht auch Alexander) eine neue Militärkolonie im Zentrum Baktriens bei Aï Khanum, eine weitere bei Kandahar in Arachosia – zwei von etwa zwölf Stützpunkten, die die Kontrolle dieser entlegenen Region gewährleisten sollten. Auf den Münzen Seleukos' I. ist sein Helm mit einem Pantherfell überzogen, eine Anspielung auf den mythischen Eroberer Indiens, den Gott Dionysos. Allerdings machte ihm der nordindische König Chandragupta Maurya (Sandrakottos) diese Ostgebiete streitig. Er marschierte dort ein, und da Seleukos erkannte, daß es ihm unmöglich war, die feindlichen Truppen zurückzuwerfen, überließ er Chandragupta im Jahre 303 den Ostteil Arachosiens, dazu Gandhara und die Länder jenseits des Indus. Als Gegenleistung soll der Seleukide fünfhundert Kriegselefanten erhalten haben (wahrscheinlich waren es kaum halb soviel), die er während der Diadochenkämpfe mit Erfolg gegen seine griechischen Widersacher einsetzte.

Im Jahre 256/55 erklärte der Statthalter von Antiochos II. in Baktrien (und der Sogdiane?), ein gewisser Diodotos I. Soter, seine Unabhängigkeit, als sein König mit einem Feldzug in Westen beschäftigt war. Die Parther, deren Land zwischen Baktrien und den seleukidischen Westgebieten lag, waren ihrerseits dabei, sich endgültig vom Seleukidenreich zu lösen. Da die Metropolen der Seleukiden fern waren, hielt Diodotos es für besser, auf eigene Faust gegen die Parther vorzugehen, und zwar von seinem Hauptsitz Baktra-Zariaspa (Balkh) aus.

Immerhin zeigen die Münzen dieses baktrischen Griechenstaates, daß die Lösung vom Seleukidenreich nur langsam vonstatten ging. Erst Diodotos II. (um 248–235) hat anscheinend den Königstitel angenommen, nachdem er zu Beginn seiner Regierung noch respektvoll das Porträt Antiochos' II. abbilden ließ. Als sich die Parther vollständig von der seleukidischen Oberherrschaft befreit hatten, war Diodotos II. ganz vom westlichen Griechentum abgeschnitten. Im Gegensatz zur Politik seines Vaters versuchte er offensichtlich, mit dem Partherreich zu einem erträglichen modus vivendi zu kommen.

Nahezu alles, was wir über die weitere Entwicklung dieses seltsamen Griechenstaates und seiner indo-pakistanischen Grenznachbarn wissen, verdanken wir der Münzkunde. Auf den Münzen Baktriens erscheinen nicht weniger als vierzig Könige (kaum ein halbes Dutzend davon wird in den Schriften der Historiker des Altertums erwähnt). Nicht nur sind hier ihre Porträts erhalten, die Verbreitung des Geldes gibt uns auch eine Vorstellung von der Ausdehnung ihres Machtbereiches.

Neben Diodotos I., dem Begründer des eigenständigen Baktrien, ist Euthydemos I. Theos (um 235–200) als bedeutendster baktrischer Herrscher zu nennen. Mit ihm begann eine neue Dynastie. Er stammte aus Magnesia bei Siplos (oder aus Magnesia am Mäander) im westlichen Kleinasien und riß wahrscheinlich nach der Ermordung Diodotos' II. die Macht an sich. Euthydemos erweiterte die Grenzen erheblich; er festigte seine Stellung gegen die Parther im Südwesten durch die Einnahme der Stadt Alexandreia in Aria (Herat). Um sich an seinen Nordgrenzen die barbarischen Skyten vom Leibe zu halten, drang er tiefer nach Asien ein als je ein griechischer König vor oder nach ihm. So stieß er im Norden durch die Sogdiane bis nach Sinkiang an die Grenze des chinesischen Reiches vor; auf die Dauer konnte er freilich diese Gebiete mit den ihm zur Verfügung stehenden Mitteln nicht halten. Dann aber leistete er doch mit seinen zehntausend Reitern den Invasionstruppen des Seleukiden Antiochos des Großen erfolgreich Widerstand. Man schloß einen Vertrag, in dem beide Könige ihre Absicht bekräftigten, gemeinsam ein Bollwerk des Hellenismus zu errichten. Euthydemos' Sohn Demetrios I. (um 200–185) hat offenbar dem schwachen Maurya-Reich Teile von Arachosien entrissen und dort eine griechisch-baktrische Kolonie mit Namen Demetrias errichtet (zwischen Kandahar und Alexandreia/ Ghazni), wahrscheinlich die erste Stadtgründung eines baktrischen Königs. Eine spätere erhielt den Namen Euthydemia. Münzen zeigen Demetrios I. mit dem Elefantenhaupt als Kopfschmuck nach dem Vorbild Alexanders des Großen. Die neuere Forschung ist allerdings der Ansicht, daß damit allenfalls ein Anspruch auf die Herrschaft in Indien, keineswegs aber der tatsächliche Besitz geltend gemacht werden sollte.

Demetrios' Nachfolger konnten dann wegen des fortschreitenden Verfalls des Maurya-Reichs tatsächlich ihren Einfluß über den Khaiber-Paß hinaus bis nach Gandhara hinein ausweiten. Von Antimachos I. Theos (er dürfte identisch sein mit einem gewissen Antimachos Nikephoros, der auf den Münzaufschriften erscheint) besitzen wir hervorragende Münzporträts. Er war zeitweise Herr über ganz Nordpakistan. Pantaleon und Agathokles Dikaios, vielleicht Söhne des Demetrios, prägten Münzen in Taxila, der Hauptstadt Gandharas. Auf ihren in Puschkalavati (Charsadda) geprägten Münzen finden sich Aufschriften in Griechisch und Brahmi, der Urform aller indischen Alphabete. Diese Schrift stammt aus den Stromtälern des Jumna und des Ganges; man hat Grund zu der Annahme, daß sich in dieser Zeit ein indo-griechisches Reich zumindest bis in das östliche Pandschab hinein erstreckte. Ein bedeutender indo-griechischer König, Demetrios III. Aniketos (der Unbesiegte), war möglicherweise der erste, der Münzen mit zweisprachiger Aufschrift in Griechisch und Prakrit prägte. Prakrit schrieb man mit der von der armenischen Schrift des Perserreiches abgeleiteten Kharoshti-Schrift, die bei den Paropamisaden und in Gandhara verwendet wurde.

Eukratides I. (um 170/65–155), der sich selbst den Beinamen »der

Große« (Maharajasa) zulegte, beseitigte offenbar gewaltsam die Dynastie des Demetrios und wurde Herrscher eines Reiches, das sich von Merv bis Taxila erstreckte. Einer seiner Feldherren mit Namen Menander Soter Dikaios, der aus der Gegend von Sakala (östlich von Taxila) stammte – er hatte schon sehr frühzeitig Münzen geprägt, die Demetrios III. Aniketos dann nachahmte –, wurde der Nachfolger des Eukratides (um 150–140/30). In der buddhistischen Tradition lebt dieser Menander als Milinda weiter; er gilt als der bedeutendste aller indogriechischen Könige. Seine Münzen (und die seiner Provinzfürsten) waren weiter verbreitet als die irgendeines anderen indo-griechischen Königs. Anscheinend sicherte er von Sakala (Sialkot) aus nicht nur die Herrschaft der Griechen im Pandschab, sondern er stieß sogar durch das Gangestal bis nach Pataliputra (Patna) vor. Auch in Baktrien fanden sich seine Münzen; im Südosten lassen sich seine Spuren bis in die Provinzen Sind, Rajasthan und Gujarat feststellen. Es ist allerdings umstritten, ob dies lediglich für den ausgedehnten Handelsverkehr jener Zeit spricht, oder ob Menander diese Länder tatsächlich seinem Großreich einverleiben konnte.

Menander prägte wie sein Nachfolger Straton I. Epiphanes Soter Sikaios Gold- und Silbermünzen in Pushkalavati. Mit Straton I. (um 130–75), der sich die Herrschaft mit seiner Frau Agathokleia Theotropos (der Göttlichen) teilte, begann eine Epoche, während der das hellenistische Baktrien allmählich von zentralasiatischen Nomadenstämmen in Besitz genommen wurde. Die nach Westen abgedrängten Tocharer (chinesisch Yüetschi) besetzten die Sogdiane und teilten sie in fünf Teilreiche auf; die feindlichen Sacae (Skythen) setzten sich im Norden und Westen Afghanistans fest. Straton I. unterhielt trotzdem weiterhin Prägestätten in Taxila, in Alexandreia »am Kaukasus« und in Gardez (südlich von Kabul gelegen). Zu jener Zeit beendeten die rivalisierenden Adelsfamilien des Euthydemos I. und des Eukratides I. ihre internen Streitigkeiten, doch war der Friede offenbar nicht von langer Dauer: Die große Anzahl verschiedener Königsnamen auf den indo-griechischen Münzen der Zeit lassen auf fortwährende dynastische Fehden schließen. Im Verlauf dieser Kämpfe entstanden vier oder fünf kleine Kriegerstaaten, eine östliche Gruppe mit dem Zentrum im Kabultal und eine westliche mit Schwerpunkt in Gandhara. Auch hier kennen wir einige bedeutende Fürsten, etwa Amyntas, der wahrscheinlich der Dynastie des Eukratides I. (um 100–75) entstammte. Er gewann Demetrias, Alexandreia (Ghazni) und weitere Gebiete von den Skythen zurück; sein Porträt erscheint auf der größten im Altertum bekanntgewordenen Silbermünze, auf der er sich selbst als Nikator (der Siegreiche) bezeichnet, wie schon Seleukos I. über zweihundert Jahre vor ihm.

Etwa zu der Zeit von Amyntas' Tod stießen die skythischen Sacae vom Kandahar-Tal aus nach Gardez vor, und gleichzeitig eroberten indo-skythische Völker unter ihrem Führer Azes (um 57–35) von Süden kommend Taxila. Azes, Nachfolger des »Großkönigs« Maues (Moga), beendete zwar die Herrschaft des letzten griechischen Regenten, doch es sollte noch ein anderer hellenistischer König in jenen entlegenen Gebieten auftauchen: Hermaios Soter, ein Sohn oder Verwandter des Amyntas Nikator, bestieg um das Jahr 40 mit seiner Gemahlin Kalliope den Thron des indo-griechischen Teilstaates im Westen. Für einige Zeit konnte er sogar die Ostgebiete bis zum Indus zurückgewinnen. Dann, um 30 v. Chr., überschritten die Tocharer den Oxos und besetzten seine westlichen Gebiete. Etwa dreißig Jahre später versetzte Kudjula Kadphises I. dem Reich des Hermaios Soter den Todesstoß und verleibte es dem von den Tocharern gegründeten Kušan-Reich ein.

Das war das Ende der Herrschaft hellenistischer Fürsten in Ländern außerhalb des römischen Einflußbereiches. Die lange Lebensfähigkeit dieser vom Mittelmeerraum so weit entfernten Staaten überrascht, doch war es eben diese Abgelegenheit, die eine wirkliche Verwurzelung unmöglich machte. Immerhin war der bemerkenswerte Versuch unternommen worden, unterschiedliche Völker und Rassen in einem Herrschaftsgebiet zu vereinen. Wie weit das persische Baktrien (Afghanistan) hellenisiert wurde, ist unbekannt, doch zweifellos wohnten die Abkömmlinge der griechischen Siedler aus der Achämenidenzeit noch dort. Alexander, die Seleukiden sowie baktrische Könige hatten eigene Kolonien hinzugefügt. Anscheinend war dort das Einvernehmen zwischen Griechen und Persern besser als in anderen Gebieten Persiens. Die einheimischen Großgrundbesitzer profitierten vom Wohlstand und den sicheren Grenzen, die durch die Herrschaft der Griechen gewährleistet wurden. Baktriens Unzugänglichkeit und die Entfernung vom Mutterland zwang die Griechen zu einem freundlichen, nicht überheblichen Verhalten den Persern gegenüber, insbesondere als das Land, und damit beide Volksgruppen, von allen Seiten bedroht wurde. Trotz ihrer freundschaftlichen Beziehungen behielten Griechen und Perser in Baktrien jedoch ihre kulturelle Eigenständigkeit.

Wieviele Griechen vor der Zeit Alexanders nach Pakistan und Indien gelangten, ist nicht sicher. Obwohl das spätere indo-griechische Herrschaftsgebiet jenseits des Indus von Griechenland viel weiter entfernt lag als Baktrien, entwickelten sich zwischen beiden Völkern engere Bande als irgendwo sonst. Hinzu kam eine ausgesprochen graekophile Politik des Maurya-Reiches im Osten. Chandragupta Maurya empfing nach dem Zusammenstoß mit Seleukos I. dessen Botschafter Megasthenes (den Autor einer Geschichte Indiens) an seinem Hofe und heiratete eine Seleukidenprinzessin. Auch Chandraguptas Nachfolger Amitraghata (Amitrochaites) unterhielt zu Antiochos I. Soter gute Beziehungen. Der Seleukide soll ihm auf seine Bitten hin Feigen und Wein nach Indien geschickt haben, nicht jedoch den Sophisten (Philosophen), um den Amitraghata ebenfalls gebeten hatte, denn sie waren nicht so reichlich vorhanden.

Der Wunsch nach einem Philosophen ist von großer Tragweite für die Beziehungen zwischen hellenistischer und indischer Kultur. Es soll zwar Kontakte griechischer Philosophen (vor allem ist hier der Skeptiker Pyrrhos zu nennen) zu indischen Weisen gegeben haben, aber sie führten nicht zu wesentlichen Ergebnissen. Die Griechen schätzten die indische Philosophie sehr hoch, doch ihre Kenntnisse davon waren dürftig. Andererseits profitierten die Inder beträchtlich von den naturwissenschaftlichen Erkenntnissen der hellenistischen Welt. So heißt es im *Gargi Samhita*, einem astronomischen Lehrwerk aus dem Jahre 230, das auch Material aus den beiden vorhergehenden Jahrhunderten enthält: »Die Yavanas (Ionier, d. h. Griechen) sind Barbaren, doch die Wissenschaft von der Astronomie hatte dort ihren Ursprung, und deshalb muß man sie wie Götter verehren.«

Chandragupta Mauryas Enkel Ashoka (um 274–232), eine bedeutende Persönlichkeit, dürfte griechisches Blut in den Adern gehabt haben. Jedenfalls war er mit griechischer Kultur wohlvertraut. So ist eines seiner bei Kandahar (das seit Ashoka zum nordindischen Reich gehörte) gefundenen Edikte in griechischer und aramäischer Sprache abgefaßt. Darüber hinaus weisen verschiedene Standbilder auf Arbeiten eingewanderter griechischer Steinmetzen hin. Allgemein läßt sich während Ashokas Regierung eine Zunahme der griechischen Bevölkerung feststellen. Sie sollte nach dem Willen des Königs zum Buddhismus bekehrt werden, wie er auch buddhistische Missionare zu einigen hellenistischen Königen entsandte, so zu Antiochos I. oder Antiochos II., zu Ptolemaios II. Philadelphos, Antigonos II. Gonatas, Alexander von Epirus und Magas von Kyrene.

In der Folgezeit deutet die Zweisprachigkeit der Münzprägung durch die griechischen Könige ebenfalls auf eine gewisse ethnische und kulturelle Verschmelzung hin. Viele dieser Münzen sind quadratisch und dadurch den Erfordernissen der Bazare angepaßt; sie weisen häufig religiöse Motive auf. Pantaleon ließ Lakshmi (die Göttin der Kaufleute) mit engen Hosen, langen Ohrringen und einer Blume im Haar abbilden, Agathokles Dikaios zeigt Symbole des Buddhismus wie den eingezäunten heiligen Baum der Erkenntnis, die Stupa-Pyramide und die Lotosblume. Auch durch die emanzipatorische Geisteshaltung der griechischen Bevölkerung und ihrer Herrscher wurde der Buddhismus, der ursprünglich einer klösterlichen Elite vorbehalten war, nun auch dem einfachen Volk zugänglich. Wie zuverlässig überliefert ist, trat Menander der Große (Milinda) zum Buddhismus über, nachdem er mit dem buddhistischen Weise Nagasena eine gelehrte Disputation geführt hatte. Davon berichten die *Milindapanha* (die »Fragen des Milinda«), ein in der Prakrit-Sprache verfaßter quasiplatonischer Dialog. Das auf Menanders Münzen erscheinende Rad ist vielleicht das Rad des Gesetzes *(Dharma Chakra)* aus der buddhistischen Symbolwelt. Ob Menander tatsächlich ein eifriger Proselyt war, mag offenbleiben; doch ist der Buddhismus zu seiner Zeit anscheinend Staatsreligion geworden.

Die Griechen kamen und sahen (in Abwandlung des berühmten Ausspruchs von Iulius Caesar) – aber Indien siegte. Nach dem Zerfall der indo-griechischen Königreiche hörte jedoch der kulturelle Einfluß der Griechen nicht etwa auf. Der indo-parthische König Gondophares (19–45 n. Chr. ?) – er soll den heiligen Thomas an seinem Hofe empfangen haben – ließ neben Shiva auch Zeus, Athene und Nike auf seinen Münzen abbilden. Ebenso finden sich griechische, zoroastrische und Brahmin-Gottheiten neben Buddha auf den Münzen der Kušan-Herrscher, die außerdem nach Vorbildern des Hermaios Soter prägten. Die blühende Bildhauer- und Architektenakademie in Gandhara arbeitete vorwiegend nach indo-griechischen Stilvorlagen; vielleicht waren auch syrisch-hellenistische Motive populär (1. Jh. n. Chr.). Etwa tausend Jahre lang, bis ins 5. Jahrhundert n. Chr. lebten Griechen in Indien. Selbst heute gibt es noch Inder – und zwar in Chitral, Gilgit und Hunza im Norden des Subkontinents –, die glauben, ihren Stammbaum bis auf Alexanders Siedler zurückverfolgen zu können.

China, das wegen seiner konservativen, hierarchischen Sozialstruktur häufig mit dem alten Ägypten verglichen wird, gilt neben der hellenistischen Welt und Indien als die dritte große Kulturregion der Epoche. Zur Zeit Alexanders, im letzten Jahrhundert der Tschou-Epoche, war China politisch zerrissen. Später, nach einer Reihe blutiger Kämpfe, die in ihrer Bedeutung mit dem fast gleichzeitig stattfindenden Zweiten Punischen Krieg verglichen werden können, vereinte Schi Huang-ti die Provinzen zu einem zentralistisch regierten Staat. Seine bei Ch'ang An (Sian) entdeckte Grabstätte ist einer der bemerkenswertesten archäologischen Funde der Neuzeit. Die von diesem Kaiser begründete Dynastie regierte nur von 221–207; dafür übertraf das Reich der ihr folgenden Han-Dynastie (202 v. Chr. – 221 n. Chr.) alle hellenistischen Königreiche an Ausdehnung, Reichtum, Prestige und Macht. Allein das römische Weltreich kann mit ihm verglichen werden.

Alexander wußte nichts über China. Lange Zeit bestanden kaum Kontakte zur hellenistischen Welt, da die großen transkontinentalen Handelswege noch nicht systematisch erschlossen waren. Erst zur Zeit des baktrischen Königs Euthydemos I. Theos lassen sich griechische Einflüsse auf chinesische Handwerker und Künstler erkennen. Baktrien begann als erstes Land Handel mit China zu treiben. Die Waren, darunter Gold und Nickel für die Münzprägung, wurden über Antiocheia (früher Alexandreia) Margiana, das heutige Merv im sowjetischen Turkmenistan, eingeführt. Später, nach den Asienreisen des chinesischen Forschers Chang Ch'ien (138–125), entwickelten sich intensivere Ost-West-Beziehungen. Der Han-Kaiser Wu-ti (141–87) schob die chinesischen Grenzen weit in die riesigen Gebiete Zentralasiens vor. China unterhielt bald lebhafte Handelsbeziehungen zum Partherreich, an denen zunächst indirekt auch die Seleukiden und Ptolemaier beteiligt waren.

Man exportierte vorwiegend chinesische Seide im Austausch gegen Glas und Metallwaren. Die Seide wurde aus dem Kokon des Maulbeer-Seidenspinners *(Bombyx mori)* nach einem sehr lange gehüteten Geheimverfahren hergestellt. Außer der Seeroute gab es die berühmte Seidenstraße durch Zentral- nach Westasien (über Antiocheia Margiana, Seleukeia am Tigris und Antiocheia am Orontes). Bei reichen Persern, Griechen und Römern kamen Gewänder aus Seide sehr in Mode. Der römische Dichter Lukan berichtet, daß die Seidenstoffe, die Kleopatra VII. von Ägypten trug, sicherlich aus dem teuersten, nämlich echten Material hergestellt seien, nicht aus den minderen Ersatzstoffen, die damals auf der Ägäisinsel Kos und andernorts verarbeitet wurden.[19]

6. Monarchien und Monarchen

Die in den vorhergehenden Kapiteln behandelten Staaten waren sämtlich Monarchien. In vorhellenistischer Zeit hatten die Griechen diese Staatsform schon in verschiedenartiger Ausprägung erlebt. So stand etwa in Syrakus eine Mischung aus »König« (erblich) und »Tyrann« (nicht erblich) an der Spitze der Polis. In Sparta war das Königtum zwar erblich, aber der Monarch stand im Rang kaum höher als seine Feldherren. Im Bosporanischen Reich (Krim) kontrollierten die Könige eine perfekt organisierte Verwaltung, in Zypern und Karien waren sie eher Statthalter auf den Außenposten des Perserreiches. Das makedonische Königtum ist als Relikt der erblichen Stammesherzogtümer aus heroischen Zeiten anzusehen. Alexanders Aufstieg begann mit der Erhebung zum makedonischen König. Sein »nationales« Königtum verlor jedoch zusehends an Kontur, als er viele fremde Länder eroberte und sie nach ihren eigenen Traditionen regierte. Auf diese Weise stärkte er den monarchischen Gedanken und erfüllte ihn zugleich mit neuem Geist – die Monarchie war nun nicht mehr an ein bestimmtes Land oder Volk gebunden, sondern entwickelte sich zu einem politischen Instrument, für die Ausbreitung des Hellenismus eine unerläßliche Vorbedingung.

Nach dem Tod der direkten Erben Alexanders – der bedeutungslose Halbbruder Philipp III. Arrhidaios starb 317, Alexander IV., der kleine Sohn der Roxane, 311 – nahmen die Diadochen Antigonos I. Monophthalmos im Jahre 306, Ptolemaios I. Soter und Seleukos I. Nikator 305/304 den Königstitel in seiner neuen Form an: Das bedeutete, daß man die Vorstellung von einem Einheitsreich aufgegeben hatte. Die Zeit war reif für die Diadochenstaaten – wenn hier überhaupt von »Staaten« gesprochen werden kann, da der Königstitel nicht mit bestimmten territorialen Ansprüchen verbunden war (eine Ausnahme bildete Makedonien). Jeder König war die Personifikation von Staat und Recht, dazu alleiniger Eigentümer von Grund und Boden aller Untertanen, ein niemandem verantwortlicher absoluter Herrscher. Dies war das Modell für alle hellenistischen Königreiche, bis die Römer bewiesen, daß ein großer Staat auch eine Republik sein konnte. Allerdings erkannten schließlich auch sie, daß ein autokratisches Regime für die Beherrschung großer Gebiete besser geeignet war.

Ein guter hellenistischer Monarch zu sein, war alles andere als einfach. Schon Seleukos I. Nikator meinte, einer der wüßte, wieviel er allein an Korrespondenz zu erledigen habe, werde wohl kaum seine Krone aufheben, selbst wenn man sie ihm vor die Füße legte.[20] Die »Freunde« des Königs unterstützten ihn. So hatten die früheren makedonischen Könige »Gefährten« zur Seite (meist waren es Stammesfürsten). Ihre Nachfolger unterhielten einen ständigen Rat der »Freunde«, der ohne Ansehen von Herkunft oder Besitz ausgewählt wurde, und dem man verantwortungsvolle Aufgaben anvertrauen konnte. Trotzdem bauten die Herrscher auch noch weitverzweigte Bürokratien auf. Eine ihrer größten Leistungen dabei war, daß sie bereits vorhandene Strukturen sofort übernahmen und in ihre neuen komplizierten Verwaltungssysteme integrierten.

Die wichtigste Aufgabe des Königs war allerdings, ein siegreicher Feldherr zu sein. Der pseudoplatonischen Abhandlung Der erste Alkibiades zufolge sollte ein Staatsmann zuallererst wissen, »wann, wie lange und mit wem man Krieg führen« mußte.[21] Die Zeit der Diadochen war eine Epoche unaufhörlicher Fehden. Selbst als die großen Monarchien territorial ihre endgültige Gestalt gefunden hatten, waren Grenzkonflikte an der Tagesordnung. Nicht nur wegen des propagandistischen

Effektes unternahmen die Könige ihre Kriegszüge (zum Beispiel wenn man sich der barbarischen Gallier erwehrte), Krieg konnte auch ein einträgliches Geschäft sein: Man gewann Land und Reichtümer.

Alexander der Große vereinte in sich nicht nur die makedonische und griechische Tradition der Kriegführung, sondern verbesserte ihre Technik auch entscheidend. Schnelligkeit, Wendigkeit und sein überragendes taktisches Geschick machten ihn zu einem der hervorragendsten Feldherrn aller Zeiten. Seine Nachfolger konnten ihn nur bewundern und versuchen, ihn nachzuahmen, soweit dies in ihren Kräften stand. Jede Alexanderschlacht unterschied sich von der vorhergehenden, verlief genau nach seinen Plänen und war von erstaunlicher Logik. Während dieser Gefechte bewältigte Alexander jedesmal völlig neue Situationen mit der gleichen Souveränität, ob zu Wasser oder zu Lande. Sein Improvisationstalent ließ ihn dabei nie im Stich. Unübertroffen war sein persönlicher Mut: Immer wieder entging er nur um Haaresbreite dem Tod. Die Soldaten folgten ihm Tausende von Kilometern durch extreme Klimazonen. Doch an der Schwelle zum indischen Subkontinent meinten sie schließlich, den Marsch ins Ungewisse nicht mehr ertragen zu können.

Auf dem Schlachtfeld setzte Alexander Fußvolk und Reiterei unglaublich geschickt ein, wobei der Reiterei die entscheidende Rolle zukam. Den militärischen Nutzen von Elefanten hatte Alexander in der Schlacht mit dem indischen König Poros kennengelernt. Später gewann Seleukos I. Nikator die Schlacht von Ipsos gegen Antigonos I. Monophthalmos wegen der Kampfelefanten, die er, wie schon erwähnt, von Chandragupta um 303 für Ländereien im Osten erhalten hatte. Die Teilnahme von Elefanten war nicht immer unproblematisch. So blieb zwar Ptolemaios IV. Philopator im Jahre 217 bei Raphia zuletzt über Antiochos III., den Großen siegreich, aber sein linker Flügel hatte enorme Schwierigkeiten, weil die hier eingesetzten kleinen afrikanischen Waldelefanten – es waren nicht die großen Steppenelefanten – den Gestank oder das Trompeten der Elefanten auf der Gegenseite nicht ertragen konnten. Seit damals setzte man die von Epaminondas (gest. 362) und Philipp II. entwickelte Phalanx der schwerbewaffneten Fußtruppen wieder ein. Sie beherrschte fortan die militärische Szene mit ihren waffenstarrenden Schlachtreihen (die Soldaten trugen schwere Langspeere), bis sie wegen ihrer Schwerfälligkeit und Unbeweglichkeit den weit wendigeren römischen Legionären hoffnungslos unterlegen waren.

Kein hellenistischer Staat konnte für eine große Schlacht mehr als hunderttausend Mann stellen. Trotzdem waren diese Armeen schneller und entschlossener als jemals ein griechisches Heer zuvor. Vor allem waren sie viel leistungsfähiger, da sie weitgehend (ähnlich wie die Heere der Achämeniden in früherer Zeit) aus Berufssoldaten bestanden. Die meisten stammten aus Kreta und Galatien, doch spielten Herkunft oder Nationalität keine Rolle. Wer immer in diesem Beruf sein Brot verdienen wollte, kam zur Rekrutierung in die internationalen Sammelstellen, zum Beispiel nach Tainaron (Lakonien) im Süden der Peloponnes oder nach Aspendos im kleinasiatischen Pamphylien. Durch den Dramatiker Menander und die Historiker wissen wir sehr viel über dieses Söldnerwesen. Es waren rohe, unkultivierte Haudegen, aber sehr begehrt. Im 2. Jahrhundert wurden die Unkosten für eine Söldnertruppe selbst für finanzkräftige Kriegsherren allmählich zu hoch, auch wurde es immer schwieriger, geeignete Männer zu finden.

Die Kriegskunst war eines der wenigen Gebiete, auf denen es dem Hellenismus gelang, neue Methoden zu entwickeln. Schon Philipp II. und Alexander der Große hatten bei der Belagerungstechnik beachtliche Verbesserungen eingeführt, und von ihren Nachfolgern, vor allem von Demetrios I., dem Belagerer (Poliorketes), wurden sie weiter vervollkommnet. Die Belagerer gewannen zunehmend Vorteile gegenüber den Belagerten. Doch schon vor dem Ende des 4. Jahrhunderts wurden diese Vorteile durch neue Entwicklungen im Festungsbau wieder zunichte gemacht. Auch gut befestigte Häfen gab es inzwischen in immer größerer Zahl, da die Flotten der Diadochen und der Rhodier in ständigem Kampf um die Handelsplätze in der Ägäis lagen. Die Ptolemaier zum Beispiel bauten neue, sehr große Schiffe, die mit dem Rammsporn versehen waren. Hierons II. Prachtschiff »Alexandria« allerdings übertraf sie noch an Größe.

Die hellenistischen Könige sahen also ihre Hauptaufgabe darin, an der Spitze eines Heeres in den Krieg zu ziehen (oder zumindest sahen einige ihr Königtum unter diesem Aspekt). Aber es harrten ihrer auch noch andere Pflichten. Wie schon erwähnt, beklagte sich Seleukos I. Nikator über seine Arbeitslast. Deshalb suchten viele große Geister der Zeit im Hinblick auf diese schwere Bürde ein philosophisch untermauertes Gesamtbild der hellenistischen Monarchie zu zeichnen.

Schon die Denker des 4. Jahrhunderts hatten sich bemüht, das Wesen des idealen Königtums zu beschreiben. Platon, durchaus Befürworter eines monarchischen Systems, solange es nach den richtigen Grundsätzen aufgebaut war, zeichnete das Bild des »königlichen Menschen« als Quelle und Verkörperung des positiven Rechts.[22] Ein Schüler des Rhetors Isokrates (der schon das Königtum Philipps II. von Makedonien verherrlicht hatte) meinte, »der Wille des Königs ist Gesetz«.[23] Theopomp, der Geschichtsschreiber Philipps II., gab sein anfänglich aristokratisches Ideal auf und befürwortete die paternalistische Monarchie. Aristoteles verstand das Königtum als Staatsform, in der ein einzelner sich um das Gemeinwohl kümmert – im Gegensatz zu ihrem entarteten Ableger, der Despotie, in der der Alleinherrscher nur seinem eigenen Wohle dient.

Alle hellenistischen Philosophenschulen veröffentlichten Traktate über das Königtum und erklärten es zur besten Regierungsform. Sie behaupteten, König und Staat seien identisch. Als dessen machtvolle Verkörperung sollte der König jedoch im Einklang mit dem Gesetz regieren. Vor allem die Stoiker mit ihrem Glauben an eine allgegenwärtige *pronoia* (Vorsehung) lieferten der Monarchie eine ideale philosophische Basis; das Königtum war für sie der Spiegel der *pronoia*. Wir finden Stoiker an vielen Herrscherhöfen, auch bei Antigonos II. Gonatas. Antigonos entwickelte aus stoischen Ideen die wichtige Definition von der Monarchie als einer Form des Dienstes, der »edlen Knechtschaft«.[24] Im allgemeinen jedoch unterstützten die Thesen der Stoiker autoritäre Tendenzen im Staat. Wenn der König der Staat ist, so ist auch der Wille des Königs immer das Recht schlechthin, und genau dies verkündeten Demetrios I. Poliorketes und Seleukos I. Nikator. Dieser Auffassung konnten die Ptolemaier in Ägypten und andere hellenistische Könige nur zustimmen. Der seleukidische Thronanwärter Tryphon (Diodotos, 142–138) ließ sich nicht umsonst auf seinen Münzen als *autokrator*, d. h. als absoluter Herrscher darstellen.

Solche Ansprüche mußten natürlich auch nach außen vertreten werden, und so waren die meisten hellenistischen Könige auf eine möglichst großartige Selbstdarstellung bedacht. Ihre Schiffe waren im Grunde viel zu groß, Festlichkeiten wurden äußerst verschwenderisch gestaltet. Die Palastanlage der Ptolemaier (sie wird gegenwärtig von den Archäologen gründlich untersucht) war gewiß kein Beispiel vornehmer Bescheidenheit: Die Befunde über Bausubstanz und Ausdehnung ergänzen die traditionellen Berichte über den aufwendigen Lebensstil der Diadochen. Im nicht gerade mit Überfluß gesegneten Makedonien war die Fürstenresidenz von Aigai (Palatitsa, Vergina) prunkvoll ausgestattet, und die Grabbeigaben in den dortigen Königsgräbern (um 340) stehen ihr an Pracht nicht nach. (Obgleich das Grab Philipps II. nicht mit Sicherheit festgestellt werden kann, nimmt man an, daß es sich um Gräber der Königsfamilie handelt.) Unter den Funden befanden sich zum Beispiel eine aus goldenen Blättern gefügte Krone, die als schönstes Stück antiker Goldschmiedekunst gilt, üppig mit Gold und Silber verzierte Schmuckkästchen und ein elfenbeingeschmückter Zeremonienschild, der zur Zeit restauriert wird.

Dies alles sind Zeichen der bisweilen grandios übersteigerten königlichen Selbstdarstellung. Viele Könige sonnten sich im Glanz des Attributs »der Große« *(megas)* – nach Aristoteles war ja großartiges Auftreten ein Zeichen von Größe, auch galt Großmut *(megalopsychia)* bei ihm als größte Tugend. Die hellenistischen Monarchen befolgten diese Maximen mit großem Ernst, dies bezeugen zahllose Tempel, Säulenhallen und Theaterbauten in den Städten. In der Hoffnung, sich ergebene und dankbare Beamte heranzuziehen, verteilten die Könige häufig üppige Geldgeschenke oder gewährten Darlehen.

All dies schien die Fürsten weit über jeden Normalbürger zu erheben. Sie wurden sozusagen als Übermenschen betrachtet, und so sahen sie sich wohl auch selbst. Im Zeitalter des Hellenismus wich die traditionelle Königsverehrung mehr und mehr einem hochentwickelten Herrscherkult, bei dem man den Diadochen göttliche Verehrung zollte. Uns mag dies seltsam vorkommen, den Griechen der damaligen Zeit erschien es aber ganz folgerichtig. Denn wenn man auch allgemein akzeptierte, daß zwischen Göttern und Menschen eine tiefe Kluft bestand, so war man schon lange der Auffassung, daß Heroen wie Herakles oder Achilleus Halbgötter waren, und daß ihnen, wie auch anderen bedeutenden Menschen – Städtegründern zum Beispiel –, eigene Kultstätten zustanden, wenn auch nicht dieselbe Verehrung wie den Göttern. Im 5. Jahrhundert betonten Pindar und andere Dichter ausdrücklich, »in Bezug auf Geistes- oder Körpergröße können wir den Unsterblichen ebenbürtig sein«.[25] Bereits früher wurden religiöse Kulte, Altäre oder auch Spiele nach lebenden Zeitgenossen benannt; Athleten, der Sieger im Peloponnesischen Krieg Lysander (gest. 385) oder Platons Freund Dion (gest. 354), welcher mit Dionysios II. um die Herrschaft in Syrakus stritt, wurden auf diese Weise verehrt. Protagoras, Platon, Aristoteles und andere Philosophen waren der Ansicht, daß der Mensch in gewisser Weise sehr wohl Anteil am Göttlichen habe.

Alexander der Große genoß während seines Lebens göttliche Verehrung wie schon zuvor sein Vater Philipp II., wenn auch die Behauptung, sein Geschlecht stamme von Herakles bzw. vom Göttervater Zeus ab, eher politisch motiviert war. Als der König in die Oase Siwa zum Heiligtum des Amûn-Rê zog (331), begrüßten ihn die Priester als Sohn des Gottes; das war die traditionelle Anrede, die dem ägyptischen Pharao zustand. Die Griechen, die den ägyptischen Gott sehr bald mit Zeus gleichsetzten, fanden diese Art der Begrüßung keineswegs ungewöhnlich. So dürfen wir wohl auch einem Bericht glauben, in dem von einem Befehl Alexanders (324) an die griechischen Stadtstaaten die Rede ist, und worin er verlangt, sie sollten erklären, daß er »ein Gott« sei.[26] Dies bedeutete, daß die Städte ihm zu Ehren einen Kult einrichten mußten. In Griechenland war das, wie wir oben gesehen haben, nichts Ungewöhnliches. Indem Alexander die gemeinsame Königsverehrung als einigendes politisches Band nachdrücklich förderte, sicherte er seine universale Stellung als König, Pharao und Großkönig. Ohne Zweifel war er von Schmeichlern umgeben, die ihn auf eine Stufe mit den Göttern stellten. Von ihm selbst wird der Ausspruch überliefert: »Gott ist der Vater aller Menschen, doch den Edelsten und Besten macht er zu Seinesgleichen.«[27] Öffentlich erklärte er, er wolle dem Helden Achilleus, dem angeblichen Ahnherrn seiner Mutter Olympias, nacheifern. Solche Behauptungen machten es ihm leichter, von den griechischen Stadtstaaten Verehrung zu fordern, und vielleicht haben diese, die nicht gerade ungeübt in der Kunst der Schmeichelei waren, diese Verehrung übertrieben. Auf dieser Verehrungshaltung, nicht auf irgendwelchen orientalischen Traditionen, beruhte künftig die hellenistische Form des Herrscherkultes.

Nach Alexanders Tod ließ sich Demetrios I. Poliorketes als Dionysos verehren, die damals beliebteste Gottheit. Münzen bildeten Demetrios auch mit dem Horn des Stiers ab, Symbol für den Meeresgott Poseidon. Nachdem die Herrschaft des Demetrios von Phaleron in Athen zusammengebrochen war, feierte ein athenischer Dichter die Errettung seiner Stadt mit einem Festlied auf Demetrios Poliorketes, das den Herrscherkult und seine Ursachen beleuchtete: »Denn die anderen Götter sind weit weg, oder sie haben keine Ohren, oder es gibt sie nicht, oder sie vernachlässigen uns: Dich aber sehen wir von Angesicht zu Angesicht, nicht als Holz- oder Steinidol, sondern als lebendigen Menschen. Und deshalb beten wird dich an.«[28]

Im ptolemaiischen Ägypten erreichte der hellenistische Herrscherkult seine höchste Vollendung. Ptolemaios I. Soter begründete in seiner neuen Hauptstadt Alexandria die kultische Verehrung Alexanders von Staats wegen, um seine Herrschaft zu legitimieren (darüber hinaus wurde eine obskure Verwandtschaft Alexanders mit der Mutter des Ptolemaios, Arsinoë, ins Spiel gebracht). Der erste Ptolemaier erscheint auf Münzen mit verschiedenen göttlichen Symbolen, etwa dem Widderhorn des Zeus-Amûn oder dem Elefantenhaupt des Dionysos. Ein Orakelspruch veranlaßte nach dem Sieg über Demetrios I. Poliorketes den Inselstaat Rhodos, den ägyptischen Verbündeten als rettenden Gottkönig anzubeten (304). Auf späteren Münzen erscheint er mit der *aegis* des Zeus (einem Umhang aus Ziegenfell) auf den Schultern, die Rückseite zeigt den Adler und den Blitzstrahl des Göttervaters; eine kleine Bronzebüste (jetzt in Baltimore) stellt ihn vielleicht als Dionysos dar. Nachdem Ptolemaios I. (283) und seine Gemahlin Berenike (279) gestorben waren, erwies ihr Sohn Ptolemaios II. Philadelphos den Verstorbenen göttliche Ehren. Seine leibliche Schwester und Gemahlin Arsinoë II. (gest. 270) erklärte er wahrscheinlich noch zu deren Lebzeiten zur Göttin und begründete einen gemeinsamen Kult der Geschwister-gottheit.

Die Entwicklung des ptolemaiischen Herrscherkults war damit abge-schlossen. Gegen Ende des Jahrhunderts erhielten nicht nur Alexander der Große, sondern jedes verstorbene Herrscherpaar jeweils eigene Kulte mit besonderen Priesterschaften, außerdem natürlich auch das regierende Königspaar. Dieser Vorgang wurde möglicherweise beschleunigt oder erleichtert durch vorhandene einheimische Gottheiten und durch das Bestreben der Ptolemaier, sich mit der ägyptischen Priesterschaft gut zu stellen. Arsinoë II. wurde als Isis zusammen mit ägyptischen Gottheiten verehrt; spätere Königinnen führten diese Tradition fort. Ebenso setzte man die Könige mit ägyptischen, doch daneben auch mit griechischen Gottheiten gleich. Ptolemaios IV. Philopator (221–205) identifizierte sich gern mit dem beliebten Dionysos: Über Arsinoë, die Mutter Ptolemaios' I., glaubte er sich mit Dionysos verwandt.

Die Seleukiden betrachteten zwar Alexander den Großen als ihren politischen Ahnherrn, doch sie verehrten ihn nicht als vergöttlichten Herrscher wie die Ptolemaier. Nach dem Vorbild der Achämeniden sahen sie sich nicht so sehr als Inkarnation der Götter, denn als Übermenschen, die durch göttliche Gnade weit über Menschenmaß hinausragten. Doch gab es Ausnahmen von dieser Regel. So bezeichnet etwa ein Dekret der Polis Ilion (Troja) Seleukos I. zwar nicht als Gott, doch seine Attribute sind die einer Gottheit.[29] Er selbst scheute sich auch nicht, seine Ahnenrei-he bis auf Apollon zurückzuführen. Eine in Pasargadae gefundene und wahrscheinlich in Persepolis geprägte Münze zeigt ihn mit dem Horn des Poseidon und mit dem Elefantenhaupt des Dionysos. Nach Seleukos I. Tod ließ ihm sein Sohn Antiochos I. Soter als Nikator (der Siegreiche) göttliche Ehren erweisen (280). Nicht lange danach war der offizielle Herrscherkult der Seleukiden über das ganze Reich verbreitet. Antiochos II. (261–246) führte – wie auch später andere Herrscher – den Beinamen Theos (Gott), der ihn nicht nur mit den übrigen Gottheiten gleichstellte, sondern auch von ihnen abhob; so hätte man beispielsweise dem Götter-vater Zeus einen solchen Namen natürlich niemals beigelegt. Im Seleuki-denreich gab es freilich nicht wie in Ägypten eine einheitliche, staatliche Königsverehrung, bis Antiochos III., der Große, den Staatskult für seine Person und alle seine Vorgänger einrichtete. Das meiste politische Kapital aus seiner Göttlichkeit schlug allerdings der Seleukide Antiochos IV. Nikephoros (der Siegbringer). Er verstand es geschickt, sie als Bindeglied zwischen den verschiedenen Völkern seines Reiches zu nutzen: Eine seiner Goldmünzen zeigt Nike (die Siegesgöttin), welche, von Zeus unterstützt, über dem Königstitel Theos Epiphanes (der erscheinende Gott) eine Krone anbringt.

Im dritten hellenistischen Großreich, in Makedonien, lagen die Dinge zumindest zeitweise ganz anders. Als ein gewisser Hermodotos den König Antigonos II. Gonatas »Sohn der Sonne, und wahrer Gott« nannte, erwiderte dieser trocken: »Der Diener, der meinen Nachttopf ausleert, hat davon nichts bemerkt.«[30] Antigonos stand ganz in der makedonischen Tradition, die den König lediglich als Ersten unter Gleichen ansah. Infolgedessen betrachtete er den Herrscherkult als verlogene Liebedienerei und wollte nichts damit zu tun haben – wie übrigens auch schon sein Großvater Antipatros, der sich weigerte, Alexander zu verehren. Der auf seinen Münzen abgebildete Gott Pan – er hatte die Gallier bei der Schlacht von Lysimacheia 277 in Panik versetzt – rückt jedoch in die Nähe eines Königsporträts. Sein Enkel Philipp V. führte den Stammbaum seiner Gemahlin auf den legendären Bezwinger der Gorgo, den Helden Perseus zurück. Auch sein Sohn und Nachfolger erhielt dessen Namen; auf Münzen scheinen die beiden ein und derselbe zu sein. Im pergamenischen Reich gab es für den Kult des Königspaars zu dessen Lebzeiten eine besondere Priesterschaft; nach ihrem Tod wurden die Könige »zu den Göttern versetzt«. Die indogriechische Königin Agathokleia nannte sich Theotropos (von göttlichem Wesen).

Schlüsselwörter im hellenistischen Herrscherkult sind Beinamen wie Soter, Euergetes, Epiphanes – Retter, Wohltäter, der erscheinende Gott. Wie das Preislied auf Demetrios I. Poliorketes zeigt, ist der König überall zur Stelle. Er hilft den Bedrängten, läßt Hoffnungen Wirklichkeit werden, wehrt den Gefangenen, zerstreut Befürchtungen – all das gelingt ihm so vortrefflich, daß die olympischen Götter, die »Beschützer der Städte«, in den Hintergrund gedrängt werden. Das war keine Verehrung von spezifisch religiösem Charakter, sowenig wie es Hinweise auf Gebete gibt, die an einen Monarchen gerichtet waren. Bitten und Anrufungen dagegen, oft in poetischer Form und spontan dargebracht, waren durchaus üblich. Die vollkommen vom König abhängigen Untertanen erhofften für sich politische und wirtschaftliche Vorteile, wenn sie sich in dieser Weise an die allmächtigen Herrscher wandten, und diese zeigten sich nicht selten zugänglich, wenn ihrer Eitelkeit geschmeichelt wurde.

Die Städte spielten auch hierbei eine führende Rolle. Sie wünschten sich bzw. verehrten vor allem eine Eigenschaft des Herrschers, die *philanthropia*, das uneigennützige Handeln des Wohltäters (Euergetes). Ursprünglich wurde dieser Begriff angewandt auf das Handeln der Götter gegenüber den Menschen, ehe er im 4. Jahrhundert auch als königliches Attribut galt. Der König bemühte sich seinerseits, seinen Ruf als Wohltäter zu festigen, wozu ihm der Herrscherkult in den

Städten Gelegenheit bot. Über den Kult hatte er zudem eine Ehrenstellung in jenen Gemeinden, deren rein konstitutionelle Bindung an ihn nicht völlig geklärt war, und damit sicherte er die Ausführung seiner Gesetze und Anordnungen sogar über den Tod hinaus.

Die zahlreichen Traktate über die Monarchie versuchten, die Göttlichkeit des Köngis mit allen Mitteln zu beweisen und zu begründen. Zu Beginn des hellenistischen Zeitalters entwickelte Euhemeros von Messene am Hofe Kassandros' (vielleicht auch Hekataios von Abdera, der in Diensten des ersten Ptolemaios stand) die Theorie, daß alle Götter einmal Menschen gewesen seien, die wegen ihrer Wohltaten allgemeine Verehrung erlangt hätten. Viele Götter waren ja auch von sterblichen Müttern geboren. Wenn also selbst Uranos, Kronos und Zeus früher einmal als Menschenkönige die Verehrung ihrer Untertanen genossen hatten, war es nicht mehr als recht und billig, daß die zeitgenössischen königlichen Wohltäter diese Tradition fortführten.

Ein Liebling des Zeitalters war Herakles, der zum Wohle der Menschheit klaglos immer wieder schwerste Mühen und Plagen auf sich genommen hatte. Die Kyniker idealisierten ihn zu einem Menschen, der durch seine Leistungen und seine Leidensfähigkeit die Königswürde errungen hatte, und sie glaubten, daß er nach seinem Tode zum Halbgott erhöht worden sei. Man verglich Alexander immer wieder mit Herakles. Der Makedone selbst sah in ihm nicht nur den Vorfahr, auch in seinen Taten wollte er es Herakles gleichtun. Viele Alexandermünzen zeigen den Heros mit dem charakteristischen Löwenfell und den Gesichtszügen Alexanders. Herakles galt neben Dionysos auch als Vorfahr der Ptolemaier.

Das Wesen der Königsverehrung und des Königskults im Zeitalter des Hellenismus wird zusätzlich verdeutlicht durch die große Anzahl von Ehrentiteln auf Münzen. Oft helfen nur diese (oder die Beinamen), das schier undurchdringliche Gewirr von Königsnamen einigermaßen überschaubar zu machen. Wir finden folgende Titel: Aniketos, der Unbesiegte; Kallinikos, der glänzende Sieger; Dikaios, der Gerechte; Dionysos, der Gott (manchmal auch Neos, der junge Gott); Epiphanes, der erscheinende Gott; Euergetes, der Wohltäter; Eukairos, Mann zur rechten Zeit; Eupator, Sohn eines edlen Vaters; Eusebes, der Fromme; Ktistes, der Gründer; Megas, der Große; Nikator, der Siegreiche; Nikephoros, der Siegbringer; Philadelphos, der den Bruder (die Schwester) liebt; Philhellen, der Griechenfreund; Philometor, der seine Mutter verehrt; Philopator, der den Vater verehrt; Philopatris, der sein Land liebt; Philoromaios, Freund der Römer; Soter, Retter; Theopator, Sohn eines Gottes; Theophilos, der Götterliebling; Theos, Gott (Thea, Göttin, erscheint mit dem Zusatz Eueteria, die Fruchtbare und Neotera, die Jüngere); Theotropos, von göttlichem Wesen.

Der Herrscherkult beschränkte sich natürlich nicht auf die Verehrung der besonderen Eigenschaften, die durch diese Titel-Beinamen hervorgehoben wurden. Ein Königreich war das, was ein Monarch daraus machte. In einem Zeitalter des Individualismus wurden selbstverständlich auffällige Vorzüge und Eigenarten besonders aufmerksam beobachtet, wobei man insbesondere jene Eigenschaften unterstrich, die geeignet waren, das Unverwechselbare einer Persönlichkeit hervorzuheben.

Person und Taten Alexanders des Großen lieferten hierfür naturgemäß am meisten Stoff (was sich übrigens bis zum heutigen Tage nicht geändert hat). Tausende von Werken wurden über ihn geschrieben. Das vorige Jahrhundert schilderte ihn höchst widersprüchlich: als Übermensch im Sinne Nietzsches, als genialen Verbreiter griechischer Kultur oder auch als besonnenen Philosophenkönig. In neuerer Zeit wurden weitere Züge entdeckt. Einmal ist er ein vernünftiger Idealist (wenn auch dem Trunk ergeben), dann wieder ein skrupellos intrigierender Megalomane. Da rühmt ein Autor seine Toleranz, seine Großmut und seine intellektuelle Neugier, während ein anderer mit Nachdruck darauf verweist, daß in seinem Namen unsägliche Scheußlichkeiten begangen wurden. Das Motiv für sein ungestümes Vorwärtsdrängen in die Weiten Asiens hat Alexander selbst mit *pothos* (unbändige Sehnsucht) umschrieben. Seine Zeitgenossen Ptolemaios I. und Nearchos haben den Gebrauch des Wortes getreulich der Nachwelt überliefert. Dem *pothos* entspringen auch die typischen Eigenschaften des Königs: das glanzvolle Zurschaustellen der eigenen Person, die bisexuellen Neigungen, der unglaubliche Mut. Doch nicht allein der Drang, dem homerischen Vorfahr Achilleus nachzueifern und seinen Vater Philipp II. zu übertreffen trieben ihn vorwärts, sondern zwei besondere, ihm ureigene Wesenszüge: Einmal war Alexander, wie wir gesehen haben, einer der genialsten Armeeführer der Weltgeschichte. Zweitens faßte er den unerhört fortschrittlichen Plan einer gemeinsamen Verwaltung des Reiches durch Makedonen (Griechen) und Perser.

Seine Nachfolger, die ihm als Offiziere gedient hatten, waren meist nur »Alexanders im Kleinformat« – gute Feldherren, doch keine Genies. Politisch-taktisches Geschick und Stehvermögen zeigten sie später beim Aufbau ihrer eigenen Königreiche.

Betrachten wir die Heerführer, die weniger erfolgreich waren: Antipatros (gest. 319) war ein recht kantiger, etwas engherziger Charakter, doch ein kluger Mann von solidem Zuschnitt. Als einziger weigerte er sich, am Alexanderkult teilzunehmen, auch war er einer der wenigen, der sich gegenüber den beiden schwachen Erben Alexanders loyal verhielt. Eben dies ist auch von Eumenes von Kardia zu berichten; weil er Grieche war, wurde er trotz seines glänzenden militärischen Talents von den makedonischen Haudegen nie so recht anerkannt. Auch Perdikkas (gest. 321) gehört in die Reihe der loyalen Gefolgsleute des königlichen Hauses. Alexanders Stellvertreter, als glänzende Erscheinung und weltkluger Mann von den Soldaten verehrt, ist dennoch im Vergleich zu den übrigen Heerführern ein politisches Leichtgewicht gewesen. Antipatros' Sohn Kassandros starb 297, vielleicht an Tuberkulose. Ihn hatte Alexander nie recht gemocht, und Kassandros hatte die Antipathie offen erwidert: Er war es, der später die Dynastie Alexanders des Großen auslöschte. Von unnachgiebiger Härte, dämonisch-zielbewußt und von kalter Logik, bleibt sein Charakterbild höchst unerfreulich.

Antigonos I. Monophthalmos (gest. 301) war der einzige der makedonischen Feldherren, dem es zunächst zu gelingen schien, das ganze Alexanderreich an sich zu reißen: Eine imponierende Persönlichkeit mit großen militärischen Gaben, schwankte er doch oftmals in seinen Zielsetzungen. Die Zeitgenossen rühmen ihn als ehrenhaft, großzügig und tapfer. Zu seinem Sohn Demetrios I. hatte er ein außergewöhnlich gutes Verhältnis. Demetrios selbst war von nimmermüder Energie, immer aktiv, voller Ideen, ein Liebling der Damenwelt, ein Mann, der Höhen und Tiefen, Siege und Niederlagen voll auskostete und sich am Ende im Exil zu Tode trank. Er bezeichnet einen anderen großen Feldherrn, Lysimachos (gest. 281), als haßerfüllt, vulgär und knauserig (der seinerseits ein ähnliches Urteil über Demetrios fällte). Lysimachos war in Wirklichkeit ein glänzender Heerführer und ebensoguter Finanzfachmann, außerdem ein vorausschauender Planer. Von seinem Zeitgenossen Pyrrhos von Epirus (gest. 272) kann man dies nicht behaupten. Der rothaarige Hüne, den ein häßlicher Mund entstellte, galt zwar als einer der tapfersten und großzügigsten Männer seiner Zeit und war zudem als Militärexperte anerkannt, scheiterte aber daran, daß er seine nicht allzu reichlich bemessenen Ressourcen überstrapazierte. Weder er noch Lysimachos hinterließen Spuren in der Geschichte; über den berüchtigten Abenteurer Agathokles, Tyrann von Syrakus, läßt sich dasselbe sagen.

Neben den Herrschern des Bosporanischen Reiches – zu nennen ist hier vor allem die milde, doch sehr effektive Regierung des Königs Pairisades I. (349/8 – 311/10) – waren es vor allem die Begründer der drei großen hellenistischen Monarchien der Ptolemaier, Seleukiden und Antigoniden, die ein Erbe hinterließen, dem längere Dauer beschieden war. Denn in allen drei Staaten setzten sich die jeweils Fähigsten durch, was durchaus nicht die Regel ist.

Ptolemaios I. Soter (gest. 283) war nicht nur ein ausgezeichneter

Historiker, sondern zeigte auch großes politisch-strategisches Geschick, als er sich ein Gebiet aus dem riesigen Erbe Alexanders herausschnitt, das er auch verteidigen konnte. Er konzentrierte seine Kräfte auf die Verwaltung seines Reiches. Sein Sohn Ptolemaios II. Philadelphos, ein geschickter Mehrer des Landes, tritt uns entgegen als ein Mann mit Sinn für einen differenzierten Verwaltungsapparat aber auch als tüchtiger Kaufmann. Von Natur aus eher vorsichtig-zurückhaltend, brauchte er bei wichtigen Entscheidungen den Rat und die Ermutigung seiner Frau Arsinoë II. Der als machtloser Knabenkönig zur Regierung gelangte Ptolemaios VI. Philometor (gest. 145) zeigte sich bei Verhandlungen mit Rom als glänzender Diplomat. Ptolemaios VIII. Euergetes II. (gest. 116) mit dem Beinamen Phykson (Fettwanst), der seine Leibesfülle in dünne, durchsichtige Gewänder hüllte, wurde als fürchterlicher Tyrann dargestellt, vor allem von den Griechen, die ihm übelnahmen, daß er die Ägypter bevorzugte. Eine höchst interessante, schillernde Herrschergestalt von vermutlich neurotischer Charakterstruktur war der Vater von Kleopatra VII., Ptolemaios XII. Theos Philopator Philadelphos Auletes (Oboenspieler), der »neue Dionysos« (gest. 51), der sich während seiner langen Regierungszeit mit großen inneren Wirren und überzogenen politischen Forderungen der Römer konfrontiert sah.

Seleukos I. Nikator (gest. 281), der jüngste unter den Diadochen, galt zwar als guter Offizier, gehörte jedoch nicht zu den hervorragendsten Feldherren Alexanders. Dafür war er ein brillanter Politiker und besaß eine Eigenschaft, die damals bei Herrschern nicht gerade häufig anzutreffen war: Im Umgang mit seinen Untergebenen war er menschlich. Von vielen Seleukidenkönigen, die ihm nachfolgten, wissen wir oftmals nur wenig. Antiochos III., der Große (gest. 187), tritt uns in seiner Jugend als vernünftig planender, schwungvoll zupackender Herrscher entgegen, und viele bewunderten seine Großzügigkeit. Nach seinem Ostfeldzug sahen die Zeitgenossen in ihm »den Großen«, doch er verspielte den dauerhaften Erfolg, als er sich sehr unüberlegt auf einen Waffengang mit den Römern einließ, der ihm verheerende Verluste einbrachte. Sein tüchtiger Sohn Antiochos IV. Epiphanes, ein impulsiver, bisweilen launischer Monarch, bewunderte Rom – er hatte als junger Mann vierzehn Jahre lang dort gelebt –, was die Römer nicht hinderte, auch ihm eine schwere militärische Niederlage beizubringen (169). Er fühlte sich im übrigen ganz als hellenistischer Weltbürger; das Verständnis für die zäh verteidigten kulturellen Traditionen des Judentums ging ihm völlig ab. Der Ursurpator Alexander I. Theopator Euergetes Epiphanes Nikephoros (Balas), gest. 145, wird als einziger der Seleukidenherrscher eindeutig als Scheusal charakterisiert. Antiochos VII. Euergetes Sidetes (in Sidon aufgewachsen) war der letzte kraftvolle

Herrscher, wie auch sein Ehrenname »der Große« belegt – freilich machte ihm seine Trunksucht sehr zu schaffen.

Das nach den Diadochenkriegen völlig zersplitterte Makedonien einte Antigonos II. (gest. 239) – der stupsnäsige König »mit den (soldatenmäßig) umschnürten Knien« (Gonatas) –, der sich im Gegensatz zu seinem den Äußerlichkeiten zugeneigten Vater Demetrios I. Poliorketes viel mit Philosophie, Geschichte und Poesie beschäftigte. Der tüchtige Antigonos III., genannt Doson (»der spenden wird«), weil er sich bescheiden als Steigbügelhalter Philipps V. sah, erwies sich als guter Freund der Griechen. Philipp V. (gest. 179) zeichnete sich aus durch königliche Haltung, ein enormes Gedächtnis und einen fast krankhaften Aktivismus. Seine Popularität als fähiger Heerführer verspielte er jedoch durch sein brutales Vorgehen gegen die griechischen Stadtstaaten und seinen Hang zu Skandalaffären. Wie andere beging auch er den großen Fehler, sich mit den Römern anzulegen (wer mehr daran Schuld trug, ist nicht mehr festzustellen). Die maßvollere Regierung seines Sohnes Perseus, vor allem die den griechischen Städten gewährte Unterstützung, sicherte ihm wieder größere Sympathien bei den Griechen. Als es dann zum Zusammenstoß mit Rom kam (171–168), zeigte er wohl taktisches Geschick, doch wurde dies zunichte gemacht durch seine Unfähigkeit, genügend Bundesgenossen zu finden, und durch seinen Mangel an Initiative.

Auch die drei Reformkönige in Sparta waren allesamt bemerkenswerte Persönlichkeiten. Der hochherzige Agis IV. (244–241) suchte den Staat durch Wiedereinführung der einfachen Lebensformen von früher zu erneuern, erlitt jedoch mit seinen Ideen bei Arm und Reich Schiffbruch. Kleomenes III. (235–219) war ein Mann von großer persönlicher Ausstrahlung. Trotz seiner Liebe zur Philosophie und zu den Philosophen war er sehr rasch bei der Hand, Gewalt anzuwenden, wenn es darum ging, seine Reformen durchzusetzen. Dies führte schließlich zu seinem Sturz. König Nabis (207–192) erwarb sich durch seine radikalen Neuerungen zwar die Gunst der Armen, verhielt sich aber gegenüber den Führern der umliegenden Kleinstaaten hinterhältig und aggressiv. Sie vergalten es ihm entsprechend.

Unter den pergamenischen Attaliden gab es ebenfalls eine Reihe von bedeutenden Herrschern. Philetairos (gest. 263), ein Eunuch, verschaffte dem neuen Staat durch kluges politisches Taktieren eine solide Basis, auf der sein Neffe und Adoptivsohn Eumenes I. (gest. 241) sicher weiterbauen konnte. Eumenes erwies sich ebenfalls als genialer Taktiker. Überdies war er bescheiden im persönlichen Auftreten und unterschied sich dadurch angenehm von vielen hellenistischen Potentaten. Auch der berühmte Sieger über die Galater, Attalos I. Soter (gest. 197), war ein kluger Feldherr und Staatsmann. Seine auf den ersten Blick für den Staat höchst vorteilhaften Beziehungen zu Rom erwiesen sich auf lange Sicht als verhängnisvoll. Der fleißige und beim Volk beliebte König Eumenes II. Soter (gest. 160/59) stattete seine Hauptstadt verschwenderisch aus. Er übertrieb seine Speichelleckerei gegenüber Rom so sehr, daß er schließlich das Vertrauen des Senats verspielte. Sein Bruder Attalos II. Philadelphos (gest. 38) widerstand loyalerweise der Versuchung, das Regime des Eumenes zu stürzen. Die Persönlichkeit von Attalos III. Philometor Euergetes entzieht sich einer gerechten Beurteilung durch sein haarsträubendes Verhalten: Er vermachte sein Reich testamentarisch den Römern. Seine Feinde schildern ihn als düsteren, tyrannischen Neurotiker mit einem merkwürdigen Hang zur Arzneikunde. Die Ursache für seinen spektakulären Schritt waren vermutlich soziale Umwälzungen, die mit Gewalt durchgesetzt werden sollten.

Über die Herrscher der anderen Reiche sind wir nur unzulänglich informiert. Prusius I. Cholos, »der Lahme«, der König von Bithynien, wäre noch zu nennen, der sich auf ein prekäres diplomatisches Intrigenspiel mit Rom einließ; oder etwa Mithridates VI. Eupator Dionysos der Große von Pontos (gest. 63). Ihm gelang es sozusagen vor der Haustür der römischen Großmacht, seinen Machtbereich überraschend auszudehnen und Rom länger als ein halbes Jahrhundert Widerstand zu leisten. Persönlich tapfer, klug und vorausschauend, bestand seine Größe nicht zuletzt darin, daß er wichtige Aufgaben an seinen glänzenden Feldherrn Archelaos delegierte. Mithridates, ein Abkömmling persischer Könige, war Philhellene und betrachtete sich selbst als naturgegebenen Herrscher seiner nichtgriechischen Untertanen. Leider wurde er weder von diesen noch vom griechischen Bevölkerungsteil jemals völlig anerkannt. Um die Römer auf Dauer in Schach zu halten, dazu fehlten ihm die überragenden strategischen Fähigkeiten; doch er war unter den späthellenistischen Herrscherpersönlichkeiten eine der hervorragendsten.

Nach ihm herrschte Kleopatra VII. in Ägypten, und weit im Osten hielten sich noch eine Zeitlang die indo-griechischen Könige. Daß wir von ihnen nur so wenig wissen, ist besonders bedauerlich, denn auf Münzen sind ihre Porträts sehr lebendig festgehalten. Der bedeutendste von ihnen, Menander Soter Dikaios, lebt zumindest in der buddhistischen Tradition weiter, die ihn – wahrscheinlich übertreibend – als einen Konvertiten betrachtet.

2. Kapitel: Stadtstaaten und Bündnissysteme

1. Die wichtigsten Städte und Städtebünde

Die bisher beschriebenen Königreiche bestimmen keineswegs das Gesamtbild der hellenistischen Welt. Es gab innerhalb und außerhalb jener Königreiche Hunderte von Stadtstaaten im gesamten Mittelmeer- und Schwarzmeergebiet bis hin zum entlegenen Indien und Zentralasien. Ob sie nun schon länger bestanden oder Neugründungen waren: Sie bildeten jedenfalls während der ganzen Epoche die Basis griechischen Lebens. Einige Stadtstaaten blieben viele Jahrhunderte lang von äußeren Machteinflüssen völlig unabhängig, vor allem, wenn sie geographisch abgelegen waren wie das wirtschaftlich starke, traditionell prorömische Massalia (Marseille) an der Südküste Frankreichs, das sogar eigene Kolonien im westlichen Mittelmeergebiet besaß, oder Emporion (Ampurias) im nordöstlichen Spanien. Andere Beispiele sind das illyrische Apollonia an der Adria oder Borysthenes (Olbia) an der Mündung des Bug in Südrußland.

Trotz ihrer Unabhängigkeit verloren diese Stadtstaaten fast alle mit der Zeit an Bedeutung: Ihr Ansehen und ihr Einfluß auf das gesamte griechische politische Leben waren für immer dahin. Philipp II. von Makedonien, der klug die Uneinigkeit unter den Stadtstaaten ausnutzte, hatte der Polismacht mit der Schlacht von Chaironeia ein Ende gesetzt, war dann jedoch bemüht, die Stadtstaaten als »freie« Verbündete und Mitglieder des Korinthischen Bundes zu behandeln, an dessen Spitze er selbst stand. Später hatte Alexander durch seinen Eroberungszug nach Polybios' Urteil »tatkräftigen Männern das ehrgeizige Streben nach einer politischen oder militärischen Laufbahn erspart«.[1]

Für die Nachfolger Alexanders blieb die Macht über Griechenland noch immer das Ziel, nach dem sie am heftigsten strebten. Sie vertraten allerdings nicht ganz einheitliche Meinungen, was die Stadtstaaten betraf. Einerseits erklärte man, sie seien freie Verbündete, eine Ansicht, die augenscheinlich (vielleicht sogar aufrichtig) von dem Philhellenen Antigonos I. Monophthalmos verfochten wurde, andererseits wurde betont, daß sie auch nichts anderes seien als Untertanen, was der Auffassung Antipatros' und Kassandros' entsprach. Auch in den Städten gab es hierzu zwei gegensätzliche Positionen, oftmals innerhalb einer einzigen Gemeinde: Sie begehrten Schutz, aber gleichzeitig Freiheit. Folglich beargwöhnten sie jede Protektion. Tatsächlich lag weder den Großstaaten noch den Städten etwas daran, ihre Beziehung zueinander eindeutig zu klären oder verfassungsmäßig festzulegen. Die hellenistischen Könige sprachen offiziell viel von der »Befreiung« der Städte, was, wie Polybios realistisch bemerkt, lediglich bedeutete, daß sie den Rivalen weggenommen wurden. Nur selten war damit die Befreiung von Steuerlasten gemeint. Die Monarchen hörten jedoch meist bald auf zu verkünden, daß alle Griechen frei sein müßten, und boten statt dessen »Freiheit« als Preis oder Belohnung für loyales Verhalten. Dies war jedoch häufig nur eine Prestigeangelegenheit und nicht allzu ernst gemeint, da diese sogenannte Freiheit den Städten letztlich nichts einbrachte.

Die Könige machten nur wenig administrativen Gebrauch von den vorhandenen Stadtverwaltungen. Sie erhoben die Steuern lieber durch ihre eigenen Beamten und Steuereintreiber. Daher gab es in den Städten im Herrschaftsbereich eines Monarchen kein Betätigungsfeld von einiger Bedeutung für fähige Leute. Trotzdem blieb in hellenistischer Zeit die typische Polisorganisation paradoxerweise nicht nur ungeschmälert erhalten, sondern wurde beträchtlich erweitert. Sie funktionierte auch dann noch, als die Großstaaten schon längst verschwunden waren.

Die makedonischen Antigoniden hielten es für notwendig, die griechischen Stadtstaaten mit Hilfe der befestigten Garnisonstädte Korinth, Chalkis und Demetrias, auch »Fesseln« des Landes genannt, zu beherrschen. Antigonos II. Gonatas gelang es jedoch, den Chremonideischen Krieg gegen Athen und seine Verbündeten (267–261) mit staatsmännischer Zurückhaltung und Mäßigung zu schlichten. Es war seine und seiner Nachfolger Politik, die führenden Schichten in den griechischen Städten zu unterstützen. Trotzdem erwies sich die makedonische Monarchie schließlich als zu schwach, die griechischen Städte gegen Rom zu halten: Die »Freiheitsproklamation« des Flamininus (196) war denn doch ein zu publikumswirksamer Schachzug.

Die Ptolemaier unterstützten die griechischen Städte des Kernlandes gegen Makedonien zwar nicht militärisch, dafür aber mit Geld und Getreidelieferungen. Auf die kleinasiatischen Griechenstädte versuchten sie direkt Einfluß zu nehmen, den Städten auf den Inseln ließen sie dagegen mehr freie Hand. Die Attaliden verhielten sich ähnlich. Unter den Seleukiden, die ja selbst zahlreiche neue Städte gründeten und alte zu neuem Leben erweckten, spielten die Stadtstaaten eine unvergleichlich größere Rolle als in den anderen hellenistischen Großstaaten. Sie bewahrten ihre Freiheiten in größerem Umfang, wenn man von der fehlenden Steuerhoheit absieht, und die Könige befleißigten sich im

Umgang mit den Räten der Städte häufig besonderer Höflichkeit. Außerdem erneuerten sie wiederholt die Privilegien der Städte, da sie sich von diesen mehr Loyalität erhofften als von den feudalen Großgrundbesitzern des Hinterlandes. Die Städte waren in den Augen der Seleukiden die stärkste Stütze für den inneren Zusammenhalt des Reiches. So nahm etwa Ephesos, um 294 von Lysimachos erweitert und seit 188 unter seleukidischer Oberhoheit, einen großartigen wirtschaftlichen Aufschwung als Endpunkt der großen Osthandelsstraße. Milet, das seinen Reichtum dem fortschrittlich betriebenen Wollhandel verdankte, besaß ein großes, fruchtbares und mit Festungswerken geschütztes Gebiet.

Die Königin unter den griechischen Stadtstaaten war jedoch unbestritten immer noch Athen.

Nach den glänzenden Siegen in den Perserkriegen (490–479) und der demokratischen Periode unter Perikles (gest. 429) hatte der Peloponnesische Krieg gegen Sparta (431–404) das Seereich der Athener zerstört. Im Verlauf des 4. Jahrhunderts gewann die Stadt dann einige frühere Besitzungen zurück. Als Philipp II. von Makedonien 359 zu einer Politik der aggressiven Expansion überging, versuchte der Rhetor Demosthenes, die Bürger um der Freiheit willen zu entschiedenem Widerstand gegen den Makedonen zu bewegen. Als sich die Athener mit anderen endlich zu einer Aktion gegen Philipp aufrafften, wurden sie bei Chaironeia 338 entscheidend geschlagen. Obwohl die Friedensbedingungen keineswegs hart waren, bedeutete die Niederlage das endgültige Ende des Traumes von einem großen athenischen Reich.

Nach dem Tod Alexanders versuchte Athen sich aus der Bevormundung durch Antipatros zu lösen. Doch nach der Niederlage im Lamischen Krieg mußte es sogar hinnehmen, daß makedonische Besatzung in die Stadt verlegt wurde. Kassandros machte den selbstherrlichen, verschwenderischen Demetrios von Phaleron zu seinem Statthalter in Athen (317–307). Dieser hielt wohl den Frieden aufrecht, war aber der Meinung, daß die Macht in den Händen einiger weniger erfahrener Männer liegen solle. So kam es zu einer Flut von Verordnungen in seinem Namen. Nachdem er von seinem Namensvetter Demetrios I. Poliorketes vertrieben worden war, kehrten die Athener zu ihrer scheinbar demokratischen Verfassung zurück, doch die Vollversammlung der Bürger konnte praktisch keine wichtigen Entscheidungen mehr fällen. Während einer Phase makedonischer Schwäche zur Zeit des Galliereinfalls, gewann die Stadt für kurze Zeit ihre Handlungsfreiheit zurück, bis ihr Heer von Antigonos II. Gonatas im Chremonideischen Krieg (267–261) erneut geschlagen wurde.

Antigonos setzte wieder eine makedonische Besatzung ein, behandelte Athen aber als kulturelles Zentrum seines Reiches mit gebührendem Respekt. Außerdem begann eine neue wirtschaftliche Blütezeit, weil in den Silberminen von Laurion neue, besonders ergiebige Adern entdeckt worden waren (ihre Anlagen sind erst kürzlich erforscht worden). Ihren Ruf als reichste Handelsmacht der Ägäis konnte die Stadt daher vorübergehend wieder erringen. Im Jahre 229 kaufte man sich sogar von der makedonischen Besatzung frei. An diesem Wendepunkt der Stadtgeschichte unterhielt Athen auch freundschaftliche Beziehungen zu Rom und nahm dafür (200–199) wütende Angriffe Philipps V. von Makedonien sowie seines Sohnes Perseus in Kauf. Als Perseus geschlagen wurde, überließen die siegreichen Römer der Stadt aus Dankbarkeit die Insel Delos, den damals bedeutendsten Getreideumschlagplatz (166), den die Athener drei oder vier Jahrzehnte lang als Freihafen benutzten.

Als Makedonien und Griechenland 146 römische Provinz wurden, blieb Athen unter römischem Schutz, so daß viele Bürger Athens, praktisch frei, einen letzten Glanz des noch vorhandenen Wohlstands genießen konnten. Die wachsende Unzufriedenheit der unteren Schichten wurde jedoch von Mithridates VI. Eupator von Pontos geschürt, und schließlich beschloß sogar die Stadtregierung, ihn gegen Rom zu unterstützen. Nachdem sie der Belagerung durch Sulla (87–86) nicht hatte standhalten können, wies Athen auf seine glorreiche Vergangenheit hin. Doch Sulla antwortete trocken, er sei gekommen, um Rebellen zu züchtigen und nicht, um sich Geschichtsunterricht erteilen zu lassen. Nach diesem Krieg verarmte die Stadt zusehends, und der Handel kam gänzlich zum Erliegen.

Kulturell blieb Athen jedoch führende Stadt – wie die ganze hellenistische Zeit hindurch. In den Jahren um 300 entstand dort die Neue Komödie eines Menander, und von Athen gingen alle bedeutenden philosophischen Strömungen aus. Deren Begründer waren zwar anderswo geboren, wählten aber Athen als den Ort, wo sie lehrten und ihre Schulen einrichteten. Athen behielt seinen Ruf als hochgeschätzte Universitätsstadt sogar noch nach dem letzten großen politischen Debakel, der Eroberung durch Sulla, und wirkte darüber hinaus als Magnet für die Menschen aus dem gesamten Mittelmeerraum. Auch zahlreiche junge Römer, die später eine führende Rolle spielen sollten, wie Cicero, Atticus, Brutus oder Horaz, zog es nach Athen.

Rhodos vor der Südwestküste Kleinasiens konnte in dieser Epoche sehr wohl den Anspruch erheben, wichtiger als Athen, ja sogar der bedeutendste Stadtstaat der hellenistischen Epoche zu sein.

Bis zur zweiten Hälfte des 5. Jahrhunderts v. Chr. gab es auf der Insel drei politisch voneinander unabhängige Stadtgemeinden. Als diese in einer späteren Phase des Peloponnesischen Krieges von Athen abfielen und sich auf die Seite Spartas stellten, vereinigten sie sich zu einem Einheitsstaat mit der neuen gemeinsamen Hauptstadt Rhodos im äußersten Nordosten der Insel. Im 4. Jahrhundert geriet der neue Staat zunächst unter die Herrschaft verschiedener Mächte, bis er schließlich im Reich Alexanders aufging. Nach seinem Tod vertrieb Rhodos die makedonische Besatzung, war von da an unabhängig und gewann zusehends an politischem Einfluß. In den Jahren 305–304 wehrten die Rhodier mit Erfolg eine Belagerung durch Demetrios I. ab, dessen besondere Fähigkeiten – denen er auch seinen Beinamen Poliorketes, der Belagerer, verdankte – ihn hier im Stich ließen. Neben Pergamon trägt Rhodos die Schuld an den ersten größeren Interventionen Roms im hellenistischen Raum: In den Kriegen gegen Philipp V. von Makedonien und den Seleukiden Antiochos III. waren Rhodos und Pergamon Verbündete Roms und erhielten als Belohnung Küstengebiete in Kleinasien.

Rhodos besaß ein eingeschränktes demokratisches System mit aristokratischem Einschlag, was ihm den Ruf einbrachte, die am besten verwaltete Polis in der griechischen Welt zu sein. Die politische Führung begegnete den wirtschaftlichen und sozialen Problemen der Zeit mit sehr vernünftigen Maßnahmen. Man führte zum Beispiel ein amtliches Lebensmittelversorgungssystem ein, bei dem zwar die öffentliche Hand die Verantwortung behielt, jedoch alle reichen Bürger sich zusätzlich verpflichten mußten, für eine bestimmte Zahl von Armen zu sorgen. Rhodos war eines der ersten Gemeinwesen überhaupt, das die arme Bevölkerung systematisch auf Kosten der Allgemeinheit und ihrer wohlhabendsten Glieder ernährte. Dies war aber nur ein Teil einer Politik, die im ganzen darauf abzielte, Gemeinsinn und gemeinschaftliche Unternehmungen zu fördern. Das staatliche Erziehungssystem war hochentwickelt. So dienten alle Bürger ohne Unterschied eine Zeitlang bei der Flotte, die größtenteils von den reichen Bürgern unterhalten wurde. In Kriegszeiten übernahmen sie zudem die Bezahlung der Matrosen (die Kosten erstattete ihnen der Staat später zurück). Aus dem aktiven Dienst ausgeschiedene Seeleute und Offiziere pflegten kameradschaftliche Beziehungen in Veteranenvereinigungen. Durch diese sozialen Maßnahmen entwickelte sich ein gutes Verhältnis zwischen den verschiedenen Bevölkerungsschichten in der Polisgemeinschaft.

Gestützt auf gesunde politische Verhältnisse wurde Rhodos neben bzw. nach Athen die bedeutendste Handelsmacht der ägäischen Stadtstaaten um die Wende vom 3. zum 2. Jahrhundert. Es unterhielt enge – und einträgliche – Beziehungen zu den Städten um das östliche Mittelmeer, das Schwarze Meer und auf Sizilien. Seinen Reichtum verdankte es in erster Linie dem Transport von Handelsgütern, insbesondere von Getreide, wofür es anderen Staaten eine Beförderungssteuer von zwei Prozent abverlangte.

Die Stadt entwickelte sich daher auch zu einem bedeutenden Zentrum des Bank- und Finanzwesens. In wohlverstandenem Eigeninteresse unternahm sie natürlich alles, um die Einheit der griechischen *oikumene* in Wirtschaft und Handel zu sichern. Diesem Ziel diente beispielsweise die Verbreitung einer rhodischen Handelsordnung, die auch weithin akzeptiert wurde. Die Rhodier unternahmen in den Jahren nach 200 den ersten entscheidenden Versuch seit der Blütezeit des klassischen Athen, das östliche Mittelmeer von Piraten zu säubern, und dies ohne fremde Hilfe. Die schlagkräftige Flotte mit hervorragend ausgebildeter Mannschaft, die diese Unternehmung durchführen sollte, hatte fünf Häfen zur Verfügung, ausgestattet mit ausgezeichneten Docks und Arsenalen, die durch ein strenges Sicherheitssystem geschützt waren. Über allem wachte der bronzene Koloß von Rhodos, eine über dreißig Meter hohe Statue des Sonnengottes, das Wahrzeichen der Stadt und eines der Sieben Weltwunder.

Ihr großes Interesse am Handel ließ die Rhodier gewinnträchtige Geschäftsbeziehungen mit den Ptolemaiern eingehen. Vor ihrem Bündnis mit Rom waren sie jedoch bestrebt, eine gewisse Neutralität gegenüber den großen Königreichen zu bewahren, um keine geschäftlichen Nachteile zu erleiden. Alle Mächtigen suchten freundschaftliche Beziehungen zu Rhodos; nach einem schweren Erdbeben 227/226, bei dem auch der Koloß zusammenstürzte, leisteten alle griechischen Staaten einen Beitrag zum Wiederaufbau der Stadt, da ein Rhodos in Trümmern allen geschadet hätte.

Die glückliche Zeit des Inselstaates war jedoch nicht von Dauer. Seine Regierung verärgerte Rom durch die zweideutige Haltung im Krieg gegen König Perseus von Makedonien (171–168). Zur Strafe machte Rom die Insel Delos, bis dahin der zentrale Umschlagplatz und zweites Finanzzentrum von Rhodos, zum Freihafen unter athenischer Oberhoheit. Ein großer Teil des rhodischen Handels geriet in andere Hände; so fehlte das Geld für die Bekämpfung der Seeräuberei (was die römische Handelsschiffahrt später noch sehr bedauern sollte). Trotzdem widersetzte sich Rhodos energisch dem erklärten Römerfeind Mithridates VI. Eupator Dionysos von Pontos. Es gelang ihm nicht, die Stadt durch Belagerung einzunehmen. Im Jahre 43 jedoch wurde die Insel von dem Caesarmörder Cassius erobert und schlimm verwüstet. Rhodos' große Tage waren nun vorüber, wenn es auch in der Kaiserzeit formell als Inselfreistaat fortbestand.

Während der gesamten hellenistischen Epoche war Rhodos ein führendes Kulturzentrum. Der Koloß galt nicht nur als Symbol für die Wirtschaftskraft der Stadt, sondern auch für ihre bemerkenswerte künstlerische Produktivität. Auch die berühmte Gruppe »Laokoongruppe« legt dafür beredtes Zeugnis ab. Im 3. Jahrhundert fand hier der aus Ägypten stammende Dichter Apollonios von Rhodos eine neue Heimat. Der stoische Philosoph Panaitios (um 185–109), der auch in Athen und Rom hohes Ansehen genoß, war Rhodier von Geburt. Der Universalgelehrte Poseidonios (um 135–50) nahm seinen Wohnsitz in Rhodos, nachdem er bei Panaitios in Athen studiert hatte, ebenso Apollonios Molon, der Leiter einer weitbekannten Rednerschule. Als Apollonios Molon in den Jahren 87 und 81 Rom besuchte, wurde Cicero sein Schüler.

Nicht nur Sizilien mit dem bedeutendsten Ort Syrakus, auch Süditalien war von einem dichten Netz griechischer Stadtstaaten überzogen, von denen einige schon auf eine jahrhundertalte Geschichte zurückblicken konnten. Ein größeres Gebiet war so stark hellenisiert, daß man es *Magna Graecia*, Großgriechenland, nannte.

Den ersten Platz unter den süditalischen Städten nahm die an einer tiefeingeschnittenen Bucht des Ionischen Meeres gelegene Stadt Taras ein (das römische Tarentum, heute Tarent), deren Geschichte sich nach der Überlieferung bis in die Zeit vor 700 zurückverfolgen läßt. Im 5. Jahrhundert stieg Taras trotz gelegentlicher Überfälle durch die Lukanier und andere einheimische Stämme zur führenden Polis der Region empor. Den Höhepunkt seiner Macht erreichte Taras in den Jahren vor 350, als die Führung ihrer demokratischen und relativ stabilen Regierung an Archytas, Pythagoreer wie Platon und mit diesem befreundet, überging. Archytas war nicht nur ein bekannter Wissenschaftler und Philosoph, sondern stand außerdem im Ruf, nie eine Schlacht zu verlieren.

Die Stadt, bewacht von einer praktisch uneinnehmbaren Zitadelle, lag auf einer schmalen Landzunge zwischen einer gezeitenabhängigen Lagune und einer seichten, geschützten Bucht – dem sichersten und größten Hafen in ganz Italien. In der Bucht gab es riesige Kolonien von Stachelschnecken, die den Purpurfarbstoff zum Färben von Wolle lieferten. Viehzucht und Färberei waren die Haupterwerbsquellen der Stadt, und ihnen verdankte sie ihren großen Wohlstand. Die Herden auf den Ländereien in der Umgebung waren allerdings dem willkürlichen Zugriff durch italische Stämme ausgesetzt. Um diesen unbefriedigenden Zustand zu beenden, formierte sich ein Bündnis der griechischen Küstenstädte unter der Führung von Taras.

Die Tarentiner rühmten sich der größten Flotte in Italien und einer

Armee von fünfzehntausend Mann. Nach Archytas' Tod merkte man, daß diese Streitmacht nicht ausreichte. Daher bat man verschiedene Heerführer aus Griechenland – zwei Könige von Sparta (338, 303) und Alexander I. von Epirus (um 333) – um Söldner zur Verstärkung. Es zeigte sich jedoch bald, daß das größte Problem die römische Expansion darstellte. Durch den Bau einer neuen Straße, der Via Appia (312), schuf Rom eine wichtige Verbindung zum Süden Italiens. Darüber hinaus gründeten die Römer im Jahr 291 eine große Kolonie in Venusia (Venosa). Sie sollte hauptsächlich die wilden Bergstämme im Landesinneren in Schach halten, lag aber nur knapp hundertfünfzig Kilometer von Taras entfernt. Verständlich, daß dies als Bedrohung und Provokation empfunden wurde.

Im Jahre 282 wandte sich die von den Lukaniern bedrängte griechische Stadt Thurioi (das frühere Sybaris, jenseits des Golfs von Taras gelegen) hilfesuchend an die Römer. Diese entsandten daraufhin einige Schiffe in den Golf, wodurch sie einen früheren Vertrag mit Taras brachen. Die Tarentiner versenkten kurzerhand das Geschwader, töteten den Befehlshaber und vertrieben die römische Garnison, die Rom in Thurioi stationiert hatte. Dabei machten sie sich noch über das schlechte Griechisch der römischen Abgesandten lustig. Die Stadt bat Pyrrhos I. von Epirus um Hilfe (281), aber trotz seiner Siege räumte dieser Italien wieder (275) und ließ das Land verwüstet und entvölkert zurück. Drei Jahre später wurde auch seine Garnison nach Griechenland zurückgerufen. Daher mußten die Tarentiner im Jahre 272 das von den Römern vorgeschlagene Bündnis akzeptieren: Sie erlangten auf diese Weise den Frieden, aber um den Preis der Unabhängigkeit. Während des Zweiten Punischen Krieges fiel ihre Stadt durch Verrat an Hannibal (213), wurde aber vier Jahre später von den Römern zurückerobert und zerstört. Damit war der Niedergang von Taras besiegelt.

Als Kunstzentrum hatte die Stadt schon in archaischer und klassischer Zeit eine ganze Reihe bedeutender Kunstwerke hervorgebracht. Nach Alexanders Tod ließ sich der Bildhauer Lysippos dort nieder und schuf riesige Statuen von Zeus und Herakles, Symbole für die führende Rolle der Stadt im regionalen Städtebund. Später verwendeten zahlreiche Künstler den weichen Stein der Gegend für Hunderte von Reliefs (die den Etruskern als Vorbild für den Dekor ihrer Sarkophage dienten). Von hohem Reiz sind Schmuck, Goldschmiedearbeiten und Terrakotta-Figürchen aus Taras. Handwerker der Stadt entwickelten außerdem neuartige Stilformen bei der Herstellung von Töpferwaren. Es gibt interessante Vasen aus hellenistischer Zeit mit Szenen aus den sog. *Phlyaken*-Possen, einer volkstümlichen Komödienform, die von

dem einheimischen Dichter Rhinton bereits im frühen 3. Jahrhundert
schriftlich festgehalten wurden.

In hellenistischer Zeit versuchte jede einzelne Polis ihre Unabhängigkeit
gegenüber anderen Stadtstaaten, vor allem aber gegenüber den Königreichen zu verteidigen. Das wurde jedoch immer schwieriger, so daß
man zwangsläufig Bündnisse schloß. Und vielleicht ist der hervorste-
chendste Zug in der Geschichte der Städte während dieser Epoche das
Bestreben, die trennenden Schranken niederzureißen.

Zu dieser veränderten Einstellung den Nachbarn gegenüber gehörte
auch, daß man Kriege nicht mehr so grausam wie früher führen wollte.
Dieser Wandel ging angesichts großer Schwierigkeiten von sich, denn
die Städte hörten keineswegs auf, sich zu befehden, ja es gab sogar
regelrechte Metzeleien. Ein besonders trauriges Zeugnis dafür ist eine
Inschrift aus der Zeit um 220, in der die Bevölkerung des kleinen
kretischen Stadtstaates Dreros schwört, daß »sie der Bevölkerung von
Lyttos jedes erdenkliche Leid antun wollten«.[3] Trotzdem bemühte man
sich in dieser Zeit darum, die schlimmsten Auswüchse des Krieges zu
beseitigen. Platon, für den kriegerische Auseinandersetzungen zwischen
den Stadtstaaten noch ganz selbstverständlich gewesen waren, hatte
immerhin schon erkannt, daß solche Feindseligkeiten sich durch Regeln
in bestimmten Grenzen halten ließen. Die höher technisierte Kriegsfüh-
rung und die große Zahl der Söldner, die ja nicht ihre eigene Sache
vertraten, brachten in der hellenistischen Epoche eine gewisse Humani-
sierung mit sich: Der Gegner wurde gelegentlich geschont. Entlassun-
gen aus Kriegsgefangenschaft bzw. Freikauf kamen bei Piraten wie bei
kriegführenden Staaten ebenfalls häufiger vor. Einige Städte verpflichteten sich, die Bürger der jeweils anderen Polis nicht zu versklaven. Viele
Gemeinden bemühten sich, als heilig (*hiera* – ein Ort, wo kein Krieg
geführt werden darf) und unantastbar (*asylos* – wo keine Vergeltung
geübt wird bzw. das Räuberunwesen keinen Platz hat) anerkannt zu
werden, Privilegien, die traditionsgemäß den Tempeln zustanden. Jetzt
aber traten die größeren Stadtstaaten dafür ein, sie auch an Städte zu
verleihen, und zwar vorrangig an die Seestädte, weil sie besonders unter
den Piraten zu leiden hatten. Anscheinend machte Smyrna (Izmir)
damit den Anfang: Im Jahre 245 gewährte auf Empfehlung von Seleukos II. Kallinikos Pogon die Priesterschaft zu Delphi dieser Stadt das
Asylrecht (*asylia*).

So mehrten sich trotz der vielen Kriege in dieser Epoche die Zeichen
für ein langsames Umdenken: Der Friede, nicht der Krieg wurde als der
Normalzustand im Zusammenleben der Menschen begriffen. Der Dramatiker Menander ging sogar so weit und behauptete, der Geist der

Versöhnlichkeit sei ein typisch griechischer Wesenszug. Dies ist wohl zu optimistisch gesehen, doch ist es richtig, daß den Städten viele Kriege von den Königen aufgezwungen wurden, und daß sie deshalb nicht mit dem Herzen dabei waren wie früher. Einige der Gemeinden mit geringerer Einwohnerzahl schlossen sich zusammen, um den verheerenden Auswirkungen eines Krieges zu entgehen. Im übrigen wurden so hohe Ideale wie »Eintracht der Herzen« (*homonoia*), Humanität und Kosmopolitismus damals eifrig diskutiert. Unter dem Einfluß solcher Gedanken sowie unter dem Druck praktischer Notwendigkeiten löste man sich von der primitiven Auffassung, ein Bürger einer anderen Stadt – wenn er nicht gerade Gastrecht genoß – müsse von vornherein als Feind betrachtet werden.

Die hellenistischen Stadtstaaten waren durch vielfältige Kontakte miteinander verbunden. Diese Verbindungen wurden gefördert durch das Zusammenwachsen riesiger Gebiete seit den Feldzügen Alexanders des Großen, was sich u. a. an den überall gültigen, in großem Ausmaß betriebenen standardisierten Silberprägungen seiner Zeit ablesen läßt. Ein anderes Zeichen der wachsenden Zusammenarbeit der Stadtstaaten war die *isopoliteia*, d. h. die gegenseitige Anerkennung der Bürgerrechte. Fortschritte auf dem juristischen Sektor gingen in dieselbe Richtung. Da jede Polis ihre eigenen Gesetze hatte, gab es strenggenommen kein »griechisches Recht«, sondern eine Menge einzelner lokaler Rechtssysteme. Durch die uns überlieferten Reden der großen Rhetoren, insbesondere die des Demosthenes (384–322), können wir uns ein recht anschauliches Bild von den athenischen Gerichtshöfen machen. Es waren große, mit Laienrichtern oder Schöffen besetzte Gerichte, die zwar einen beachtlichen Stand der Demokratie offenbaren, aber im Grunde doch recht dilettantisch arbeiteten, Prozesse gern verschleppten und politische Urteile fällten.

In hellenistischer Zeit lassen sich jedoch gewisse Verbesserungen erkennen. In einigen Städten war es lange Zeit Brauch gewesen, daß öffentliche oder private Schlichter gebeten wurden, einen Fall zu entscheiden. Dies geschah gewöhnlich nach eigenem Ermessen, nicht auf streng rechtlicher Basis. Nun kam es immer häufiger vor, daß man aus befreundeten Stadtstaaten einen Schlichter oder ein Schiedsgericht aus zwei oder mehr Richtern herbeiholte, die zivil- oder auch strafrechtliche Fälle bearbeiten sollten. Allzuviele Verfahren waren wegen des alten langwierigen Gechworenensystems unerledigt geblieben. Ebenso wurden jetzt häufiger die Dienste eines Schiedsrichters aus einer dritten Gemeinde erbeten, um Streitigkeiten zwischen zwei Städten zu schlichten, ein Verfahren, das seit der Mitte des 5. Jahrhunderts bekannt war. Einige Stadtstaaten verpflichteten sich sogar vertraglich, Streitigkeiten nur solchen Schlichtern zu überlassen. Dieses Verfahren führte auf lange Sicht zu einer gewissen Standardisierung zumindest einiger Lokalgesetze bzw. Gesetzbücher, so daß allmählich ein einigermaßen funktionierendes »internationales« Rechtssystem die Beziehungen zwischen den griechischen Stadtstaaten regelte. Diese Entwicklung kam beispielsweise den Interessen von Rhodos sehr entgegen, das großen Wert darauf legte, Handels- und Kaufrecht zu vereinfachen und so geschäftliche Transaktionen zu erleichtern. Rhodos war zusammen mit Priene in Ionien bekannt dafür, die besten reisenden Richter zu haben.

Wenn die Bürger eines Stadtstaates einen anderen besuchten oder dort ihren Wohnsitz nahmen, wurden sie nunmehr oft von ihren Gastgebern mit der *proxenia* geehrt, d. h. die traditionelle Form der Gastfreundschaft wurde erweitert in dem Sinne, daß jetzt neben verschiedenen anderen Privilegien auch das Recht des Landerwerbs gewährt wurde. Dabei spielte der Hintergedanke eine Rolle, daß der Nutznießer dieses Rechts als Botschafter, Anwalt oder Mittler jederzeit in Anspruch genommen werden konnte. Viele Städte ehrten auf diese Weise Rechtsgelehrte, Ärzte, Lehrer und Ingenieure, die vorübergehend in der Stadt weilten, aber auch Sportler, die an Wettkämpfen teilnahmen. Bevorzugt wurden dabei Teilnehmer an den alle vier Jahre stattfindenden Wettbewerben – den Olympischen, Pythischen (in Delphi), Nemeischen und Isthmischen Spielen (in Korinth). Diese auch von ärmeren Leuten besuchten Veranstaltungen zogen viele Menschen an; dasselbe galt für die Musik- und Theaterfestspiele, bei denen Wandersänger und -Schauspieler auftraten, die sich in der Künstlergilde (*technitai*) des Dionysos mit Zentren in Athen, Korinth und Teos in Ionien zusammengeschlossen hatten. Damals wurde es üblich, die Menschen nicht allein nach ihrer Heimatstadt, sondern auch nach ihrem Beruf einzuordnen. Es war ein Zeitalter der Reiseschriftsteller und Touristen, nicht zu vergessen der Söldner, die weiter herum kamen als jeder andere Reisende. »Kein Land ist weit entfernt«, behauptete Apollonios Rhodios.[5]

Schließlich zeigte sich die wachsende Tendenz, die trennenden Grenzen zu überwinden, auch darin, daß man sich nicht nur zu Militärbündnissen (den traditionellen *symmachiai*) zusammenschloß, sondern auch zu Städtebündnissen (*sympoliteiai*), wobei die Mitglieder freiwillig einen Teil ihrer Unabhängigkeit aufgaben, um gemeinsame Einrichtungen zu schaffen, die sich beispielsweise mit Außenpolitik oder mit der Kriegführung zu befassen hatten. Man kann diese Bündnisse grob in zwei Gruppen einteilen: Bei der einen dominierte ein einziger mächtiger Mitgliedstaat, bei der anderen waren die Mitglieder mehr oder weniger gleichberechtigt und nahmen gemeinsam die Kontrollaufgaben des Bündnisses wahr. Das älteste und langlebigste Beispiel für die erstgenannte Kategorie war Spartas Peloponnesischer Bund, der von der Mitte des 6. Jahrhunderts bis 366 Bestand hatte. In ähnlicher Weise organisierte Theben den Böotischen Bund. Nach den Perserkriegen gründete Athen den Attischen Seebund, den es später zu einem attischen Seereich umgestaltete. Später vereinigte Philipp II. von Makedonien nach seinem Sieg bei Chaironeia (388) die besiegten oder eingeschüchterten griechischen Stadtstaaten im Korinthischen Bund, dessen Vorsitz er selbst übernahm. Er war der erste König mit Machtvollkommenheit in ganz Griechenland.

Dieser Schritt fand die volle Zustimmung des athenischen Rhetors Isokrates, der von Philipps hervorragenden Führungseigenschaften überzeugt war und mit großer Redegewandheit der Überzeugung Ausdruck verlieh, daß die Stadtstaaten aufhören müßten, für sich allein zu handeln, und sich statt dessen auf einer gemeinsamen, panhellenischen Basis zusammenfinden sollten, um sodann mit Philipp gegen Persien vorzugehen. Die »Universalgeschichte« des Ephoros von Kyme (um 405−330) war in Darstellung und Zielsetzung ebenfalls panhellenisch. Selbst von Aristoteles (384−322), der zweifellos immer noch den Stadtstaat als politisches Grundelement ansah, hören wir gelegentlich Anspielungen auf einen möglichen Einheitsstaat Griechenland, der als Großmacht auftreten könne.[6] Als sich diese Idee durch die Eroberungen Alexanders zu bestätigen schien, schrieb ein Schüler des Aristoteles, Dikaiarchos aus Messene in Sizilien (300), sein Werk *Das Leben Griechenlands (Bios Hellados)*, eine Kulturgeschichte Griechenlands, in der das Land der Hellenen als Einheit gesehen wurde, ähnlich der Lebensgeschichte einer Person.

Die Idee des Panhellenismus lag also in der Luft, doch konnte sie sich nie ganz von dem beherrschenden Einfluß der makedonischen Monarchie lösen. Der Korinthische Bund wurde nach Philipp II. von Antigonos I. Monophthalmos und Demetrios I. Poliorketes nach ihren Vorstellungen erneuert, später den politischen Zielen der Makedonenkönige Antigonos III. Doson und Philipp V. angepaßt.

Die zweite Kategorie der Bündnisse (die den Mitgliedern mehr oder weniger Gleichberechtigung gewährte) erreichte indessen nie die Bedeutung für die panhellenische Idee, der Redner und Philosophen so sehnsüchtig Ausdruck verliehen. Trotzdem konnte die Bewegung auf regionaler Ebene gewisse Erfolge verbuchen. Religiös bestimmte lokale Bündnisse von begrenzter Bedeutung und Reichweite kannte man schon im klassischen Griechenland. Die Mitglieder solch kultisch-politischer Verbände trafen sich alljährlich in einem bekannten Heiligtum. Die amphiktyonischen Stämme kamen beispielsweise in Delphi zusammen, die ionischen Städte jenseits der Ägäis schickten Abgesandte zum Heiligtum des Poseidon auf dem Vorgebirge Mykale (Panionion), und an der Peripherie der griechischen Welt feierten die etruskischen Städte jährlich ihr Fest in Volsinii. Im Laufe der Zeit gewannen diese Gemeinschaften einige Bedeutung auch auf politischem Gebiet, sieht man von der delphischen Amphiktyonie ab. Die föderalistischen Bestrebungen des Ionierbundes waren nur von kurzer Dauer, und der etruskische Städtebund erwies sich als völlig zerstritten und unfähig gegenüber der römischen Bedrohung seit dem späten 5. Jahrhundert.

Es blieb anderen Gruppierungen vorbehalten, das föderalistische Prinzip mit Leben zu erfüllen. Vor allem gelang dies in zwei Regionen des griechischen Festlandes, die nie zuvor besonders in Erscheinung getreten waren, nämlich in Ätolien und Achaia. Beide Bündnisse entstanden nördlich bzw. südlich des Golfs von Korinth in Gegenden mit Gemeinden, die, vergleichsweise rückständig und mit geringer Bevölkerungszahl, ohne Hilfe Angriffen schutzlos preisgegeben waren. Die Bevölkerung im bergigen Ätolien wohnte nicht in Städten, sondern war in Stämmen organisiert, die in abgeschiedenen Weilern oder Bergdörfern lebten. In der zweiten Hälfte des 5. Jahrhunderts v. Chr. hatten sie eine lockere Föderation gebildet, danach, spätestens um das Jahr 367, schuf man ein straffer organisiertes Schutzbündnis, das sich selbst eine ausgezeichnete, sehr flexible Verfassung gab. Den Vorsitz führte ein jährlich neugewählter Feldherr bzw. Präsident. Es gab auch eine Bundesversammlung, die zweimal jährlich in der religiösen Kultstätte auf dem Thermon tagte; aber auch Sondersitzungen waren üblich. Anscheinend hatten alle erwachsenen Männer Stimmrecht, wenngleich letzten Endes die Stimmen der Reichen den Ausschlag gaben. Daneben existierte ein Rat (bulé), der aus tausend Mitgliedern bestand; Städte waren im Rat im Verhältnis zu ihrer Einwohnerzahl vertreten. Ein großer Teil der Ratsbefugnisse wurde an einen Ausschuß von dreißig bis vierzig Personen (apokletoi) delegiert. Der Bund dehnte sich zwar über Ätolien hinaus aus, doch blieb seine Führung immer in ätolischer Hand, weil die weiter abgelegenen Gemeinden sozusagen nur als Mitglieder zweiter Klasse geführt wurden, d. h. ihre Rechte blieben eingeschränkt. Der Ätolische Bund konnte andererseits jederzeit erweitert werden, wenn territoriale Zugewinne dies wünschenswert erscheinen ließen.

Nachdem die Ätoler Naupaktos am Golf von Korinth erobert und die Angriffe der Diadochen abgewehrt hatten, errangen sie um 300 die Vorherrschaft über Delphi und gewannen damit Einfluß auf die Amphiktyonie dieses Heiligtums. Ihren größten Triumph feierten sie, als sie ganz allein Delphi vor einer Invasion der Gallier bewahrten (279). Zur Erinnerung an diesen Sieg ließen sie drei Jahre später zum erstenmal die delphischen *Soteria*-Festspiele ausrichten. Im Jahre 245 unterwarfen

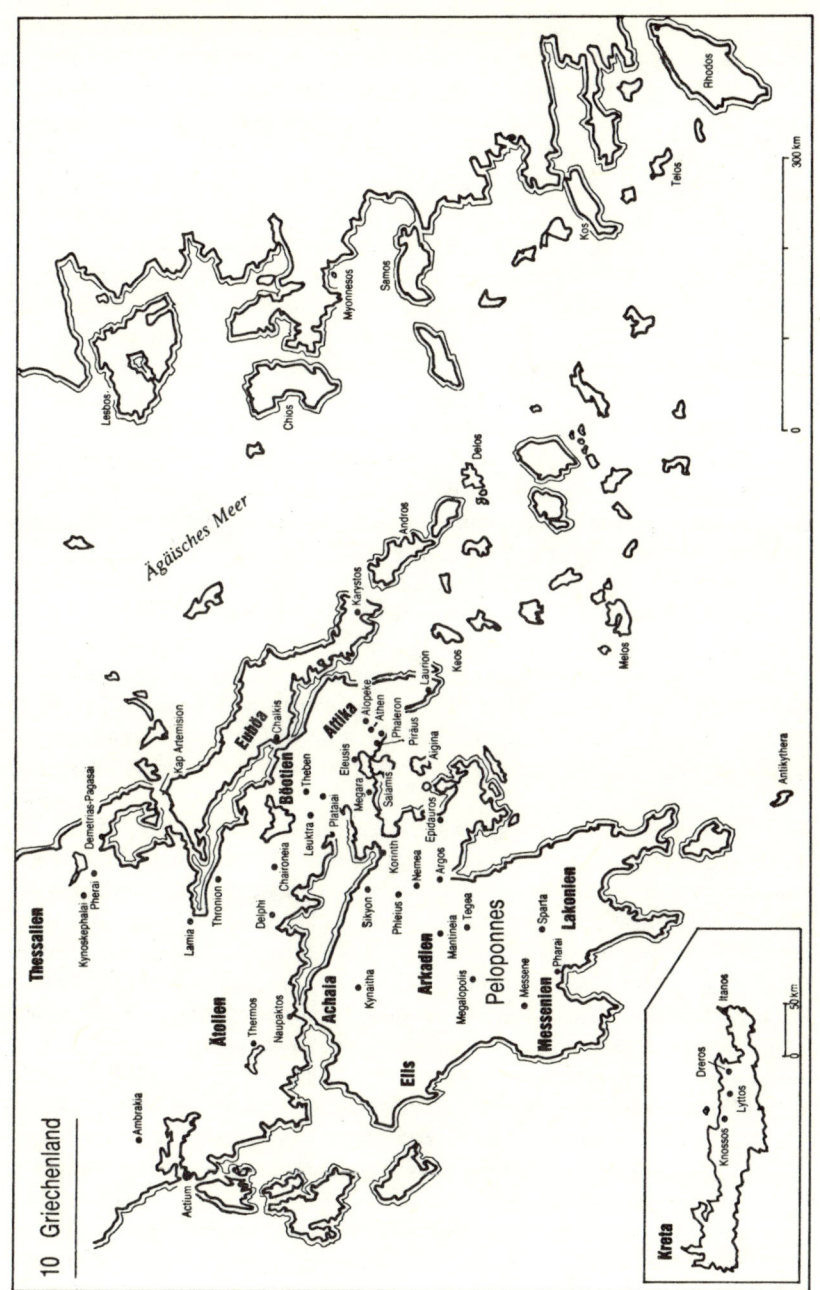

10 Griechenland

Thessalien
Ambrakia
Actium
Kynoskephalai
Pherai
Demetrias-Pagasai
Lamia
Thronion
Ätolien
Thermos
Naupaktos
Kap Artemision
Delphi
Chaironeia
Leuktra
Euböa
Böotien
Chalkis
Theben
Plataiai
Kynaitha
Sikyon
Achaia
Phleius
Nemea
Korinth
Megara
Eleusis
Megalopolis
Mantineia
Arkadien
Tegea
Argos
Epidauros
Salamis
Attika
Alopeke
Athen
Phaleron
Piraus
Aigina
Laurion
Sunion
Karystos
Ägäisches Meer
Lesbos
Chios
Myonnesos
Samos
Andros
Delos
Keos
Melos
Kos
Telos
Rhodos
Antikythera
Elis
Messenien
Pharai
Messene
Sparta
Lakonien
Peloponnes

Kreta
Knossos
Dreros
Lyttos
Itanos

300 km

50 km

131

die Atoler Böotien und bekamen so ganz Zentralgriechenland in die Hand. Nach diesem Erfolg drangen sie in die Peloponnes ein. Im östlichen Europa waren sie damals nach Makedonien der wichtigste Machtfaktor. An der Seite der Römer fochten sie gegen die Makedonen im Zweiten Makedonischen Krieg (200–197): In der entscheidenden Schlacht von Kynoskephalai (197) trug die ätolische Reiterei wesentlich zum Sieg der Römer bei. Als sich Rom jedoch nicht genügend erkenntlich zeigte, holten die Ätoler den Seleukiden Antiochos III., den Großen, nach Griechenland. Rom war darüber äußerst erzürnt. Sie schlugen zuerst Antiochos und bestraften sodann die Ätoler: Der Ätolische Bund mußte sich auf Ätolien beschränken. Außerdem zwangen sie ihnen einen Bündnisvertrag auf, der das Ende ihrer Unabhängigkeit bedeutete.

Der Ätolische Bund wurde unterschiedlich beurteilt. Seine Streitmacht gehörte zu den besten Truppen im Land, obwohl sie nur zwölftausend Mann stark war. Der Sieg über die Gallier hatte den Ätolern den Ruf eingebracht, Verteidiger Griechenlands gegen Übergriffe der Barbaren zu sein. Nach den Makedonischen Kriegen hatten sie Anspruch auf einen ähnlichen Titel: Beschützer der republikanischen Idee gegen die Monarchie. In Verruf gerieten die Ätoler andererseits, weil sie die Piraterie förderten, indem sie sich teuer dafür bezahlen ließen, wenn sie großzügig *asylia* (Unverletzlichkeit) gewährten.

Jenseits des Golfs von Korinth schlossen die bis dahin wenig hervorgetretenen Stämme Arkadiens im Herzen der Peloponnes einen kurzlebigen Bund (370–362). Zentrum war die Stadt Megalopolis, die aus dem Zusammenschluß von mehr als vierzig ehemals selbständigen Dörfern entstanden war.

Eine weit größere Bedeutung sollte ein Verbund mehrerer Gemeinden erlangen, welche die nördlichen Nachbarn, die Achaier, am Golf von Korinth begründeten. Deren »Städte« – einige waren kaum mehr als Fischerdörfer – fanden sich schon früh zu einem relativ unbedeutenden Bündnis zusammen, das hauptsächlich deshalb erwähnenswert ist (zumindest seit dem 4. Jahrhundert), weil es die Mitgliedschaft von Nichtachaiern zuließ. Im Jahre 280 wurde dieser Bund auf breiterer Basis neu organisiert; zuerst waren es vier Orte, später kamen weitere hinzu, wodurch das Bundesgebiet sich auf zwölftausend Quadratkilometer vergrößerte. Auch jetzt waren fremde Städte beteiligt, so Sikyon, der westliche Nachbar von Korinth (seit 251). Von da an gewann der Achaierbund unter dem Bundesfeldherrn Aratos von Sikyon zunehmend an politischem Einfluß.

Die Verfassung des Bündnisses hielt sich an das ätolische Vorbild, doch war der Präsident des Achaischen Bundes gleichzeitig auch Oberbefehlshaber. Er konnte nach einer Amtsperiode nicht sofort wiedergewählt werden. Aratos gelang es, seit 245 jedes zweite Jahr zum Strategen (Präsident) gewählt zu werden. Dem Präsidenten stand in Verwaltungsfragen nicht nur ein Rat zur Seite, dessen Mitglieder mindestens dreißig Jahre alt sein mußten, sondern darüber hinaus zehn Abgeordnete (*demiurgoi*), die der Vollversammlung des Bundes vorstanden. An dieser Bundesversammlung durften alle männlichen Bürger der Mitgliedstaaten teilnehmen. Um zu verhindern, daß die Einwohner des Tagungsortes die anderen Teilnehmer überstimmten, ging man anscheinend dazu über, nicht nach Köpfen (wie in Ätolien), sondern nach Städten abzustimmen, ein Verfahren, das bereits Ähnlichkeit mit einer repräsentativen Staatsverfassung zeigt, wie wir sie heute kennen. Trotzdem waren wie in Ätolien die Stimmen der führenden Schichten entscheidend, da Leute ohne Vermögen an den Versammlungen praktisch nicht teilnehmen konnten.

Anfangs wurden Rat und Vollversammlung regelmäßig zu vier Sitzungen pro Jahr einberufen. Seit dem Ende des 3. Jahrhunderts dürfte die Vollversammlung nur noch bei bestimmten Anlässen zusammengetreten sein, um besonders wichtige Entscheidungen zu fällen. Von da an, so scheint es, wurde der Bund von einem neuen Gremium, einer Art Delegiertenversammlung, geführt, die wohl von den Mitgliedstädten entsprechend ihrer Einwohnerzahl gewählt wurde – eine weitere bemerkenswerte Verfassungsentwicklung. Stärker eingeschränkt als bei den Mitgliedern des Ätolischen Bundes war die Unabhängigkeit der Städte, was beispielsweise Außenpolitik und Kriegführung betraf. Zumindest nach 190 hörte die selbständige Gesetzgebung und Münzprägung der Städte völlig auf. Insgesamt dürfte daher der Achaierbund noch straffer zentralistisch organisiert gewesen sein als das Bündnis der Ätoler.

Aratos, während dessen Ägide diese Veränderungen stattfanden, verschaffte dem Achaischen Bund überregionale Bedeutung, als er die wichtige alte Hafenstadt Korinth am Isthmus den Makedonen wegnahm (243) und wenig später Megalopolis in Arkadien dem Bündnis eingliederte (235). (Der Historiker Polybios wurde zu späterer Zeit in Megalopolis geboren, stieg zu hohen Würden im Bund auf und blieb zeitlebens – ähnlich wie die amerikanischen Konstitutionalisten – ein Bewunderer von dessen Mischverfassung.) Nun wurde der Bund berühmt als Vorkämpfer gegen makedonische Übergriffe, bis Aratos entschied, daß das revolutionäre Programm des Spartanerkönigs Kleomenes weit bedrohlicher und gefährlicher sei als die makedonische Gefahr. Er verhandelte mit König Antigonos III. Doson und half ihm, die spartanische Armee des Kleomenes vernichtend bei Sellasia zu schlagen (222).

Aratos (gest. 213) war damals außerhalb der hellenistischen Großreiche einer der wenigen griechischen Führer, die der Zeit ihren Stempel aufzudrücken vermochten. Weder radikal noch revolutionär eingestellt und als militärischer Befehlshaber eher mittelmäßig, war er gleichwohl als Politiker äußerst aktiv, gewandt, ehrgeizig, aber unbestechlich, oftmals ein sich in Widersprüche verstrickender furchtsamer Held, ein Idealist mit Fehler , der auch vor verachtungswürdigen Methoden durchaus nicht zurückschreckte, sofern sie nur seinen Zwecken dienten. Zudem war Aratos ein brillanter Demagoge, dem es immer gelang, die Massen für seine politischen Ziele zu begeistern, vor allem für sein Hauptziel: die Befreiung der Peloponnes von Autokraten. Dennoch mußte er zuletzt zwischen zwei Mächten eben diesen Zuschnitts wählen. Er beschloß, seinen lebenslangen makedonischen Gegner gegen das nahegelegene Sparta zu unterstützen.

Unter Aratos' Führung hatte sich das politische Gewicht des Achaischen Bundes deutlich zuungunsten der Ätoler verschoben. Trotzdem verschlechterten sich die Beziehungen der Achaier zu Philipp V., dem Adoptivsohn und Nachfolger des Antigonos III. Doson allmählich, bis man sich im Jahre 198 gegen Makedonien und für Rom entschied. Dies geschah gegen den erklärten Willen des bedeutenden achaischen Feldherrn Philopoimen von Megalopolis, der den Römern mißtraute. Philopoimen, in den Jahren 208–207 erstmalig zum Bundesfeldherrn gewählt, war für eine strikte Neutralität während der Kämpfe Philipps V. mit Rom. Es gelang ihm, die Truppenstärke des Achaischen Bundes auf fünfzehntausend bis zwanzigtausend Mann zu erhöhen, und nach dem Tod des Königs Nabis auch Sparta als Mitglied zu gewinnen (192); Elis und Messenia folgten. Dies war praktisch gleichbedeutend mit der Schaffung eines mächtigen Einheitsstaates auf der Peloponnes, was nie zuvor erreicht worden war. Der neu gefestigte Bund konnte sich damals fast mit der Macht der Könige messen. Im Verlauf eines Aufstands in Messenien wurde Philopoimen jedoch gefangengenommen und vergiftet (182).

Ähnlich wie Aratos war auch er ein schillernder Charakter: ein begeisterter Patriot, geistig unabhängig und ein vollkommener Realist, richtete er seine ganze Kraft auf die Verwirklichung der Freiheitsidee. Anders als Aratos galt er jedoch auch als fähiger Feldherr. Allerdings war er trotz seines gewinnenden Wesens auch von unnachgiebiger Härte, streitsüchtig und bisweilen grausam, und vor allem neigte er dazu, die Römer unter Druck zu setzen.

Nach dem Tode des Philopoimen scheute der Achaische Bund – ganz im Sinn des Verstorbenen – nicht vor weiteren Zusammenstößen mit Rom zurück. Entgegen den Wünschen des römischen Senats griff man im Jahr 150 Sparta an, worauf vier Jahre später das Bundesheer von Lucius Mummius vernichtend geschlagen und die Konföderation aufgelöst wurde. Tausend prominente Achaier, darunter auch Polybios, deportierte man nach Rom. Der Bund lebte später zwar wieder auf, allerdings in völliger Abhängigkeit von Rom und als Anhängsel der neuen römischen Provinz Makedonien.

Auf italischem Boden, am Rande der hellenistischen Welt hatten inzwischen die Römer mit Erfolg eine andere Art des Föderalismus erprobt, die sich als dauerhaft erweisen sollte. Mit den griechischen Vorbildern, auch mit dem Ätolischen und dem Achaischen Bund war man wohlvertraut, und sie modifizierten diese Modelle nach eigenen Bedürfnissen. Nachdem die Etrusker als Machtfaktor ausgeschieden und widerspenstige Völker unterworfen worden waren, war Rom im frühen 3. Jahrhundert die Führungsmacht einer mittelitalischen Konföderation geworden. Die Römer gaben diesem Bund keine zentralen Einrichtungen, sie kontrollierten ihre Verbündeten auch nicht mit Hilfe allgemein gültiger bürokratischer Vorschriften, sondern sie schlossen mühsam und detailliert ausgearbeitete Verträge mit ihnen, die von Fall zu Fall individuell ausgehandelt wurden.

Mit dieser hartnäckig verfolgten und nüchtern durchgeführten Politik nach dem Prinzip »Teile und herrsche« schuf Rom ein System, das sich über Generationen hindurch als sinnvoll und effizient erwies. So konnte man zu Beginn des Ersten und Zweiten Punischen Krieges (246–241; 218–201) eine beträchtliche Anzahl von italischen Bündnistruppen gegen Karthago einsetzen. Selbst unter erheblichem Druck von außen blieben die meisten bemerkenswert loyal. Als im 2. Jahrhundert die zerstrittenen hellenistischen Königreiche Roms Gegner wurden, hatten sie einer derart leistungsfähigen schlagkräftigen Organisation nichts Gleichwertiges entgegenzusetzen.

Wie seine Orientierung an den griechischen Bündnissystemen zeigt, ist aber auch Rom als ein weitgehend hellenisiertes Gemeinwesen anzusehen, trotz aller seiner spezifisch römisch-italischen Wesenszüge. Herakleides Pontikos (aus Heraclea Pontica, um 388–315) bezeichnete Rom als »griechische Stadt«[7], und es waren zahllose Legenden im Umlauf, die den Römern (und den Bewohnern anderer nichtgriechischer Städte) eine griechische Herkunft nachsagten. Der sizilische Historiker Timaios von Tauromenion (um 356–260) war der erste Grieche, der über Rom systematisch Nachforschungen anstellte, eine Fülle von Informationen sammelte und versuchte, Roms Vergangenheit im Rahmen der griechischen Geschichte darzustellen. Tatsächlich waren griechische Einflüsse schon sehr früh in Rom spürbar geworden. Sie gelangten entweder unmittelbar, zum Beispiel über Cumae bei Neapolis (Neapel) oder indirekt über die Etrusker ins Latinerland. Das für die

Entwicklung Roms grundlegende politische System des Stadtstaates kam aus Griechenland, entweder durch etruskische Vermittlung oder auf direktem Wege. Mit den Zwölftafel-Gesetzen (um 450) gab sich Rom ein Rechtssystem nach griechischem Muster, wobei es keine Rolle spielt, wie weit sie sich an die griechische Gesetzgebung anlehnen.

Im späten 4. und frühen 3. Jahrhundert, als der unmittelbare Kontakt mit dem Griechentum so viel stärker wurde, konnte man in Rom dessen nachhaltigen Einfluß nicht mehr übersehen. Es gab in Rom Gemälde im griechischen Stil, ähnlich wie in den nun unterworfenen Stadtstaaten Etruriens, dessen Kultur schon seit langem zumindest teilweise hellenisiert war. Der Zweite Punische Krieg brachte für die Römer noch engere Kontakte zu griechischen Gemeinden und ihrer Kultur, besonders nach der Plünderung von Syrakus (211) und Taras (209). Übrigens war auch das feindliche Karthago ein teilweise hellenisierter Staat, trotz der schlechten Beziehungen zu den griechischen Städten auf Sizilien. Der große karthagische Feldherr Hannibal ähnelte in vieler Hinsicht durchaus einem hellenistischen Fürsten. So war es für Hannibal auch ganz selbstverständlich, einen griechischen Gelehrten, Sosylos von Sparta, mit der Niederschrift seiner Lebensgeschichte zu betrauen.

Die frühen römischen Schriftsteller übernahmen zwar griechische Vorbilder, bewahrten aber gleichzeitig entschlossen ihre Unabhängigkeit. Dieser Balanceakt zwischen Originalität und Anlehnung an literarische Vorlagen gehört zu den berühmtesten in der gesamten Literaturgeschichte. Ein anderes interessantes Phänomen war die heftige Abneigung gegen diesen Hellenisierungsprozeß, die durch das ständige Einwirken griechischer Einflüsse auf Rom ausgelöst wurde. Die gebildeten Kreise Roms (von den ultrakonservativen Zirkeln abgesehen) bewunderten jedoch nahezu insgesamt die kuturelle Tradition der Griechen, teilweise sogar mit ehrfürchtigem Staunen. Seltsamerweise ging mit dieser Bewunderung griechischer Kultur häufig eine ausgesprochene Abneigung gegen die hellenistischen Griechen Hand in Hand. Man war sich bewußt, daß sie dem unkultivierten römischen Imperialismus feindselig gegenüberstanden, und so sagte man ihnen nach, sie seien arglistig, unzuverlässig, skrupellos, streitsüchtig, lüstern, leichtfertig und faul. Überdies hielten sie angeblich mehr von Prahlereien als von Taten. Prorömisch eingestellte Griechen wie Polybios hatten unter solchen Vorurteilen natürlich sehr zu leiden. Diese Ambivalenz der Gefühle den Griechen gegenüber hat Cicero in bewundernswerter Weise dargestellt und durch zahlreiche Beobachtungen belegt.

In der praktischen Politik führte diese Einstellung dazu, daß Rom in den zu römischen Provinzen degradierten hellenistischen Staaten nur

*lexander III., der Große, gest. 323, mit dem Löwen-
des Herakles; vielleicht eines der wenigen zeitge-
sischen, zu seinen Lebzeiten geschaffenen Por-
3. Das Alexanderbildnis übte einen nachhaltigen
fluß auf die spätere Porträtkunst aus. Boston,
seum of Fine Arts, Otis Norcross Fund*

← Bronzekopf, der vermutlich Arsinoë II. Philadelphos, gest. 270, darstellt. Sie war mit Lysimachos und mit Ptolemaios II. Philadelphos verheiratet; die mächtigste der einflußreichen ptolemaiischen Königinnen (zumindest vor Kleopatra VII.) ist hier als junge Frau dargestellt. Boston, Museum of Fine Arts, E. P. Warren Collection

← Der Redner Demosthenes, gest. 322, der letzte große Verteidiger der athenischen Freiheit. Hervorragende Marmorkopie der Bronzestatue des Polyeuktos (um 280), die auf dem Marktplatz von Athen aufgestellt war. Kopenhagen, Ny Carlsberg Glyptotek

↓ Der Philosoph Epikur. Eine von zahlreichen Porträtarbeiten nach einer sitzenden Figur des Philosophen, die kurz nach seinem Tode (270) geschaffen wurde. Vatikan, Vatikanische Sammlungen

← Chrysippos von Soloi, der »zweite Gründer« der Stoa, gest. 208/204. Kopie einer kurz nach seinem Tode von Eubulides (?) gefertigten Statue. Der Kopf befindet sich in Paris, Louvre, und der Torso in London, British Museum

↙ Der Seleukide Antiochos III., der Große (223–187); Kopie einer Bronzestatue. Eines der ausdrucksvollsten und feinfühligsten hellenistischen Porträts. Paris, Louvre

↓ Euthydemos I. (um 235–200/190), griechischer König von Baktrien (Afghanistan), der sein Reich weit nach Südwesten und Nordosten ausdehnte. Er trägt hier die *kausia*, den makedonischen Sonnenhut mit breiter Krempe. Euthydemos und seine Nachfolger beschäftigten hervorragende Porträtkünstler. Rom, Villa Torlonia (früher Villa Albani)

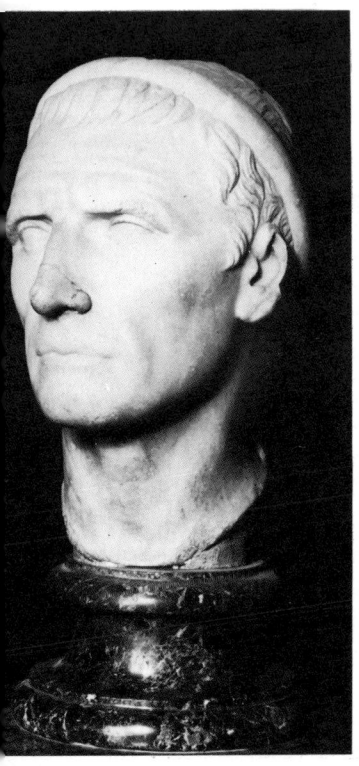

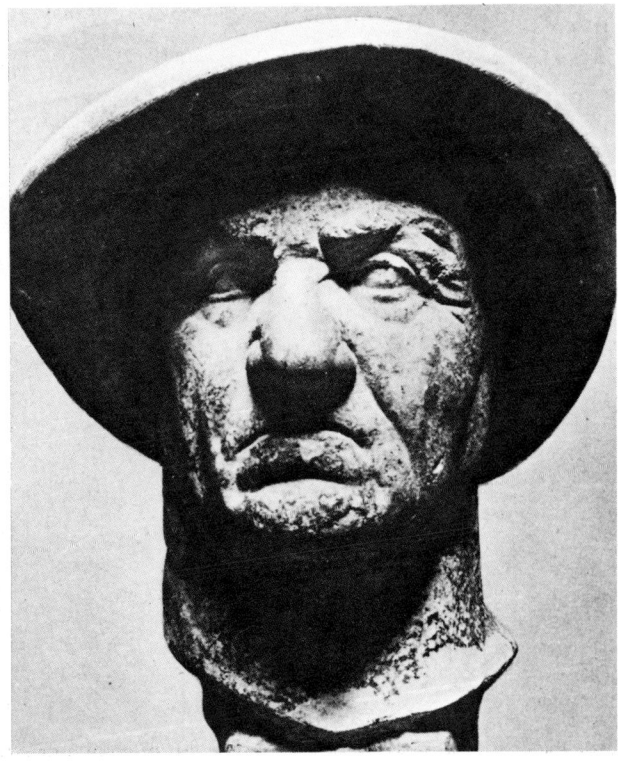

Alle Münzen sind in Originalgröße wiedergegeben, wenn nicht anders vermerkt.

Ptolemaios I. Soter von Ägypten (323–283/2), der Begründer der Ptolemaierdynastie in Ägypten. *Rückseite*: der Adler mit dem Blitzstrahl des Zeus. London, British Museum

Silberstück des Philetairos (282–263), des Begründers der pergamenischen Herrscherdynastie der Attaliden. *Rückseite*: sitzende Athene. London, British Museum

Der Seleukide Antiochos III., der Große; ein Silberstück aus der Münze seiner Hauptstadt Antiocheia (um 208–200). *Rückseite*: Apollo sitzt auf dem *omphalos* (Nabel) von Delphi, dem Mittelpunkt der Welt. London, British Museum

Der Seleukide Antiochos IV. (175–164), »Theos Epiphanes« (der erscheinende Gott) und »Nikephoros« (der Siegbringer). *Rückseite*: Apollo auf dem *omphalos* sitzend. London, British Museum

König Perseus von Makedonien (179–168), den die Römer bei Pydna besiegten. *Rückseite*: Adler mit Blitzstrahl, eingerahmt vom Eichenkranz des Zeus von Dodona. London, British Museum

Silberstück des baktrischen Königs Demetrios (um 200/190–?); er trägt den Elefanten-Kopfschmuck Alexanders des Großen. *Rückseite*: der Gott Dionysos. London, British Museum

...erstück des baktrischen Königs Eukrati-
...s I. (um 170/165–155), der bis ins nordwest-
...e Indien vordrang und sich selbst »der
...ße« nannte. *Rückseite*: die bewaffneten
...skuren (Kastor und Pollux) zu Pferde. Lon-
...n, British Museum

...erstück des baktrischen Königs Anti-
...chos I. Theos (um 190–180); ein Meister-
...rk der Münzprägung. *Rückseite*: der
...eeresgott Poseidon. London, British Museum

...ks: eine Darstellung des Eukratides I. von
...ktrien mit Helm und unbedeckten Schultern,
...finster blickend den Speer schwingt. Lon-
...n, British Museum
...chts: Pharnakes I. von Pontos (um 185–169);
...überzeugter Philhellene, doch auf dieser
...nze unzweideutig als Nichtgrieche charak-
...siert. London, British Museum

...nander Soter Dikaios (in der indischen
...isheitsliteratur lebt er in der Gestalt des
...indapanha fort), gest. 140/130, der mäch-
...ste der indo-griechischen Könige. Die
...nze trägt eine Inschrift in Griechisch und
...krit. London, British Museum

...hridates VI. Eupator Dionysos von Pontos
...n 120–63), der berühmte hartnäckige
...gner Roms. *Rückseite*: ein äsender Hirsch,
...lleicht das Prägezeichen der Münzstätte von
...hesos. London, British Museum

...parthischer Monarch, vielleicht Mithrida-
...III. Diese Frontalansicht weist schon auf
...e erst in späterer Zeit übliche Präsentation
...*Rückseite*: ein sitzender Krieger, vielleicht
...akes I., der Begründer des Partherreiches.
...don, British Museum

...ks: Bronzemünze Kleopatras VII., der Gro-
...n (51–30). Sie war die letzte Herrscherin aus
...r Ptolemaierdynastie. Boston, Museum of
...e Arts
...chts: Münze oder Medaille des indo-griechi-
...en Königs Amyntas Nikator (1. Jh.); das
...ßte bekannte Silberstück aus antiker Zeit
...rchmesser des Originals: 65 mm). Kabul,
...seum

↓ Nach antiken Kopien rekonstruierter bronzener Apoxyomenos (»der sich Schabende«) – ein Athlet, der sich mit dem Schabeisen reinigt – des Lysipp von Sikyon (den Alexander der Große als Porträtist bevorzugte). Der geschlossene, räumliche Eindruck der Komposition, der durch die hervorragende anatomische Detailtreue noch unterstrichen wird, beeinflußte in erheblichem Maße die künftige hellenistische Bildhauerkunst. Warschau, Muzeum Narodowe

↓ Grüner Basaltkopf des Gottes Serapis; Kopie einer riesigen juwelenbesetzten Kultstatue, die von dem athenischen Bildhauer Bryaxis für das Serapeion in Alexandria geschaffen wurde. Der Scheffel auf seinem Haupt weist auf seine Herrschaft über die fruchtbare Erde hin. Rom, Villa Torlonia (früher Villa Albani)

ardische Gemme mit dem Bildnis eines Mannes, ...eine im Osten übliche Kopfbedeckung trägt (viel-...t ein hellenistischer Herrscher in Asien). Auch ...men spiegeln neben den Münzporträts den Rea-...us der damaligen Zeit wider. Boston, Museum of ...e Arts, Francis Bartlett donation

↓ Marmorkopie einer vergoldeten Bronzestatue der Göttin Tyche (Fortuna) des Eutychides von Sikyon, eines Schülers von Lysipp, für die seleukidische Hauptstadt Antiocheia in Syrien (296–293). Sie trägt eine mit Türmchen besetzte Krone, das Stadtsymbol, und hält Ähren in der Hand. Ihr Fuß ruht auf einer schwimmenden Figur des Flußgottes Orontes. Vatikan, Vatikanische Sammlungen

← Die Nike (Siegesgöttin) von Samothrake, auf dem Vorderdeck eines steinernen Schiffes stehend; die Arbeit eines unbekannten hellenistischen Bildhauers des frühen 2. Jahrhunderts (?) zur Feier eines See-siegs. Die hochhellenistische Stilstufe zeigt sich u.a. in der Exzentrik der Bewegung sowie in der Darstellung der Gewänder. Paris, Louvre

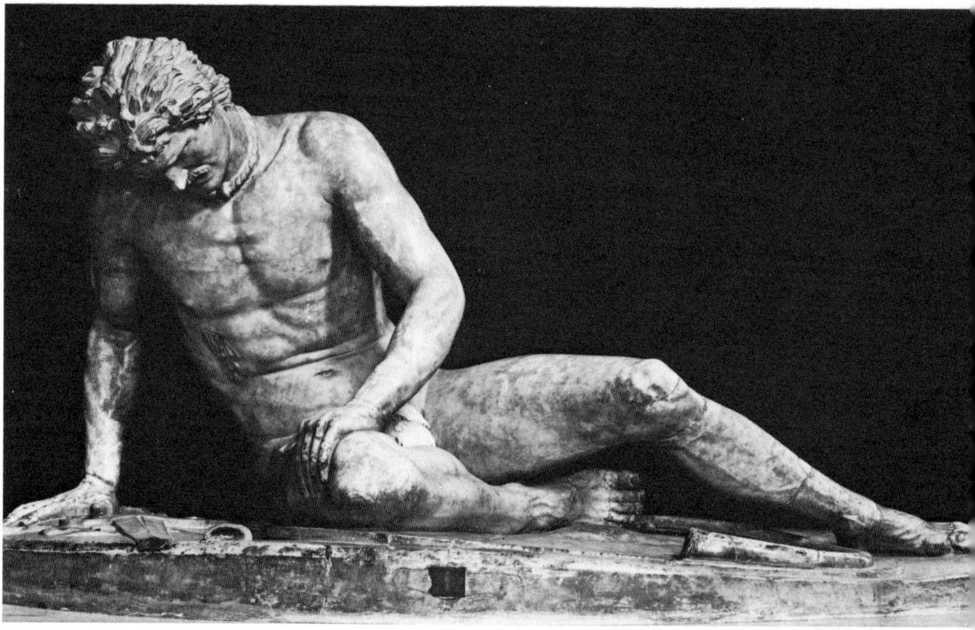

↑ Eine hervorragende Marmorkopie der Bronzestatue des Sterbenden Galliers, Teil einer Skulpturengruppe, die König Attalos I. Soter zu Ehren der Athene in seiner Hauptstadt Pergamon anfertigen ließ (um 200), um seine Siege über die Galater (Kelten, Gallier) zu feiern. Der Bildhauer zeigt jedoch nicht den Triumph des Siegers, sondern den Schmerz über Tod und Niederlage. Rom, Kapitolinisches Museum

←Kleine Bronzefigur ei tanzenden Mädchens (c sog. Baker-Statuette), u 230. Sie illustriert das zunehmende Geschick hellenistischen Bildhaue den diagonalen Faltenw darzustellen. New York, Metropolitan Museum o Art

Der Apollo von Falerii vom Giebelfeld des Tempels
~~on~~ Lo Scasato bei Falerii Veteres (Città Castellana),
~~u~~m 200. Er erinnert an Lysipps Alexanderporträt. Rom,
Villa Giulia Museum

↑ Ein schlafender Satyr (der Barberinische Faun),
Kopie eines um 200 geschaffenen Originals. München,
Glyptothek

Teilstück vom großen Götter-Giganten-Fries des
~~Al~~tars des Zeus und der Athene zu Pergamon, den
~~Eu~~menes II. Soter (197–160/59) errichten ließ, um den
~~Si~~eg der Herrscher von Pergamon über die Galater zu

feiern. Die Szene zeigt die Schicksalsgöttinnen im
Kampf mit den Giganten. Die fragmentarische Figur
links ist vielleicht Eris (Zwietracht) oder eine Furie.
Berlin (Ost), Staatliche Museen

↓ Aphrodite von Melos (Venus von Milo); griechische Originalstatue aus dem 2. Jh., gefunden 1820 auf der Insel Melos. Als Schönheitsideal der hellenistischen Zeit ist die Göttin noch heute Objekt zahlreicher Studien. Paris, Louvre

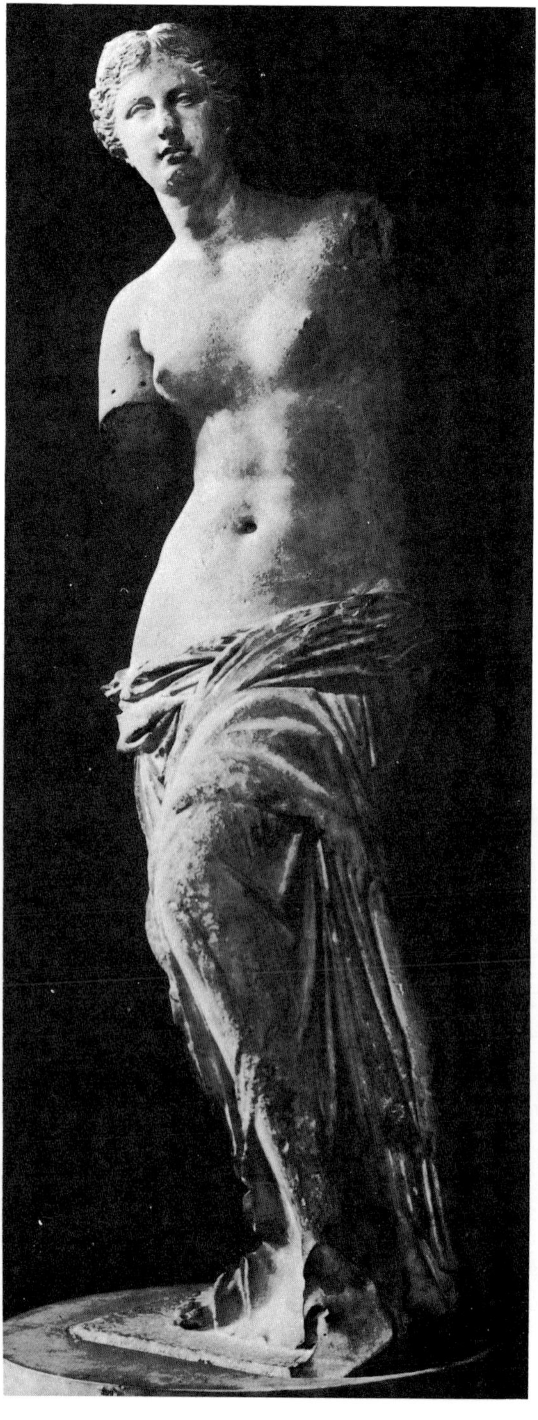

↓ Marmorkopie einer Marmorstatue der »sich badenden« Aphrodite des Doidalsas von Bithynien, um 250. Charakteristisch für die hellenistische Skulptur sind der scharf zur Seite gewendete Kopf sowie die realistisch wiedergegebenen Bauchfalten der Figur. Rom, Thermenmuseum

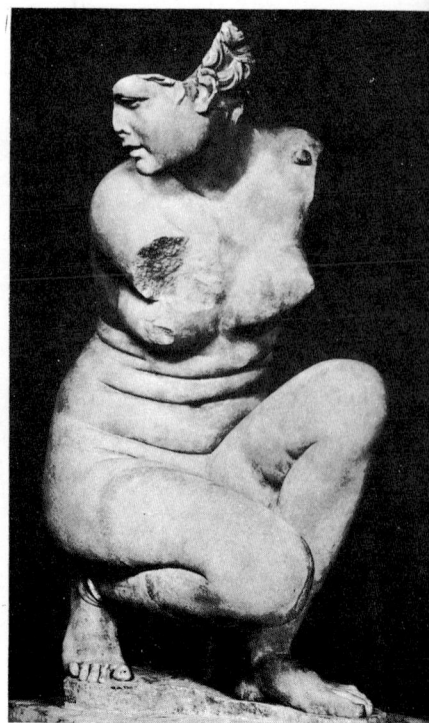

Die »Trunkene Alte« (aus dem 2. Jh.) verdeutlicht die
Ienistische Vorliebe für den bis zum Äußersten
triebenen Realismus gerade bei ungewöhnlichen
w. häßlichen Objekten. München, Glyptothek

Laokoongruppe; das Bildwerk stellt den Todeskampf
s trojanischen Apollon-Priesters Laokoon und seiner
iden Söhne mit zwei Schlangen dar. Dieses Meister-
rk ist schmerzliche, zu Stein gewordene Bewegung.
rmutlich ist das Werk der drei rhodischen Bildhauer
Agesandros, Athanodoros und Polydoros um die Mitte
des 1. Jh. entstanden. Der rechte Arm des Laokoon
und der des jüngeren Sohnes sind in der Renaissance
falsch ergänzt worden. Vatikan, Vatikanische Sammlungen

↑ Frauen im Gespräch, Terrakottagruppe aus der Nekropole von Myrina im westlichen Kleinasien. Kurz vor 200 kamen auch in Myrina die sog. Tanagrafiguren in Mode (so genannt nach ihrem Fundort Tanagra, einer Stadt im östlichen Böotien), die vorwiegend amüsante Alltagsszenen festhielten. London, British Museum

↑ Bronzekrug, gestaltet als Porträt einer Afrikanerin. Eine Folge der Eroberungen Alexanders war ein zunehmendes Interesse an der Ethnologie, und die Bildhauer bemühten sich um genaue, einfühlsame Darstellungen der Fremden. London, British Museum

↗ Kleine Bronzefigur eines Reiterjungen (um 150–100), gefunden beim Kap Artemision; ein vorzügliches Beispiel für außergewöhnliche, bisweilen exzentrische Skulpturen, wie sie vor allem in Alexandria beliebt waren. Athen, National Archaeological Museum

← Wandgemälde aus Herculaneum; weißgekleidete Isis-Prie-
ster zelebrieren den Nachmit-
tags-Gottesdienst, die Feier des
Wassers. Auf der linken Seite
des Kohlebeckens steht ein Män-
nerchor, und rechts davon ein
Frauenchor. Neapel, Museo
Nazionale

Wandgemälde aus Hercula-
eum (1. Jh. n. Chr.); Herakles
idet seinen Sohn Telephos (der
n einer Hindin gesäugt wird);
e sitzende Figur personifiziert
kadien, wo das Kind von Nym-
hen gerettet wurde. Kopie eines
ldes aus dem 2. Jh. v. Chr. aus
ergamon. Telephos war der
gendäre Gründer dieser Stadt.
eapel, Museo Nazionale

← Wandgemälde in der Villa de Misteri bei Pompeji (um 60). Te eines Zyklus, der die Einweihu in die Dionysischen Mysterien schildert. Er wurde nach griech schen Vorbildern des 4. Jh. un des Hellenismus geschaffen.

↓ Wandgemälde einer römischen Villa auf dem Esquilin in Rom (um 50). Es schildert den Angriff der men-
schenfressenden Laistrygonen auf Odysseus' Gefährten und gehört zu einem elfteiligen Fries über die Irrfahrten des Odysseus. Kopie eines Originals, das um
150 möglicherweise der berühmte *topographos* (Land
schaftsmaler) Demetrios von Alexandria schuf. Das
Fresko ist ein Beispiel für das neuerwachte Interesse
an der Natur. Vatikan, Vatikanische Sammlungen

leines pompejani-
es Wandmosaik des
skurides (um 100), das
Eröffnungsszene der
nödie *Synaristosai*
uen beim Frühstück)
Lustspielautors
ander (gest. 292)
stellt. Das Mosaik ist
rscheinlich die Kopie
r Adaption eines per-
enischen Gemäldes
dem 3. Jh. Neapel,
seo Nazionale

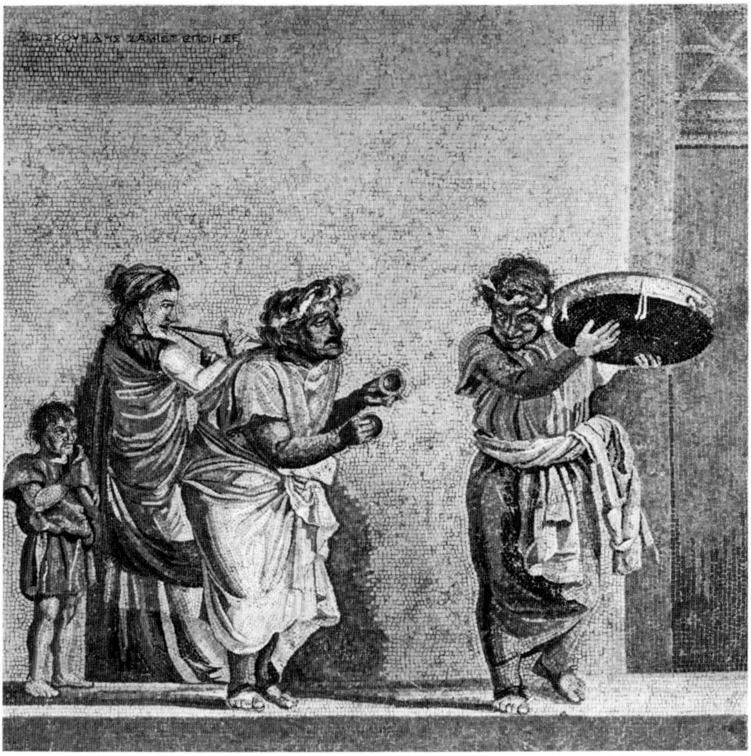

exandermosaik, vermutlich aus dem 3. Jh., das
Kampf Alexanders des Großen mit dem Perser-
g Dareios III. Codomannus in der Schlacht von
s (333) oder Gaugamela (331) darstellt. Das Mosaik
ist vermutlich die Kopie eines Gemäldes aus der Zeit
Alexanders des Großen, das dem Philoxenos von
Eretria zugeschrieben wird. Neapel, Museo Nazionale

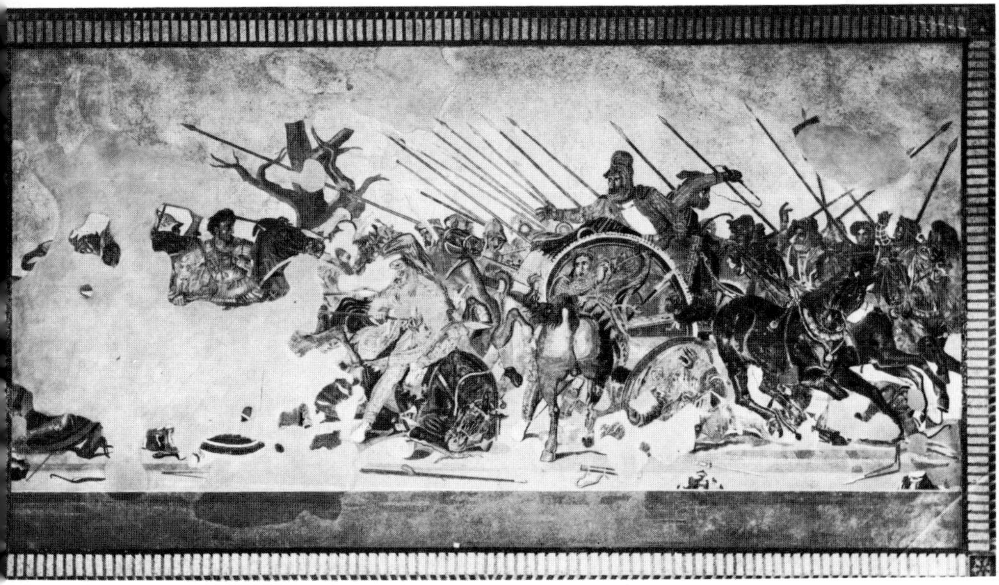

↑ Rekonstruktion der Attalos-Stoa auf der Agora (Marktplatz) von Athen, erbaut von Attalos II. Philadelphos (160/59–138). Unter der Ladenreihe befanden sich in einem tiefergelegenen Stockwerk Lagerräume.

Solche Säulenhallen mit geschlossener Rückwand (lat. *portici*) waren besonders beliebte Anlagen in hellenistischer Zeit.

← Dionysos (Bacchus) auf einem Panther reitend. Mosaik aus dem Haus der Masken auf Delos (2. Hälfte des 2. Jhs.). Perspektivische Verkürzung und Schattierung vermitteln einen räumlichen Effekt.

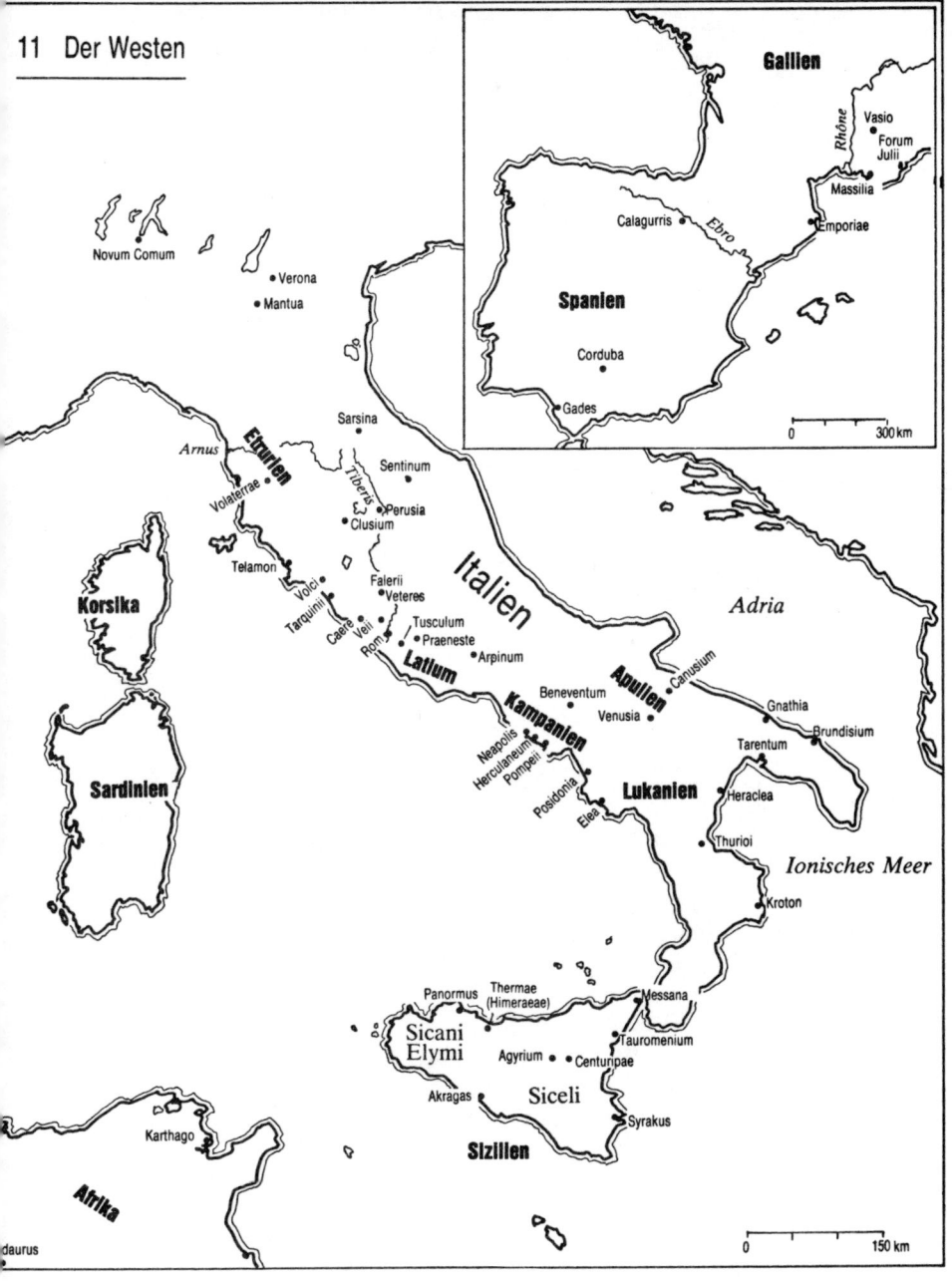

137

Römer und keine Griechen als Statthalter einsetzte – neben Afrika waren diese Gebiete immerhin die wohlhabendsten und volkreichsten im gesamten Imperium. Die griechischen Stadtstaaten behielten trotzdem ein beschränktes Selbstverwaltungsrecht (in der Außen- und Steuerpolitik bestimmte Rom allein), und in einem Kranz von Klientelstaaten herrschten weiterhin griechische bzw. hellenistische Könige. Als Marcus Antonius nach Caesars Tod den Osten verwaltete, dehnten sich diese Klientelrandstaaten sogar auf Kosten römischen Staatsgebietes weiter aus – zugunsten Kleopatras VII. Man kann nicht ausschließen, daß sich zwischen Römern und Griechen vielleicht sogar ein partnerschaftliches Verhältnis entwickelt hätte, wenn Antonius und Kleopatra im Jahre 31 v. Chr. in der Schlacht bei Aktium nicht unterlegen wären. Aber der Sieg Octavians (Augustus) besiegelte die römische Vormachtstellung, wenngleich das griechische Polissystem unverändert bestehen blieb, ja bisweilen durch gelegentliche Neugründungen sogar noch erweitert wurde.

2. Die hellenistische Stadtgemeinde

In klassischer Zeit hatte man in den Stadtstaaten zahlreiche erbitterte Diskussionen darüber geführt, ob die Oligarchie oder die Demokratie die bessere Regierungsform sei. Zur Zeit des Hellenismus war diese Frage weitgehend belanglos geworden, da jetzt den Bürger vor allem interessierte, ob man diese oder jene Monarchie bevorzugen sollte. Formal besaßen die meisten Stadtstaaten zwar eine Demokratie, doch war das demokratische Prinzip schon längst verwässert worden, aus verschiedenen Gründen. Zum ersten mischten sich die Könige zu sehr ein, zweitens spielten nur die wohlhabenderen Bürger eine entscheidende Rolle, und drittens war die Zahl der Stadtbürger in manchen Gemeinden einfach zu klein. Neben den eigentlichen Bürgern gab es in jeder Stadt viele Leute, die rechtlich als Nichtbürger galten – Fremde, die »frei« waren und sich hier niedergelassen hatten, am gesellschaftlichen und wirtschaftlichen Leben der Stadt teilnahmen, jedoch vom politischen Leben ausgeschlossen waren. Unterhalb dieser Nichtbürger gab es noch die breite Schicht der Sklaven. In den Königreichen unterschied sich die gesellschaftliche Hierarchie insofern, weil in diesen großen Staatsgebilden natürlich auch die reiche Oberschicht sehr viel mehr Mitglieder hatte.

Die Städte, vor allem aber die Königreiche förderten das Streben nach Wohlstand durch Münzprägung in großem Stil, wie dies schon Alexander getan hatte. Diese Geldfülle löste in vielen Teilen der hellenistischen Welt weitreichende und positive Entwicklungen aus (und dies trotz aller inflationären Tendenzen), denn sie trug dazu bei, die Naturalwirtschaft durch die moderne Geldwirtschaft zu ersetzen. Das Bankwesen nahm lebhaften Aufschwung; Schulden wurden per Überweisungsauftrag beglichen; es gab Kreditbriefe, anscheinend jedoch noch keine Wechsel. Mit seinem Kapital konnte man allerdings nur sehr wenig anfangen; man konnte es höchstens als Darlehen vergeben, zu einem hohen Zinssatz. Während des 3. Jahrhunderts v. Chr. stieg der Zinssatz im hellenistischen Osten (auch bei Darlehen, die als sicher galten) auf vierundzwanzig Prozent jährlich, in Griechenland und Ägypten dagegen nahm man ein bis zwei Drittel weniger.

Die Frage, wie man zu Geld kommen könne, beschäftigte die Menschen in einem bisher nicht dagewesenen Ausmaß. »Ich glaube, daß die nützlichsten Götter für dich und mich Gold und Silber sind; errichte diesen beiden einen Schrein in deinem Haus, und bete sie an«,[8] heißt es in einem Theaterstück von Menander. Die Griechen hatten sich über ein riesiges Gebiet ausgebreitet, und dementsprechend war ihr Wohlstand gewachsen, auch wenn der Reichtum ungleich verteilt blieb. Vor allem der Seehandel hatte einen beispiellosen Aufschwung genommen. Zinn kam aus Britannien, Bernstein aus dem Baltikum, Gewürze aus Indien und Südarabien. Plötzlich erwachte auch der Ehrgeiz, unbekannte Länder zu entdecken: Seleukiden und Ptolemaier rüsteten beachtliche Expeditionen für die Erforschung des Ostens aus, und gegen Ende des 4. Jahrhunderts brach Pytheas von Massalia (Marseille) in Gades (Cadiz) nach Ushant und Cornwall auf und umsegelte Britannien. Seine Reise führte ihn weiter die Küste entlang, vielleicht bis hinauf nach Jütland. Seine Beobachtungen schrieb er sorgfältig nieder. Das Ergebnis solchen Fortschritts in der wissenschaftlichen Geographie waren natürlich verbesserte Seekarten und auf den neuesten Stand gebrachte Handbücher für die Küstenfahrt. Die Schiffe wurden größer, manche waren sogar riesig, verglichen mit denen früherer Zeiten. Es entstanden hervorragende Häfen, die nach exakten Plänen angelegt waren und ausgezeichneten Schutz boten. Der den Hafen von Rhodos beherrschende bronzene Koloß wurde, wie bereits mehrfach erwähnt, als eines der Sieben Weltwunder gerühmt, ein weiteres war der Leuchtturm von Alexandria, auf einer Halbinsel in der Nähe des wichtigeren der beiden Häfen der Stadt gelegen. Dieses von Sostratos aus Knidos für Ptolemaios I. Soter entworfene und unter seinem Sohne Ptolemaios II. Philadelphos um das Jahr 279 vollendete Bauwerk war ein Turm mit drei sich verjüngenden Stockwerken, von denen das unterste auf quadratischem Grundriß dreihundert Räume umfaßte; das mittlere war als Oktogon gebaut, das obere (heute nicht mehr vorhandene) Stockwerk hatte einen kreisrunden Grundriß und wurde bekrönt von acht Säulen, die als Basis für eine riesige Statue dienten. In einem Ofen wurde harziges Holz verbrannt, dessen Licht, von einem großen Bronzespiegel reflektiert, auf eine Entfernung von mehr als fünfzig Kilometern zu sehen war. Trotz technischer Neuerungen auf vielen Gebieten behielten die Steuerruder der Schiffe ihre alte, nicht sehr zweckmäßige Form. Das Segeln gegen den Wind wurde immer noch möglichst vermieden, außerdem machte das Piratentum fast jede größere Seereise gefährlich.

Der Hauptpfeiler des griechischen Wirtschaftslebens war wie in allen Staaten des Altertums die Landwirtschaft. Dem Transport von Getreide zu Wasser und zu Lande kam dabei die größte Bedeutung zu. Weizen erschien in Hülle und Fülle auf den ägäischen Märkten, als Kleinasien, Syrien und Ägypten den Umfang ihrer Lieferungen erhöhten. Aber trotz gewisser Verbesserungen, eingeführt beispielsweise von den Ptolemaiern und von Monarchen wie Hieron II. von Syrakus, kam es insgesamt zu keiner nennenswerten Ertragssteigerung der landwirtschaftlichen Produktion. Besonders in Zeiten politischer Wirren hören wir daher immer wieder von bedrohlichem Getreidemangel; Hungersnöte und schwere soziale Unruhen waren nur allzuoft die Folge.

Es gab zwar zahllose Manufakturen, doch sie waren meist nur klein: Einen Fortschritt in Richtung auf industrielle Massenproduktion konnte man praktisch nirgendwo festellen, ebenso fehlte es an entscheidenden technischen Entwicklungen, weil materielle oder psychologische Anreize völlig fehlten. Das heißt, man betrachtete die Technik schlechthin weder als wünschenswert noch als brauchbar oder notwendig. Einige wenige Ingenieure und Architekten konnten zwar von ihren Aufträgen leben, doch was fehlte, war das gemeinsame Interesse aller, ohne das sich entscheidende Verbesserungen auf technischem Gebiet nicht durchführen ließen. Den Wissenschaftlern gelang es trotz wichtiger neuer Erkenntnisse nicht, diese zum Allgemeingut der Öffentlichkeit zu machen, weil die große Masse der Bevölkerung trotz verbesserter Bildung nicht imstande war, ihnen geistig zu folgen. Daß die Wissenschaften der Schlüssel für einen erstrebenswerten Fortschritt sein könnten – diese Idee kam niemandem. Außerdem war die Arbeitskraft von Sklaven und Freien so billig, daß die Entwicklung technischer Hilfsmittel unnötig schien. Potentielle Geldgeber zeigten darüber hinaus wenig Neigung, ihr Kapital in neue Erfindungen zu investieren; die allgemeine Kaufkraft war zu gering, als daß ein Markt für den Absatz von Verbrauchsgütern hätte entstehen können. Daß man es unterließ, die technische Entwicklung voranzutreiben, war der Hauptgrund dafür, warum das Wohlleben der wenigen Reichen nur durch die Arbeit Vieler erkauft werden konnte.

Drückendes wirtschaftliches Ungleichgewicht herrschte vor allem in Griechenland, mit Ausnahme weniger reicher Zentren wie Athen oder

Korinth. Kriege, politische Unterdrückung und wirtschaftliche Krisen trafen die Stadtstaaten des Festlandes besonders hart, da sie keineswegs autark waren; wegen der hohen Geburtenüberschüsse im 4. Jahrhundert v. Chr. mußten außerdem allzuviele Münder gestopft werden. Für kurze Zeit wenigstens war die Expansion der griechischen Welt unter Alexander und seinen Nachfolgern ein Glück für viele Menschen, die als Söldner und Neusiedler in die Weiten Asiens auswanderten. Unmittelbar vor der Jahrhundertwende gab es trotzdem eine starke Teuerung bei vielen Lebensmitteln, so bei Weizen, Wein und Öl. Auch die Preise für handwerkliche Erzeugnisse stiegen beträchtlich. Der Grund dafür waren nicht einmal Versorgungsschwierigkeiten, sondern die kaum entwickelten Exportmärkte, die auf plötzlich einsetzende Nachfrage nicht angemessen reagieren konnten, und das Fehlen einer zentralen Stelle, die die Versorgung hätte steuern und die Preise konstant halten können. Auch hatte Alexander aus dem von den Perserkönigen gehorteten Silberschatz eine Unmenge Silbermünzen geprägt und in Umlauf gebracht, wodurch die Inflation weiteren Auftrieb erhielt.

So fielen die Reallöhne der Arbeiter bald erheblich unter das Niveau der Zeit vor Alexander. Man konnte zwar insgesamt keinen rapiden Verfall des Lebensstandards feststellen, aber es lassen sich besorgniserregende unkontrollierbare Konjunkturschwankungen nicht nur von Ort zu Ort, sondern auch von einer Generation zur nächsten sehr wohl erkennen: Das zweite Viertel des 3. Jahrhunderts war insgesamt eine Periode der wirtschaftlichen Blüte, die folgenden fünfundzwanzig Jahre brachten eine Rezession, und danach kam es wieder zu einer gewissen wirtschaftlichen Erholung. Die Lebenshaltungskosten waren annähernd vergleichbar mit denen der Zeit vor Alexander.

Trotzdem litten viele griechische Stadtstaaten, besonders die auf dem Festland, unter einer immer stärker auftretenden Rezession. Die Folge war eine Armut, die alle Kräfte lähmte. Armut hatte es natürlich immer gegeben, doch war sie bisher auf bestimmte Gebiete beschränkt gewesen. Nun aber breitete sie sich aus. Dafür gab es eine Anzahl von Gründen: Da die großen Königreiche wirtschaftlich immer unabhängiger wurden, verlagerte sich der Schwerpunkt des Handelsverkehrs von Griechenland nach Ägypten und an die asiatischen Küsten. Andere Faktoren verschlechterten zusätzlich die wirtschaftliche Lage der Bevölkerung: Preisschwankungen, mehrere Mißernten hintereinander, unzureichende Vorratshaltung, schlechtes oder nicht vorhandenes Verteilungssystem, weil der Warentransport durch häufige Unruhen und Kriege risikoreicher geworden war, und nicht zuletzt Scharen skrupelloser Spekulanten, die alle diese Mißstände für ihre Zwecke ausnützten.

Auch in den Königreichen gab es zuweilen bittere Armut. Die

beträchtlichen Mittel der Könige – und ihre wachsamen Sicherheitskräfte – sorgten gewöhnlich dafür, daß Äußerungen von Unzufriedenheit beim Volk in bestimmten Grenzen gehalten werden konnten. Die letzten Ptolemaier wurden allerdings mit diesem Problem nicht fertig, und wahrscheinlich überließ deshalb auch Attalos III. Philometor Euergetes sein pergamenisches Königreich den Römern (133). Weit häufiger als in den großen Reichen kam es in den Stadtstaaten zu Hungersnöten unter der armen Land- und Stadtbevölkerung. Kaum eine Polis war damals in der Lage, die zunehmende Verelendung aufzuhalten. Ähnlich dem von wirtschaftlichen und sozialen Krisen geschüttelten Königreich Sparta gerieten auch die republikanischen Stadtstaaten, mit Ausnahme weniger begüterter oder unternehmerisch begabter Bürger, in ernste Schwierigkeiten. Nachdem sich der Bevölkerungsüberschuß nicht mehr durch Abwanderung von selbst regulierte, wurde das rapide Anwachsen von arbeitslosen, landlosen Proletariermassen zum immer größeren Problem. Doch trotz dieser beunruhigenden Entwicklung (oder gerade deswegen) ging die Einwohnerzahl in Griechenland insgesamt langsam zurück. Polybios beschreibt später anschaulich, wie die frühere Übervölkerung plötzlich aufhörte.[9] Die Ein-Kind-Familie oder auch kinderlose Ehen waren zu seiner Zeit durchaus üblich, und kleine Mädchen wurden – wie vordem – nach der Geburt wieder öfter ausgesetzt.

Das selbständige Kleinbauerntum verschwand mit der Zeit ganz; statt dessen entstanden immer größere Latifundien, die ein entwurzeltes Agrarproletariat bewirtschaftete. Kleine Städte und ganze Landstriche waren entvölkert und verödet. Allein im Verlauf des 2. Jahrhunderts verminderte sich die Bevölkerung in den Stadtstaaten des festländischen Griechenland anscheinend um ein Viertel.

Angesichts solch einer massiven Bedrohung von Wohlstand und Sicherheit wurden die meisten Stadtregierungen von Unsicherheit und Ratlosigkeit ergriffen. Es fiel ihnen nichts Besseres ein, als die Reichen um Zuwendungen zu bitten. Die gaben allerdings ihr Geld lieber für repräsentative Gebäude und für Festlichkeiten aus. Nur wenige Gemeinden, vor allem an der kleinasiatischen Küste, richteten öffentliche Hilfsfonds zum Kauf von Getreide ein, um nicht von privaten Spenden abhängig zu sein. Als Antigonos I. Monophthalmos im Jahre 303 den *synoikismos* zweier Städte in Ionien verfügte (Lebedos und Teos), erklärte er sich damit einverstanden, daß in der neuentstandenen Polis ein derartiger Fonds eingerichtet wurde – wenn auch nur zögernd, im Hinblick auf die Kosten. Nach einer Reihe von Hungersnöten gründete Samos 246 eine ständige Hilfskasse (sie wurde im Jahre 200 erneuert). Das Kapital des Fonds wurde verliehen, und mit dem Zinsertrag konnte man jährlich Getreide kaufen, das kostenlos an die Armen abgegeben wurde. Rhodos, Ephesos und Delos besaßen ähnliche Einrichtungen Rhodos und Knidos versuchten außerdem die Armut durch sozialistische Projekte zu mindern: Hier ist vor allem die staatliche Produktion von Krügen für den Weinexport zu nennen. Auch Milet besaß staatseigene Textilfabriken samt den dazugehörigen Webereisklaven.

Derartige Maßnahmen blieben jedoch die Ausnahme. Auf dem griechischen Festland sind uns ähnliche Bemühungen für die Armen praktisch unbekannt. Mitleid mit den Armen war nicht gerade ein typisch griechischer Charakterzug. Die im 5. Jahrhundert von dem Athener Sophisten Antiphon propagierte Doktrin von der Gleichheit aller Menschen blieb Theorie: Die folgenden Generationen machten sich nicht die Mühe, über das Phänomen der Armut kritisch nachzudenken oder sie tätig zu mildern. Auch Platon und Aristoteles, die in vieler Hinsicht moderne Ideen vorwegnahmen, lieferten allenfalls dürftige Beiträge zu diesem Thema. Aristoteles begnügte sich damit, Güte und Großzügigkeit als die Tugenden des edlen Menschen zu preisen.

Die Haltung der Stoiker in hellenistischer Zeit war kaum weniger doppeldeutig. Während sie einerseits die Armen als »lebenslange Mietlinge« bezeichneten und erklärend hinzufügten, einige Plätze im Theater seien eben zwangsläufig besser als andere, stellten sie sich doch der Notwendigkeit, Klassengegensätze abzubauen. Zenon war bereit, auch arme und abgerissene Anhänger hinzunehmen, sein Nachfolger Chrysippos (gest. 207) ermunterte die Reichen nachdrücklich zur Spendenfreudigkeit. Er meinte, daß nicht humanitäre Empfindungen, sondern das Gefühl der persönlichen Befriedigung und Anerkennung ein Antrieb dazu sei. Anaximenes von Lampsakos (um 380–320) hielt dagegen Angst für das treibende Motiv.[10] Mitleid lehnten die Stoiker auch hier ab, da es die erstrebte Selbstgenügsamkeit hätte gefährden können.

Anderswo jedoch begann man versöhnlichere Stimmen zu vernehmen. Menander beklagte die scharfe Trennung zwischen Arm und Reich und begrüßte jeden Schritt, der geeignet war, die Schranke zwischen beiden aufzuheben. Auch die Kyniker prangerten die Armut und das Elend mit beredten Worten an, hatten aber keine Vorschläge anzubieten, wie man ihrer Herr werden könnte. Krates von Theben (um 365–285) zum Beispiel sprach Menschen in Not zwar Mut zu, konnte ihnen aber darüber hinaus nur ein Leben in freiwilliger Anspruchslosigkeit empfehlen. Anfang des 3. Jahrhunderts v. Chr. beschäftigten sich dann einige Schriftsteller speziell mit dem Elend der Armen. So zeichnet etwa Herodas ein erstaunlich wirklichkeitsnahes Bild der hoffnungslosen Lage der Unterschichten. Er schildert jedoch die heruntergekommenen Gestalten als kühl beobachtender Satiriker und benutzt sie als Gegenstand seiner farbigen, mitreißenden Darstellungskunst; von Mitgefühl ist dabei wenig zu spüren. Ähnlichkeiten mit gewissen Bildhauern seiner Zeit sind unübersehbar: Auch sie stellten alte Fischer und betrunkene Weiber mit derselben distanzierten Detailtreue dar.

Der Jambendichter und Kyniker Kerkidas engagierte sich da schon ernsthafter. Sehr wahrscheinlich ist er identisch mit dem gleichnamigen Strategen von Megalopolis, der im Jahre 222 bei Sellasia zum Sieg über den Reformkönig Kleomenes III. von Sparta beitrug. Trotzdem war er der schärfste Sozialkritiker seiner Zeit. Kerkidas beklagt beredt die Leiden der Armen und schilt die Götter, weil sie die irdischen Güter so ungleich verteilt haben. Er fordert die uneinsichtigen Reichen auf, von Verschwendungssucht und Geiz abzulassen und den Bedürftigen zu helfen. Wenn dies nicht geschehe, so meint er, stünden ihnen die größten Schwierigkeiten bevor. Auf Iambolos' Insel Utopia sollten die Klassenunterschiede ganz abgeschafft werden.

Erfolgreiche Epigrammatiker der Zeit verfaßten rührende Grabverse (*Epitaphien*) für die Armen. Besonders eindringlich waren die kurzen Verse des »Vagantendichters« Leonidas von Tarent in der ersten Hälfte des 3. Jahrhunderts, dessen kunstvoll-barocke Ausdrucksweise in krassem Gegensatz steht zu seinem von tiefem Pessimismus geprägten Mitgefühl für die Armen, denen er sich selbst leidenschaftlich zurechnet. Der von ihm poetisch verklärte Alltag der einfachen Fischerleute zeigt weitaus mehr Verständnis für deren Lage als alle Arbeiten der Bildhauer.

Die weitverbreitete Armut entwickelte sich zu einer akuten politischen Gefahr – und dies wurde auch erkannt. Isokrates bemerkte in seinem *Archidamos* (366), die Armen seien zum Aufstand bereit, und sie erhofften entscheidende Veränderungen von den Kriegen.[11] Was dem wohlhabenderen Teil der Bevölkerung an den drei reformfreudigen spartanischen Königen Agis IV., Kleomenes III. und Nabis (244–192) mißfiel, war deren Programm: Landaufteilung, Schuldentilgung und Sklavenbefreiung. Sie befürchteten, solche Ideen könnten sich wie eine Seuche ausbreiten. Diese Ängste waren nicht neu. Schon um 350 hatte der Militärschriftsteller Aineas Taktikos ein beunruhigendes Eingeständnis gemacht: Die Armen seien »sehr zahlreich, immer auf günstige Gelegenheiten lauernd und außerordentlich gefährlich«, d. h. immer bereit, zum Gegner überzulaufen; um Rebellionen zu vermeiden, müsse man ihnen wohl die Schulden ganz oder teilweise erlassen.[12] In einer fälschlicherweise dem Demosthenes (gest. 322) zugeschriebenen Rede wird ein Vertrag skizziert, in dem es heißt, man dürfe »im Hinblick auf einen Aufstand weder Landaufteilung noch Schuldenerlaß noch Sklavenbefreiung« erwägen.[13] Die von Antigonos I. Monophthalmos und Demetrios I. Poliorketes (302) gestützte *symmachie* benutzte eine ähnliche Klausel. Im Treueeid der Neubürger in der kretischen Stadt Itanos kam folgendes Gelöbnis vor: »Ich werde keine Landaufteilung ... und keinen Schuldenerlaß verlangen«.[14]

Die Furcht vor einem Aufstand hatte sehr reale Hintergründe. Im Jahrhundert vor Alexander wissen wir nur von einem halben Dutzend sozialer Unruhen und Aufstände (und das meist in Sizilien bzw. Süditalien), in hellenistischer Zeit dagegen von nicht weniger als sechzig. Allein auf der Peloponnes gab es Dutzende solcher Ausbrüche sozialer Unzufriedenheit, viele davon von außen gesteuert. Im arkadischen Kynaitha zum Beispiel gab es jahrelange, von den spartanischen Vorgängen beeinflußte Kämpfe wegen Landaufteilungen; der Achaische und Ätolische Bund hetzten dabei ihre Parteigänger gegeneinander auf. Philipp V. von Makedonien (221–179), der während dieser Streitigkeiten an die Macht kam, zeigte Mitgefühl für die ärmere Stadtbevölkerung – was zur Folge hatte, daß manche der begüterten Bürger in Panik gerieten und bei Rom Unterstützung suchten. Polybios zeichnete damals (192) ein beklemmendes Bild von den krassen, demoralisierenden Klassengegensätzen in Böotien (Zentralgriechenland).[15] Ähnliche Verhältnisse in Ätolien bzw. Thessalien, wo die allgemein hohe Verschuldung soziale Krisen hervorrief, gaben Rom später willkommenen Anlaß, ordnend einzugreifen, und als man in den vierziger Jahren des 2. Jahrhunderts daranging, den Achaierbund zu zerschlagen, glaubten viele Achaier und andere Parteigänger Roms in Griechenland, ihre Sache könne sich nur zum Besseren wenden.

Als Rom dann die griechischen Gebiete annektiert hatte, unterstützte es die besitzenden Schichten in den entvölkerten Stadtstaaten und bestätigte sie in ihrer führenden Stellung, um auf diese Weise revolutionäre Bewegungen schon im Keim zu ersticken. Erstaunlicherweise waren auch in früherer Zeit schon die Chancen für eine echte Revolution denkbar gering gewesen, wie empörend die sozialen Verhältnisse auch immer waren, und gab es Ansätze dazu, wurden sie kaum in Erfolge umgemünzt. Das lag hauptsächlich daran, daß die Reformer bzw. Revolutionäre kein brauchbares Programm vorweisen konnten: Was sie anstrebten, war meist nur eine simple Vertauschung der Rollen von Arm und Reich. Ohne eine Steigerung der Produktivität wäre auch kein anderes Programm realistisch gewesen – diese Steigerung jedoch gab es nicht. Außerdem waren die Reformpolitiker kaum jemals selbst Angehörige der unterdrückten Klassen, sondern gehörten fast alle der Oberschicht an. Ihre revolutionären Pläne klammerten überdies – vielleicht gerade wegen ihrer sozialen Herkunft – das Thema der Sklavenbefreiung praktisch völlig aus. Durch eine solche Maßnahme wäre die Zahl der Mitstreiter zwar enorm gewachsen, aber man hätte nahezu alle Bürger vor den Kopf gestoßen. Sicher wußten die Reformer, daß beispielsweise in Sparta Sklaven in die Freiheit entlassen oder freigekauft wurden. Doch geschah dies nur in Ausnahmefällen und war nie Teil eines umfassenderen politischen Programms.

Obwohl es sehr viele Sklaven gab, spielten sie bis in die Spätzeit des Hellenismus politisch keine größere Rolle. Im Jahre 313 hatte etwa Athen vierundachtzigtausend Vollbürger, fünfunddreißigtausend ortsansässige Fremdbürger und vierhunderttausend Sklaven – ein Wachstum von dreiunddreißig Prozent im Vergleich zu den Zahlen des Jahres 338. Der Strom der Sklaven, die als Kriegsgefangene auf den Markt kamen, riß nicht ab. Viele kamen aus Syrien und Kleinasien, aber auch zahlreiche Griechen waren darunter. Unzählige Männer und Frauen wurden von Piraten versklavt; das Piratenhandwerk betrieben meist ehemalige Söldner oder gescheiterte Existenzen, die ihrer Bürgerrechte verlustig gegangen waren. Die von häufigen sozialen Unruhen geschüttelte Insel Kreta war einer ihrer Hauptstützpunkte, da der dortige lockere Städtebund ihrer nicht Herr werden konnte. Im 3. Jahrhundert wüteten die Seeräuber in der gesamten Ägäis, im folgenden Jahrhundert wurde der Sklavenhandel im großen Maßstab betrieben. Side in Pamphylien (im südlichen Kleinasien) war der bedeutendste Stützpunkt, Delos der größte Umschlagplatz. Auch in Süditalien und Sizilien blühte das Geschäft mit Sklaven, denn die großen Plantagen in diesen Gebieten mußten mit Arbeitskräften versorgt werden.

Wie ein Feldherr die absolute Gewalt über den besiegten Feind hatte, so konnte auch der Sklavenhalter nach Auffassung der Griechen der klassischen Zeit mit den Sklaven tun und lassen, was er wollte. Im 5. Jahrhundert hatten die Sophisten diese Theorie in Frage gestellt und statt dessen behauptet, die Unterscheidung von Freien und Sklaven sei nicht naturbedingt, sondern willkürlich. Der Tragiker Euripides war der erste Dichter, der das Los der Sklaven und das Phänomen der Sklaverei in Kenntnis dieser sophistischen Lehre offen zur Diskussion stellte. Oder besser gesagt: Seine Charaktere deuten verschiedene Ansichten zu diesem Thema an. Soweit wir das heute noch beurteilen können, vertrat er persönlich allerdings die Auffassung, daß Sklaven niemals ganz den Status menschlicher Individuen erreichen konnten, auch wenn sie im Rahmen ihrer begrenzten Möglichkeiten Vortreffliches leisteten.

Auch Platon und Aristoteles akzeptierten und rechtfertigten die Notwendigkeit der Sklaverei. Der Verfasser eines Buches mit dem Titel *Oikonomika* (Handbuch der Landwirtschaft), das fälschlicherweise zu den Werken des Aristoteles gezählt wurde, wahrscheinlich aber von seinem berühmten Schüler Theophrast stammt, verteidigte die Sklaverei ebenfalls. Er betrachtete den Sklaven als nützlich, sofern er gefügig sei: Das Leben der Sklaven, so Theophrast, kreise um Nahrung, Arbeit und Strafen, dazu komme gleichsam auf einem höheren Niveau die Hoffnung auf zukünftige Befreiung an einem schicksalhaft vorausbestimmten Tag.[16] Die Epikureer hingegen waren bereit, einen Sklaven namens Mys (Maus) als Mitglied aufzunehmen, und Zenon, der Begründer der Stoischen Schule, nahm den Gedanken der Sophisten wieder auf, wonach es einen »geborenen« Sklaven eigentlich nicht geben könne. Die Stoiker zogen jedoch daraus nicht den notwendigen Schluß, daß die Sklaverei dann abgeschafft werden müßte. Statt dessen meinten sie, das ganze Problem sei rein äußerlicher Natur und belanglos, weil es das eigentliche Selbst, nämlich die Seele des Menschen, nicht beträfe.

In der Neuen Komödie spielten Haussklaven eine sehr wichtige Rolle. Der Dramatiker Philemon von Soli (368/60–267/63) meinte, daß niemand von Natur aus Sklave sei: »Auch ein Sklave ist aus Fleisch und Blut . . . die Sklaverei betrifft nur den Körper und ist ein Produkt des Zufalls.«[17] Menander (um 342–392) nennt den gutwilligen Sklaven einen unschätzbaren Gewinn.[18] In seinen Stücken kommen einfallsreiche, unterhaltsame Haussklaven scharenweise vor. Sie werden durchaus wie menschliche Wesen und mit großem Einfühlungsvermögen geschildert. Diese Charakterisierung ist eine Weiterentwicklung des einfacheren Typus des treuen bzw. des diebischen Sklaven im *Plutos* des Aristophanes (408, 388) oder auch der *paidagogoi* (der mit der Kindererziehung befaßten Sklaven) in der Tragödie des 5. Jahrhunderts. Da Terrakottastatuetten aus Myrina häufig Sklaven, und zwar Bühnenfiguren aus der Zeit um 200, darstellten, läßt sich vermuten, daß Sklavenrollen in den uns nicht erhaltenen Komödien und Possen jener Zeit immer beliebter wurden.

Diese privilegierten, liebevoll gezeichneten Sklaven, *paidagogoi*, Kindermädchen, Krankenpfleger und so weiter, kommen nicht nur in der Literatur vor, sondern auch im täglichen Leben. Privat wie in der Öffentlichkeit gab es deutliche Anzeichen für eine Verbesserung ihrer Stellung. Athen hatte schon früher das Strafmaß für städtische Sklaven begrenzt, im 3. Jahrhundert beteiligten reiche Unternehmer bisweilen einzelne Sklaven an einträglichen Geschäften, von denen diese auch einen Gewinnanteil einstrichen. In der hellenistischen Welt wurde die Emanzipation der Sklaven, wie sie in den *Oikonomika* angeregt wird, immer häufiger praktiziert. Um das Jahr 200 unterstützte Delphi einen Brauch, der es Sklaven ermöglichte, durch einen fingierten Verkauf an eine Gottheit die Freiheit zu erlangen. Auch die Bildungschancen der Sklaven besserten sich zunehmend. Manche Städte gewährten ihnen sogar einen gesetzlich festgelegten Urlaub, außerdem wurde es üblich, daß man sie ärztlich versorgte, wie dem Buch über die *Epidemie* zu entnehmen, das in der Schule des Hippokrates wahrscheinlich im 4. Jahrhundert entstanden ist. Auch an Gottesdiensten konnten Sklaven teilnehmen. Das Heiligtum der Demeter in Eleusis hatte sie schon seit längerem zu den rituellen Feiern zugelassen, und jetzt wurden sie, vorwiegend von Gemeinden der östlichen Kulte, auch als Mitglieder akzeptiert. Sklaven – und Frauen – konnten manchmal Mitglieder religiöser oder weltlicher Gemeinschaften werden oder auch den Schutz bestimmter Tempel in Anspruch nehmen, wo man sie nicht gefangennehmen durfte. Dies geschah allerdings nur an wenigen Örtlichkeiten und im äußersten Notfall. Man muß jedoch diese Liste von Zugeständnissen oder die gelegentliche großzügige Behandlung von Sklaven immer vor dem Hintergrund sehen, daß der Sklave auch weiterhin praktisch keinerlei Menschenrechte besaß. Ein Gemeinde- oder Haussklave mag wohl schonend behandelt worden sein, etwa wie man heutzutage einen Geschirrspüler pfleglich behandelt. Aber in den großen Arbeitslagern (*ergasteria*) war von derartigen Rücksichten keine Rede. Einige dieser Lager befanden sich auf großen Latifundien, und auch die Silberminen Athens in Laurion beschäftigten im späten 4. Jahrhundert dreißigtausend Sklavenarbeiter; noch zweihundert Jahre später wurde dort Silber abgebaut. Diese Sklaven mußten unter unvorstellbaren Bedingungen arbeiten. Und die rücksichtslose, mörderische Behandlung der Zwangsarbeiter in den Goldminen der Ptolemaier kennen wird durch den schrecklichen Bericht des Historikers und Geographen Agatharchides von Knidos.

Man wußte schon lange, daß das Heer der Sklaven eine ernstzunehmende potentielle Bedrohung für ihre Herren darstellte. In diesem Sinne hatten sich im 4. Jahrhundert bereits Xenophon und Platon geäußert. Es gab auch bisweilen Revolten: Wir wissen von Sklavenaufständen im späten 4. und frühen 3. Jahrhundert in einigen der halbhellenisierten Stadtstaaten Etruriens. Der erste uns überlieferte Aufstand in den griechischen Ländern brach um das Jahr 276 auf der als Handelsplatz bekannten Insel Chios aus; dort gab es eine besonders große Zahl von Sklaven.

Trotzdem sollte es noch bis in die zweite Hälfte des 2. Jahrhunderts dauern, ehe die Zeit der großen Sklavenaufstände begann. Sie erfaßten zuerst die mittlerweile unter römische Herrschaft geratenen Gebiete Westgriechenlands, wo Sklaven die riesigen Pflanzungen bearbeiteten, auf denen nun Oliven und Wein statt Getreide angebaut wurden. Das Schicksal der hier tätigen Sklaven läßt sich annähernd mit dem Leben der Sklaven in Italien vergleichen, über deren Behandlung der römische Schriftsteller Cato der Ältere in seinem Werk über die Landwirtschaft

(*De agricultura*) berichtet. Obgleich ohne menschliches Mitgefühl, hielt er es jedoch für unrentabel, Sklaven zu Tode zu schinden. Andere Landbesitzer hatten diesbezüglich keinerlei Hemmungen, und so kam es, daß viele verzweifelte Sklaven flohen und in den Untergrund gingen. Sie schlossen sich zu regelrechten Armeen zusammen und traten schließlich offen selbst gegen römische Legionen an.

Die erste große Sklavenerhebung ging im Jahre 135 von den riesigen sizilischen Latifundien aus, wo die Sklaven wohl am erbärmlichsten ihr Leben fristeten. Eunus, der Anführer der Verzweifelten, prägte Münzen mit der Aufschrift »König Antiochos« – zur Erinnerung an seine syrische Heimat. Bevor die Rebellion 131 nach großen Blutopfern niedergeschlagen wurde, war das Sklavenheer auf siebzigtausend Mann angewachsen. Seine anfänglichen Erfolge hatten in anderen Regionen des Mittelmeers ebenfalls Aufstände ausgelöst. Kaum drei Jahrzehnte später, als Italien von den Kimbern und Teutonen von Norden her bedroht wurde, erhoben sich die sizilischen Sklaven erneut (104–100). Rom mußte siebzehntausend Soldaten aufbieten, um sie zu bezwingen. Der Aufstand griff sogar auf die athenischen Silberminen in Laurion über.

Schauplatz des letzten großen Sklavenkrieges war Süditalien. Spartacus, ein thrakischer Sklave, konnte ein neunzigtausend Mann starkes Sklavenheer mobilisieren, mit dem er ganz Italien in Angst und Schrekken versetzte (73–71). Der römische Proconsul M. Licinius Crassus ließ sechstausend gefangene Sklaven entlang der Via Appia kreuzigen. Dies bedeutete das Ende der großen Sklavenaufstände. Sie hatten gefährliche Risse in der labilen Gesellschaftsstruktur der hellenistischrömischen Welt sichtbar gemacht. Aus gutem Grund konnte der Stoiker Poseidonios von Apameia (um 135–50) die Warnung aussprechen, daß die Mißhandlung von Sklaven durch einzelne eine Gefahr für die ganze Gemeinschaft heraufbeschwöre.[19]

Die Schicht zwischen Sklaven und »freiem« Proletariat einerseits und der reichen Oberschicht andererseits trat jetzt zahlenmäßig weit stärker in Erscheinung als in früheren Zeiten. Zu ihr gehörten Besitzer von größeren Handwerksbetrieben, Eigentümer oder Pächter von Läden, Lagerhäusern und Schiffen, Geldverleiher, Sklavenhändler, qualifizierte Fachleute, Gutspächter und Landwirte mit kleineren Höfen. Die in diesen Berufszweigen tätigen Bürger traten jedoch keineswegs als homogene »bürgerliche« oder »Mittelschicht« auf. Beispielsweise hätten die Leute, die weiter oben in der gesellschaftlichen Hierarchie standen, vermutlich auf das arbeitende Volk herabgesehen, vor allem auf die *technitai*, also die Leute, die von ihrer Hände Arbeit lebten. Richtig ist allerdings, daß fast alle Mitglieder dieser höchst differenzierten Schicht durchaus unpolitisch waren. Sie interessierten sich nur wenig für die Vorgänge in der eigenen Stadtgemeinde, ganz im Gegensatz zu den Menschen der klassischen Zeit.

Diese unpolitischen Bürger treten uns in den Dramen Menanders, den *Charakteren* des Theophrast und in den Mimen des Theokrit und Herodas entgegen. Es ging ihnen nicht immer gut, besonders in manchen Teilen des griechischen Mutterlandes, da die allgemeine Wirtschaftsentwicklung die Reichen reicher und die Armen ärmer werden ließ. Trotzdem sind sie als der feste Kern im hellenistischen Sozialgefüge anzusehen, denn hier wirkt sich eines der wichtigsten Charakteristika der hellenistischen Zeit aus, nämlich das öffentliche Erziehungswesen.

Die Erziehung vermittelte dem Bürger jenes Zusammengehörigkeitsgefühl, das die Vielfalt der Berufe und der gesellschaftlichen Positionen ihm kaum bieten konnte; durch sie erhielt er sein Selbstbewußtsein und die Bestätigung seiner eigenen Persönlichkeit. Von den Prinzipien, die dieser Erziehung zugrunde lagen, können wir uns heute nur schwer eine Vorstellung machen, da die Rhetorik einen unverhältnismäßig breiten Raum einnahm – und dies schon seit ältesten Zeiten. Bereits in der *Ilias* erregte die Redekunst (nächst der heroischen Tat) die höchste Bewunderung der Griechen; so nahm etwa Achilleus Unterricht bei dem alten Phönix.[20] Im 5. Jahrhundert waren die Sophisten, zum Beispiel Gorgias von Leontinoi (um 483–376), bekannte Lehrer der Beredsamkeit. Platon (gest. 347) erkannte, daß die öffentliche Erziehung intensiviert werden müsse, und wollte sie auf philosophischen Prinzipien aufbauen; doch sein Vorschlag wurde nicht überall gutgeheißen.

Schließlich setzte sich ein Erziehungssystem durch, in dem die Rhetorik den Schwerpunkt bildete. Isokrates (gest. 338) hatte sie als erster zu einer eigenständigen Wissenschaft erhoben. Für ihn war Bildung vor allem die Fähigkeit des Sprechens, weil sich durch die Sprache der Mensch vom Tier unterscheide. Aber selbst er hatte Schwierigkeiten, einen anspruchsvollen Lehrplan aufzustellen, der mehr umfaßte als die simplen Regeln und Techniken der Berufsredner; deren Kanon war seiner Meinung nach bar jeder erzieherischen Werte. Er hätte daher gerne die Theorie auf ein Minimum reduziert. Aristoteles hingegen führte in seiner *Rhetorik* eine Fülle neuer Begriffsbestimmungen ein. Er blieb in der Bewertung der Redekunst jedoch zurückhaltend, hielt sie wohl für nützlich, aber auch für gefährlich. Wir dürfen schließlich niemanden dazu überreden, das Falsche zu tun. Sein Lehrbuch bestimmte letztlich die Grundlagen der hellenistischen Bildung, die ihrerseits dann das Gesamtbild der hellenistischen Welt entscheidend formte.

Später erschienen weitere Handbücher der Rhetorik in unterschiedlicher Qualität. Sie halfen den Menschen, ihre Gedanken besser zu ordnen, doch ging die Grundidee, wonach die Klarheit des Denkens eine Voraussetzung für gutes Reden ist, häufig in einer Flut von Regeln verloren. Im 3. Jahrhundert erlangte Hegesias von Magnesia (bei Sipylos) besondere Berühmtheit mit seinen temperamentvollen »asiatischen« Reden, für die er sorgfältig ausgeklügelte rhythmische Grundregeln aufgestellt hatte. Hermagoras von Temnos arbeitete die Systematik der Redekunst weiter aus. Er befaßte sich nicht nur mit allgemeinen Thesen, sondern behandelte auch ganz spezielle Situationen; sein Einfluß sollte noch viele Jahre andauern.

Die Schulbildung der jungen Männer in hellenistischer Zeit sah drei Stufen vor – von den Mädchen soll später die Rede sein. Die Kinder (*paides*) von sieben bis vierzehn Jahren bildeten die erste, heranwachsende Schüler (*epheboi*) von fünfzehn bis siebzehn Jahren die zweite Stufe, die dritte bildete die Gruppe der Achtzehn- bis Zwanzigjährigen (*neoi*); für jede Stufe gab es die entsprechenden Lehrer.

In den meisten griechischen Städten war die Grundschulerziehung eine private Angelegenheit, die von den Eltern bezahlt wurde. Eine staatliche Aufsicht gab es im allgemeinen nicht, obwohl an einigen Orten eine Art Schulrat (*paidonomos*) eingesetzt wurde. In der ersten Stufe lernten die Kinder normalerweise Lesen und Schreiben, auch Sport und Musik oder Malen standen auf dem Stundenplan. In der zweiten Stufe wurden Leibesübungen und der Musikunterricht fortgeführt, dazu kam etwas Mathematik bzw. die Naturwissenschaften. Die dominierende Rolle spielte jedoch die literarische Bildung. Die übrigen Fächer wurden von ihr fast verdrängt. Homer, Euripides und andere klassische Autoren wurden nach einem genau festgelegten Lehrplan gründlichst studiert.

Die athenische Epheben-Erziehung war das Modell für die Sekundarschulen in der hellenistischen Welt. Im Jahr 370 eingeführt und später (335 und 322) reformiert, war sie zunächst für alle Kinder der Bürgerfamilien verpflichtend, im 3. Jahrhundert wurde der Schulbesuch freigestellt. Die Einrichtung hatte als eine Art Bürgermiliz begonnen, aber als der Bedarf an Soldaten geringer wurde, verschwanden allmählich die militärischen Aspekte. Statt dessen konzentrierte man die Lehrtätigkeit nicht nur auf die Vermittlung von Wissen, sondern mehr noch auf die Persönlichkeitsbildung und das Einüben von sozialen Verhaltensweisen. Die Schulen dienten also gewissermaßen zur Vorbereitung auf das Leben als Staatsbürger. Im späten 4. Jahrhundert gab es wahrscheinlich ständig fünfhundert bis sechshundert attische Epheben. Ironie des Schicksals, daß diese Institution gerade dann ihren Höhepunkt erreichte, als sich der politische Niedergang Athens vollzog! Später verstanden sich die Epheben mit ihren charakteristischen breiten Hüten (*petasoi*), schwarzen Umhängen und dem kurzgeschorenen Haar als eine Art Elite mit snobistischen Allüren, doch ist es wahrscheinlich, daß auch eine gewisse Anzahl ärmerer Bewerber in der Ephebie Aufnahme fand.

In jeder Stadt kamen die Epheben im Gymnasium (*gymnasion*) zusammen, das gewöhnlich aus Säulenhallen und geschlossenen Räumen bestand, die um einen rechteckigen freien Platz angeordnet waren. Diese Gymnasien wurden zum Zentrum und Hauptmerkmal des städtischen Lebens im Hellenismus. Seit dem Altertum waren sie Grundlage und Stütze des griechischen Geisteslebens gewesen. Jetzt gewannen sie noch an Bedeutung; denn hier wurde für Körperertüchtigung gesorgt, hier fand der Schulunterricht statt, hier besuchte man die Vorlesungen berühmter Lehrer. Indem es die Kameradschaft förderte und gemeinsame Werte und Vorstellungen vermittelte, trat das Gymnasium an die Stelle der Familie und übernahm weitgehend deren Erziehungsaufgaben. Es wurde so zum Sammelpunkt für alle bildungsbeflissenen Bürger.

Die Städte ernannten Direktoren (*gymnasiarchen*), die die Oberaufsicht über öffentliche und private Einrichtungen innehatten, doch die staatliche Beteiligung am Schulwesen war sehr unterschiedlich. Milet und Rhodos zum Beispiel anerkannten prinzipiell, daß die Erziehung eine Aufgabe des Staates sei. Private Spenden und Beiträge wurden trotzdem gefordert und spielten eine erhebliche Rolle, etwa bei der Finanzierung der in bar ausgezahlten Preise der vielen öffentlichen Schülerwettbewerbe. Auch die Könige erkannten die Vorteile dieses Systems; so hatte die Königsstadt Pergamon nicht weniger als fünf eigene Gymnasien, unter ihnen das größte heute erhaltene mit einem Grundriß von etwa 218 × 163 Metern. Es lag an einem Hang auf drei Ebenen übereinander, von denen jede für eine der drei Schulstufen bestimmt war. In Ägypten unterstützte der Staat die Gymnasien anscheinend nicht, weil sie von Vereinen ehemaliger Schüler getragen wurden. Wie die Sportlehrer und Ärzte im Staatsdienst erhielten auch die Lehrer Gehälter. Einige Gemeinden bestritten diese aus öffentlichen Mitteln und befreiten ihre Empfänger von Steuern. Im allgemeinen wurden Lehrer schlecht bezahlt, wenn sie nicht besonders gute Qualifikationen vorweisen konnten. Ihre Grabinschriften deuten allerdings auf den Respekt hin, den sie in der Bevölkerung genossen. Zweifellos erhielten sie auch Geschenke und einen Anteil an den Preisen, die ihre Schüler bei Wettbewerben gewannen.

Seit dem Ende des 4. Jahrhunderts faßten Gymnasien und Ephebien in allen hellenistischen Städten Fuß. Sie wurden damals überall als eine unentbehrliche Grundlage griechischen Lebens angesehen, fanden sich in neuen wie in alten Städten, in den entlegenen Gebieten der Königreiche und auch in den noch ferneren »barbarischen« Ländern. So wurden sie zum bedeutendsten gemeinsamen Merkmal des hellenistischen Einheitsgedankens, eine Produktionsstätte von Bürgern griechischer Mentalität und Sprache, denn sie alle, Griechen wie Kulturgriechen, sprachen eine gemeinsame Sprache, die *koiné*. Man kann nur ahnen, wie schwierig es für die entlegeneren Städte war, Lehrer für ihre Schulen zu finden. Von Plutarch hören wir beispielsweise, daß sich der athenische Rhetor Amphikrates bereit erklärte, eine Zeitlang in Seleukeia am Tigris zu lehren, als ihm aber dort eine fest Anstellung angeboten wurde, erklärte er, ein Delphin passe nicht in eine Bratpfanne.[21]

Wahrscheinlich war Amphikrates gebeten worden, vor Studenten der dritten Ausbildungsstufe, den *neoi*, Vorlesungen zu halten. Studenten dieser Altersgruppe finden wir in den Städten Kleinasiens häufig. Sie besuchten ebenfalls Gymnasien, wobei sie entweder das Schulgebäude mit jüngeren Mitschülern teilten oder eigene Gebäude hatten. Sie stammten gewöhnlich aus den reichsten und vornehmsten Familien und verbrachten die Zeit am Gymnasium mit Einführungsvorlesungen in Staatsbürgerkunde, mit Unterweisung in der Etikette, daneben aber auch mit Sport und Musik. Außerdem erwartete man von ihnen literarische und philosophische Studien. Die Anforderungen waren im allgemeinen nicht besonders hoch. Ernsthaften Studien konnte man nur in den großen Universitätsstädten nachgehen. Athen, Pergamon oder Rhodos wurden empfohlen für Philosophie und Rhetorik, Kos, Pergamon oder Ephesos für Medizin und Alexandria für ein umfassendes *studium generale*.

Das hellenistische Bildungssystem war trotz vieler praktisch verwendbarer Angebote oberflächlich, elitär und rückwärtsgewandt; auf Naturwissenschaften und Technik wurde wenig Wert gelegt. Daß das System Fehler aufwies, war zeitgenössischen Philosophen durchaus bewußt. Der Stoiker Zenon kritisierte in seinem Frühwerk *Politeia (Der Staat)* scharf den Lehrplan, die Skeptiker taten desgleichen. Epikur bezeichnete ihn gar als sinnlose Zeitverschwendung, und die Kyniker beklagten die Überbetonung der Körperertüchtigung, die damals noch eifriger betrieben wurde als in früheren Zeiten.

Aber die öffentliche Meinung verwarf die Kritik. Die meisten Griechen hielten das System für hervorragend, wie unzählige Grabinschriften beweisen. Hier tröstet man sich, daß die Hauptfreuden in den elysischen Gefilden kultureller Natur seien – gewissermaßen eine Fortsetzung der Schulzeit. Wie schon Cicero – er faßte das griechische Bildungsideal unter dem Begriff der *humanitas* zusammen, der in der Renaissance wieder auflebte – bewunderte Plutarch (2. Jahrhundert

n. Chr.) das hellenistische Erziehungssystem und bedachte es mit über-
schwenglichem Lob: »Von all unseren Eigenschaften ist allein die
Fähigkeit des Lernens unsterblich und göttlich.«²² Und noch zweihundert Jahre später faßte der römische Kaiser Iulian Apostata zusammen,
was Griechen und Philhellenen sowie er selbst über die Erziehung
dachten: Sie mache aus jungen Menschen Individuen, nicht Zahnräder
in einer Maschine oder Bienen in einem Bienenstock. Der begabte
Mensch mit klassischer Bildung, so Iulian, ist auf jedem Gebiet zu
Großem fähig. Er kann sich in Krieg, Politik und Wissenschaft hervor-
tun oder sich als Held und Forscher beweisen: »Er steigt zu den
Menschen herab wie ein Geschenk der Götter.«²³

Ob das nun stimmt oder nicht: Das Ergebnis war jedenfalls eine enorme
Ausbreitung hellenistischer Bildung. Immer mehr Leute wollten sich
informieren, vor allem lesen. Aristoteles wußte schon von Autoren,
deren Werke zum Lesen, nicht zum Zuhören bestimmt waren²⁴, und
gerade zu seiner Zeit nahm die Lesefreudigkeit rasch zu. Überall richtete
man öffentliche und private Bibliotheken ein, um die Nachfrage zu
befriedigen. Bücher und Textkommentare wurden kopiert bzw. verviel-
fältigt und füllten die Regale der Büchereien.
    Doch hier ist auf eine paradoxe Entwicklung hinzuweisen. Das neue
Lesepublikum war wie seine Erziehung auffallend uniform, wie überhaupt die ganze Epoche im täglichen Leben und im äußeren Habitus
einheitlich war. Und doch führte gerade diese Einheitlichkeit – oft auf
nicht sehr hohem Niveau – zu einer kulturellen Spaltung, weil die
intellektuelle Elite mit diesem Niveau unzufrieden war. Das frühere,
relativ homogen zusammengesetzte Publikum war nun in zwei scharf
getrennte Lager zerfallen: in eine sehr kleine, intellektuell äußerst
anspruchsvolle Gruppe sowie in eine zweite, sehr große Gruppe, in der
das Mittelmaß regierte.
    Bei den Schriftstellern fand eine ähnliche Spaltung statt. Die brillan-
testen Autoren schrieben für die wenigen Leute, die den gleichen
Geschmack hatten wie sie selbst – was außergewöhnliche Ergebnisse
zeitigte. Natürlich gab es daneben viele andere Schriftsteller (ihre Werke
sind allerdings fast alle verloren) für das große Lesepublikum mit seinem
unersättlichen Hunger nach volkstümlichen Darstellungen jeder Art.
Nur zu Beginn dieser Periode wurde ein ernsthafter Versuch unternommen, die sich vertiefende Kluft zu überbrücken. So betätigte sich
Herakleides Pontikos von Herakleia erfolgreich als populärwissenschaft-
licher Schriftsteller, und auch die *Charaktere* des Theophrast oder die
Neue Komödie präsentierten geschickt geeignete Typen und Charaktere,
in denen sich der Normalbürger gut wiedererkennen konnte. Doch dies

änderte sich bald. Theokrit beschrieb wohl ungebildete Frauen, Herodas das Leben der Unterschicht, aber sie taten dies in geschliffenem Griechisch und in dünkelhaft-herablassender Form, eben zum Amüsement von Intellektuellen ihres Schlages.

Sehr deutlich ist diese Scheidung der Geister bei den Historikern zu spüren. Man kann klar trennen zwischen einer verantwortungsbewußten, sehr sorgfältig zu Werke gehenden Historiographie (Ptolemaios I. Soter, Hieronymos oder Polybios), die mit derselben Entschlossenheit auf Wahrheitssuche geht, wie dies die Naturwissenschaftler und Bildhauer des hellenistischen Realismus tun – und einer ganzen Phalanx Geschichtenerzähler. Zu dieser zweiten Gruppe gehören die Verfasser der »historischen« Werke über Alexander den Großen (Kallisthenes, Kleitarchos und die Autoren der legendenhaften »Alexander-Romane«), Erzähler von phantastischen Geschichten wie Antiphanes von Berge (4. Jahrhundert), Sensationsschriftsteller wie Ruris von Samos (gest. um 260) und Klatschspezialisten vom Schlage eines Hermippos von Smyrna (3. Jahrhundert). Im 1. Jahrhundert v. Chr. stellte Asklepiades von Myrlea fest, daß die erzählende Prosa erstens wahr sein könne; zweitens könne sie darstellen, wie es vielleicht gewesen sein mochte und drittens könne sie unwahr sein.[25] Es war die dritte Kategorie, die besonders üppig wucherte: Das Desinteresse der neuen halbgebildeten Schichten an intellektueller Wahrhaftigkeit führte nicht nur zu massenhafter Produktion von Darstellungen »wunderbarer« Begebenheiten, sondern auch zahlloser Schriften, die wohlweislich unter einem Pseudonym veröffentlicht wurden. Weniger höflich formuliert: Es wurden bewußt Fälschungen produziert, zum Beispiel von Briefen berühmter Leute.

Typisch für den Geschmack der neuen Durchschnittsgebildeten war der griechische Roman. Er verdankte den romantisierenden halbfiktiven Historien sehr viel, sind doch die ältesten erhaltenen Romane noch ganz pseudohistorisch aufbereitet, was Form und Rahmen angeht. In Handlung und Szenerie ist er verwandt mit der Neuen Komödie, daneben wurden viele andere Literaturformen sowie das volkstümliche Geschichtenerzählen herangezogen. Geschichte, Mythos, Naturwissenschaften und Religion kommen im Rahmen zwar vor, doch das Zentralthema ist die rührselige Liebesgeschichte, die Trennung tugendsamer Liebespaare durch grausame Umstände und ihre Vereinigung zum Schluß, damit der Geschichte ein glückliches Ende beschieden war. Die ersten Romanciers verschwiegen ihre Namen, wahrscheinlich um von den gelehrten Akademikern nicht verachtet zu werden. Sie konnten sich damit trösten, daß ein breites Publikum ihre Werke liebte und mit anspruchsvoller Lektüre gar nichts hätte anfangen können.

Assyrische, syrische, judäische und ägyptische Quellen wurden bei der Themensuche ausgeschlachtet. Fragmente des *Ninos*-Romans, einer frühen Erzählung dieses Genres, sind auf Papyri des 1. Jahrhunderts n. Chr. erhalten, aber Sprache wie Inhalt lassen vermuten, daß das Werk dreihundert Jahre älter ist. Der Roman erzählt von dem wechselvollen Schicksal und der Heirat des – nach der Überlieferung – ersten assyrischen Königs Ninos mit Semiramis: Der tugendsame Held verbindet sich mit der schüchternen Schönen. Möglicherweise gibt es jedoch einen noch älteren oder zumindest ebenso alten griechischen Roman eines jüdischen Autors. Die sehr populäre Geschichte von *Joseph und Aseneth* hat die Bekehrung von Josephs ägyptischer Braut zur jüdischen Religion zum Thema, wobei der jüdische Kultus als Mysterienkult dargestellt wird. Der *Traum des Nektanebos* (2. oder 1. Jahrhundert v. Chr.) ist die Übersetzung des Werks eines unbekannten Ägypters.

Der weitverbreitete mäßige Bildungsstandard, der solche Texte hervorbrachte, begünstigte auch die Massenproduktion von relativ anspruchslosen Werken der bildenden Kunst, denn ein großer Käuferkreis war an kleineren dekorativen Stücken interessiert. Die anmutigen Tanagra-Statuetten dürfen übrigens auf keinen Fall zu dieser Kategorie gezählt werden. Aber größere hellenistische Figuren sind oft recht vulgär. Eine damals hochgeschätzte Statue stellt die Göttin Aphrodite dar, die ihr Hinterteil betrachtet und auf Delos gab es eine Figurengruppe mit derselben Göttin, die dem alten Lüstling Pan scherzhaft mit dem Pantoffel droht, während sich ein fliegender Eros schüchtern an dem Spaß beteiligt.

Diese Gruppe stand im Klubhaus der Kaufleute aus dem phönikischen Berytos (Beirut) auf Delos. Vereine und Klubs waren eine charakteristische Erscheinung dieser Zeit. Früher hatten die Städte meist selbst mit städtischen Einrichtungen für die Organisation des gesellschaftlichen Lebens gesorgt. Jetzt aber hatten sie viel von ihrer Anziehungskraft eingebüßt; deshalb zogen sich die Menschen in das Klubleben zurück. Religiös geprägte Vereine hatte es schon seit dem 6. Jahrhundert gegeben; aber erst in hellenistischer Zeit spielten sie eine immer bedeutendere Rolle. Viele kümmerten sich noch immer um die Erhaltung religiöser Kulte. Andere, wie der erwähnte Klub der Beiruter Kaufleute in Delos, waren Kaufmannsvereine, und es gab viele solcher Gilden in Handwerk, Industrie oder Handel. Sie traten nicht als Gewerkschaft auf, protestierten auch nicht gegen die Arbeitsbedingungen; aber es gibt Berichte über Generalversammlungen[26] und soziale Aktivitäten. In den multinationalen Handelszentren förderten diese Klubs Kontakte zwischen den verschiedenen Bevölkerungsteilen. Vor allem aber trugen sie dazu bei, daß die Menschen zufrieden waren. Selbst die wachsamen Ptolemaier hatten nichts gegen sie einzuwenden, vorausgesetzt, die Vereinsmitglieder hielten sich in politischen Fragen zurück.

Die Einführung vieler neuer Feste war eine andere Maßnahme, mit der man die Bevölkerung bei Laune zu halten versuchte. Bei diesen Feiern, die gewöhnlich im Turnus von vier Jahren abgehalten wurden, fanden Literatur- und Schauspielwettbewerbe, in der Hauptsache allerdings sportliche und musikalische Veranstaltungen statt. Die Feste gaben Anlaß zur Gründung bedeutender Stiftungen, mit deren Hilfe die Siegespreise beschafft wurden. Wie so viele Einrichtungen dieser Zeit trugen sie außerdem dazu bei, daß die Grenzen der Staaten durchlässiger wurden. Griechische Athleten strömten von nah und fern zu den Olympischen Spielen und anderen Wettkämpfen. Und die Musik- und Theateraufführungen wurden gewöhnlich von speziellen Gilden ausgerichtet, die ursprünglich religiösen Charakter hatten. Sie hießen »dionysische« Künstler oder Werkleute *(technitai).* Das zeitweise zu Pergamon gehörende Teos war eines der Zentren, von dem aus sie auf Tournee gingen. Außerdem gaben die hellenistischen Monarchen eine Menge Geld für eigene Spiele aus, um die unruhige Stadtbevölkerung bei Laune zu halten. Besonders in Alexandria sollen großartige Feste stattgefunden haben. Zu jenen, die pflichtschuldigst derartige Veranstaltungen priesen, gehörte Theokrit. Arsinoë III. Philopator, die Gattin des Ptolemaios IV. Philopator, beschrieb jedoch das »Fest der Krüge« als billige Feier, »auf der ein zusammengewürfelter Pöbelhaufen sich mit abgestandenen Speisen vollstopft«.[27]

Die Bautätigkeit in den Städten stand in krassem Gegensatz zur Not der Armen, die häufig einen hohen Prozentsatz der Bevölkerung ausmachten. Die hellenistische Epoche erlebte einen Höhepunkt der Urbanisierung, häufig unter der Leitung von Architekten, die Angestellte der Städte waren. Dies galt nicht nur für große Zentren wie Alexandria oder Pergamon, sondern auch für viele sogar unbedeutende Städte.

Die alten griechischen Städte waren ohne Plan gewachsen, sie hatten enge, verwinkelte Straßen, doch schon in vorhellenistischer Zeit waren Städte mit parallelen, rechtwinklig sich schneidenden Straßen weit verbreitet. Diese Rasterpläne werden allgemein mit dem Namen des Architekten Hippodamos von Milet (5. Jahrhundert) in Verbindung gebracht, waren aber schon zwei- oder dreihundert Jahre vor ihm bekannt. Eine Zeitlang wurde – vielleicht zu Unrecht – die Planung der Stadt Rhodos, die als schönste Stadt der griechischen Welt galt, dem Hippodamos zugeschrieben. Alexandria war zu beiden Seiten einer damals einzigartigen Prachtstraße von etwa fünfunddreißig Metern

Breite angelegt. Das bemerkenswerteste (heute noch erhaltene) Beispiel für Städteplanung ist Priene in Ionien, das um 350 nach einem sorgfältig ausgearbeiteten Entwurf als Kleinstadt von etwa viertausend Einwohnern an einem herrlich gelegenen Steilhang erbaut wurde.

Im hellenistischen Zeitalter wuchs auch das Interesse an der plastischen Verwendung architektonischer Blöcke und Massen; auch ein Gefühl für ihre rhythmische Beziehung zum offenen Raum und die Wirkung von Licht und Schatten kam auf. Die Erbauer von Priene zwangen der Landschaft ihren Willen auf, die Planer des königlichen Pergamon paßten sich ihr an. Harmonisch breiteten sie die Gebäude fächerförmig über die Hänge eines geschwungenen Bergrückens; sie benutzten geniale Asymmetrien, um eine enge Verbindung von Bauwerk und Gelände herzustellen: Von solchen Vorbildern lernten dann auch die Römer.

Typisch für die hellenistische Stadtplanung ist die *stoá* (Portikus), eine rechteckige Halle, bei der eine der Längsseiten nicht aus einer Wand, sondern einer Säulenreihe besteht. Solche Baukomplexe bildeten oft eine oder mehrere Seiten der städtischen *agorá* (Marktplatz). Um diesen für Versammlungen und Handelsgeschäfte vorgesehenen Platz waren auch die öffentlichen Ämter angeordnet. Die Stoa entsprang keineswegs einer »modernen« hellenistischen Konzeption. 1981 wurden die Überreste der etwa dreißig Meter langen ziegelgedeckten, mit Gemälden von Polygnotos und anderen berühmten Künstlern geschmückten *stoá poikile* (die Bunte) aus dem Jahre 460 in Athen gefunden. Die Bauform der Stoa machte allerdings erhebliche Entwicklungen durch. Besonders im späten 4. Jahrhundert ist immer stärker die Einbindung des Einzelgebäudes in das architektonische Gesamtbild zu bemerken. So erreichte zum Beispiel die südliche Stoa von Korinth eine Länge von etwa hundertfünfundsechzig Metern und erstreckte sich beinahe von einem Ende der Agora zum anderen. Um 300 baute man in Morgantina (Sizilien), vermutlich mit Hilfe des mit dieser Stadt verbündeten Agathokles von Syrakus, eine großartige Agora an einem Hang. Ihre Treppen bildeten die Seiten eines Vielecks und dienten gleichzeitig als Sitzgelegenheit bei öffentlichen Versammlungen. Diese Agora sollte an drei Seiten eine zweigeschossige Säulenhalle bekommen; leider wurden die Pläne nicht vollständig ausgeführt.

In der Folgezeit wuchs die Zahl solcher Gebäude in allen hellenistischen Städten. Sie boten Versammlungsteilnehmern und Passanten Schutz vor Sonne, Wind und Regen. Die Architekten mochten derartige Säulenhallen, weil sie, abgesehen von der willkommenen Gelegenheit zur künstlerischen Ausschmückung, den zur Verfügung stehenden Raum vergrößerten, einzeln stehende Gebäude verbanden und die räumliche Gestaltung der Umgebung erleichterten. Nach 200 konzentrierte sich der Neubau von Städten immer mehr auf diese durch Säulenreihen aufgelockerten baulichen Strukturen. Attalos II. Philadelphos von Pergamon ließ auf eigene Kosten die Agora von Athen so umbauen, daß zwei in sich geschlossene Plätze entstanden, verbunden durch eine Stoa mit zweigeschossigen Säulenreihen, an deren Rückwand Läden angebaut waren; außerdem befanden sich im Kellergeschoß Lagerräume. In Pergamon wurden die Terrassen, auf denen die Häuser am Hang übereinandergebaut sind, durch eine Reihe von Portici strukturiert. Die riesige Stoa an der Ostseite der südlichen Agora in Milet mit ihrer doppelten Säulenreihe und der dreifachen Reihe von Läden ist vielleicht das eindrucksvollste Beispiel für das städtebauliche Konzept jener Zeit.

Eine Besonderheit des 4. Jahrhunderts und auch der hellenistischen Zeit waren geschlossene Hallen. Die Stadt Milet verdankte dem Seleukiden Antiochos IV. Epiphanes das großartige, nach außen hin zweistöckige *buleuterion* (Rathaus), in dem die Sitzreihen wie in einem Theater in konzentrischen Halbkreisen angeordnet waren. Es war das beherrschende Gebäude innerhalb eines größeren einheitlichen Baukomplexes. Zwei andere derartige Gebäude, das *ekklesiasterion* in Priene mit seinen parallel zu drei Wänden angeordneten Sitzreihen und der Rednertribüne an der vierten Wand sowie die Hypostylenhalle in Delos (um 210) weisen bereits voraus auf die späteren römischen Basiliken. Die Römer konnten den Hallenbau wesentlich verbessern, denn die Verwendung von *opus caementicium* (ein Gemisch aus Bruchsteinen und Mörtel) ermöglichte es ihnen, auf den Säulenwald der hellenistischen Bauwerke zu verzichten und Rundbögen zu errichten, die es bei griechischen Bauten meist nur als Konstruktionshilfen gegeben hatte, zum Beispiel bei der Kanalisation und in einfachen Korridoren mit Tonnengewölben. (Allerdings gab es auch schon früher Torbögen, besonders in Etrurien).

Die griechischen Theaterbauten aus Stein und Marmor wurden etwa seit der Mitte des 4. Jahrhunderts errichtet, und waren als Blickpunkt im städtischen Häusermeer bei Architekten sehr beliebt. Früh schon kannte man das *proskenion*, eine auf Säulen ruhende erhöhte Plattform, die in der Neuen Komödie als obere Bühne diente. Die Alte Komödie war dagegen ebenso wie die klassische Tragödie in der dem *proskenion* vorgelagerten runden *orchestra* aufgeführt worden. Das Theater von Milet aus dem 3. Jahrhundert ist das spektakulärste aller Baudenkmäler dieser Stadt. Die neue erhöhte Bühne ist im Theater von Epidauros zu sehen, das aus der gleichen Zeit stammt. Die *proskenia* hatten wie andere Schmuckfassaden gegliederte Giebelfelder oder zurückgesetzte Säulenformationen in verschiedenen Staffelungen; oft wurden diese Bauelemente auch kombiniert. Hier drückt sich der Wunsch aus, sich von der klassischen Einfachheit zu befreien, ein »barockes« Streben, das wir zweitausend Jahre später etwa bei Bernini und seinen Zeitgenossen wiederfinden.

Der Tempel, schon immer das Urmodell der griechischen Architektur, setzte die stilistischen Maßstäbe für die traditionellen Ordnungen, die dann in hellenistischer Zeit mit großer Flexibilität gehandhabt wurden: die kompakte *dorische* Ordnung, deren Kapitell aus einem einfachen konvexen Wulst *(echinus)* bestand, die elegantere *ionische* Ordnung, deren Säulenhals von zwei seitlich ausladenden schneckenförmigen Voluten flankiert wurde; schließlich die *korinthische* Ordnung mit ihrem durch Akanthusblätter verzierten Kapitell. Der Tempel war kein Ort des Gottesdienstes, da der Altar üblicherweise außerhalb des eigentlichen heiligen Raumes (der *cella*) im Freien stand. Die Cella diente in erster Linie als Schrein für das Kultbild (falls vorhanden) und zur Aufbewahrung von Kultgegenständen und Weihegaben.

Hellenistische Tempel waren riesengroß, hatten andere Proportionen und zeichneten sich durch verschiedene technische und ästhetische Neuerungen aus. Besondere Erwähnung verdient die Entwicklung in Ionien, wo die Seleukiden um 300 den Tempel des Apollo zu Didyma in riesigem Maßstab neu errichteten. Um 130 baute Hermogenes, der größte Tempelarchitekt der hellenistischen Zeit, in Magnesia am Mäander das berühmte Heiligtum der Artemis Leukophryene. Der letzte große griechische Tempel auf kleinasiatischem Boden zeigte eine meisterliche Beherrschung der Wechselbeziehung zwischen Masse und Raum. Auch in Etrurien wurden mit Ende des 4. Jahrhunderts größere Tempel umgebaut bzw. renoviert. Sie waren nach etruskischer Tradition Holzkonstruktionen, aber mit Terrakotta-Ornamenten in hellenistischem Stil verziert – der Einfluß von Tarent und anderen griechischen Orten machte sich deutlich bemerkbar. Nach 200 kam es durch die nach Italien verschleppten griechischen Künstler zu einer neuen Blüte der Baukunst in Etrurien.

Die hellenistischen Heiligtümer wurden immer häufiger zum Hauptbestandteil riesiger Tempelbezirke, in denen sich das religiöse und gesellschaftliche Leben abspielte. Außerdem konnte man dort Orakel befragen oder sich medizinisch behandeln lassen. Der an einer sprudelnden Heilquelle gelegene kleine Tempel des heilenden Gottes Asklepios – er erfreute sich wachsender Beliebtheit – wurde mit finanzieller Hilfe der Attaliden erweitert; seitdem schloß die Anlage einen unterhalb der ursprünglichen Terrasse gelegenen Empfangshof ein. Außerdem wurde auf einer höhergelegenen Terrasse ein neuer, imposanter Gebäudekomplex errichtet, der das Ganze als krönender Abschluß überragte. Das *asklepieion* ist ein gutes Beispiel für die ehrgeizige neue Ästhetik in Plastik, Malerei und Baukunst. Ähnlich aufgebaut war auch der Tempelkomplex der Fortuna Primigenia im lateinischen Praeneste (Palestrina), einer von griechisch-etruskischen und von römischen Einflüssen geprägten alten Stadt. Der Tempel war bereits in den Jahren 156/155 berühmt, als sich der Philosoph Karneades über dessen erstaunlichen Bekanntheitsgrad äußerte.[28] Um das Jahr 80 errichtete man auf Veranlassung Sullas in dem hügligen Gelände, auf dem ein Teil der früheren Stadt gebaut war, Reihen von Bögen aus Mörtelmauerwerk, gedeckte und offene Rampen und von Säulenhallen umgebene Terrassen – eine im Detail römische, in der grandiosen Gesamtkonzeption jedoch hellenistische Anlage.

Neben den Tempeln gab es auch andere bemerkenswerte religiöse Bauten. Vor seinem Tode im Jahre 353 hatte Maussolos von Karien im Südwesten Kleinasiens, ein Klientelfürst der Achämeniden, mit den Arbeiten an dem eigenen Grabmal, dem *maussoleion*, in seiner neuen Hauptstadt Halikarnaß (Bodrum) begonnen. Der monumentale Grabbau wurde von seiner Witwe Artemisia und dann von seiner Schwester Ada weitergeführt, blieb aber unvollendet. Er erhob sich über einem Sockel mit sechsunddreißig Säulen, nach oben wurde er von einer vierundzwanzigstufigen Pyramide abgeschlossen und von den berühmtesten Bildhauern der Epoche ausgeschmückt. Er zählt zu den Sieben Weltwundern und diente als Modell für ähnliche Bauten, zum Beispiel für die großzügig ausgeschmückte Fassade eines Felsengrabes in Belevi bei Ephesos. Die mit Tonnengewölben versehenen rechteckigen Fürstengräber von Aigai (Vergina, um 340–320) boten solche architektonischen Möglichkeiten nicht, da sie Hügelgräber waren. Aber ein etwas jüngeres Grab bei Lefkhadia Nausa in der gleichen Gegend erhebt sich über Bodenniveau; es zeigt eine gefällige zweigeschossige Fassade.

Im Lauf der Zeit errichtete man auch religiöse Bauwerke ganz anderer Art, und zwar Altäre von bisher nicht dagewesenen Dimensionen. Ein Altar des Königs Hieron II. in Syrakus wurde zwischen 241 und 215 auf offenem Feld aus einem gewachsenen Felsen gehauen. Etwa zweihundertfünfzehn Meter lang, besaß er an beiden Enden von Statuen bekrönte Eingänge; sein Überbau, der wahrscheinlich um die zwölf Meter hoch war, wurde abgeschlossen von einem Sims mit löwenköpfigen Wasserspeiern, die das Regenwasser ableiteten. Der prächtige Altar des Zeus und der Athene in Pergamon (jetzt rekonstruiert in Ostberlin) wurde offensichtlich von König Eumenes II. Soter begonnen und vielleicht von Attalos II. Philadelphos vollendet, um seinen mit römischer Hilfe errungenen Sieg über die Galater zu feiern. Auf dem sichelförmig geschwungenen Hang des Burgberges von Pergamon mit seinen Terrassen, Gebäuden und Monumenten war dieses Bauwerk der Mittelpunkt. Der Unterbau des die Säulenhallen und den Altar tragenden Vierecks war mit Reliefs geschmückt. Zu dem eigentlichen Opferaltar führte eine breite Treppe hinauf.

Ein anderes Charakteristikum des hellenistischen Zeitalters war die Bauweise der griechischen Privathäuser. Das Haus des wohlhabenden Bürgers wurde damals viel geräumiger und kunstvoller ausgestaltet als jemals zuvor: ein Zeichen des wachsenden Individualismus dieser Zeit, in der den Menschen die Tätigkeiten und Werte der Polisgemeinschaft nicht mehr genügten.

Die Entwicklung hatte im 5. und frühen 4. Jahrhundert begonnen. Damals wurden in Olynth, der Hauptstadt des Chalkidischen Bundes der makedonischen Küstenstädte, Häuser eines bisher unbekannten Typs errichtet. Die mit anmutigen Mosaiken – weiße geometrische oder figürliche Anordnungen auf schwarzen Grund – aus unbearbeiteten Kieseln geschmückten Gebäude haben einen langen Raum *(pastas)*, dem sich auf der einen Seite eine Reihe kleinerer Zimmer und auf der anderen ein Hof anschließen. Athenische Häuser derselben Epoche sehen ähnlich aus, sind aber einfacher und unregelmäßiger gebaut. In Priene finden sich nach der Mitte des 4. Jahrhunderts jedoch attraktivere und komfortablere Wohnhäuser.

In Makedonien wurden um diese Zeit Wohnhäuser einer neuen Größenordnung errichtet – für Fürsten und Bürger, die sich mit ihnen messen wollten –, so etwa in Aigai (Palatitsia bei Vergina), wo man noch weiträumige *peristyle*, zweigeschossige Säulenreihen und Rundhallen bewundern kann. In der Hauptstadt Pella gab es Straßenpflaster aus bunten Kieselsteinen. Als man nach Alexanders Eroberungszügen kleine Steinwürfel anstelle von Kieselsteinen verwendete, fand die Mosaiktechnik große Verbreitung. Um 250 wurde sie in Morgantina im Osten Siziliens weiter verbessert. Hier fügte man sorgfältig bearbeitete Mosaiksteine *(tesserae)* aus Marmor, Stein und gebranntem Ton zu abwechslungsreichen Mustern zusammen. Im späten 3. und im 2. Jahrhundert findet sich die nun voll entwickelte Mosaikkunst in den Häusern der reichen Kaufleute von Delos.

Das Hauptmerkmal der Häuser aus dieser Zeit, aber auch der späteren in Pompeji und Herculaneum (Heraklea) bei Neapel, ist ein nicht oder nur teilweise überdachter Innenhof *(atrium)* etruskischen Ursprungs. Die Stuckarbeiten, die eleganten Mosaiken und besonders die prächtigen Wandmalereien der Häuser können ihre griechisch-hellenistische Herkunft nicht verleugnen (bisweilen ist sogar der delische Stil erkennbar). Im Jahre 79 n. Chr. vernichtete der Vesuvausbruch Pompeji, Herculaneum und die Landhäuser der Umgebung und – bewahrte sie für die Nachwelt. Kampanien mit seiner überfeinerten Kultur lag am äußersten Rand der hellenistischen Welt. Am entgegengesetzten, nordöstlichen Ende der griechischen *oikumene*, in Borysthenes (Olbia) an der Mündung des Hypanis (Bug), sind durch jüngste Grabungen ebenfalls hellenistische Wohnhäuser nachgewiesen worden, die vor allem wegen ihrer stabil gebauten Keller bemerkenswert sind.

Alle diese prächtigen Häuser gehörten einer kleinen Schicht von Bürgern, die nicht nur einen eleganten und aufwendigen Lebensstil entfalteten, sondern auch erhebliche Beträge aufbringen mußten, um ihrer Stadt die Zahlungsfähigkeit zu erhalten. Denn die Städte selbst waren kaum in der Lage, die laufenden Ausgaben aus öffentlichen Einkünften zu finanzieren. Meist waren sie nicht einmal imstande, ein solides Budget aufzustellen, denn die Aufnahme langfristiger Staatsanleihen war ebensowenig üblich wie etwa ein modernes »deficit spending«. Wenn – was häufig geschah – die Haushaltslage bedenklich wurde, mußten daher die reichsten Bürger einspringen. Dies taten sie im allgemeinen mit erstaunlicher Großzügigkeit. Sie waren auch meist die Geldgeber für aufwendige öffentliche Bauten und andere kostspielige Projekte, wie Festspiele oder Siegespreise für die Schulwettkämpfe.

Wer derartige Aufwendungen aus eigener Tasche bezahlte, wurde dafür jedes Jahr in die Spitze der Stadtverwaltung gewählt. So wurde also das demokratische Prinzip dahingehend modifiziert, daß die Reichen de facto ein Monopol auf die städtischen Ämter hatten, vorausgesetzt, sie zahlten großzügig dafür. In der politisch bewegten Zeit des Frühhellenismus konnten reiche Leute ihr Geld günstig in den Landkauf investieren; und aus dem selbst genutzten oder verpachteten Land erwirtschafteten sie große Renditen. Doch was konnten sie mit ihrem Geld anfangen? Möglichkeiten zur Kapitalanlage existierten kaum, denn es gab noch keine kapitalistische Industrie in großem Maßstab. Diese Leute schwammen also in ihrem Geld. Da sie einen hochentwickelten Sinn für Ruhm und Ansehen *(philotimia)* besaßen, lag es nahe, dieses Geld nicht für die Armen auszugeben, sondern zum Wohle ihrer Heimatstadt und zur Verschönerung ihrer Häuser.

Realität
und
Rückzug

3. Kapitel:
Realität und Individuum

1. Wissenschaftliche Forschungen

Einige Zeitgenossen wollten sich zumindest geistig von den Verhältnissen lösen, die sie in ihrer Umgebung antrafen. Viele andere waren dagegen von einer allgemeinen Tendenz erfaßt, die Dinge so zu sehen, wie sie sind. Diese stärkere Betonung der Realität ging einher mit einer bewußten oder unbewußten Abneigung gegen die allzu idealistisch interpretierte klassische Vergangenheit der Griechen. Schriftsteller, Bildhauer und Maler bemühten sich weit mehr als früher um die realistische Darstellung. Es war jedoch vor allem die wissenschaftliche Forschung der Epoche, die sich äußerst scharfsinnig für eine realistische Weltsicht einsetzte, obwohl die Voraussetzungen zunächst noch recht unsicher waren. Diese Entwicklung begann mit dem Fortschritt in den mathematischen Wissenschaften. Schon vor der hellenistischen Epoche hatten die Griechen den Nutzen mathematischer Berechnungen entdeckt, um einzelnen Naturphänomenen nachzugehen, und besonders Pythagoras von Samos, der um 531 nach Kroton in Süditalien übergesiedelt war, stand im Ruf ganz besonderer Weisheit. Ausgehend vom Studium der Musik kamen Pythagoras und seine Jünger zu dem Schluß, daß mathematische Beziehungen – Zahlenlehre, Geometrie und die Beziehung (»Harmonie«) der Zahlen untereinander – als die Grundverhältnisse der empirischen Wirklichkeit anzusehen sind. Bei der Entwicklung einer unabhängigen mathematischen Forschung in Griechenland spielte auch die Schule im süditalischen Elea (Velia, Lukanien) eine führende Rolle. Von Platon wurden diese Anfänge mit großer Begeisterung aufgenommen: Die pythagoreische Lehre ist eine wichtige Grundlage seines gesamten philosophischen Systems. So entsprechen beispielsweise mathematische Grundformen (Kreis, Linie usw.) bei ihm jeweils einer allumfassenden oder allgemeinen Idee.

Wenngleich Aristoteles auch nicht die Ansichten seines Lehrers über die absolute Vorherrschaft der Mathematik teilte, so führte doch die Beschäftigung mit der Logik zur Ausbildung seines großartigen Systems von den Gesetzen des Denkens, die so vielen späteren Philosophen als Vorbild dienten. Aristoteles' einzigartiger Beitrag war es nun, daß die auf wahre Erkenntnis gerichtete Frage nicht durch die rhetorische Kunst des Beweisens und Widerlegens zu beantworten sei, sondern von den *besonderen* Erscheinungen auszugehen habe: Aristoteles kam je länger je mehr zu der Überzeugung, daß empirische Forschung, die sich auf Beobachtungen und Überlegungen gründet, zur Wahrheitsfindung unabdingbar sei. Dieser Aufgabe suchte er nicht nur mit Hilfe des gesunden Menschenverstands, sondern auch mit leidenschaftlicher Ordnungsliebe beizukommen; er gab sich erst zufrieden, als sich die Naturwissenschaften als eigenständige Disziplin etablierten. Losgelöst von der Philosophie sollten sie als zusammenhängendes System organisiert werden und die ganze Skala ihrer Themen nach den enzyklopädischen Gesichtspunkten des Geschlechtes und der Art ordnen. Größten Wert legte er dabei auf die Lehre vom Leben, da der Mensch ein wichtiges Thema seiner Philosophie war. Was die Präzision seiner Beobachtungen und die theoretischen Erörterungen angeht, war er seiner Zeit weit voraus. Man kann ihn daher mit Fug und Recht als Vater der naturwissenschaftlichen Forschung bezeichnen; mit seinen umfassenden Kenntnissen ist er eine der wichtigsten Leitfiguren auch des hellenistischen Zeitalters gewesen.

Sein Nachfolger Theophrast – er stammte aus Eresos auf der Insel Lesbos (gest. 288/85) – begründete das *lykeion* (Lyceum) der Aristoteliker oder *Peripatetiker* (sie gehen, während sie lehren, auf und ab), eine Schule zur weiteren Ausbildung der aristotelischen Metaphysik. Sie wurde eines der führenden Forschungszentren der Antike. Theophrast soll vor zweitausend Studenten Vorlesungen gehalten haben. Während er die Zweckbestimmtheit des Universums gegen Aristoteles in Zweifel zog – »wir müssen versuchen, für den Nachweis letzter Ursachen eine Grenze zu ziehen«[1], blieb er doch sein ergebener Schüler mit der gleichen Liebe zu Klassifikationen wie sein Meister. Seine auf uns gekommenen Abhandlungen gehören zu den hervorragendsten wissenschaftlichen Schriften der Griechen und zeichnen sich durch die Genauigkeit aus, mit der die Argumentation am beobachteten Gegenstand bleibt. Mit dieser Methode der exakten Beobachtung trennte Theophrast das Reich der Tiere von dem der Pflanzen, und zog damit auf dem Gebiet der Botanik eine Trennlinie, analog etwa wie Aristoteles zuvor zwischen Mensch und Tier unterschieden hatte.

Die Wissenschaft vom Leben war durch Alexanders Züge nach Osten entscheidend angeregt worden und brachte viele neue Erkenntnisse über Menschen, Tiere und Pflanzen. Ihre Blütezeit war leider nur von kurzer Dauer. Bis zum Beginn der Neuzeit hatten Aristoteles und Theophrast auf diesem Gebiet keine ebenbürtigen Nachfolger.

Die naturwissenschaftliche Forschung auf anderen Gebieten machte jedoch während der ersten eineinhalb Jahrhunderte der hellenistischen Periode weit größere Fortschritte als in jeder vergleichbaren Epoche bis zum Beginn der modernen Naturwissenschaft. Endlich frei von reiner Spekulation, konnte sie sich auf sich selbst besinnen. Die festgeschriebenen Glaubenssätze der philosophischen Schulen ließen kaum Raum für empirische Beobachtungen. Epikur zum Beispiel lehnte jede Forschung ab, die nicht mit seiner vorgefaßten Meinung übereinstimmte, und hatte daher recht wenig Respekt vor Platon, Aristoteles oder Theophrast. Auch die Skeptiker mißtrauten durchwegs wissenschaftlichen Erkenntnissen, für den Kyniker Diogenes galt Gelehrsamkeit schlechthin als vollkommen unnütz.

Und doch erlebten Mathematik, Astronomie, Geographie und Medizin in hellenistischer Zeit eine Blüte wie nie zuvor. Zum einen förderten die neuen Monarchen die Forschung im Gegensatz zu den alten Stadtstaaten, die nie viel Geld für solche Dinge ausgegeben hatten (wie schon Platon beklagte).[2] Wer unter den Königen über besonderen Reichtum verfügte, gründete Stiftungen für Forschungszwecke, unter denen vor allem das Museion im ptolemaiischen Alexandria mit seinen staatlich angestellten Gelehrten eine Sonderstellung einnahm. Die Zahlungen waren zugegebenermaßen begrenzt und erfolgten unregelmäßig, auch steckten oft militärische Absichten dahinter – aber beileibe nicht immer, denn Mathematik und Medizin erhielten die meisten Zuwendungen.

Der bedeutende Mathematiker Euklid war einer der ersten Gelehrten, die sich in Alexandria niederließen (um 300). Sein großes Werk *Die Elemente* enthielt dreizehn Bücher (Band 1–4 behandeln die ebene Trigonometrie, 5–6 die Proportionslehre, 7–9 die Arithmetik, 10 die verschiedenen Typen von Irrationalen, 11–13 die Geometrie der Körper). Mit dieser Themenauswahl stand Euklid ganz in der Tradition Platons, von dessen Schülern viele großen Wert auf die mathematische Forschung gelegt hatten. Solche mathematischen *Elemente* waren auch schon früher zusammengestellt worden, doch die Sammlung des Euklid übertraf sie alle. Sein Werk ist im Grunde eine Zusammenfassung aller früheren Forschungsergebnisse, Höhepunkt, Abschluß und Bestandsaufnahme der klassischen Epoche zum Nutzen der neuen hellenistischen Welt. Euklids *Elemente* sind nicht allein wegen der klug ausgewählten fünfhundert Axiome oder Theoreme bewundernswert, mit deren Hilfe er die Mathematik zu einer deduktiven, mit strengen Beweisen arbeitenden Wissenschaft entwickelte; auch seiner eleganten und kristallklaren Darstellungskunst gebührt höchste Anerkennung. An den *Elementen* lernte die westliche Welt, mit dem höchsten Grad von Genauigkeit systematisch zu denken. Wohl kein anderes Werk hat so klar gezeigt, wie Erkenntnis durch rein rationale Methoden gewonnen werden kann, und kein Buch außer der Bibel war so lange so weit verbreitet.

Straton Lampsakos (gest. um 269) vollzog die Trennung zwischen Philosophie und Naturwissenschaft und machte als Nachfolger Theophrasts aus dem Lyceum eine naturwissenschaftlich ausgerichtete Schule. Er meinte, die Vorgänge in der Natur seien nur aus der Natur zu erklären und nicht auf einen Gott oder auf die Vorsehung zurückzuführen. Und er behauptete, das systematische Experiment sei dem logischen Beweis überlegen. Ktesibios, der um diese Zeit in Alexandria arbeitete, legte diese Lehre mehr praktisch-mechanistisch aus. Selbst kein hervorragender Theoretiker, aber ein außergewöhnlich begabter Erfinder, machte er als erster verschiedene Experimente mit einer Druckluftpumpe, er konstruierte eine Wasserorgel, die erste Präzisionswasseruhr und erfand Verbesserungen für die Artillerie. Die Arbeiten des Ktesibios kennen wir aus den Schriften seines Schülers Philon von Byzanz – er war der Verfasser eines technischen Kompendiums und der *Sieben Weltwunder* (3. oder 2. Jahrhundert v. Chr.) – und durch den Erfinder und Mathematiker Heron von Alexandria, der wahrscheinlich im 1. Jahrhundert n. Chr. lebte. Beide waren Experten auf dem Gebiet der Mechanik, und beiden gemeinsam war die Freude an technischen Spielereien.

Archimedes von Syrakus (gest. 212) war der größte Mathematiker seiner Zeit, ein begnadetes Genie, das weit über die Grenzen des Wissens hinaus in unbekannte Sphären vorstieß. Voltaire sagte von ihm, er habe eine lebhaftere Phantasie besessen als selbst Homer.

Fasziniert von der Logik der Geometrie der festen Körper, übertraf er hierin noch Euklid und erschloß völlig neue Dimensionen. Revolutionär war auch seine Ansicht, man müsse zuerst messen und danach beweisen. Er berechnete vor allem krummlinige Flächen und Rauminhalte: Seine Arbeiten über Spiralen, über Kugeln und Zylinder, über Kegel und Kegelschnitte sind von den vielseitigen Beschäftigungen, denen er sich widmete, diejenigen, auf die er wirklich stolz war. Auf seinen Grabstein soll der Steinmetz auf seine Veranlassung hin eine Figur mit Kugel und Zylinder gemeißelt haben, um an seine Volumenberechnungen zu erinnern; dazwischen soll das Verhältnis ihrer Rauminhalte 2:3 gestanden haben.

Archimedes' Methoden zur Bestimmung von Flächen- und Rauminhalten führen direkt zu den Anfängen der modernen Integralrechnung im 17. Jahrhundert. Er erfand auch ein Verfahren zur Exponentialschreibweise großer Zahlen: Mit seinem *Sandrechner* hat er ein Rechensystem entwickelt, das die Leistungen anderer Mathematiker der Antike weit in den Schatten stellt.

Seine Schrift vom *Gleichgewicht ebener Flächen* – sie befaßt sich mit dem Verhalten der Materie unter der Einwirkung von Kräften – ist eine Pionierleistung auf dem Gebiet der Mechanik. Ein angeblich von ihm stammender Ausspruch verdeutlicht dies: »Gebt mir einen Platz, auf dem ich stehen kann (d. h. mit einem Hebel, der lang genug ist), und ich werde die Erde bewegen.«[3] Frühere Forschungen verarbeitete er in seinen epochemachenden Werken über die Statik (die Lehre vom Gleichgewicht der Kräfte). Er kann auch als der »Erfinder« der Wissenschaft von der Hydrostatik bezeichnet werden (der Lehre von den Gleichgewichtszuständen der Flüssigkeiten unter Einwirkung äußerer Kräfte), denn er gab ihr das theoretische Fundament. Archimedes bewies zum Beispiel, daß bei einem Körper, der ins Wasser eintaucht, der Auftrieb dem Gewicht des verdrängten Wassers entspricht. Nach einer der vielen Legenden, die sich um seine Person ranken, soll ihm diese Erkenntnis im Bad gekommen sein, worauf er unbekleidet nach Hause gelaufen sei und laut gerufen habe: *Heureka, heureka* – ich habe es gefunden![4]

Archimedes leistete auch als Techniker Hervorragendes. Zu seiner Zeit kannte man schon Hebel, Flaschenzug, Keil und Winde. Aber er konstruierte einen Wasserheber, die archimedische Schnecke *(cochlias)*, die noch in vielen Ländern bei der Bewässerung im Gebrauch ist. Er soll auch Kriegsmaschinen erfunden haben, die man während der Belagerung von Syrakus gegen die Römer einsetzte. Bei dieser Belagerung verlor er das Leben: Als er eine mathematische Figur in den Sand zeichnete, kümmerte sich ein römischer Soldat nicht um seine Bitte, ihn nicht in seinen Gedankengängen zu stören, und erschlug ihn.

Eratosthenes von Kyrene (um 275 – 194), etwa zwölf Jahre jünger als Archimedes, wirkte zunächst in Athen und wurde dann Leiter der Bibliothek von Alexandria. Halb Naturwissenschaftler, halb Philologe, war er auch ein vielseitiger Mathematiker, in der Universalität des Denkens Aristoteles oder Leonardo da Vinci vergleichbar. Seine besonderen Leistungen lagen auf dem Gebiet der Geographie, die durch den Alexanderzug einen mächtigen Auftrieb erhalten hatte. Dikaiarchos von Messana (um 300) hatte für sein Werk *Das Leben Griechenlands* eine Weltkarte angefertigt. Eratosthenes revidierte sie mit mathematischem Sachverstand (wobei er erkannte, daß das Sonnenlicht auf die verschiedenen Teile der Erde in unterschiedlichen Winkeln auftrifft) und bestimmte den Erdumfang mit erstaunlicher Genauigkeit. Er war der erste Gelehrte, der systematisch die Erde erforschte, und der in seinen *Geographika* mehr zur genauen Beschreibung der Erdoberfläche beitrug als irgend jemand sonst.

Die mathematische Geographie der Griechen basierte weitgehend auf der Astronomie, und vornehmlich dieser Zweig der angewandten Mathematik faszinierte die hellenistische Welt. Der erste Grieche, dem es gelang, die Bewegungen der Himmelskörper zu erklären, war Eudoxos von Knidos (um 390–340), ein Freund Platons. Seine Erkenntnisse – die den hohen Stand der Mathematik, aber auch die mangelhafte und ungenaue Beobachtung zu seiner Zeit anzeigen – wurden in der berühmten Versdichtung *Phainomena* des Aratos von Soloi (um 315–240) volkstümlich dargestellt. Herakleides Pontikos aus Herakleia am Schwarzen Meer (um 388–315) führte ein anderes Modell der Planetenbewegungen ein, demzufolge sich die Erde (die man nun für rund hielt) um ihre eigene Achse dreht.

Ein Schüler Stratons, Aristarchos von Samos, erwarb im frühen 3. Jahrhundert bleibenden Ruhm, als er erkannte, daß sich die Erde um die Sonne dreht. Seleukos aus Seleukeia am Tigris (um 150?) unterstützte das heliozentrische Weltbild des Aristarchos. Aber Hipparchos von Nikäa (um 190 – nach 126), der größte Astronom der Antike, fühlte sich wie viele seiner Zeitgenossen außerstande, dies Weltbild zu akzeptieren, weil die damals bekannten Tatsachen nicht ausreichten, um eine derartige Theorie zu untermauern. Wir sollten uns an unsere Beobachtungen halten, meinte er – so aber ließen sich die ungeheuren Entfernungen nicht beweisen, die Aristarchos für sein Weltbild brauchte. Gleichwohl verbesserte Hipparchos die Observationstechniken ganz entscheidend. Dabei bewies er ein besonderes Talent für die Auswahl wirklich relevanter Daten, wobei er babylonische und alexandrinische Berichte von Eklipsen heranzog und mit seinen eigenen, erstaunlich genauen Beobachtungen auf dieser Grundlage als erster eine zufriedenstellende Theorie der Bewegungen von Sonne und Mond entwickelte. Nach dem Urteil des römischen Mathematikers Plinius d. Ä. war Hipparchos »so kühn, daß sogar Gott ihn dafür hätte tadeln können: Er wagte es, für die Nachwelt einen Fahrplan für die Sterne festzulegen, sowie die Himmelskörper namentlich auf einer Liste anzukreuzen – und vermachte so der Menschheit das All in der Annahme, daß jedermann das Erbe beanspruchen könne!«[5]

Der hellenistischen Astronomie fehlte die Kontrolle durch sich ständig wiederholende Laborexperimente, außerdem standen optische und andere Instrumente nur in begrenztem Umfang zur Verfügung. Und trotzdem sind ihre Entdeckungen und die Entwicklung der sie begleitenden Methodenlehre erstaunlich. Ihr hoher Stand wird veranschaulicht durch eine astronomische Uhr (um 75 – 50 v. Chr.), die man auf der Insel Ogylos (heute Antikythera, zwischen der Peloponnes und Kreta) fand. Sie ist der komplizierteste technische Apparat, der aus der Antike auf uns gekommen ist; mit Hilfe von dreißig Bronzescheiben und Zahnrädern zeigt sie den Lauf von Sonne, Mond und Sternen an.

Auch die Medizin machte in hellenistischer Zeit beachtliche Fortschritte. Die Geschichte der Heilkunst reicht natürlich in viel frühere Zeiten zurück. Zum Beispiel zeigte schon eine Vasenzeichnung aus den Jahren 480–470 eine ganze Anzahl der damals üblichen medizinischen Verfahren. Seit alters befanden sich die bekanntesten medizinischen Zentren Griechenlands in den Asklepios-Heiligtümern von Epidauros und Kos (gegr. um 350). Hier gab es Sanatorien, wo sich der Heilungsprozeß mit Hilfe eines Heilschlafs im Tempel vollziehen sollte, ein Verfahren, das der Komödiendichter Aristophanes im 5. Jahrhundert beschrieb.[6] Es gibt Berichte von wunderbaren Vorgängen oder auch Fälle von Autosuggestion, die zur Heilung führten; daneben wurden aber auch Diät, Bäder und Bewegungsübungen angewendet.

Ob die frühen Ärzte ihre Kenntnisse von den Priestern bezogen, läßt sich kaum mehr klären. Wahrscheinlich geht die Gründung des Tempels von Kos jedoch auf die Schüler des Hippokrates zurück, des berühmtesten aller griechischen Ärzte, der in der zweiten Hälfte des 5. Jahrhunderts auf der Insel geboren wurde. Er veränderte die Medizin, indem er rationale Denkweisen förderte, etwa gleichzeitig mit Sokrates, der dasselbe in der Philosophie tat. Als Forscher, Lehrer und Arzt wirkte Hippokrates in vielen Städten Griechenlands. Der Hippokratische Eid, der die ärztliche Ethik in knappen Worten ausdrückt, scheint in seiner gegenwärtig bekannten Form allerdings erst nach 400 formuliert worden zu sein; auch die berühmten achtundfünfzig Schriften des Hippokratischen Corpus sind vielleicht erst in hellenistischer Zeit entstanden.

Die Arbeiten des Hippokrates bedeuteten eine Abkehr von rein theoretischen Prinzipien hin zur exakten Beobachtung. Die griechische Medizin konnte wegen ihrer sozialen Bedeutung weitgehende Selbständigkeit erringen; von Stadt oder Staat angestellte Ärzte nahmen an Zahl zu. Auch wurden Schriftsteller die sich mit der Heilkunde beschäftigten, nicht müde, den Arztberuf zu loben: Sie fanden ihn angemessen für Philosophen und Halbgötter. Die betonte Gleichsetzung der Heilkunde mit der Philosophie (was auf der griechischen Vorliebe für das Studium der Abstrakta beruhte) könnte man freilich als Ausdruck eines nie ganz bewältigten Inferioritätskomplexes betrachten.

Trotzdem brachte die hellenistische Epoche auch praktische Ergebnisse in der Medizin hervor, die der theoretischen Forschung durchaus ebenbürtig waren. Wichtigstes Zentrum war die Schule von Alexandria, wo man vor allem die Anatomie weiterentwickelte. Dieser Zweig verdankte der alten ägyptischen Heilkunst sehr viel, noch mehr den Ptolemaiern, die nicht nur die Professoren der alexandrinischen Fakultät bezahlten, sondern auch – was bis dahin unüblich war – die Leichen von Verbrechern für die Sektion zur Verfügung stellten. Dank dieser Möglichkeiten, aber auch aufgrund verbesserter chirurgischer Methoden und Instrumente machte die medizinische Forschung große Fortschritte.

So führte der in der ersten Hälfte des 3. Jahrhunderts in Alexandria lehrende Herophilos von Chalkedon Sektionen durch, um die Kenntnisse über Gehirn, Auge, Zwölffingerdarm, Leber und Fortpflanzungsorgane zu vertiefen. Obgleich ein hervorragender Gelehrter, lagen ihm doch vor allem die praktischen Aufgaben und Probleme der Ärzte am Herzen, deren Verpflichtung dem Volk gegenüber er besonders betonte. Erasistratos, sein jüngerer Kollege – vielleicht sein Schüler – machte wichtige Entdeckungen auf dem Gebiet der Verdauungsorgane und des Gefäßsystems. Die Erforschung des Blutkreislaufs blieb allerdings sehr viel späteren Zeiten vorbehalten. Wenn man Herophilos als den Vater der Anatomie bezeichnet, so war Erasistratos der Begründer der Physiologie. Zwar galt er als klinischer Praktiker von Rang, doch waren seine sorgfältigen quantitativen Analysen manchmal durchsetzt mit kühnen, ja voreiligen Spekulationen. Er ist auch als Begründer der Psychiatrie anzusehen, denn als erster entdeckte er Erkrankungen des Nervensystems und erforschte deren mögliche Ursachen.

Herophilos und Erasistratos verkörperten den Höhepunkt der hellenistischen Biologie und Medizin. Nach ihrem Tode führte man anscheinend keine Sektionen mehr durch. Der Ärztestand zerfiel in einander bekämpfende Sekten, von denen die Dogmatiker und Empiriker die bekanntesten waren. Die sich auf Herophilos berufenden Dogmatiker behaupteten, der klassischen hippokratischen Methode der Deduktion zu folgen, wonach das Wissen vom Menschen und den Ursachen seiner Leiden nur durch eine die Erfahrung ergänzende theoretische Überlegung zu erwerben sei. Die empirische Schule verachtete abstraktes Denken über Unsichtbares und stellte Diagnosen nur aufgrund der unmittelbaren Beobachtung von Symptomen des Patienten. Dies war durchaus im Sinne der Philosophen der Zeit, denen es um die praktische Lebensführung des einzelnen ging. So erklärte der Begründer der Schule, Serapion von Alexandria (um 200–150) – vielleicht war ihr Gründer auch Philinos von Kos um 250 –, daß nicht die Ursache, sondern die Heilung der Krankheit den Arzt beschäftigen solle; nicht wie wir verdauen, sei wichtig, sondern die Kenntnis dessen, was verdaulich ist.

Die Wissenschaftsgeschichte des hellenistischen Zeitalters endete mit Poseidonios von Apameia in Syrien (um 135–50). Seine Werke gingen wie die vieler seiner Vorgänger verloren, doch offensichtlich war er ein Universalgelehrter, der Eratosthenes an Vielseitigkeit noch übertraf. Von Rhodos aus unterhielt er vielfältige Beziehungen zu Rom. Neben der bis dahin vernachlässigten Historie befaßte er sich mit jedem nur denkbaren Wissensgebiet, darunter auch mit der Ethnologie. Was er anstrebte, war eine Wiedervereinigung der philosophischen und naturwissenschaftlichen Studien. Außerdem wollte er seiner stoischen Überzeugung Ausdruck verleihen, nach der Himmel, Erde und alle Teile des Kosmos aufeinander einwirken; die gegenseitige »Sympathie« mußte das antiwissenschaftliche Vorurteil vieler seiner Zeitgenossen, die ebenfalls der Stoischen Schule angehörten, entkräften.

Beobachtungen, die Poseidonios während seiner weiten Reisen aufzeichnete, gaben den Anstoß zu dem Versuch, Entfernungen und Größe der Sonne zu bestimmen, den Durchmesser der Erde zu berechnen und eine neue Weltkarte zu zeichnen. In seinen ozeanographischen Studien wies er bereits auf die Abhängigkeit der Gezeiten von den Mondphasen hin. Als Aristoteles eine Arbeit über Meteorologie verfaßte, beschränkte er sich auf das Studium der Vorgänge in der Atmosphäre; Poseidonios verstand dagegen unter Meteorologie ein viel breiteres Wissensgebiet. So suchte er den Aufbau der Erdatmosphäre im Zusammenhang eines umfassenden universalen Systems zu erklären.

Sein nahezu unbegrenztes Sachwissen auf fast allen Gebieten trug ihm den Vorwurf der Oberflächlichkeit ein. Dabei war er der gelehrteste Mann seiner Zeit, und man nannte ihn mit gutem Grund bewundernd »den Athleten«. Poseidonios' großes Verdienst war es, daß er die ungeheure Menge an ererbtem Wissen sammelte, in neue Formen goß und dieses Material der römischen Welt und der Renaissance weitergab.

Wie schon erwähnt, hatte zwei Jahrhunderte zuvor die hellenistische Naturwissenschaft einen bemerkenswerten Anfang genommen; Aristoteles und Theophrast hatten die systematische Forschung eingeführt und auf alle Wissensgebiete ausgedehnt.

Das damit einhergehende unbegrenzte Selbstvertrauen spricht aus den Worten eines Dichters der Mittleren und Neuen Komödie, Alexis von Thurioi (um 375–275): »Auf jedes Streben wartet eine Entdeckung, jedoch nicht bei den Abtrünnigen, die die Mühsal scheuen. . . . Wenn Menschen entfernte Welten erforschen, sollten sie dann nicht mit den Problemen dieser Erde fertig werden, unserer ureigensten Heimat?«[7] Später äußerte sich der Historiker Polybios in ähnlicher Weise: »Alle Wissenschaftszweige haben bei uns solche Fortschritte gemacht, daß die Unterweisung darin nur noch systematisierend erfolgen kann.«[8]

Bei allem Glanz gab es jedoch durchaus Lücken und Mängel. Verschiedene Methoden wissenschaftlichen Denkens wurden zwar vorangetrieben, aber dann nicht mehr weiterverfolgt: Eine kontinuierliche Fortentwicklung von Theorie und Praxis fand nicht statt. Das hellenistische Zeitalter wußte nichts von Chemie und wenig von Physik und

Geologie. Man hatte die alten klassischen Zielsetzungen nicht wesentlich verändert, verbessert oder ausgeweitet, und abgesehen von dem einzigartigen Genie eines Archimedes hatte man nur die Beobachtung verfeinert, und man konnte die Phänomene besser erklären. Gründe für den Mangel an Fortschritt gab es viele. Obgleich sich die Naturwissenschaften verselbständigt hatten, galt die Philosophie immer noch als die Göttin, der alles diente. Deshalb lief wohl auch die Mathematik, die der Philosophie traditionsgemäß nahestand, den anderen Wissenschaften den Rang ab. Auch die von den stoischen und epikureischen Schulen ausgehende Befürchtung, wissenschaftliche Forschung könnte unbequem werden, sowie die Ablehnung rationalen Denkens, eine Frucht dieser Ängste, mußte sich auf die Dauer äußerst negativ auswirken.

Die Zeit für die angewandten, experimentellen Wissenschaften war noch nicht gekommen. Die Grundprinzipien des Universums waren damals noch nicht im entferntesten so gut bekannt wie heute, und selbst wenn hellenistische Naturwissenschaftler ihre Theorien darüber entwickelten, so fehlten ihnen doch die Instrumente, um ihre Mutmaßungen durch Experimente zu stützen. Sie zeigten wohl auch wenig Neigung dafür, denn nach recht erfolgreichen Anfängen wandten sie sich von der Methode der reinen Naturbeobachtung wieder ab. Wie bereits geschildert, hielt man auch die Technik für nicht entwicklungsfähig. Trotz ihres Interesses an besseren Kriegsmaschinen dachten selbst die Ptolemaier nie daran, die Erfindergabe eines Ktesibios praktisch zu nutzen. Ktesibios wußte sehr wohl, daß er als Theoretiker weit höheres Ansehen genoß als der Ingenieur oder Handwerker *(technites)*, denn handwerkliche Tätigkeit wurde immer noch geringgeschätzt. Plutarch zufolge soll Archimedes auf die Arbeit eines Ingenieurs und auf alles, was die Bedürfnisse des Lebens befriedigt, als niedrig und gewöhnlich herabgesehen haben.[9] Ob Archimedes tatsächlich so dachte, können wir nicht mehr entscheiden; sicherlich war er jedoch Plutarchs Meinung. Wie er schworen die hellenistischen Pädagogen viel zu sehr auf literarische und rhetorische Bildung, als daß sie je über die Möglichkeiten technischer Entwicklungen nachgedacht hätten; folglich befaßten sie sich auch nicht damit.

Das hellenistische Zeitalter hatte auf der Suche nach der wissenschaftlichen Wahrheit anfangs erstaunliche Leistungen hervorgebracht. Sie waren Ausdruck des allgemeinen Strebens, die Realität zu erfassen. Auch später gab es gelegentlich noch hervorragende Geister. Die Fortschritte waren jedoch fast durchwegs gradueller Art; die wirklich bahnbrechende Leistung war selten. Als der Hang zum Realismus dann von einer Welle des Irrationalismus abgelöst wurde, stemmte sich selbst ein »Athlet« wie Poseidonios vergebens gegen den Strom der Zeit.

2. Realismus in Literatur und Kunst

Der Trend zum Realismus, das neue Streben nach Wahrheit gibt es ebenso in Literatur und Kunst. Die beklemmenden Charakterstudien des Euripides sowie viele Passagen in Aristoteles' Schriften über die *Ethik* beweisen dies. Aus seiner *Metaphysik* spricht andererseits die realistische Erkenntnis, daß der Mensch nur kurze Zeit mit der reinen Ratio auskommen kann. Um ein exaktes Bild der menschlichen Natur zu erhalten, ist es daher notwendig, auch die irrationalen Züge seines Verhaltens zu erforschen. Aristoteles und viele seiner Schüler waren zwar der Ansicht, daß ein Mensch mit »fertigem« Charakter geboren wird. Dies minderte jedoch nicht ihren Eifer, die Unterschiede menschlicher Verhaltensweisen zu sammeln, zu ordnen und zu analysieren und sie dann zum Problem der Willensfreiheit in Beziehung zu setzen.

Ein Nebenprodukt dieser sorgfältig durchgeführten Sammlertätigkeit ist Theophrasts Werkchen über die *Charaktere.* Hierin gibt er dreißig kurze Schilderungen menschlicher Charaktertypen, die allesamt wenig anziehend wirken – vielleicht gab es dazu entsprechende positive Beschreibungen, doch sind sie verloren. Messerscharf und pointiert in der Beobachtung des Menschlich-Allzumenschlichen, will der Autor keine Moral predigen, sondern begnügt sich mit der nüchternen Bestandsaufnahme von amüsanten Lächerlichkeiten. Grobe Charakterfehler werden weggelassen. Seine Männer und Frauen sind Durchschnittsmenschen, weder arm noch reich, und gehören zur unpolitischen Mittelschicht der griechischen Bevölkerung. Die literarischen Vorläufer der *Charaktere* sind nicht genau zu bestimmen, wenn es überhaupt welche gab. Wahrscheinlich liegt uns Theophrasts Werk im Original vor, wofür sein humorvoller Stil spricht. (Er soll auch eine Arbeit über *Das Absurde* verfaßt haben. Möglicherweise gehören die *Charaktere* zu einer Reihe rhetorischer Handbücher oder spezieller – verlorener – *Poetiken*, die sich mit den Charakteren der Komödie befaßten. Wenn uns Aristoteles' Arbeit über die *Komödie* bekannt wäre, könnte man vielleicht eine Verwandtschaft mit Theophrasts kleinem Werk entdecken.

Es überrascht daher nicht, daß der bekannteste Dichter der Neuen Komödie, Menander (um 342–292), ein Schüler Theophrasts gewesen ist. Menander schrieb über hundert Theaterstücke, zehn davon sind in Fragmenten erhalten und nach mehreren bedeutenden Papyrusfunden in der letzten Zeit rekonstruiert worden; am vollständigsten liegt uns das Stück *Epitrepontes (Das Schiedsgericht)* vor. Von den Stücken der etwa siebzig Dichterkollegen Menanders ist kein einziges erhalten geblieben. Neben Menander wird häufig auch der wahrscheinlich aus Syrakus stammende Philemon genannt, der erstmalig im Jahr 326 als

Komödiendichter erscheint. Zu Lebzeiten weniger bekannt als Philemon, wurde Menander dennoch von Ptolemaios I. Soter nach Alexandria eingeladen. Die Nachwelt feiert ihn als den bedeutenderen Dichter.
Angefangen bei den römischen Dramatikern Plautus und Terenz, die
seine Stücke bearbeiteten (3. und 2. Jahrhundert v. Chr.), reicht sein
Einfluß auf die literarische Welt bis hin zu Molière oder Sheridan.

Den menschlichen Leidenschaften vor allem galt Menanders Interesse; allerdings sind seine Personen lebensechter und bodenständiger als
die der euripideischen Tragödie. Ihm lag daran, die Menschen darzustellen, wie sie wirklich waren. Seine Figuren, die Theophrasts *Charaktere*
nahestehen, sind Kleinbürger, Hetären und Sklaven; sie wirken weitaus
realistischer als etwa die der Komödien des Aristophanes im 5. Jahrhundert. Fortschritte sind sogar erkennbar gegenüber der sog. »Mittleren«
Komödie des Antiphanes (385) oder auch des Alexis von Thurioi (um
350), die sich noch mitten im Stadium des Experimentierens befanden.
Die Charaktere Menanders sind lebendige, eigenständige Geschöpfe,
und nicht von ungefähr bezeichnet ihn (etwas übertreibend) ein anderer
Aristophanes, nämlich der griechische Gelehrte Aristophanes aus Byzanz (um 257–180), als den zweitgrößten griechischen Dichter, weil er
das Leben auf der Bühne so wirklichkeitsgetreu abgebildet habe: »O
Menander und Leben«, so seine rhetorische Frage, »wer von euch
imitierte den anderen?«[10]

Das von Menander in der Komödie dargestellte »Leben« hatte, wie
schon bemerkt, nichts mit der Alten Komödie des Aristophanes gemein,
denn diese war bewußt politisch angelegt, während Menanders Figuren
kaum mehr etwas von der leidenschaftlichen Anteilnahme des Bürgers
am Geschehen der Außenwelt widerspiegeln. Denn gemäß der schon bei
Theophrast erkennbaren Tendenz zog es Menander vor, die Menschen
in ihrer »normalen« Umgebung zu zeigen, die ja im allgemeinen recht
wenig von der großen Politik beeinflußt wird. Wie auch die ihm
vorangehende Mittlere Komödie beschäftigte er sich daher vorwiegend
mit dem Kleinbürger und dessen häuslichen Familienschicksalen, die
auch den Menschen der damaligen Zeit wichtiger schienen als alle
Haupt- und Staatsaktionen der Politiker.

Gleichzeitig schränkte er jedoch seine Vorliebe für realistische Darstellungen bewußt ein: Die Schauspieler traten zwar in Alltagskleidung
auf, trugen aber noch Masken. Auch griff er nicht einfach typische
Situationen aus dem Leben heraus, sondern hielt sich bezeichnenderweise an traditionelle Sujets der Bühne: Findelkinder und ihre Erkennungs-
zeichen, entführte Töchter, uneheliche Schwangerschaften, gerissene
Sklaven, kostspielige Abenteuer mit Huren oder der Verlust eines
Handelsschiffes, mit dem das Familienvermögen untergegangen war.

Ohne Zweifel kommen diese Dinge im Leben vor, und man kann auch die vielen unglaublichen Zufälle akzeptieren, mit denen die Stücke gespickt sind, aber in ihrer Beschränkung auf diese wenigen Themen wirken sie sehr leicht platt und abgegriffen; das Leben erscheint oft wie in einem Zerrspiegel.

Freilich werden diese Schwächen durch Einfallsreichtum, durch überraschende Effekte, raffinierte Verwicklungen und spritzige Dialoge schnell wettgemacht, Techniken, in denen Menander sich als wahrer Meister zeigt. Mit solchen Mitteln versteht er es, seine psychologisch nicht sehr durchgearbeiteten Figuren lebendig und lebensecht erscheinen zu lassen, wobei er ihre Charakterzüge aus der Handlung entwickelt. Ähnlich wie Philemon hält auch Menander immer wieder Überraschungen für uns bereit; so weichen viele seiner zunächst als Typen vorgeführten Figuren – Berufssoldat, Koch oder Hetäre – häufig von der vorgegebenen Norm ab und verhalten sich völlig anders, als man es von ihnen erwartet. Menander reizte, wie viele seiner Zeitgenossen, die Absonderlichkeit der Menschen.

Sein Realismus wird auch durch die Sprache vermittelt. Der jambische Trimeter (ursprünglich eine literarische Kunstform), den er hauptsächlich verwendet, ähnelt vom Rhythmus her der Umgangssprache. Seine Figuren sprechen, unabhängig von ihrer jeweiligen Herkunft, allesamt den gleichen Dialekt; er kommt der künftigen hellenistischen Einheitssprache, der *koiné*, sehr nahe. Je nach Umständen und Stimmungen läßt er die Personen in besonderem Tonfall oder in einer ungewöhnlichen Manier sprechen.

Berühmt ist Menander auch wegen der in seinen Stücken gleichmäßig verstreuten moralisierenden Epigramme: »Wen die Götter lieben, der stirbt jung« (eine Behauptung, die einen alten Mann ärgern soll); wahrscheinlich auch »Ich bin ein Mensch und ich denke, nichts Menschliches ist mir fremd« (der es ausspricht, ist, was häufig nicht erwähnt wird, ein höchst unsympathischer Charakter). Menanders besondere Stärke aber liegt in der Ironie, mit der er schildert, wie die Menschen miteinander umgehen. Mit ein paar Strichen umreißt er nicht nur eine Person, sondern auch eine Beziehung; und er kann eine Situation so überzeugend, unmittelbar und unverwechselbar darstellen, daß man weinen oder lachen oder beides muß. Wie im Leben offenbaren sich die Charaktere gewöhnlich nicht von selbst, aber wir können ihre Gefühle und ihre Wünsche aus dem erschließen, was sie sagen und tun. Dabei entsteht eine Spannung zwischen dem, was gewöhnlich üblich, normal ist, und dem, was außergewöhnlich und besonders ist: Menander hält klug die Balance zwischen Konvention und Realität, d. h. seine Personen sind so realistisch, wie es die Tradition des Theaters damals zuließ.

Eine dieser Konventionen war, daß eine Geschichte unbedingt gut ausgehen mußte. Trotz aller Konflikte, aller unnötigen, bisweilen albernen Schwierigkeiten, die sich zum Beispiel in den Beziehungen zwischen Eltern und Kindern oder zwischen Ehepaaren und Liebhabern auftürmen, siegt immer das Gute. Verbrechen, Anmaßung und Schurkerei werden stets durch Freundlichkeit und Freundschaft überwunden. Der Realismus ist hier durch einen banalen Optimismus verwässert, weit mehr noch als die optimistischen Äußerungen der Schauspieler im Stück vermuten lassen. Der Mensch, obsiegt er auch im Kampf mit Zufall oder Mißverständnis *(agnoia)*, ist dennoch weit von vernunftgemäßem Handeln entfernt: Zu den Charaktereigenschaften, mit denen Menander seine Gestalten ausstattet, gehört auch ein gerüttelt Maß an Irrationalismus, der bereits bei Aristoteles und Theophrast zu finden ist.

Theokrit von Syrakus und Herodas gehören als Vertreter der dramatischen *mimetischen* Dichtkunst schon der nächsten Generation an. Der *Mimus* war in Griechenland schon seit alters populär. Er wurde zunächst immer nur von einem Künstler, später von drei oder mehreren vorgetragen und von Pauken und Schlaginstrumenten begleitet. Im Stil einer Posse oder Moritat erzählten die Schauspieler Szenen aus dem täglichen Leben oder burleske Geschichten aus der Götterwelt, die sie mit Gesten und Mimik untermalten. Die weit mehr auf Situationskomik und Charakterzeichnung als auf Handlung angelegten Stücke gehen auf den Syrakusaner Sophron (5. Jahrhundert) zurück. Er gab dem Mimus seine literarische Form und dichtete je nach dem Geschlecht der Darsteller Mimen für Männer und Frauen. Man nahm sogar an, daß die Form des platonischen Dialogs von den Mimen des Sophron beeinflußt wurde.
 In der Folgezeit eroberte der Mimus das Theater, wenn auch in veränderter Form. Er löste allmählich die Tragödie und sogar die Komödie als volkstümliche Schauspielform ab. Eng verwandt mit dem Mimus war das *Phlyax-Spiel* (eine Art von »Lustspiel-Tragödie«, von *phlyaros* = dummes Geschwätz). Der in Taras (Tarent) geborene und wahrscheinlich um 300 in Syrakus lebende Dichter Rhinton ließ in diesen Stücken Schauspieler mit Gesichtsmasken, Zottelgewändern und riesigen Phalli auftreten. In Versform boten die Darsteller Szenen des Alltagslebens und Parodien auf Themen aus der Mythologie dar. Die zeitgenössische Dichterin Nossis von Lokroi Epizephyrioi rühmte Rhinthon wegen der Erfindung der »tragischen« *Phlyakes*, was wohl heißt, daß dies eine literarische Neuerung war. In Alexandria baute Sopater von Paphos ironische philosophische Sequenzen in seine Mimen ein, zum Beispiel macht sich das längste uns erhaltene Phlyax-Fragment, *Die Gallier*, über die Stoiker lustig.

Großer Popularität erfreuten sich bald auch Mimen, die die Welt realistischer, direkter und nüchterner zeigten. Hier war es vor allem der Syrakusaner Theokrit (um 300–260?), der diese populäre Kunstform mit neuen Ideen belebte, u. a. indem er viele seiner auf Mimen Sophrons zurückgehenden Kurzgedichte in äußerst lebendige Hexameter faßte. Manche Gedichte Theokrits (die Schäferpoesie ausgenommen) ähneln mimetischen Stücken und waren wahrscheinlich für eine halbdramatische Rezitation vorgesehen. Das zweite Gedicht in seiner Anthologie, *Die Zauberin*, erinnert an das größte erhaltene Sophron-Fragment, das ebenfalls von der Zauberei handelt, dergleichen das vierzehnte Gedicht, ein Dialog zwischen Aischinas und Thyonichos, der gespickt ist mit abgebrochenen Sätzen, Satzverkürzungen und Sprichwörtern. Vor allem das fünfzehnte Gedicht der Sammlung kommt einem Mimus am nächsten. Es berichtet von zwei syrakusanischen Damen, die um 274 in Alexandria an den Adonis-Festspielen teilnehmen: Deutliche Anklänge an die Neue Komödie sind ebenfalls nicht zu verkennen, was sich zum Beispiel in der Figur des einfältigen Sklaven zeigt. Auch Sophron hatte in einem Mimus Frauen karikiert, die an den Isthmischen Spielen von Korinth teilnahmen.

Die Frauen bei Theokrit sind alle wohlhabend, aber dabei spießig und gewöhnlich, um nicht zu sagen vulgär. Meisterhaft setzt er seine Mittel ein, mit einem untrüglichen Gespür für das Lächerliche schildert er Begebenheiten aus dem städtischen Leben – und gerade die Leute, die der gebildete Kreis, mit dem er sich umgab, verachtete. Die Gefühle und Platitüden dieser geschwätzigen Frauen wirken noch komischer dadurch, daß er sie in einer völlig unangemessenen, literarischen Sprache sprechen läßt und die ursprünglich derbe Form des Mimus für seine eleganten, anzüglichen Verse benutzt.

Wahrscheinlich während der Regierungszeit Ptolemaios III. Euergetes (246–221) entwickelte der talentierte Herodas (oder Herondas) eine andere Art der Mimendichtung. Herodas stammte vermutlich von der Insel Kos. Wir kennen sieben seiner Stücke, außerdem sind einige Fragmente erhalten. Für die kurzen, doch gehaltvollen und scharfzüngigen Szenen, in der für ihn typischen Mischsprache verfaßt, gebrauchte Herodas eine altertümliche Spielart des Jambus, der das traditionelle Versmaß der Satire war. (Seine Stücke werden daher auch *Mimiambi* genannt.) Typische Charaktere sind beispielsweise der schlechtgelaunte Kynno und die naive Kokale, welche ihre Weihegaben beim Asklepios-Heiligtum in Kos niederlegen; Bitinna, die eifersüchtig ist, weil ihr Liebhaber mit einer Sklavin geschlafen hat; der schmierig-aufdringliche Schuster Kerdon, der nebenher lederne Phalli an seine Kundinnen verkauft; der salbadernde Bucklige Battarus, ein Bordellbesitzer, oder

Metrotime, die einen Lehrer dazu drängt, ihren ungehorsamen Sohn einmal kräftig zu verprügeln.

Auch die *Mimiambi* des Herodas wurden wahrscheinlich nur von einem Schauspieler vorgetragen, der mit unterschiedlichem Tonfall und variabler Gestik die einzelnen Figuren verkörperte. Wie bei den Mimen Theokrits entgeht einem auch bei Herodas manches von dessen Witz, da seine naturalistischen Charaktere mit der dazu im krassen Gegensatz stehenden gekünstelten Sprache aus dem reichen Schatz der griechischen Poesie schöpfen, so daß eine überraschende, ja haarsträubende Mischung aus volkstümlichem Inhalt und Literatursprache entsteht. Die hochgebildeten Freunde des Dichters vergnügten sich wahrscheinlich gar köstlich, wenn etwa der des Schreibens und Lesens unkundige Sohn der Metrotime mit völlig unangemessenen poetischen Ausdrücken um sich warf. Trotz des etwas abstrusen Humors sind die Stücke in ihrer satirischen Schärfe äußerst wirkungsvoll, vor allem weil Herodas sehr deutlich Seiten des täglichen Lebens aufdeckt, mit denen sich Literaten früherer Zeiten niemals beschäftigt hatten. Nach Herodas stellt auch Kerkidas das Los der Armen dar, doch hier tritt der Humor hinter die soziale Anklage zurück.

Einige Epigrammatiker, zum Beispiel Leonidas von Taras, zeigten gegen Ende der hellenistischen Epoche ähnliche Ansätze. Frei von beschaulichem Optimismus und mit den Mitteln einer an Theokrit und Herodas erinnernden Kunstsprache widmet sich Leonidas dem Los der Fischer, Bauern und anderen armen Leuten, von deren elendem Dasein die Gesellschaft bis dahin kaum Notiz genommen hatte.

Um dieselbe Zeit beklagten auch einige Historiker, daß sich ihre Kollegen nicht an Tatsachen hielten. Duris von Samos (um 340–260) etwa sah die *Mimesis* (Nachahmung) als eine wesentliche Aufgabe des Historikers an, die ihm bei seinen Vorgängern Theopomp von Chios (Verfasser der *Hellenika* und *Philippika*) sowie bei Ephoros von Kyme (er schrieb eine *Universalgeschichte*) völlig vernachlässigt schien.[11] Duris gebrauchte den Begriff *Mimesis* für eine emotional gefärbte Geschichtsschreibung, glaubte aber gleichzeitig, daß jeder Historiker bestrebt sein müsse, diese Darstellungsform als eine Art »höherer Realität« zu würdigen. In seiner Arbeit blieb er leider zu unkritisch, als daß er das selbstgesteckte Ziel hätte erreichen können. Man nimmt an, daß der weitaus sachlichere Historiker Hieronymos von Kardia (gest. 250) seine richtungsweisende, auf genauer Kenntnis der Fakten beruhende *Geschichte der Diadochen* bewußt gegen Duris' Geschichtsauffassung konzipiert hat.

Später flammte der Streit um den historischen »Realismus« erneut auf. Phylarchos (3. Jahrhundert) machte sich den farbigen, melodramatisch aufgeputzten Stil des Duris zu eigen, weswegen er von Polybios (um 200 – nach 118) scharf getadelt wurde. Das Geschichtswerk des Polybios, der an sein Werk strengste historische Maßstäbe anlegte und dem es um Vollständigkeit, Klarheit und Genauigkeit in der Wiedergabe historischer Ereignisse ging, stellt einen Gipfelpunkt der hellenistischen Literatur dar. Bemüht, die Vergangenheit unbeeinflußt von zeitgenössischen Vorurteilen realistisch und objektiv darzustellen, erkannte er den tiefgreifenden Wandel, den der Aufstieg Roms in der gesamten Mittelmeerwelt verursacht hatte. Er machte auch den Zeitgenossen klar, daß die Machtstellung Roms allein auf seiner Stärke beruhte. Sie sei nicht etwa daraus zu erklären, daß die Göttin Tyche (Zufall) die Römer besonders bevorzugt habe.

Das waren harte, doch sehr realistische Wahrheiten, die eine Revolution in der Geschichtsschreibung hervorriefen. Polybios wies am Beispiel der römischen Geschichte nach, daß von nun an die einzig adäquate historische Darstellungsform die Universalgeschichte sei. Rom habe die Weltgeschichte vereinheitlicht. Diesem Phänomen könne man nicht mehr durch eine Vielzahl unzusammenhängender Einzelstudien beikommen.[12] Folgerichtig ist Ephoros von Kyme für Polybios der erste Universalhistoriker gewesen (obgleich er sich nur auf die Geschichte der Griechen beschränkte). Monographien hielt Polybios für unrealistisch und nutzlos, denn den treibenden Kräften der neuen Zeit konnte nur die große, umfassende Zusammenschau aller wichtigen Ereignisse gerecht werden.

Daß man ihn als gefühllosen Intellektuellen apostrophierte, zeigt nur, wie gut ihm die realistische Interpretation der Vergangenheit gelungen war. Wohl sind auch in seinem Werk Vorurteil und Böswilligkeit nachweisbar, vor allem wenn er die Arbeiten früherer Historiker bewertet. Mit gewissen Mängeln behaftet ist auch seine Sprache: Er verwendet eine literarische Version der Alltagssprache seiner Zeit, der koiné, doch sein Satzbau ist verworren, langatmig und ungenau. Nicht wegen des Inhalts, sondern nur wegen seines eher langweiligen Stils fällt er gegenüber den wirklich Großen seines Faches ein wenig ab. Polybios hatte das Wesentliche der Geschichtsschreibung, ihren Anspruch auf Faktentreue, besser erfaßt als jeder Historiker vor ihm, den großen Athener Thukydides eingeschlossen, denn gerade sein Pragmatismus ließ ihn der historischen Wirklichkeit näher kommen als der Schematismus seines bedeutenden Vorgängers. Jahrhundertelang blieb Polybios darin unerreicht.

Die Kunst des hellenistischen Zeitalters fühlte sich zwar den Vorbildern der vorangehenden Epoche verpflichtet, wetteiferte jedoch in der neuartigen Hinwendung zum Realismus mit der zeitgenössischen Literatur. Griechische Künstler der archaischen (vorklassischen) Periode und der Zeit der Klassik hatten sich wie ihre Vorgänger im Nahen Osten an zeitlose Formen des künstlerischen Ausdrucks gehalten, die sich durch Ebenmaß, Strenge und Klarheit auszeichneten; über die »Launen der Natur« siegte unirdische Gelassenheit. Im frühen 5. Jahrhundert begann man dann ganz allmählich, die steife Würde der Statuen etwas aufzulockern, bis sie gegen Mitte des 4. Jahrhunderts lebendiger im Ausdruck wurden, und schließlich so echt wirkten wie Menschen aus Fleisch und Blut. Bedeutende Bildhauer wie Herophilos nahmen mit ihrer genauen Kenntnis der Anatomie die Untersuchungen der hellenistischen Mediziner und Naturwissenschaftler bereits vorweg, verharrten dabei allerdings noch in den künstlerischen Traditionen; Gewänder und Faltenwurf bildeten sie jedoch schon sehr wirklichkeitsgetreu nach.

Herophilos' Zeitgenosse Skopas von Paros gab seinen Statuen einen dramatischen, leidenschaftlichen Ausdruck. Der Athener Praxiteles war ein Meister in der Darstellung der Bewegungen des menschlichen Körpers; er zog hervorragende Maler hinzu, um seinen Werken noch zusätzliche Lebendigkeit zu verleihen. Sein Hermes in Olympia (um 343) zeigt eine genau wahrnehmbare Gewichtsverlagerung, die mittels Sinuskurven erreicht wird. Praxiteles war es auch, der nahezu alle formalen Kriterien für die Darstellung des weiblichen Aktes entwickelte. Auch Kinder, alte Menschen und Neger soll er in Stein gehauen haben. All das wurde später von hellenistischen Bildhauern übernommen. Sein Sohn Kephisodotos entwickelte eine Vorliebe für die Darstellung ineinander verschlungener Gruppen. Andere Bildhauer der Praxiteles-Schule bemühten sich, den Ausdruck von Sinnenfreude oder Gefühlen noch weiter zu verfeinern.

Der *Apoxyomenos* (d. i. »der sich Schabende«), ein Werk des Lysipp von Sikyon (4. Jahrhundert), zeigt eine neue Auffassung von den Proportionen der menschlichen Gliedmaßen (zum Beispiel kleinerer Kopf, schlankerer Körper), eine bessere Durchbildung anatomischer Einzelheiten, ein neues Gefühl für Bewegung und die dreidimensionale Komposition, so daß der Beschauer um eine solche Figur herumgehen mußte, um sie ganz zu erfassen. Wäre der bronzene Helios oder Sonnengott – der *Koloß* – von Rhodos erhalten geblieben (eine Arbeit von Lysipps Schüler Chares von Lindos 292–280), hätten wir eine Götterstatue von ähnlicher Lebendigkeit vor uns; eine Hand beschattete die Augen, Kopf und Körper waren leicht gedreht. Das Standbild hatte enorme Abmessungen; neue Bronzegußtechniken hatten es ermöglicht, ein so hohes, freistehendes Standbild zu errichten. Der Koloß stand am Hafen von Rhodos – also nicht breitbeinig über der Hafeneinfahrt, wie Rekonstruktionen aus der Renaissance glauben machen. Bei einem Erdbeben (227/226) stürzte die Statue zusammen. Der Stadtgemeinde gelang es trotz vieler Geldzuwendungen von Seiten anderer Städte nicht mehr, das Standbild wieder aufzustellen. Tausend Jahre später benötigte man immerhin noch 900 Kamele, um den Schrott zu beseitigen.

Ein anderer Schüler Lysipps schuf die bekannteste weibliche Statue des hellenistischen Zeitalters. Wie sein Lehrer kam Eutychides aus Sikyon, doch arbeitete er außerhalb Griechenlands. Seine berühmte Goldbronzestatue der *Tyche* (Fortuna) stand im syrischen Antiocheia. Spätere Marmorkopien und Münzen zeigen die Göttin sitzend mit einem Fuß auf der Figur des Flußgotts Orontes. In einer Hand hält sie Weizenähren, die beiden Seleukidenkönige Seleukos I. Nikator und Antiochos I. Soter krönen sie mit einem Kranz. Die Figuren der Könige waren möglicherweise eine spätere Zutat; sie sind nicht erhalten. Die *Tyche* des Eutychides ist ein Lehrstück des neuen Realismus: Sie zeigt eine äußerst gelungene dreidimensionale Linienführung auf verschiedenen Ebenen, so daß das Auge des Beschauers immer wieder von einem gerade gewonnenen Bezugspunkt abgleitet.

Den Höhepunkt künstlerischen Schaffens jener Zeit stellt zweifellos die *Nike* (Siegesgöttin) *von Samothrake* dar (jetzt im Louvre). Sie widerlegt ein für allemal das Vorurteil, die hellenistische Kunst sei dekadent. Das Meisterwerk eines unbekannten Künstlers sollte den Seesieg eines Königs oder einer Stadt verherrlichen – vielleicht den Sieg der Flotte von Rhodos (und der Römer) über Antiochos III. bei Myonnesos im Jahre 190. Triumphierend erhebt sich die ursprünglich bemalte Statue über einem Schiffsbug, der an dem eigentlich vorgesehenen Standort inmitten eines riesigen kaskadenartig angelegten Brunnens plaziert war; zu beiden Seiten des Monuments schossen schäumende Wassermassen zwischen Felsgestein in die Tiefe. Die Siegesgöttin lehnt sich nach vorne, dem Sturmwind entgegen, und ihr weites, windgebauschtes Gewand – eine weiterentwickelte Form der Spirale Lysipps – vermittelt ein atemberaubendes Gefühl von Bewegung, das sich im Flügel fortsetzt.

Etwa um die gleiche Zeit, als sich Gewandstudien als eigenständige Kunstform entwickelten, bemühten sich Künstler auch um die realistische Darstellung des weiblichen Körpers. Eine *Badende Aphrodite* aus Marmor, die in guten Kopien erhalten ist, stammt wahrscheinlich von dem Bildhauer Doidalsas von Bithynien (um 250 v. Chr.). Die kauernde Schöne, deren zahlreiche Bauchfalten der Künstler getreu nachbildet, läßt die für die Zeit typische Körperdrehung erkennen: Körper und Beine weisen nach rechts, der Kopf scharf nach links.

Die auf uns gekommenen Kopien anderer hellenistischer Aphroditen sind meist weniger aufregend; eine Ausnahme bildet die im Original zu bewundernde *Venus von Milo* (d. h. von der Insel Melos), eine klassische Darstellung weiblicher Schönheit. Die heitere Ruhe, die die Göttin ausstrahlt, ist so bezwingend, daß dem Betrachter zunächst die Vielfalt der künstlerischen Mittel entgeht. Erst bei genauer Betrachtung enthüllen sich beispielsweise reizvolle Kontraste zwischen der ruhigen Linienführung des Körpers und dem bewegten Faltenwurf des Gewandes. Der Ernst und die strenge Einfachheit der Klassik sind zwar noch zu erkennen, doch werden sie abgewandelt durch die neue realistische Auffassung der hellenistischen Künstler.

Nicht nur bei den neuen Aphroditendarstellungen leistete der künstlerische Realismus in der hellenistischen Epoche Hervorragendes. So ließ in Pergamon König Attalos I. zu Ehren der Göttin Athene um 200 eine große Skulpturengruppe aus Bronze aufstellen, um seine Siege über die Galater (Kelten) zu verherrlichen, die ihm den Beinamen Soter (Retter) eingebracht hatten. Da die griechischen Künstler in der Zeit des Hellenismus selten seßhaft waren, ist es schwierig, bestimmte »Schulen« zu identifizieren. Doch die in Pergamon arbeitende Künstlergruppe verdient diese Bezeichnung: Pergamon war die einzige königliche Residenzstadt, in der Bildhauer für die verschiedensten öffentlichen Aufträge angestellt wurden, und sich der Gunst eines großzügigen Herrschers erfreuen durften. Einer der an dem Denkmal beteiligten Künstler war ein gewisser Antigonos (er trat auch als Schriftsteller in Erscheinung); vielleicht ist er mit dem Biographen gleichen Namens aus Karystos identisch.

Das Werk war eines der ehrgeizigsten Vorhaben der Zeit. Die Statue des *Sterbenden Galliers* (eine schöne Kopie befindet sich im Kapitolinischen Museum zu Rom) diente wie andere halb liegende Figuren dazu, das Auge des Betrachters auf die Hauptfiguren in der Mitte zu lenken, die sog. *Ludovisi-Gruppe*, als Kopie heute im Thermenmuseum in Rom zu bewundern. Sie zeigt einen über die Niederlage verzweifelten Gallier, der seine sterbende Frau mit dem Arm stützt, während er sich selbst den Dolch in den Hals stößt. Die Gruppe wirkt außerordentlich dramatisch bewegt, bedingt nicht zuletzt durch die Darstellung des Kontrasts zwischen der wilden Entschlossenheit des Kriegers und der schlaffen, leblosen Gestalt der Frau. Auf den modernen Betrachter macht gleichwohl der *Sterbende Gallier* größeren Eindruck. Die im Schmerz gebeugte Haltung des tödlich Verwundeten vereint die ruhige Einfachheit der griechischen Klassik mit der genauen Beobachtung und der starken Gefühlsbetontheit, die für die neue Zeit charakteristisch sind. Die Skulptur ist auch in anderer Hinsicht aufschlußreich, denn der Gallier ist ein Barbar. Dessen ist sich der Künstler natürlich bewußt; doch er gestaltet ihn keineswegs aus der Sicht des überlegenen Griechen. Es fällt auf, daß im Gesamtwerk nur die Besiegten, nicht aber die Sieger erscheinen – nicht als Verkörperung des Bösen, sondern mit dem Ausdruck unbeugsamer Größe inmitten der vernichtenden Niederlage. Gerade diese indirekt-verhaltene Aussage läßt den Sieg Pergamons um so herrlicher erstrahlen. Doch gleichzeitig weist das Werk auf Tragik und Leid des Krieges hin, wie heroisch und unabwendbar er auch gewesen sein mag, und stellt sich damit ebenbürtig neben die *Ilias* Homers oder die spätere *Aeneis* eines Vergil.

Diese Statuen sind alle überlebensgroß. Vier Gruppen kleinerer Bronzefiguren ließ Attalos I. Soter zur Feier des Sieges auf der Akropolis in Athen aufstellen. Sie zeigten den Kampf der Götter gegen die Titanen, das Gefecht der Athener gegen die Amazonen, den Sieg Athens über die Perser bei Marathon (490) sowie den gerade errungenen Erfolg Pergamons über die Kelten. Mit der Wahl dieser Themen wird die glorreiche jüngste Geschichte des pergamenischen Staates ganz bewußt in Beziehung zur historischen Tat Athens im Kampf gegen Persien gesetzt, hielt doch auch die Göttin Athene ihre schützende Hand nicht allein über Athen, sondern auch über Pergamon. Der legendäre Gründer der Stadt, Telephos, war ein Sohn der Priesterin am Heiligtum der Athene gewesen, und schon Eumenes I. (gest. 241) hatte sich auf diese Verbindung berufen und athenische Künstler in sein neues Königreich geholt. Sein Nachfolger Attalos I. Soter, ein begeisterter Kunstsammler, ließ Kunstwerke aus Athen in beträchtlicher Zahl herbeischaffen, unter denen sich auch solche des 5. Jahrhunderts befanden. Entsprechend vereinen die unter ihm entstandenen Bildhauer-Arbeiten den »barocken« Realismus des späteren Hellenismus mit Anklängen an die klassischen Vorbilder des Parthenon.

Der expressiv-dynamische Stil erreichte seinen Höhepunkt in der *Laokoongruppe* (jetzt im Belvedere der Vatikanischen Museen). Laokoon, trojanischer Apollon-Priester, war so mißtrauisch gegenüber dem hölzernen Pferd, das die Griechen durch eine List nach Troja gebracht hatten, daß Athene ihn und seine beiden Söhne durch zwei Riesenschlangen erwürgen ließ. Die mit höchster Kunstfertigkeit dargestellte Szene des ungleichen Kampfes der drei Männer mit den fürchterlichen Schlangen sollte im Beschauer bewußt Entsetzen hervorrufen. Um die körperliche Anspannung und Angst auszudrücken, schwelgten die Künstler geradezu in anatomischen Details. Das Kunstwerk stammt vielleicht aus dem 1. Jahrhundert. Die Bildhauer Hagesandros, Polydoros und Athanodoros stammten aus Rhodos, damals noch immer ein Kunstzentrum ersten Ranges. Möglicherweise wurde die Laokoongruppe auch für die Königsstadt Pergamon in Auftrag gegeben.

Andere zeitgenössische Bildhauer stellten den menschlichen Körper in entspannter Ruhe dar. Der muskulöse, schlafende *Barberinische Faun* in München variiert das Thema eines Satyrs im Gefolge des Dionysos. Die hervorragende Nachbildung eines griechischen Originals (um 200 – 150), das auch Künstler der italienischen Renaissance zur Nachahmung angeregt hat, zeigt wiederum den souveränen Umgang mit der menschlichen Anatomie: Zum eigentlichen Thema wird hier die physische Erschöpfung nach dem Genuß. Solche Konzentration auf den Körper brachte allerdings auch den *Herakles Farnese*, ein Werk des Bildhauers Glykon aus dem 1. Jahrhundert, mit dick aufgetragenen Muskelpartien hervor.

Dasselbe Interesse an anatomischen Details und Besonderheiten, das wiederum mit dem Interesse an philosophischen, menschlichen und gesellschaftlichen Problemen zusammenhing, veranlaßte die griechischen Bildhauer, nicht nur wie Praxiteles Kinder, alte oder fremdartige Menschen lebensecht abzubilden, sondern auch das Häßliche, die Schattenseiten des Lebens: bucklige Zwerge, Greise und Greisinnen in ungewöhnlicher Pose, auch alte, abgearbeitete Fischer oder mitleiderweckende Trinkerinnen. Gewöhnlich waren solche Skulpturen nicht großformatig. Man wollte vielmehr absichtlich außerhalb der vorgegebenen Regeln der Bildhauerkunst experimentieren, was Stoffauswahl und Stil betraf. Vor allem Bildhauer in Alexandria entwickelten einen pittoresken, anekdotischen Stil. Ein Beispiel dafür ist die kleine Bronzefigur eines jungen Reiterknaben (um 150 – 100), die bei Kap Artemision gefunden wurde und nun im Nationalmuseum in Athen zu sehen ist; dort hat man das Pferd ergänzt. Diese Arbeit vermittelt einen weit lebendigeren und intensiveren Eindruck des Lebens, als viele große Skulpturen.

Daneben gab es seit dem späten 4. Jahrhundert eine Fülle von Terrakotta-Statuetten, die nach dem Hauptfundort in Böotien *Tanagrafiguren* genannt werden, obwohl das Zentrum der Herstellung zunächst wohl Taras in Süditalien (seit etwa 350), dann Athen gewesen ist. Später, ab etwa 250, entsteht in der Stadt Myrina südlich von Pergamon ein besonderer, amüsanter Typ von Statuetten, wobei sich eine langsame Ablösung von den Vorbildern der früheren Tanagrafigurinen erkennen läßt. Statuetten aus Alexandria hingegen zeigen alle, wie dort von jeher üblich, einen mehr oder weniger possenhaft karikierenden Zug.

Die industrielle Produktion solcher Figuren – sie wurden in der Form abgepreßt – hatte zur Folge, daß die Statuetten oft kaum noch als Kunstwerke galten. Diese Geringschätzung beruht häufig auf der irrigen

Annahme der klassischen Zeit, kleine Dinge müßten einfach unbedeutender sein als große. Gegen diese Auffassung spricht die Tatsache, daß die besten dieser kleinen Figuren, wenngleich von klassischer Ruhe und Feierlichkeit weit entfernt, gerade deshalb von unnachahmlicher Grazie sind. Oft werden Personen des täglichen Lebens dargestellt: Barbiere, Bäcker, Köche. Sie erzählen uns, was den griechischen Polisbürger – die Menschen Menanders – täglich beschäftigte. Die Gruppe von zwei auf einem Sofa plaudernden Frauen aus Myrina (vielleicht belehrt die ältere, verheiratete Frau eine junge Braut) gibt den verhaltenen Charme, das mit milder Satire liebevoll gewürzte Verständnis solcher Alltagsszenen wieder, die überdies mit größter Detailtreue nachgebildet wurden.

Auch Kleinfiguren aus anderem Material waren in ihrer Qualität der Großskulptur durchaus ebenbürtig. Ein hervorragendes Beispiel dafür ist die sog. *Baker-Statuette*, die Bronzefigur eines tanzenden Mädchens im Metropolitan Museum, New York, um 230. Die subtile Bearbeitung, beispielsweise der Kleidung, hätte auch bei einer lebensgroßen Plastik nicht besser sein können. Mit den scharf abgesetzten, diagonal angeordneten dreieckigen Formen auf verschiedenen Ebenen ist die Figur eine Weiterentwicklung der zwei bis drei Generationen früher geschaffenen *Tyche* des Eutychides.

Der lateinische Schriftsteller, Historiker und dilettierende Kunstkritiker Plinius der Ältere (1. Jahrhundert n. Chr., Verfasser einer *naturalis historia* in siebenunddreißig Büchern) meinte, von etwa 290 v. Chr. bis etwa 150 v. Chr. habe überhaupt keine »Kunst« existiert, wobei er sich auf die Bildhauerkunst bezog. Seine überraschende Feststellung spiegelt deutlich die überkommene Orientierung an der Klassik wider. Überdies mag ihn auch die kärgliche Information durch literarische Quellen – jene Zeit betreffend – zu solchem Urteil bewogen haben. Was auch immer der Grund gewesen ist: Plinius irrte sich in seiner Kunstkritik gewaltig. Erstens brachte jene Zeit großartige Kunstwerke hervor, und zweitens hatten sich die Besten unter den hellenistischen Bildhauern trotz ihres großen Respekts vor der klassischen Zeit von den Zwängen der übermächtigen Vergangenheit befreit. Sie hatten die Techniken der Wahrnehmung erforscht und die gewonnenen Erkenntnisse künstlerisch verarbeitet. Bis sich im letzten Jahrhundert der hellenistischen Epoche ein Hang zu einem langweiligen Neo-Attizismus bemerkbar machte, herrschten realistische Darstellungen vor, die die sorgfältige Wiedergabe von Emotionen einschlossen. Das Publikum wollte es so; zahllose antike Beschreibungen von Skulpturen *(ekphraseis)* ergehen sich derart in Lob und Bewunderung für die Kunst der naturgetreuen Nachbildung, daß sie fast alle übrigen Aspekte der künstlerischen Darstellung vernachlässigen.

Die naturgetreue Abbildung hatte natürlich hier wie in der zeitgenössischen Porträtkunst ihre Grenzen: Dafür sorgte schon die idealistische Tradition. Abgesehen davon: Welcher Künstler von Rang entwickelt nicht seine eigenen Vorstellungen, ohne die sein Werk ja nur eine simple fotografische Wiedergabe wäre?

Der kraftvolle Realismus, der die hellenistischen Skulpturen kennzeichnet, findet sich auch bei den größeren Werken der Reliefkunst. Sie sind so bedeutend, daß man sie als eigenständige Kunstform ansehen muß.

Die große Tradition der Parthenon-Reliefs fand eine würdige Fortsetzung im Grabmal des Maussolos, des persischen Satrapen von Karien (gest. 353). Das *Maussoleion* (Mausoleum) galt als eines der Sieben Weltwunder; die Bildhauer Skopas, Timotheos, Leochares und Bryaxis arbeiteten gemeinsam an seinem plastischen Schmuck. Sie hatten eine Vorliebe für dramatische Diagonalen und Schrägstellungen der Körper, wie dies dem Zeitgeschmack entsprach; aus demselben Grunde war die Kolossalstatue des Maussolos mit fremdländischen Attributen versehen. In kleinerem Maßstab wurden in der lebhaften Jagdszene des *Alexandersarkophags*, heute in Istanbul (um 325–300, Fundort Sidon), die verschiedenen Volkstypen von Griechen und Persern mit Sorgfalt und Sympathie gezeichnet.

Höhepunkt der zeitgenössischen realistischen, »barockisierenden« Plastik war jedoch der berühmte große Fries von Pergamon mit der Darstellung der Gigantomachie, des Kampfes der Götter mit den Giganten, angebracht am Opferaltar des Zeus und der Athene, der von Eumenes II. Soter (197–160/59) in Auftrag gegeben worden war (heute größtenteils in Ostberlin). Das umlaufende Friesband war knapp zweihundert Meter lang und über zwei Meter hoch. Von den zahlreichen Künstlern, die das Werk schufen, ist uns nur ein einziger, ein gewisser Orestes von Pergamon, inschriftlich bekannt.

Auf den mehr als hundert Einzelplatten waren über zwölfhundert Gottheiten und Giganten, halb mensch-, halb tiergestaltig, abgebildet; jede einzelne Figur war im Original namentlich bezeichnet. Die Darstellung des Kampfgetümmels wird intensiviert durch sich windende Gliedmaßen, wild flatterndes Haar, wehende Gewänder und durch den Ausdruck der Gesichter, auf denen sich Freude, Qual, Raserei und Schmerz abzeichnen. Dargestellt ist das Chaos, aus dem die Götter als Sieger hervorgehen. Ebenso strahlend siegreich erhoben sich die Attaliden über ihre barbarischen Gegner, die Galater (Kelten).

Auf der Seite der Sieger steht Zeus als Kampfgefährte Athenes, der Schutzgöttin von Pergamon und Athen. In seiner Bibliothek ließ Eumenes eine Marmorkopie der Athene des Phidias (438) aufstellen, deren

Original sich im Parthenon zu Athen befand. Der Pergamon-Fries verdankt viel dem Reliefschmuck des Parthenon. Auf den zum größten Teil verlorengegangenen Metopen der Ostseite wurde dasselbe Thema behandelt. Es läßt sich eine auffallende künstlerische Entwicklung für die Zwischenzeit feststellen, denn die pergamenischen Künstler benutzten die klassischen Themen als Vorlagen, die sie umformten und neu belebten: »Barocker« Überschwang, eine gewisse Maßlosigkeit sowie dramatische Spannung werden hier in den Dienst eines illusionären Realismus gestellt, der die wilden Emotionen zu Stein werden läßt und den flüchtigen Augenblick für die Ewigkeit festhält.

Von ganz anderer Art ist die vollendete Technik, mit der der kleinere *Telephos-Fries* an der Innenseite des Pergamon-Altars gearbeitet ist. Künstlerisch stellt er den vollkommenen Gegensatz zum heftigen Schlachtgetümmel der Gigantomachie dar, denn er berichtet die Geschichte vom sagenhaften Gründer Pergamons, Telephos, in statischen Bildern: Auch dies das Heldenepos eines Königs, doch ein romantisch verklärtes ohne großen Gestus. Der Bilderfries ist unterteilt in verschiedene Szenen, die nach Art einer Chronik zeitliche Abläufe verdeutlichen sollen. Er ist ein Vorläufer der großen Reliefs der römischen Kaiserzeit, etwa dem schräg umlaufenden Reliefband der Trajanssäule (2. Jahrhundert v. Chr.). Die Bildhauer des Telephos-Frieses brachten es in der Darstellung der Kleidung zu höchster Vollendung. So lassen sich beispielsweise Ober- und Untergewand unterscheiden; das Obergewand ist so transparent, daß die Falten des Untergewandes deutlich zu sehen sind.

Die frühhellenistischen Tempelfriese blieben insgesamt in ihrer künstlerischen Aussagekraft weit hinter dem Skulpturenschmuck des Mausoleums von Halikarnassos zurück. In Etrurien und den benachbarten italischen Regionen findet man dagegen eindrucksvolle, realistisch ausgearbeitete Tympanonreliefs aus Terrakotta.

Solch eine Arbeit stammt zum Beispiel aus Lo Scasato bei Valerii Veteres (Città Castellana), dem Hauptort des kulturell hochstehenden Faliskergebietes jenseits des Tiber an der Grenze zu Etrurien. Es handelt sich um einen Tempel mit Hochrelieffiguren aus Terrakotta, die auf Platten am Holzrahmen des Giebelfeldes befestigt waren. Die Männer- und Frauenköpfe erinnern an Praxiteles bzw. Skopas, während ein außerordentlich fein gearbeiteter Torso des Gottes Apoll mit Lockenhaupt und sinnend in die Ferne gerichtetem Blick wohl Lysipps Alexanderporträt nachempfunden ist. Vielleicht saß die Skulptur früher auf einem Sonnenwagen. Verschiedenartige Stilelemente deuten auf das späte 3. Jahrhundert als Entstehungszeit.

Ein anderes bedeutendes Giebelfeldrelief stammt aus dem etruskischen Telamon (Talamone) von einem Tempel, der auf einem Hügel in

Küstennähe stand. Er war anläßlich des Sieges der Römer über die Gallier im Jahr 225 errichtet worden. Die im Archäologischen Museum Florenz zusammengesetzten Teile zeigen dramatische Episoden aus dem Kampf der Sieben gegen Theben – ein mythischer Vorläufer des Gallierkrieges. Weitere derartige Reliefs aus dem 2. Jahrhundert stammen aus Sentinum (Città Alba) in Umbrien; u. a. ist dort eine Szene dargestellt, in der Dionysos die schlafende Ariadne findet.

Bei diesen Arbeiten schlägt naturgemäß auch lokales etruskisches Stilempfinden durch, das sich – bewußt oder unbewußt – häufiger vom griechischen Kanon befreit, doch können Form und Ausführung das griechische Vorbild nicht verleugnen. Trotz aller Spontaneität orientierten sich diese Künstler im wesentlichen an den großen Werken des 4. Jahrhunderts bis zur »Moderne«, d. h. an den zeitgenössischen pergamenischen Arbeiten.

Die Malerei hat sicher gleichfalls einen nicht geringen Einfluß auf die hellenistischen Bildhauer ausgeübt, da auch sie sich zunehmend einer realistischen Darstellungsweise zuwandte. Leider sind nur wenige Originalarbeiten auf uns gekommen. Wir können unseren Kenntnisstand jedoch verbessern durch das Studium erhaltener Kopien von Wandmalereien und von Arbeiten der Vasenmaler, Mosaizisten und Reliefkünstler oder durch literarische Quellen.

Es ist überliefert, daß die großen Wandgemälde des Polygnotos von Thasos der seit den siebziger Jahren des 5. Jahrhunderts in Athen arbeitete, in ihrer Komposition und den Details lebendiger wirkten als die Malerei früherer Zeiten. Er selbst erklärte jedoch, sein Hauptziel sei nicht die realistische, sondern die idealistische Darstellung von Personen, die »besser sind als wir selbst« – womit er sich ganz als Künstler der Klassik erweist. Zeuxis von Heraclea in Lukanien wollte in seinen Bildern Gefühl darstellen und nicht moralisieren, und Xenophon berichtet von einer Diskussion des Malers Parrhasios von Ephesos mit Sokrates (gest. 399) darüber, ob es möglich sei, psychologische Eigentümlichkeiten in der Malerei wiederzugeben[14]. Im 4. Jahrhundert ging die Technik der Lichtführung und Schattierung sowie der Zeichnung in Verkürzung (ein Schritt hin zur Perspektive) bereits weit über die bescheidenen Versuche der früheren Zeit hinaus. Eine gewisse Vorstellung von der Malerei dieser Epoche vermittelt der Argonautenfries, der auf der vorzüglichen bronzenen *Ficoronischen Ciste* (einem mit Deckel versehenen Gefäß) aus Praeneste in Latium eingraviert ist, offensichtlich die Kopie eines bekannten, um 350 geschaffenen Bildes des Kydias (von der Ägäisinsel Kythnos?), das in Rom ausgestellt war.

Schon früher hatte Pamphilos von Sikyon die maßgebliche Malerschule der Epoche eröffnet. Nicht von ungefähr ging der größte Einfluß auf die Kunst der Zukunft von dessen Schüler Apelles von Kolophon aus. Apelles, von Alexander dem Großen, Ptolemaios I. und Antigonos I. gefördert, wurde berühmt durch die Verwendung neuer Mischfarben und seiner meisterhaften illusionistischen Malerei. Seine Figuren zeigten ein breites emotionales Spektrum, da er wie Aristoteles der Auffassung war, Gefühlsregungen seien ein wesentlicher Bestandteil des Charakters einer Person.

Apelles war auf Staffeleibilder spezialisiert, doch ist keines davon auf uns gekommen. Möglich, daß sich seine Stilauffassung teilweise in den großen Kieselsteinmosaiken der Zeit in Pella, Rhodos oder Chersonesos auf der Krim widerspiegelt. Eines dieser Mosaiken in Pella, das eine Hirschjagd darstellt, wird Apelles' jüngerem Zeitgenossen Gnosis zugeschrieben. Trotz des relativ groben Materials ist die perspektivische Verkürzung der Personen und die Wiedergabe ihrer windzerzausten, abschattierten Gewänder gut gelungen. Um wieviel besser mußte da die Ausführung der als Vorlage dienenden gemalten Bilder gewesen sein! Das gleiche gilt für die – verlorenen – Modelle der hervorragenden dreidimensional wirkenden Delos-Mosaiken aus dem späten 2. Jahrhundert, ebenfalls Tierdarstellungen, zum Beispiel den auf dem Panther reitenden Dionysos.

Glücklicherweise hat man neuerdings Originalfresken entdeckt. Die schönsten stammen aus zwei – wohl königlichen – Gräbern der Zeit um 340–320, die kürzlich in der früheren makedonischen Hauptstadt Aigai (Vergina) ausgegraben wurden. Die kleinere rechteckige Grabkammer, in der Grabräuber am schlimmsten gehaust haben, enthält u. a. eine Darstellung vom Raub der Persephone: Pluton (Hades), der Gott der Unterwelt, bemächtigt sich der Persephone, während Hermes vor dem Streitwagen herläuft; am Boden kauert ein junges Mädchen. Die Malerei verrät einen sicheren, schnellen und leichten Pinselstrich und ist zart koloriert. Man schreibt das Werk daher einem gewissen Nikomachos von Theben zu. Man weiß von ihm, daß er berühmt war wegen der Schnelligkeit, mit der er arbeitete, und eine solche Szene gemalt hat.

Die Vorderfront des zweiten Grabes, eines größeren Bauwerks mit Tonnengewölbe, weist ein weiteres sehr gutes Wandgemälde in satten Farben auf, das offenbar von einem anderen Künstler stammt. Es stellt eine Löwenjagd dar, und die Art der Komposition läßt vermuten, daß es von demselben Maler stammt, wie die (verlorene) Originalvorlage der berühmten *Alexanderschlacht*, einem großen Mosaik im Hause des Faun in Pompeji (um 150), welches einem Schüler des Nikomachos, Philoxenos von Eretria, zugeschrieben wird. Obwohl der Mosaizist in Pompeji perspektivische Techniken verwendete, die zu Philoxenos' Zeiten noch unüblich waren, können wir uns doch eine Vorstellung von dem Bild machen. Dargestellt ist wohl die Schlacht von Issos, in der Alexander den Perserkönig Dareios III. Kodomannos vernichtend schlug. Es ist eine heftig bewegte, doch bewundernswert klare Komposition, in der die Menge der Details nur ein Ziel hat, den Blick auf die Hauptfigur Alexander zu lenken. Die Wiedergabe der Gefühlsregungen ist meisterhaft und unzweideutig: Kampfeslust, Siegesgewißheit, Mitgefühl für den Unterlegenen, Treue bis in den Tod.

Weniger bedeutende Wandmalereien der Zeit um 300 findet man in Pagasai (Thessalien), Lefkhadia Náousa (Makedonien), Kazanlik (Bulgarien) und Poseidonia (Paestum, Südwestitalien). Der bemalte Grabstein der Hediste in Pagasai zeigt die Tote auf der Bahre liegend, umgeben von ihrer Familie. Die unterschiedliche Distanz der einzelnen Personen zum Betrachter wird durch Trennlinien sowie geringfügige Verkleinerung der weiter entfernt stehenden Familienmitglieder hervorgehoben.

Die übrige Malerei des 3. Jahrhunderts kennen wir nur durch Kopien. Bedeutend sind die Wandmalereien im Grab eines gewissen Vel Saties (um 250, nach seinem Entdecker *François-Grab* genannt) in der Etruskerstadt Volci. Sie erzählen nicht nur von historischen oder sagenhaften Kämpfen einzelner Helden gegen italische Feinde, sondern geben auch Szenen aus dem griechischen Kulturkreis wieder, beispielsweise aus der mythischen Geschichte Thebens oder die Opferung trojanischer Gefangener durch Achilleus am Grab seines Freundes Patroklos. Die Achilleus-Szene hat augenscheinlich ein hellenistisches Original zum Vorbild, das seinen Weg nach Etrurien fand, denn es wurde hier mehrfach kopiert. Offenbar war es ein Meisterwerk der Malerei und enthielt perspektivische Elemente, die auf seine Entstehung im 4. Jahrhundert schließen lassen.

Ein anderer Kopist früherer Bildvorlagen ist ein Künstler namens Dioskurides (um 100), der zwei Miniaturmosaiken in Pompeji mit seinem Namen signiert hat. Das eine zeigt Straßenmusikanten, ein anderes eine Schauspielertruppe, die gerade Szenen aus den Menander-Komödien *Theophorumene (Die Zauberfrau)* bzw. *Synaristosai (Frauen beim Frühstück)* aufführen. Beide Mosaiken sind offensichtlich Adaptionen von Gemälden des 3. Jahrhunderts aus Pergamon. Auf ein noch eindrucksvolleres Original geht eine ganze Reihe von Imitationen in einer Villa bei Boscoreale nahe Pompeji (um 40) zurück: Vielleicht hatte es Alexanders Hochzeit mit der persischen Prinzessin Statira (Barsine) im Jahre 324 zum Thema. Aus der frühen römischen Kaiserzeit kennen wir eine Szene in Herculaneum mit Herakles und Telephos, eine ruhige, fast idyllische Komposition, deren Vorlage eine hervorragende pergamenische Arbeit des 2. Jahrhunderts gewesen sein dürfte.

Das große Wandgemälde in der Villa der Mysterien außerhalb von Pompeji (um 60) ahmt ebenfalls hellenistische Vorbilder nach. Die einzelnen Szenen geben Rituale, Schrecken und Verzückung bei der Einweihung in die Dionysischen Mysterien wieder und sind bemerkenswert, weil sie eine besondere Spiritualität – gelegentlich auch Kälte und Entsetzen – ausstrahlen. In einer seltsamen magischen Traumwelt scheinen die Bewohner noch mehr in sich selbst versunken zu sein als Herakles und Telephos; zugleich sind sie sehr lebensnah und realistisch dargestellt. Möglicherweise inspirierten den Künstler Bilder vom Dionysos-Heiligtum in Pergamon. Die Hauptfiguren (Dionysos und Ariadne sind nur mehr fragmentarisch erhalten) allerdings erinnern an berühmte Kultbilder in Smyrna. Die Kopie kann aber nicht sehr exakt gewesen sein, denn einige Gesichter sind ganz im Porträtstil des 1. Jahrhunderts gehalten. Wichtiger noch: Gemälde mit religiös-rituellem Charakter waren heiligen Orten vorbehalten, und die Villa dieses reichen Mannes war keineswegs ein solcher. Vielleicht stammen die Vorlagen daher von einer satirischen Mime über derartige Riten. Falls dies zutreffen sollte, ist sie eher in Alexandria zu suchen als in Pergamon.

Ein anderes großflächiges Werk aus dem 2. Jahrhundert wurde um 160 von einem etruskischen (oder griechischen) Künstler für das Typhon-Grab, die Grabstätte der Pumpu-Familie, kopiert. Die bei Tarquinii (heute Tarquinia) gelegene Grabstätte ist geschmückt mit einem Gemälde, das weißgekleidete, in einer Prozession einherschreitende Männer darstellt. Was für die pergamenische oder rhodische Kunst typisch war, die kraftvollere, bewegtere Szenen bevorzugte – man erinnere sich an den Pergamon-Altar oder die Laokoongruppe –, galt auch für manche hellenistische Künstler. Ihre Werke sind verloren, doch können sie bis zu einem gewissen Grad anhand von zahllosen Urnenreliefs aus Volaterrae (Volterra), Clusium (Chiusi), Perusia (Perugia) oder anderen Orten Nordetruriens rekonstruiert werden. Berücksichtigt man lokale Besonderheiten des religiösen Kultes und der künstlerischen Formgebung, sind jene Reliefs durchaus als Imitationen pergamenischer, rhodischer oder süditalischer Wandmalereien bzw. Skulpturen anzusehen, die die Künstler entweder selbst gesehen oder die sie als Repliken in anderen Städten, etwa in Rom, kennengelernt hatten.

Die Vasenmalerei, früher die einzige Quelle unserer Kenntnis von der griechischen Malkunst, wurde eifrig weiterbetrieben, wobei sich die Hinwendung zum Realismus ebenfalls durchsetzte. Fein gezeichnete polychrome Szenen mit Reliefornamentik erscheinen beispielsweise auf Vasen aus Kenturipe auf Sizilien. Auch in Apulien war die Vasenmalerei sehr verbreitet. Eine Künstlergruppe des 4. Jahrhunderts wird nach dem

Ort Gnathia (Fasano) benannt, wo ihre Arbeiten zuerst entdeckt wurden. Wir hören von Malerschulen in Taras (Tarent) und in dem teilweisen hellenisierten Canusium (Canosa di Puglia). Gravuren auf einigen Schmuckkästchen aus Praeneste sind Kopien dieser Arbeiten. Auch in Ägypten gab es eine blühende Manufaktur in Hadra, einer Vorstadt von Alexandria.

Die auffallende Neigung der hellenistischen Künstler, realistisch zu gestalten, machte sie insgesamt aufgeschlossener für eine gründliche Beobachtung der Natur. Auch früher schon zeigten die Griechen Interesse an der Natur, doch war dies immer eingebunden in einen funktionalen Zusammenhang. In den *Bacchen* des Euripides zum Beispiel verstärken Naturerscheinungen die düstere Atmosphäre beim schrecklichen Tode des Pentheus. Sokrates dagegen war der Meinung, der Mensch sei viel fesselnder als die Natur. Er ging davon aus, daß übertriebene Liebe zur Natur eine Schwäche sei und typisch für einen phlegmatischen Charakter. Noch Menander hielt denjenigen für einen Misanthropen, der die aktive Teilnahme am politischen und kulturellen Leben der Polis verweigerte. Doch ganz allmählich änderte sich diese Einstellung. Das neu heraufziehende Zeitalter legte weniger Wert auf die Erfüllung der gemeinsamen Bürgerpflichten, wichtiger war nun die individuelle Entwicklung des Menschen, für die auch seine natürliche Umgebung von Bedeutung war. Das Interesse an Natur und Umwelt nahm zu, zeigten doch auch die zeitgenössischen naturwissenschaftlichen Studien, daß man Naturgesetze erklären sollte. Die Stoiker erblickten in der Natur das Sinnbild für die Harmonie des Weltalls, für die unabänderliche Bewegung des Kosmos (sie übernahmen hier Auffassungen der platonischen Schule). Anyte, Hermesianax, Kallimachos und Apollonios Rhodios beschrieben die Natur sehr eingehend. Theokrits Schäferpoesie erhebt die Sehnsucht nach der Natur sogar zu einer Art Weltanschauung. Auch in den großen Städten macht sich die gewandelte Einstellung bemerkbar: Allmählich entstehen Parks für den erholungsuchenden Bürger, aufgelockert durch Pavillons, Steingärten und kleine Tempel. Das Interesse an der Natur war Teil des allgemeinen Strebens, das Leben möglichst wirklichkeitsgetreu abzubilden.

Das von Gnosis signierte Mosaik zu Pella (320 – 300) ist eingerahmt von vielen Blumen – es lassen sich Rose, Krokus, Lilie, Wolfsmilch und Winde erkennen; und ein für die Gelage des Königs Ptolemaios II. Philadelphos aufgebautes Zelt war wie ein großes Gartenhaus voller Vögel eingerichtet. Das Telephos-Relief des Pergamon-Altars (um 200) läßt als Hintergrund eine Landschaft mit Bäumen und Felsen erkennen. Allmählich werden Landschaftsmotive auch in der Malerei verwendet, wie Kopien älterer Vorlagen im Pompeji und Herculaneum zeigen, doch bleibt dies alles eher beiläufiges Ornament.

Von Landschaftsmalerei als eigenständiger Kunstform können wir seit dem 2. Jahrhundert sprechen. Wahrscheinlich entstand sie in der bevölkerungsreichsten Stadt der damaligen Zeit, Alexándria. Ein typisches Beispiel dafür ist ein Gemälde mit dem Titel *Der verlorene Widder*, das sich ebenfalls als Kopie in Pompeji erhalten hat. In dieser Komposition rückt der Bauer, der den wieder eingefangenen Widder vorantreibt, an den Rand des Geschehens, während die Landschaft, durch Lichteffekte belebt und wie in einem hellenistischen Park um ein kleines Heiligtum gruppiert, das eigentliche Hauptthema darstellt. Dabei hat der unbekannte Künstler die parkähnlichen Konturen nur angedeutet, so daß durchaus der Eindruck einer freien Landschaft entsteht. Diese Form der Malerei ist verbunden mit dem Namen des bei den Zeitgenossen als *topographos* (Landschaftsmaler) berühmten Demetrios von Alexandria. Er arbeitete u. a. in Rom und machte die neue Kunst dort bekannt; Ptolemaios VI. Philometor fand während seines Exils (164–163) bei ihm Zuflucht.

Es ist durchaus möglich, daß Demetrios die künstlerisch hervorragende Bildfolge, die Irrfahrten des Odysseus darstellend, malte, die ein Jahrhundert später für eine Villa auf dem Esquilin in Rom kopiert wurde. Das Odysseusthema schien dem römischen Architekten und Schriftsteller Vitruv besonders geeignet für die Landschaftsmalerei – mit Recht, denn hier waren die dramatischen Abenteuer des Helden nur der Anlaß zu einer romantischen Naturmalerei von Land und Meer, die sich in den schönsten Farben erging. Wohl wirken einzelne Elemente dieser Malerei recht künstlich, zum Beispiel das Felsgestein, auch fehlt häufig eine einheitliche Perspektive, und das Licht fällt von verschiedenen Seiten ein. Doch Bäume und Buschwerk wiegen sich im frischen Wind, im Wasser spiegelt sich die trinkende Ziege, Wolken segeln am Himmel, Licht und Schatten wirken echt. Hier ist die spezifische Mischung von genauer Naturbeobachtung und Künstlichkeit erreicht, die für die hellenistische Landschaftsmalerei typisch ist. Sie hält in keinem Fall den Vergleich mit dem Genius eines Claude Lorrain oder John Constable aus, doch als beinahe-realistische Kunst hat sie immer noch beträchtlichen Charme.

Ähnliches Bemühen um realistische Darstellung verraten auch die Mosaiken, etwa die des bekannten Sosos von Pergamon im 2. Jahrhundert. Von seinen Arbeiten ist uns in Original oder Kopie u. a. eine anmutige Darstellung von Tauben, die aus einem Weinglas trinken, erhalten geblieben und ein amüsantes Bodenmosaik, das die vom Tisch gefallenen Reste eines Mahles zeigt und für ein Eßzimmer gedacht war. Man verwendete die Mosaikkunst auch für eine andere Art von Darstellung, wobei sich Realität und Phantasie vermischten, nämlich für ägyptische Nilszenerien. Ein Bild mit dieser exotischen Thematik stammt aus dem Hause des Faun in Pompeji: Aus den glitzernden Wellen des Nilwassers sprießen einheimische Blumen. Tiere der verschiedensten Gattungen sind so minuziös dargestellt und stehen so eng beisammen, als seien sie aus einem Lehrbuch der Zoologie abgezeichnet worden. Vielleicht war die Heimat der Künstler (wie anderer in Pompeji arbeitender Kollegen) Alexandria.

Diese Art Unterhaltungskunst erreichte ihren Höhepunkt mit einem anderen Nilszenen-Mosaik, das um das Jahr 80 für das Heiligtum der Fortuna/Tyche in Praeneste in Latium geschaffen wurde. Auch hier sind Fluß und Tal mit geschäftigem Treiben erfüllt, und wilde Tiere durchstreifen die wüstenartige Umgebung. Das Bild ist jedoch unübersichtlicher geworden, denn der Künstler gab sich nicht mit der Abbildung der Tiere zufrieden, sondern fügte Personen, Bäume und felsige Hügel hinzu. Alle Einzelheiten sind zwar sehr genau beobachtet, aber recht willkürlich aneinandergereiht, so daß der Eindruck künstlicher Fülle entsteht. Die Abbildung von Bauwerken in Landschaftsszenen findet sich kurze Zeit später auf pompejanischen Wandmalereien; die Vorlagen für die phantastische Architektur auf diesen Gemälden stammen wahrscheinlich von Bühnenaufbauten. In diesen Mosaiken zeigt sich jenes Streben nach Realität, das die hellenistische Kunst mehr als zweihundertfünfzig Jahre auszeichnete.

3. Biographen und Porträtkünstler

Wir haben bisher versucht, einige charakteristische Wesenszüge des hellenistischen Menschen zu verdeutlichen. Seiner eigenen Fähigkeit und Wertvorstellungen bewußt, konnte er sich trotz aller Wirrnisse der Zeit von manchen Fesseln der Vergangenheit befreien. Sein Leben hatte sich allmählich verändert: Autonomie wurde nun im wesentlichen als Recht zur individuellen Entwicklung des Menschen begriffen, die Polis lockerte den Zugriff auf den Bürger, der König und seine Verwaltungsorgane schienen oft allzuweit entfernt, um bestimmenden Einfluß auf das tägliche Leben zu nehmen. Der Bürger war zunehmend auf sich selbst gestellt. Er schloß sich Vereinen an, lebte (wenn möglich) in besseren Wohnungen und bildete sich fort, um wie viele seiner Zeitgenossen besser informiert zu sein als seine Vorfahren. Die Bücher, die er las, behandelten weniger grundsätzlich-theoretische Probleme wie früher die großen Tragiker, sondern mehr die häusliche Welt und die einfachen Begebenheiten des Alltagslebens.

Realitätssinn war ein Losungswort der Zeit. Die Bücher und Kunstwerke des hellenistischen Menschen hatten realistisch zu sein. Wie die Naturwissenschaftler sich alle Mühe gaben, die Vorgänge im Universum zu erklären, so wollten Autoren und Künstler das wirkliche Leben darstellen. Und das erforderte, daß sie sich mit dem Individuum beschäftigten, das damals zum ersten Mal entdeckt und erforscht wurde.

Verstärkt wurde diese Tendenz durch das Erscheinen großer Herrscherpersönlichkeiten, durch das öffentliche Interesse an diesen Königen, das offiziell gefördert wurde (auch wenn sie weit entfernt wohnten), und durch ihre ungewöhnlichen äußeren und inneren Qualitäten. Dies alles steigerte sich zuletzt bis zum Personenkult.

Das war auch ein Grund dafür, daß die Biographie als literarische Kunstform besonders in den Vordergrund trat. Die Idee vom Helden, der sich von den Mitmenschen durch seine übermenschliche Größe unterscheidet, fand sich bereits in den Versen der *Ilias*. Der homerische Heros mußte jederzeit seine überragenden Gaben nutzen, um andere zu übertreffen und Beifall zu ernten, denn Ruhm zu erlangen war Antriebskraft und Ziel seines Daseins. Abstammung, Wohlstand und Tapferkeit machen den Helden aus: Seine Ideale sind Ausdauer, Stärke, Schönheit und (in der *Odyssee*) Klugheit. Er ist kein Gott, sondern steht zwischen Göttern und Menschen. Jeder gebildete Grieche war mit diesem Ideal vertraut, wurde eins mit dem großen Vorbild, wenn er darüber las, und folgte ihm nach besten Kräften. Platon bezog sich darauf, als er das Amt der »Wächter« im Staat beschrieb. Aus Aristoteles' Sicht zeichnete sich der Held durch Großmut und Überlegenheit aus. »Er wird regieren, und wir werden ihm willig gehorchen.«[15]

Natürlich wurde die Geschichtsauffassung der Griechen dadurch ebenfalls beeinflußt. Auch wenn sie aktiv die Politik der Polis mitgestalteten, auch wenn ein Thukydides im 5. Jahrhundert seine brillante Analyse historischer Prozesse vorlegte, so folgten sie doch bereitwillig der Überzeugung seines älteren Zeitgenossen Herodot, der davon ausging, daß Geschichte von bedeutenden Männern gemacht werde. In der Folgezeit führte dann das wachsende Interesse am individuellen Charakterbild eines Menschen zur Entwicklung einer neuen Form der Biographie. Im 19. Jahrhundert hielt Thomas Carlyle die Universalgeschichte letztlich für eine »Geschichte der großen Männer, die hier gewirkt haben«, d. h. bei ihm ist Geschichte die Summe unzähliger Biographien. Seine Ansicht ist heute aus der Mode gekommen unter dem Einfluß von Marx und Engels, und weil wir so viele »große« Männer erlebt haben, die nur Unheil stifteten. In hellenistischer Zeit hätte jedoch die große Mehrheit der Bevölkerung wohl Carlyles Meinung geteilt.

Im Griechenland der Klassik war das Interesse an Biographien gering. Sie galten auch aus mehreren Gründen nicht als eigene literarische Gattung: Die Beschäftigung mit dem »idealen« Menschen verstellte den Blick auf die Realität. Eine »tragische« Auffassung vom Menschenleben war weit verbreitet – der Mensch ist seinem Schicksal ausgeliefert. Dazu kam, daß damals viele Zeitgenossen (zum Beispiel der Arzt Hippokrates von Kos) eine Befreiung des Menschen aus den Zwängen seiner Umgebung und ein Über-sich-Hinauswachsen für unerreichbar hielten. Doch ein typisch griechischer Wesenszug, nämlich scharfsinnig die Unterschiede in Kultur und Verhalten der Menschen zu registrieren, mußte fast zwangsläufig zur Herausbildung eines biographischen Schrifttums führen. Vielleicht machte Ion von Chios (geb. um 490) damit den Anfang, als er seine *Epidemiai* verfaßte (Beschreibungen von Reisen, die er selbst und andere gemacht hatten; nicht erhalten). Dort finden sich etwa charakteristische Anekdoten über den Staatsmann Perikles, die Dichter Aischylos und Sophokles und andere, wobei literarische Quellen und persönliche Erinnerungen den Grundstock bildeten. Im 4. Jahrhundert entwickelten Isokrates und Xenophon dann das sog. *enkomion*, eine standardisierte Form der Königsbiographie, die im wesentlichen nur die positiven Aspekte der Personen und ihrer Politik hervorkehrt. Es gab solche Schriften zum Beispiel über Euagoras I. von Salamis in Zypern, (gest. 374/73) oder über Agesilaos II. von Sparta (gest. 360/59).

Als Theophrast (um 370–288/85) seine *Charaktere* verfaßte, bemühte sich sein vielseitiger und weitgereister Zeitgenosse Aristoxenos von Taras ebenfalls um die Biographie als literarische Kunstform. Nachdem er sich in Athen niedergelassen hatte, wandte er sich von seinem bis dahin sehr verehrten philosophischen Vorbild Pythagoras, dem Mathematiker des 6. Jahrhunderts, ab und wurde Schüler von Aristoteles. Im Jahre 322 übertrug Aristoteles jedoch entgegen seinen Erwartungen nicht ihm, sondern Theophrast die Leitung der Akademie. Es ist unklar, ob Aristoxenos danach weiterhin Mitglied dieser Schule blieb: Es hieß allerdings, daß keiner ihm an Gelehrsamkeit gleichgekommen sei.

Aristoxenos war ein äußerst produktiver Schriftsteller; von den ihm zugeschriebenen vierhundertdreiundfünfzig Büchern ist allerdings nur Weniges erhalten. Er gilt als der bedeutendste Musiktheoretiker des Altertums, verfaßte aber auch zahlreiche historische Werke, insbesondere Biographien über Pythagoras, den Tarentiner Archytas (ein Mitglied seiner Schule), Sokrates und Platon. Methodisch folgte er der aristotelischen Charakterlehre; daneben war er überzeugt, daß die

Lebensläufe jener bedeutenden Männer – oder zumindest der Versuch, die diesbezüglichen Aussagen früherer Biographen zu interpretieren – wichtige Einsichten und Kenntnisse ihrer Lehren vermittelte. Indem er hauptsächlich Philosophenbiographien schrieb, distanzierte sich Aristoxenos bewußt von der Meinung, nur Heroen, Tatmenschen, seien »große Männer« und der Erinnerung würdig. Bezeichnenderweise war er ein Zeitgenosse Alexanders des Großen.

Auf Aristoxenos' Anfänge folgte eine ganze Serie von schematisierenden Biographien berühmter Leute: Herkunft und Geburt, Jugendzeit, bestimmte Taten, die den Charakter der Person offenbarten (»Charakter« hielt man für angeboren, unveränderlich, nicht entwicklungsfähig), und Tod waren notwendig abzuhandelnde Kapitel, ausgeschmückt wurde das Ganze mit fleißig zusammengetragenen Legenden, Diskursen über Moral und Philosophie sowie mit Skandalgeschichten bzw. Anekdoten, die häufig sehr frei und humorvoll waren. So sah Aristoxenos, der Schöpfer des Genres, in Pythagoras von Samos einen Etrusker, der sein Wissen von dem persischen Weisen Zoroaster erworben hatte; Platon hatte den *Staat* angeblich bei dem Sophisten Protagoras (5. Jahrhundert) abgeschrieben; Sokrates erscheint als sinnlich-dümmlicher Egoist, geifernder Geldverleiher und Bigamist. Vielleicht wurde Aristoxenos wegen seiner Manie, alles und jeden hemmungslos zu bekritteln, die Leitung der aristotelischen Akademie nicht übertragen – es sei denn, er spitzte aus Enttäuschung darüber erst nachträglich die Feder, um Rache an den orthodoxen Philosophen zu nehmen.

Einen weiteren Abschnitt in der Geschichte der Biographie bildete dann das Werk des Satyros aus Callatis Pontica (Mangalia/Rumänien). Er lebte im 3. Jahrhundert und arbeitete hauptsächlich in Ägypten Vier Seiten seiner Lebensbeschreibung des Euripides sind erhalten – merkwürdigerweise sind sie in Dialogform geschrieben. Man kann davon ausgehen, daß Satyros die Kapiteleinteilung des Aristoxenos-Kanons einhielt, obwohl er für die spätere Entwicklung des Dichters wenig Verständnis zeigt. Außerdem erschließt er völlig unwissenschaftlich aus Euripides' Dramen biographische Details und fügt eigenmächtig einen Wust von Legenden hinzu. Vom Stil her nicht unattraktiv, erweist er sich auch als Literaturgeschichtler, wenn er Euripides als Vorläufer Menanders bezeichnet.

Satyros verfaßte neben Schriften über Pythagoras, Sophokles und den Rhetor Demosthenes auch Biographien über die »Tatmenschen« seiner Zeit, Repliken der alten Heroenverherrlichung, u. a. über Dionysios II. von Syrakus (367–344) und Philipp II. von Makedonien. Seit Philipp und Alexander war jedermann bewußt, daß die griechische Welt in die Hände der »großen Männer« geraten war, und Satyros gab diesem

Bewußtsein Ausdruck, wobei er klug genug war, lebende Personen auszusparen. Leben und Taten Alexanders des Großen brachten ein enormes biographisches Schrifttum hervor, das meist völlig fiktiver Natur war; ebenso ergingen sich verständlicherweise die Biographien der Diadochen zu deren Lebzeiten hauptsächlich in Lobpreisungen.

Antigonos von Karystos ist vielleicht mit einem Bildhauer identisch, der nach den Sieg Attalos' I. von Pergamon über die Galater an der Herstellung der Bronzestatuen beteiligt war, die diesen Sieg verherrlichten. Neben einer Kunstgeschichte verfaßte er ein Werk *Leben der Philosophen*. Trotz seiner Beschränkung auf einen einzigen Berufsstand – er folgte hierin Aristoxenos – sind seine Biographien wichtig. Er schrieb nicht nur einen bewundernswert flüssigen Stil, sondern setzte mit seiner Genauigkeit der Schilderung neue Maßstäbe, besonders wenn er Personen aus eigener Anschauung beschrieb.

Die Biographie entsprach der hellenistischen Neigung zum Realismus bzw. Individualismus. Allerdings blieben die Biographen bescheiden und maßten sich nicht an, bedeutende oder gar umfassende Geschichtswerke zu schreiben. In der griechisch-römischen Literaturkritik der folgenden Jahrhunderte blieb die Unterscheidung zwischen Biographie und Historiographie weiter bestehen – wobei die Autobiographie, zum Beispiel die *Memoiren* des Aratos von Sikyon (271–213), ebenso wie die Biographie als zweitrangig galt. Was die hellenistischen Historiker angeht, betonten sie zweifelsohne mit Genugtuung den qualitativen Unterschied ihrer Arbeiten zu denen der Biographien, obwohl auch sie sich dem allgemeinen Interesse an biographischem Material nicht entziehen konnten

Natürlich war das alles nicht neu. Bereits Herodot hatte vor langer Zeit Maßstäbe für die Historiker gesetzt. Nun aber sprengten die *Philippika*, das große Werk des Theopomp von Chios (378– nach 323), diesen Rahmen, da die Beschreibung der Regierung Philipps II. von Makedonien selbstverständlich auch starke biographische Züge aufwies. Duris von Samos (um 340–260) fand das Buch langweilig. Sein eigenes Geschichtswerk über die Zeit von 370 bis etwa 280 handelte zwar auch von Persönlichkeiten, betonte aber viel mehr ihre Empfindungen und Gefühle. Hieronymos von Kardia (ein wichtiger Verwaltungsbeamter in Diensten erst des Eumenes von Kardia, dann des Antigonos Monophthalmos) war ein viel zu nüchterner und ehrlicher Historiker, als daß er solche Methoden gutgeheißen hätte, doch interessierte er sich ebenfalls für die Biographie. Seine Charakterisierung des Demetrios I. Poliorketes wartete mit einer bemerkenswerten Neuerung auf: Entgegen der üblichen »statischen« Sicht des Charakters betonte er nun die Entwicklung und Veränderung einer Person. Die individuelle Persönlichkeit hatte auch einen festen Platz in der Geschichtsschreibung des Polybios; als Beispiel sei seine Studie über Philopoimen erwähnt, den Strategen des Achaischen Bundes.

Das dreidimensionale Gegenstück zur Biographie, die Porträtkunst der Bildhauer, muß ebenfalls als eine Neuschöpfung des Hellenismus angesehen werden. Doch gelang es ihr besser, das empfindliche Gleichgewicht zwischen dem Idealismus der alten Zeit und dem modernen Realismus zu wahren.

Wie die Griechen der klassischen Periode in der Biographie niemals eine selbständige literarische Gattung sahen, so war ihnen auch das Individualporträt praktisch unbekannt. Babylonier und Ägypter hatten in noch früherer Zeit zumindest ansatzweise versucht, in noch unbeholfenen »Porträts« die individuellen Eigenheiten einer Person herauszuarbeiten. Die griechischen Bildhauer der vorhellenistischen Zeit gingen jedoch nicht einmal so weit: Die »Porträts« für Grabmäler oder Votivgaben entsprachen einem allgemeinen künstlich geschaffenen Ideal, d. h. sie waren nicht wirklich ähnlich, sondern zeigten nur die typischen Formen der Physiognomie, ganz leicht abgewandelt durch winzige individuelle Züge. Ein Bildhauer des 5. Jahrhunderts hätte wohl Konzessionen in Richtung eines ausgeprägteren Realismus mit dem Bemerken zurückgewiesen, daß dadurch das Vergängliche zum Nachteil der wesentlichen, unveränderlichen Wesenszüge des Menschen zu sehr betont würde. Mit anderen Worten: Der *daimon* (das Lebensprinzip oder der lenkende Geist) des Menschen, der ihn mit seiner Bestimmung verband, wäre nicht mehr erkennbar.

Das klassische Prinzip, das sich hierin zeigt, nämlich Verallgemeinerung an Stelle realistischer Porträtkunst, wurde auch aus anderen Quellen gespeist. In der Hauptsache porträtierte man damals Götter oder gottähnliche Heroen. Das »unpersönliche« Muster für die spätere Abbildung von Menschen war damit vorgegeben. Beispielhaft dafür sind die gleichartigen Statuen der beiden Verschwörer Harmodios und Aristogeiton, von denen die eine in den Jahren 510–509, die andere 477/76 geschaffen wurde, um an die Ermordung des »Tyrannen« Hipparchos im Jahr 514 zu erinnern (Kopien der späteren Ausführung sind erhalten). Ein weiterer Grund lag in der Tatsache, daß es im 5. Jahrhundert Porträts »normaler« Menschen nur von bekannten Persönlichkeiten des öffentlichen Lebens gab. Diese Beschränkung verstärkte wiederum die Tendenz zur unpersönlichen Darstellung: Da man immer komplette Statuen schuf, waren die Gesichtszüge nicht so wichtig: Sie mußten nur »so schön wie möglich«[16] sein.

Von sehr wenigen Ausnahmen abgesehen (es gibt einen ungewöhnlich fein gearbeiteten Kopf des Themistokles, offenbar nach seinem Tod entstanden) behielt die Porträtkunst bis nach 400 durchaus idealistische Züge. Neue Möglichkeiten zeichneten sich ab, als Sokrates seine These von der individuellen Existenz der menschlichen Seele propagierte, die durch den Körper hindurchscheine. Solche provokativen Ansichten veranlaßten die Bildhauer, seine Gesichtszüge exakt abzubilden; sie boten zudem einen besonderen Reiz, weil sie nicht gerade alltäglich waren. Viele Sokrates-Statuen sind als Kopien auf uns gekommen; die Künstler haben seine verschiedenen Eigenheiten herausgearbeitet und einen Hauch von göttlicher Inspiration hinzugefügt. Auch eine ihm zugeschriebene gewisse hausbackene Originalität ist nicht zu übersehen.

Ganz anders eine Plastik vom Grab des im Jahr 353 gestorbenen Maussolos (vom Mausoleum in Karien, südwestliches Kleinasien). Ob der Bildhauer den Maussolos selbst abgebildet hat oder, was weniger wahrscheinlich ist, seinen Vater bzw. irgendeinen seiner Vorfahren, bleibt unklar. Jedenfalls haben wir hier das erste größere Individualporträt eines griechischen Künstlers vor uns, auch wenn die Individualisierung noch nicht sehr ausgeprägt ist. Die Skulptur sollte ganz allgemein Größe und Glanz des Herrschers ausdrücken, trägt aber die besonderen Züge der asiatischen Herrscherdynastie.

Es ist kein Zufall, daß dieses ungewohnt realistische Porträt in einem Randgebiet des griechischen Kulturkreises auftaucht. In den nur wenig hellenisierten Ländern unter nichtgriechischen Herrschern war es für die Bildhauer anscheinend leichter, die Fesseln der idealisierenden griechischen Klassik abzustreifen.

Bei jüngsten Grabungen in der alten makedonischen Hauptstadt Aigai (Vergina) fand man u. a. einen gutgearbeiteten Elfenbein-Porträtkopf (Teil einer kleinen Reliefplastik, der wohl Maussolos' Zeitgenossen Philipp II. von Makedonien darstellt, vielleicht die Kopie eines Goldelfenbeinporträts des athenischen (?) Bildhauers Leochares. Im selben Grab befand sich als Beigabe auch ein elfenbeinerner Porträtkopf Alexanders des Großen. Leben und Taten des jugendlichen Makedonen gaben der zeitgenössischen Porträtkunst unzweifelhaft sehr viele Anregungen: Der Alexandertypus entstand in Griechenland und sollte den glorreichen Helden im Kampf gegen das Perserreich symbolisieren. Alexander schätzte für die Darstellung seiner eigenen Person besonders den Bildhauer Lysipp von Sikyon. Nur Lysipp war imstande, so die Meinung des Königs, das männlich-löwenhafte seiner Erscheinung wiederzugeben. Lysipps kunstvolle Bronzeporträts galten als vollkommen realistisch. Verglichen mit den meisten Arbeiten seiner Vorgänger waren sie es wohl auch, obwohl der Künstler selbst meinte, während andere die Menschen nach der Natur formten, habe er selbst sie so geschatten, wie sie ihm zu sein schienen.[17] Wer diese »anderen« waren, wissen wir nicht. Doch seine Bemerkung war und ist bedeutsam für jeden Bildhauer, der den Realismus lediglich als extremen Naturalismus versteht: Man wird in seinem Werk die verwandelnde Kraft des Künstlers vermissen.

Ein offensichtlich zu seinen Lebenzeiten gearbeitetes Alexanderporträt aus Sparta (jetzt in Boston) ist in dieser Hinsicht glücklich ausgewogen: Einerseits vermittelt es einen Eindruck von den außergewöhnlichen Gaben des Königs, gleichzeitig aber auch seine Rastlosigkeit und die Verderbtheit des Charakters. Andererseits vermittelt es die Aura eines Gottes bzw. des Heroen Herakles, dessen Löwenfell er trägt. Von ähnlicher Wirkung sind nahezu all die unzähligen Alexanderbüsten, die spätere Generationen geschaffen haben. Tiefliegende Augen blicken grimmig unter buschigen Brauen hervor. Andere Künstler versuchten, realistisch zu bleiben, aber gleichwohl den Typus herauszuarbeiten oder doch zumindest typische Eigenschaften erkennen zu lassen, wie es die klassische Schule verlangt hatte. So schuf Silanion, ein Zeitgenosse Lysipps, eine Bronzestatue des Bildhauers Apollodoros, die nach Plinius dem Älteren »nicht einen Menschen, sondern den leibhaftigen Zorn«[18] erkennen ließ – hier wurde demnach mehr eine Eigenschaft personifiziert, denn ein Mensch porträtiert.

Plinius berichtet auch, daß Lysipps Bruder Lysistratos damit begann, *similitudines*[19] (naturgetreue Nachbildungen) zu modellieren, d. h. vom Gesicht Lebender oder von Statuen Gipsabdrücke zu nehmen und mit Wachs zu füllen. Korrekturen wurden am Wachsmodell vorgenommen. Das brachte jedoch nicht den entscheidenden Durchbruch zu mehr Realismus. Die Porträtbüsten der frühen Diadochen tragen kaum individuelle Züge: Ptolemaios I. Soter zum Beispiel wird auf seinen Münzen viel realistischer abgebildet als in den Porträts der Bildhauer.

Ein anderes Beispiel für derartige ideal-realistische Mischformen ist der bärtige Bronzekopf (um 300, Fundort wahrscheinlich Rom) im Kapitolinischen Museum, der als *Brutus* bekannt ist (Lucius Brutus, der Begründer der römischen Republik), obwohl wir nicht einmal wissen, ob er einen Römer darstellt oder nicht. Rom war zu jener Zeit noch ganz von dem teilweise hellenisierten Etrurien geprägt: der Stil des Brutuskopfes ist hellenistisch und etruskisch zugleich. Die äußere Form ist ganz etruskisch, aber die bewegten Gesichtszüge, die einen eisernen Willen ausdrücken, entsprechen dem zeitgenössischen hellenistischen Stilempfinden, das mehr den Typus als das individuelle Porträt bevorzugt. (Die Köpfe der in Massenproduktion gefertigten zeitgenössischen etruskischen Grabfiguren sind Typen, auch wenn sie oberflächlich individuell gestaltet sind.)

Bei den Künstlern, die um diese Zeit in Griechenland arbeiteten, vollzog sich indes ein Wandel. Man reduzierte ganz allmählich die typisierenden, unpersönlichen Elemente der Porträts. Die Statuen des Rhetors Demosthenes, Symbol der vergangenen Größe Athens, legen davon Zeugnis ab. Auf uns gekommene Kopien gehen zurück auf ein Original des Bildhauers Polyeuktos, das um 280, also etwa vierzig Jahre nach Demosthenes' Tod geschaffen wurde. Der Redner steht reglos mit geneigtem Kopf, in Gedanken versunken – ein realistisches Abbild, doch mehr als das: Körper und Gesicht spiegeln das intensive Innenleben des Mannes, Leidenschaft, Willensstärke, Trauer und grimmige Entschlossenheit, daneben werden körperliche Schwäche und geistige Überlegenheit in bewegender Weise einander gegenübergestellt. Trotzdem erinnern Einfachheit und Strenge der Statue an den Brutuskopf. Die Plastik des großen Redners ist im künstlerischen Rang den klassischen Heroen von Marathon und Salamis durchaus ebenbürtig.

Eine bewundernswerte Epikur-Büste, wohl die Kopie eines in seinen späten Jahren entstandenen Originals, setzt die »moderne« künstlerische Linie mit der Herausarbeitung persönlicher Züge fort und gibt die herrschende Auffassung vom »weisen Philosophen« wieder. Das vielleicht bedeutendste Werk dieses Genres ist die Kopie (oder Bearbeitung um 200) einer Statue des Stoikers Chrysippos, geschaffen von Eubulides (?). Der Kopf befindet sich im Louvre, der Rumpf im Britischen Museum. Wiederum wird hier der Mensch, aber auch das Vorbild des Denkers und Lehrers in ergreifender Weise dargestellt. Haltung, Kleidung, Gesichtszüge sind durchaus naturalistisch; die kräftig-unruhigen Augenbrauen, die tief eingekerbten Falten erinnern an die idealisierenden Götterporträts in Pergamon. Spätere Skulpturen von Philosophen sind weniger interessant: Die bärtigen Figuren sind belanglos und bieten wenig Charakteristisches. Ihre Schöpfer vermochten es anscheinend noch nicht, sich von der generalisierenden klassischen Richtung freizumachen bzw. sich mit dem Detail auseinanderzusetzen.

Porträts der hellenistischen Monarchen zeigen eine ähnliche Tendenz der Vermischung individueller und allgemeiner, dem Herrscheramt zugeschriebener Züge. Doch es gibt Ausnahmen. Eine davon ist ein Kopf Antiochos' III., des Großen (223–187), der voll innerer Spannung ist, eine andere das witzige, sehr realistische Porträt des baktrischen Monarchen Euthydemos I. Theos (um 230–190), der einen Sonnenhut trägt. Diese Köpfe tauchen auf baktrischen bzw. indo-griechischen Münzen wieder auf und sind die besten aller hellenistischen Münzporträts. Die Euthydemos-Büste ist in ihrem Realismus schon ein Vorläufer der Skulpturen des 2. und 1. Jahrhunderts v. Chr. aus dem Handelszentrum Delos in der Ägäis.

Von hier stammen u. a. verschiedene Elfenbein-Büsten älterer Männer, deren Gesichtszüge naturgetreu nachgebildet sind, was erst durch die neue Technik der Wachsmodelle möglich geworden war. Delos war auch berühmt für seine Bronzewerkstätten.

Die Insel war für Rom ein wichtiger Handelsplatz (in den Mithridatischen Kriegen war sie 88 und 69 geplündert und verwüstet worden), und auch ihre kulturelle Verflechtung mit Rom war erheblich. Unter dem Einfluß von Delos und anderen östlichen Städten des Mittelmeers, aber auch Süditalien und Etruriens entwickelten die Römer eine lebensechte Porträtkunst, die dazu diente, die Vorfahren, die Rom groß gemacht hatten, zu verewigen. Der neue Realismus ging so weit, daß man nun auch Warzen, Glatzen und ähnliches, abbildete. Dieser »veristische« Stil hatte Zukunft, und oft waren es griechische Bildhauer, die nur zu gerne die großzügigen Arbeitsmöglichkeiten bei einem mächtigen römischen *patronus* nutzten, um an dessen knorriger Physiognomie ihre Talente zu erproben. Berühmte Maler befolgten diese Tendenz zur realistischen Darstellung mit solcher Hingabe, daß der römische Kritiker Quintilian über Demetrios von Alopeke (um 400) – er war bekannt unter dem Namen *anthropopoios*, »der Menschen erschafft« – Klage führt, er ziehe die realistische Darstellung der schönen vor[20] – was vermutlich hieß, daß er bisweilen fast karikierte. Aristoteles sah die Kunst allgemein als Imitation, an der jeder Mensch Gefallen finde. In seiner *Poetik (Dichtkunst)* beschreibt er die Malerei als Parallele zur Dichtung und unterscheidet Künstler, die die Menschen besser darstellen als sie sind oder schlechter als sie sind oder genau so, wie sie sind – als »die gleichen Leute, die wir selbst sind«.[21]

Der berühmte Apelles, Aritoteles' Zeitgenosse, malte Antigonos I. Monophthalmos (gest. 301) im Dreiviertelprofil, um dessen leere Augenhöhle nicht abbilden zu müssen. Dem Grammatiker Apion zufolge sollen Kenner anhand seiner Porträts nicht nur das Alter der Menschen, sondern auch das voraussichtliche Todesjahr festgestellt haben.[22] Solche und ähnliche Legenden zeigen den Realismus, der vom Publikum so sehr bewundert wurde.

Philoxenos von Eretria (spätes 4. Jahrhundert) malte vielleicht die Porträts von Dareios III. und Alexander in der berühmten *Alexanderschlacht*, die in Pompeji als Mosaik-Nachbildung in Auftrag gegeben wurde. Jene Kopien der hellenistischen Porträtkunst haben sich zufällig erhalten. Besser beurteilen können wir die Originalvorlagen in Etrurien, wo die Künstler griechisches Stilempfinden übernahmen und etruskischen Vorstellungen anpaßten. Dort erkennen wir, daß etwa das skizzenhafte Porträt des Vel Saties und des Zwergs Arnza (um 250) aus dem François-Grab in Vulci und die Darstellung der Personen im Grab der

Schilde und im Grab des Typhon in Tarquinii wiederum eine Stilmischung sind, die das Klassische mit dem Individuellen vereint. Dies ist tatsächlich das auffälligste Merkmal der hellenistischen Porträtkunst: Wie die Bildhauer bemühen sich auch die Maler bei allem »modernen« Realismus weiterhin um die Darstellung von Gesichtszügen, wie sie sein *sollten*: um einen bestimmten Charakterzug zu verdeutlichen oder beispielhaftes menschliches Verhalten hervorzuheben. Auch noch gegen Ende der hellenistischen Epoche finden wir keine gemalten Porträts, die man mit dem neuen »Verismus« der delischen oder römischen Skulpturen vergleichen könnte.

»Moderne« naturalistische Porträts sind viel eher auf den Münzen der hellenistischen Zeit zu finden.

Während der klassischen Periode gab es das Charakterporträt weder auf Münzen noch bei Skulpturen. Die Zeitgenossen hätten ein »realistisches« Abbild als unangemessen empfunden. Es wäre *hybris* gewesen, ein Verhalten, mit dem sich der Polisbürger sträflich-überheblich außerhalb der Gemeinschaft stellte. Traditionell erschien das Haupt eines Gottes oder einer Göttin auf den Münzen. Mochte sich ein klassischer Heros noch so sehr bemühen, es den Göttern gleichzutun (auf Münzen erschien auch er relativ häufig), der Abstand zwischen den Sterblichen und den Unsterblichen blieb unvermindert groß.

Im Osten hielt man diesen Unterschied für nicht so erheblich. Die ersten von Griechen geschaffenen Münzporträts lebender Personen sind die des persischen Satrapen und Provinzfürsten Khäräi aus Lykien im südlichen Kleinasien (sie stammen von Ende des 5. Jahrhunderts[23], einer Zeit, in der auch die ersten Gemmenporträts erscheinen). Genauere Porträts anderer kleinasiatischer Satrapen (Provinzstatthalter) finden wir schon bald darauf (um 412–300) – mit diesen Münzen wurden griechische Soldaten in persischen Diensten entlohnt. Die Entwicklung des Münzporträts begann also in einem Gebiet, in dem griechische Künstler sich von den in der Heimat üblichen Vorbehalten nicht behindern ließen: Entsprechend fielen die Porträts durchaus ungriechisch aus, wie etwas auch die Marmorstatue des karischen Fürsten Maussolos in Halikarnassos.

Wie andere Gebiete der Kunst erhielt auch das Münzporträt durch Alexander den Großen kräftige Impulse. Sein ungewöhnliches Leben und Wirken setzte die traditionelle Regel außer Kraft, nach der man auf Münzen allein Götter und Heroen verherrlichte: Die Herakles-Porträts (mit dem Fell des nemeischen Löwen) kommen auf seinen zahlreichen Münzprägungen den individuellen Zügen des Königs sehr nahe, außerdem zeigt die Aufschrift den Namen Alexander. Nach dem Tod des großen Makedonen erschien sein Porträt auf den Münzen der Diadochen in der Absicht, ihre Ansprüche als seine legitimen Nachfolger zu unterstreichen. Die berühmteste Serie war eine Silberprägung des Lysimachos, die Alexander mit den Widderhörnern des Zeus-Amûn zeigt; in seiner Gründung Alexandria wurde er als Eroberer Indiens mit dem Elefantenhaupt samt Rüssel und Stoßzähnen abgebildet. Alle diese Stücke stellen Alexander mehr oder weniger idealisiert dar.

Ptolemaios I. war wahrscheinlich der erste, der den Kopf Alexanders durch sein eigenes Porträt ersetzte (um 300). Dieses leitet zu einer neuen Form der Darstellung über: Es erscheint nun der mächtige Kriegsherr mit buschigen Augenbrauen und markantem Kinn. Das Porträt des Königs ist stark vereinfacht, er trägt die *aigis* (das Ziegenfell) des Zeus. Doch die wahrheitsgetreue, entschiedene Art der Darstellung, die auch vor dem Häßlichen nicht zurückschreckt, übertrifft jedes Skulpturenporträt dieser Zeit an Echtheit. Die Seleukiden waren allerdings die ersten, die den jeweils regierenden Herrscher regelmäßig auf Münzen abbildeten. Ein Porträt des Antiochos I. Soter (gest. 261) ist von einer Wirklichkeitstreue, wie sie nie zuvor erreicht worden war. Es symbolisiert Macht, doch in sehr menschlicher Form; der Gesichtsausdruck spiegelt Fürsorge und gespannte Aufmerksamkeit wider. Kraftvoller mit dem schweren Unterkinn wirkt Philetairos (gest. 263), der Begründer des Königreiches Pergamon, dessen Nachfolger ihn weiterhin auf ihren Münzen abbildeten.

Die Künstler, die die Münzporträts entwarfen, waren nicht so sehr an die Regeln und Normen gebunden, die für die größeren Kunstwerke galten, da sie auf einem relativ eng begrenzten Gebiet arbeiteten. Vor allem konnten sie sich freier äußern als beispielsweise die durch die Klassik noch stark beeinflußten Bildhauer. Hinzu kam der ausgeprägte Sinn für Propagandaeffekte, der in den Münzprägungen der hellenistischen Könige deutlich sichtbar wird. Die Griechen waren sich der Wirkung des Geldes in dieser Hinsicht schon immer bewußt gewesen, was nicht zuletzt in der hohen Wertschätzung und guten Bezahlung der Künstler zum Ausdruck kam. Das Volk schaute sich die einzelnen Geldstücke sehr genau an, und wenn sie gut geschnitten waren, begeisterte man sich an ihnen. Ein König der hellenistischen Zeit gab sich jedoch damit nicht zufrieden, denn die Persönlichkeit des Herrschers sollte den Untertanen möglichst jederzeit vor Augen stehen. Dabei mußte man (noch) nicht so weit gehen, auch Schönheitsfehler naturgetreu abzubilden; doch die charakteristischen Merkmale sollten erkennbar sein. Die überall im Königreich umlaufenden Münzen waren dafür das geeignete Medium.

Erst um das Jahr 200 erreichte das hellenistische Münzporträt seine künstlerische Vollendung. Die Herrscherporträts dieser Zeit waren nicht nur photographisch genau, sondern gaben auch königliche Eigenschaften wieder, wie den Hang zur Intrige, eine Neigung zur Brutalität usw. Das naturgetreue Abbild wird erst zum Kunstwerk durch das Talent und die handwerkliche Originalität des Künstlers. Besonders ausdrucksvoll ist beispielsweise das Bildnis des Seleukiden Antiochos III., des Großen (223–187), mit der Denkerstirn, den ausgeprägten Augenbrauen und der überaus weichen Mundpartie: Stärke und Schwäche halten sich hier die Waage. Die Porträts der häßlichen pontischen Könige Mithridates II. (um 220–185) und Pharnakes (185–169) sind Charakterstudien, die noch durch das auffallende fremdländische Aussehen unterstrichen werden. Unter den Münzporträts der teilweise hellenistischen Parther fällt eines besonders auf, das vielleicht den Partherkönig Mithridates III. (um 57–54) darstellt; es ist das erste Beispiel einer ganzen Reihe von Porträts in Vorderansicht, die in späterer Zeit geschaffen wurden.

Die hervorragendsten Münzporträts der Epoche finden sich auf den Prägungen der baktrischen und indo-griechischen Könige am Rande des griechischen Kulturkreises. Wie bereits erwähnt, waren die frühesten noch nicht völlig realistischen Münzporträts von griechischen Künstlern in den nichthellenisierten Gebieten Asiens geschaffen worden. Im Verlauf des 3. Jahrhunderts und später erreichte der Realismus der Münzbilder wiederum in Asien seinen Höhepunkt. Die baktrischen und indogriechischen Herrscher waren räumlich und geistig so weit entfernt von der klassischen Tradition der idealisierten, unpersönlichen Darstellung, daß sie das Neue bereitwillig förderten. Es war ein glücklicher Zufall, daß dort Porträtkünstler wirkten, die grandioses Einfühlungsvermögen und hervorragendes Können besaßen.

Ein schönes Beispiel ihrer Kunst ist das Bildnis des baktrischen Königs Euthydemos I. Theos (um 220), der als älterer, fast zahnloser Mann mit gespitztem Mund dargestellt ist. Auf eine meisterhafte Porträtbüste, die denselben Monarchen mit breitem Sonnenhut zeigt, wurde bereits hingewiesen. Der Sonnenhut erscheint auch auf einer Münze des Antimachos I. Theos Nikephoros (um 171), eines Herrschers im Raum Ost-Gandhara/Pandschab. Seine Gesichtszüge offenbaren die starke Persönlichkeit, doch auch Sinn für geistvollen Witz. Eine weitere gute Charakterstudie bietet das größte erhaltene Goldstück (besser Goldmedaille) des Altertums aus der Münze des baktrischen Monarchen Eukratides I. (um 170–155), der sich als erster griechischer König auf einem Geldstück als »der Große« feiern läßt. Mehr heroische Züge trägt ein Porträt desselben Herrschers auf einem Silberstück. Behelmt, aber mit nackten Schultern, schwingt er finsteren Blicks einen Wurfspeer.

Wir kennen auch einige sehr eindrucksvolle Gemmen- und Intaglioporträts von baktrischen und indo-griechischen Königen.

Nach Menander Soter Dikaios, dem letzten der großen indo-griechischen Könige, zerfiel das Großreich allmählich seit dem späten 2. Jahrhundert wegen innenpolitischer Wirren und äußerer Bedrohung. Während dieser Phase des Niedergangs ließ der sonst unbekannte indogriechische König Amyntas Nikator (um 100–75) jedoch das größte Silberstück prägen, das wir aus dem Altertum kennen. Ungeschönt sind seine exzentrischen Züge wiedergegeben; wie auf den anderen Münzen dieser Gegend werden selbst feinste Mißbildungen der Natur herausgearbeitet, um bestimmte Charaktermerkmale zu betonen. Als man sich dann der anstürmenden Nomadenvölker erwehren mußte, symbolisierte das Bildnis des schwerbewaffneten, ebenfalls unbekannten Königs Archebios den kräftigen Selbstbehauptungswillen dieses letzten, vollkommen isolierten Außenpostens der griechischen Welt.

Die späteren römischen Münzporträts kommen den realistischen Prägungen der baktrisch-indischen Könige sehr nahe. Wenn sich die Römer hier auch im edlen Wettstreit mit der griechischen Kunst befanden, gelang es ihnen doch nicht, diese Schöpfungen zu übertreffen, weder in der Realistik noch in der handwerklichen Technik.

4. Die Frau im Hellenismus

Zwangsläufig mußte sich die Darstellung von Literatur und Kunst im ersten Teil des Buches vorwiegend mit Männern befassen, denn Frauen spielten gesellschaftlich immer noch eine untergeordnete Rolle. Kaum verständlich wäre es allerdings, wenn die verschiedenen Aspekte des Wandels nicht auch die Stellung der Frau beeinflußt hätten. Eines der hervorstechendsten Charakteristika der hellenistischen Welt ist gerade die Veränderung des gesellschaftlichen Ansehens der Frau.

In frühgriechischer Zeit hatte es schon emanzipatorische Ansätze gegeben, doch blieben sie eher sporadisch. Unabhängig waren die Frauen in dem Kreis um Sappho (geb. 612) auf der Insel Lesbos, von der die homosexuellen Beziehungen unter Frauen, in denen sie wahrscheinlich lebten, ihren Namen haben. Tragödiendichter – vor allem Sophokles, bei dem die Frauen ihr Schicksal selbst bestimmen, und der Frauenkenner Euripides – ließen ihre Frauengestalten oft eine besonders wichtige Rolle spielen, die dem viel niedrigeren Status der Frau im Alltagsleben in keiner Weise entsprach. Eine Sonderstellung nahmen allerdings die hochgebildeten Kurtisanen (hetairai) ein. Insgesamt war das Leben der Frau im klassischen Griechenland eng umgrenzt: Sie erhielten keinerlei Bildung (Sparta, vielleicht Etrurien, blieben Ausnahmen), verbrachten den größten Teil ihres Lebens im häuslichen Kreis, durften oft nicht einmal die eigenen Kinder aufziehen und besaßen kaum mehr Rechte als Sklaven. So berichtet der diesbezüglich sehr konservative Xenophon (428/7–354) mit deprimierender Genugtuung über seine noch sehr junge Frau: »Sie wußte, daß es ihre Aufgabe war, weder gesehen noch gehört zu werden. Was könnte ich mehr wünschen?«[24]

Dies alles sollte sich in der hellenistischen Epoche grundlegend ändern. Denn zum ersten Mal in der griechischen Geschichte hören wir jetzt von Frauen, die große Macht besaßen. Die allgemeine Erkenntnis, daß es zumindest einigen gelungen war, die Spitze des gesellschaftlichen Ansehens zu erklimmen, verstärkte die Hoffnungen und Erwartungen aller anderen. Die hellenistische Welt war weitgehend durch Königreiche geprägt, und diese Königreiche brachten auch fähige, geistig sehr unabhängige und mächtige Königinnen hervor. Das Urmodell dieser Monarchie stammte aus Makedonien, einer Landschaft, die sich in vielerlei Hinsicht unabhängig von griechischen Traditionen entwickelte – und hier hatte es schon sehr früh Königinnen mit erstaunlichem Durchsetzungsvermögen gegeben.

Im makedonischen Herrscherhaus war die Beziehung zwischen Mutter und Sohn viel stärker als die zwischen Mann und Frau: Eine makedonische Königin schreckte vor nichts zurück, um die Thronfolge ihres eigenen Sohnes zu sichern – was ihr zu einer dominierenden Stellung im Staat verhalf. Ein hervorragendes Beispiel für dieses Phänomen war Olympias, die Mutter Alexanders des Großen, die aus der epirotischen Fürstenfamilie der Molosser stammte. Diese unberechenbare, leidenschaftliche Frau ermordete ihren Stiefsohn Philipp III. Arrhidaios, um die Alleinherrschaft für ihren minderjährigen Enkel Alexander IV. zu sichern. Mit Einverständnis des Feldherrn Kassandros wurde aber auch sie (316) ermordet. Kassandros' einflußreiche Schwester Phila heiratete nacheinander zwei bedeutende Männer: Krateros und Demetrios I. Poliorketes. Demetrios schenkte sie – trotz aller seiner Seitensprünge – einen Sohn: Antigonos II. Gonatas wurde der Begründer einer großen Dynastie. Phila hielt im südlichen Kleinasien (Lykien?) Hof. Im benachbarten Karien gab es schon länger Frauen als Regenten. Bekannt wurden vor allem die Fürstinnen Artemisia und Ada.

Mächtige und gebildete Königinnen gab es später in fast jedem hellenistischen Königreich, vor allem aber bei den Ptolemaiern. Die bemerkenswerteste Frau des Zeitalters war ein Mitglied dieses Herrscherhauses, Arsinoë II. Philadelphos, Tochter des Ptolemaios I. Soter und der Berenike I. Mit etwa siebzehn Jahren heiratete sie den Diadochen Lysimachos (um 299/298). Er zollte ihren Talenten den größten Respekt und machte ihr einige bedeutende Städte (darunter Kassandreia) zum Geschenk. Nach des Lysimachos Niederlage und Tod und einer Eintagsehe mit dem Stiefbruder Ptolemaios Keraunos (der Blitzstrahl) – er ermordete ihre beiden jüngeren Kinder, konnte aber der Mutter nicht habhaft werden – suchte sie in Ägypten Zuflucht. Dort heiratete sie ihren Bruder Ptolemaios II. Philadelphos (um 276/275?) und blieb bis zu ihrem Tod, fünf oder sechs Jahre später, die dominierende Persönlichkeit des Landes.

Durchaus eine Vorläuferin künftiger römischer Kaiserinnen, hatte Arsinoë II. einen praktischen Verstand, war schlau und gerissen und von skrupellosem Ehrgeiz besessen – insgesamt eine viel stärkere Persönlichkeit als ihr bedachtsamer Bruder-Gemahl. Ihre Energie und ihr diplomatisches Geschick, ein Erbteil der Eltern, stützten dessen Regierung entscheidend. Sie lehrte Ptolemaios II., seine Flotte zu gebrauchen, und führte den vergleichsweise schwachen ptolemaiischen Staat in das ruhmreiche goldene Zeitalter seiner größten Ausdehnung. Schon zu Lebzeiten erhielt sie unerhörte, einer Frau bisher noch nie zugestandene Ehrungen. Hervorragende Bildhauer schufen glänzende Porträtbüsten von Arsinoë II., so daß (von wenigen früheren Ausnahmen abgesehen) seit ihrer Zeit auch das Frauenbildnis in der Porträtkunst vertreten ist. Darüber hinaus wurde sie schon zu Lebzeiten offiziell als Gottheit verehrt (eine Ehre, die auch Phila im attischen Thria genoß). Ein derartiger Kult sollte für die Ptolemaier Tradition werden; er findet sich jedoch auch in anderen hellenistischen Reichen. Es war nicht genug, daß man Arsinoë mit Aphrodite und Isis identifizierte; Ptolemaios II. erklärte sich selbst und seine Gemahlin zu Theoi Adelphoi, zu göttlichen Geschwistern. Als solche erscheinen sie später auf den Münzen ihres Sohnes Ptolemaios III. Euergetes (zusammen mit den früheren »Gottheiten« Ptolemaios I. Soter und Berenike I.). Ptolemaios III. ließ Arsinoë II. auch allein auf einer Münze abbilden, später tat Hieron II. von Syrakus zu Ehren seiner Gattin Philistis das gleiche. Eine jugendliche Bronzebüste und ein hervorragendes in Amethyst geschnittenes Porträt stellen wohl ebenfalls die Königin dar.

Seitdem heirateten die Ptolemaier sehr oft oder vielmehr regelmäßig ihre Schwestern. Man war dadurch sicher, eine ebenbürtige Gattin neben sich zu haben, wie dies das Herkommen verlangte. Wenig wahrscheinlich war auch, daß sie untreu wurden oder Verrat übten. Diese Königinnen waren zwar mächtig und mit Gift oder Dolch schnell bei der Hand, führten im allgemeinen jedoch ein untadeliges Eheleben, anders als später die römischen Kaiserinnen, nicht zuletzt deshalb, weil sie, wie ihre Brüder, kaum passende Liebhaber gefunden hätten. Schon die altägyptischen Pharaonen hatten die Geschwisterehe praktiziert, wie übrigens andere Fürstenhäuser des Nahen Ostens auch. Als Ptolemaios II. Arsinoë II. heiratete, verfaßte der Satiriker Sotades, der Begründer einer neuen literarischen Form der obzönen (kinaidologischen) Dichtung, ein unanständiges Gedicht, in dem er den unnatürlichen Akt verdammte.[25] Er wurde bestraft, vielleicht auch hingerichtet. Die Hofdichter (darunter Theokrit) hingegen ergingen sich in Lobpreisungen, da sie sich von den Monarchen Förderungen erhofften. So erklärten sie, daß die griechische und ägyptische Götterlehre höchst passende Vorbilder böten, allen voran die Obergötter Zeus und Hera persönlich. Die generationenlange Inzucht der Ptolemaier ließ die besonderen Eigenschaften der Königinnen, Schönheit, Klugheit, Machtbesessenheit und kaltblütige Grausamkeit besonders hervortreten.

Grausamkeit war häufig vonnöten, da die Könige oft nicht genug Mut besaßen, um eindeutig zu erklären, wer denn nun die Hauptfrau sei, so daß die Erbfolge ungeklärt blieb.

Einige Kleopatras herrschten nacheinander: Die Seleukidin Kleopatra I. überlebte ihren Gemahl Ptolemaios V. Epiphanes und regierte vier Jahre lang (180–176) anstelle des minderjährigen Sohnes Ptolemaios VI. Philometor (»Liebhaber seiner Mutter«). Ptolemaios' VI. Tochter Kleopatra Thea (gest. 121) heiratete nacheinander drei Seleukidenkönige (wobei sie ihre Machtfülle nach Belieben ausspielte): Alexander I. Theopator Euergetes Epiphanes Nikephoros (Balas), Demetrios II. Theos Philadelphos Nikator und Antiochos VII. Euergetes Sidetes den Großen. Kleopatra Thea residierte neunundzwanzig Jahre in Syrien. Sie war die einzige Seleukidenkönigin, die Münzen mit ihrem eigenen Porträt, umrahmt von der Aufschrift »Göttin der Fruchtbarkeit« (Thea Eueterias), prägen ließ – ein Beiname, der ihr, der Mutter von neun Kindern, wirklich zustand. Am Ende ihrer Herrschaft war das Seleukidenreich politisch geschwächt. Trotz ihrer ungewöhnlichen Gaben konnte sie seinen Verfall nicht aufhalten. Ein ähnliches Schicksal widerfuhr auch dem indo-griechischen Königreich zur Zeit der Königin Agathokleia Theotropos (»von göttlichem Charakter«), deren zuweilen beherrschende Rolle während der Regierung ihres Gemahls Straton I. Epiphanes Soter Dikaios (nach 130) den Zusammenbruch des einige Jahrzehnte zuvor von Menander Soter Dikaios gegründeten Großstaates ebenfalls nicht verhindern konnte.

Auch das ptolemaiische Ägypten war vom Niedergang bedroht, denn das immer noch sehr reiche Königreich war dem Zugriff beutegieriger Römer fast schutzlos preisgegeben. Kleopatra III. (die Schwester der Kleopatra Thea) herrschte mit Unterbrechungen fünfzehn Jahre lang (116–101). Unter der streitsüchtigen, von gefährlicher Machtgier besessenen Königin kam es zu mehreren von ihr selbst unterstützten Aufständen. Schließlich gelang es ihr, den ältesten Sohn Ptolemaios IX.

Soter II. (Lathyros, »die Kichererbse«) als Nachfolger zu verdrängen und ihren zweiten Sohn Ptolemaios X. Alexander (107) an dessen Stelle zu setzen. Während das Land immer tiefer in die Krise geriet, folgte auf den schwächlichen, oft gedemütigten Ptolemaios XII. Theos Philopator Philadelphos Auletes (den »neuen Dionysos«) im Jahre 51 seine weitaus tatkräftigere Tochter, die berühmte Kleopatra VII. Beflügelt durch die großartigen Leistungen früherer Königinnen und dazu erzogen, sich als Erbin der glanzvollen griechischen Kultur zu fühlen, in der das Ptolemaierreich eine so glänzende Rolle gespielt hatte, war sie entschlossen, ihre überragenden Fähigkeiten und ihre Reize für ein Ziel einzusetzen: Das Ptolemaierreich sollte unter ihr zu neuer Kraft und Blüte gelangen.

Dies schien ein wahrhaft verwegenes Unterfangen zu einem Zeitpunkt, an dem das Königreich jämmerlich darniederlag. In ihrer Situation war ihr klar, daß sie nichts gegen die übermächtigen Römer erreichen konnte. Sie mußte ein Bündnis eingehen – und zwar mit den Männern, die die Republik beherrschten –, zuerst mit Iulius Caesar (mit dessen Unterstützung neue Bibliotheken, Kanäle und ein »moderner« Kalender geschaffen wurden), dann mit Marcus Antonius. Ihre Pläne waren in den Jahren 37–34 fast verwirklicht, als auf Antonius' Befehl große Gebietsteile im Osten der Verfügungsgewalt des Senats entzogen wurden. In ihrem Namen und im Namen ihrer minderjährigen Kinder, die von Caesar (?) und Antonius stammten (Kaisarion bzw. Ptolemaios XV. Caesar), sollte damit ein neues ptolemaiisches Reich geschaffen werden. Als sich der Streit der Erben Caesars zuspitzte (31 v. Chr.), wurde Ägypten für die Flotte des Antonius als Nachschubbasis unentbehrlich, obwohl Kleopatra bei dessen Feldherren wenig beliebt war. Doch die Schlacht bei Aktium vor der Nordwestküste Griechenlands ging verloren, und im Jahr darauf töteten Kleopatra und Marcus Antonius sich selbst.

Kleopatra führte zahlreiche Beinamen, u. a. Thea Neotera (»die neue Göttin«, in Erinnerung an die frühere Königin Kleopatra Thea, dann Philadelphos (»die ihre Brüder liebt«), einen Namen, den sie kaum verdiente, da sie einen ihrer jugendlichen Halbbrüder, Ptolemaios XIII. Philopator Philadelphos, mit eigener Hand ermordete; der andere Bruder, Ptolemaios XIV. Philopator, fiel im Kampf gegen Caesar, ihren Verbündeten. Außerdem hatte sie wie ihre Halbbrüder den Beinamen Philopator angenommen (»die den Vater liebt«), weil sie dessen Schmach rächen wollte. Von diesem Entschluß her ist auch ihre ganze Laufbahn zu verstehen. Aus einem kürzlich entdeckten Papyrustext geht hervor, daß sie sich auch noch Philopatris, (»die ihr Land liebt«) nannte.[26] Sie wollte damit bei ihren Untertanen, die von ihrer Politik nicht sonderlich profitierten, dem Eindruck entgegenwirken, sie sei allzu prorömisch eingestellt. Nach Aktium wurde das Ptolemaierreich, das in neuem Glanz hatte erstehen sollen, von Rom annektiert und verschwand für immer aus der Geschichte. Damit war der letzte der hellenistischen Großstaaten untergegangen, der letzte Staat auch, welcher Alexanders Erbe verwaltet hatte. Wenn auch ein indo-griechisches Fürstentum im Osten noch etwa drei Jahrhunderte fortbestand, so bedeutete dies doch praktisch das Ende der hellenistischen Epoche.

Die den Königinnen der Ptolemaier erwiesene Ehre hing eng mit dem ägyptischen Isiskult zusammen. Es gab zwar auch andere mächtige Muttergottheiten, doch keine wurde so inbrünstig verehrt wie Isis, die Schutzgöttin der Frauen. Es gibt noch einen weiteren Kult, in dem Frauen eine Rolle spielten: den Dionysoskult. Der Gott wird begleitet von den Mänaden, und seine Vereinigung mit Ariadne wurde besonders von den Frauen gefeiert.

Isis mit dem Kind Horus oder Harpokrates im Arm – ähnlich wie später Maria mit dem Jesuskind – war die Allmutter, der »Ruhm der Frauen«[27], und gab jungen Mädchen und Frauen die Stärke von Männern. In sexueller Hinsicht hatte die Isisverehrung zwei Gesichter: Einerseits verlockte sie zu uneingeschränkter Sinneslust – zu ihren Riten gehörte die kultische Vereinigung von Liebenden –, andererseits war die Göttin selbst von übersinnlicher Reinheit.

Das Wirken der großen hellenistischen Königinnen, ihr Ansehen und vor allem ihre Verbindung zum Isiskult trugen zwangsläufig zur Emanzipation der Frau bei, auch wenn es wichtige Faktoren gab, die dem entgegenstanden. Die Frauen im Zeitalter des Hellenismus führten oft ein sehr zurückgezogenes Leben. Beispielsweise nahmen griechische Kolonisten und Siedler bei ihren Fahrten in ferne Länder häufig ihre Familien nicht mit. Zufällig wissen wir jedoch, daß neunundsiebzig Familien, die im 3. Jahrhundert nach Milet auswanderten, hundertachtzehn Söhne und achtundzwanzig Töchter dabei hatten. Die geringe Zahl der Töchter liegt wahrscheinlich daran, daß das Aussetzen weiblicher Säuglinge damals durchaus üblich und sogar noch weiter verbreitet war als in frühhellenistischer Zeit; wegen der allgemeinen Unsicherheit beschränkte man die Familie auf ein Kind.

Dennoch gab es Fortschritte. War zum Beispiel bisher die Eheschließung nur eine Angelegenheit gewesen, die zwischen Schwiegervater und Schwiegersohn ausgehandelt wurde, so ging in der neuen Ära der übermächtige Einfluß des Brautvaters allmählich zurück. Auch die Möglichkeit einer Scheidung war nun in zahlreichen Ehekontrakten vorgesehen, was der Gleichberechtigung der Ehefrauen zugute kam. Die Verträge konnten allerdings nur zwischen sozial Ebenbürtigen abgeschlossen werden. Aus einer Vereinbarung aus dem Jahr 311 zwischen einem Griechen und einer Griechin, die beide in Ägypten lebten, Herakleides und Demetria[28], geht hervor, daß der Frau Seitensprünge nicht gestattet waren (ihre Untreue sollte übrigens so erwiesen werden: Man legte ihr einen Magnet ins Bett; war sie schuldig, so fiel sie heraus). Dem Ehemann hingegen wurde gelegentlicher außerehelicher Verkehr zugestanden, vor allem mit Sklavinnen und Prostituierten. Verboten war ihm jedoch, mit einer anderen Frau eine neue Ehe einzugehen, wenn seine Gattin mit der Rivalin nicht einverstanden war. Anweisungen für solche Fälle – vorwiegend Ratschläge, wie sich die Frau im Falle eines Seitensprunges ihres Mannes verhalten solle – fand man in einer Reihe von »Ratgebern für junge Damen« verschiedener hellenistischer und römischer Epochen unter den Pseudonymen Theano, Periktione und Melissa, den Verwandten oder Schülerinnen des Pythagoras. Man hatte die Namen von Mitgliedern dieser Schule absichtlich gewählt, weil dadurch die Frauen zu selbständigem Handeln ermutigt werden sollten.

Wie man Frauen behandelte, war von Ort zu Ort sehr verschieden. Das Athen des Platon und Aristoteles blieb verhältnismäßig konservativ. Unter Demetrios von Phaleron, der den Athenern von 318 bis 307 sein autokratisches Regime aufzwang, sorgten die *gynaikonomoi* (Aufseher der Frauen), die das Benehmen der Frauen im öffentlichen Leben, bei religiösen Feiern, ja sogar ihre Kleidung überwachten, für böses Blut. In anderen Städten hatten Frauen nahezu die gleichen Rechte bei Erwerb und Verkauf von Grundbesitz wie die Männer, eine Entwicklung, die schon in vorhellenistischer Zeit in Gang gekommen war. Die Rechte der Frau blieben allerdings hinter der allgemeinen Tendenz zur wirtschaftlichen Emanzipation zurück.

Spartanerinnen waren die ersten Frauen, die mit ihren Pferden Siege in Olympia errangen. Noch bedeutsamer war, daß sie im späten 3. Jahrhundert einen Großteil des Staatsvermögens besaßen, u. a. zwei Fünftel des Grundbesitzes. Sie konnten sich daher den Versuchen des Königs Agis IV. widersetzen, der das Land gerechter verteilen und die Vergabe von Pachtgrundstücken neu regeln wollte. Agesistrata, die Mutter des Königs, und deren Mutter Archidamia galten als die reichsten Frauen Spartas. Agesistrata konnte gegenüber ihren zahlreichen Schuldnern völlig souverän auftreten, so daß Agis IV. es als ein Hauptziel ansah, sie auf seine Seite zu bringen. In Delphi beweisen die zahlreichen Statuen ätolischer Frauen, die dem Heiligtum geweiht worden waren, daß auch ihre soziale Stellung relativ hoch war.

Unter den ptolemaiischen Königinnen ging die Emanzipation schon recht weit: Zwei uns durch Theokrit bekannte Damen beschweren sich auf dem Adonisfest in höchst despektierlicher Weise über ihre Männer.

Herodas befaßt sich in seinen *Mimiamben* offen und eher derb mit den sexuellen Aspekten des Frauenlebens. Die von diesen Autoren geschilderten alexandrinischen Frauengestalten stehen als komische Figuren in der Tradition eines Sophron von Syrakus, der im 5. Jahrhundert Frauen- und Männerpantomimen verfaßt hat. Viele Frauen bei Theokrit und Herodas haben trotz ihrer geringen Bildung einen recht scharfen Verstand. Mindestens vom 4. Jahrhundert an erhielten immer mehr Mädchen einen guten Schulunterricht. In Chios bzw. Tea, wo die Geschlechter zusammen erzogen wurden, bestellte das örtliche Gymnasium »drei Philologen, um Knaben und Mädchen zu lehren«.[29] Weil der Bildungsstand der Frauen sich gehoben hatte, wurden sie eifrige Leserinnen. Ganz sicher wollten die Romanciers der Zeit gerade auch deren Geschmack treffen.

Im Privatleben gestaltete sich das Leben der Frauen ebenfalls erträglicher. Nicht nur wurden Frauen gelegentlich bei den Klubs zugelassen, es öffneten sich ihnen allmählich auch vielfältige Beschäftigungsmöglichkeiten. Noch im 5. Jahrhundert arbeiteten Frauen von gutem Ruf nur dann außerhalb des Hauses, wenn die Not sie dazu zwang. Aber auch dann wurden sie nur als ungelernte Hilfskräfte beschäftigt – die einzige Ausnahme bildeten die Priesterinnen. In hellenistischer Zeit finden wir eine nicht geringe Anzahl griechischer Damen, die einer außerhäuslichen Tätigkeit nachgehen. So nehmen sie bisweilen auch aktiv am öffentlichen Leben teil. Zum ersten Mal in der Geschichte erscheinen sie als Amtsträger in ihren Gemeinden. Wir kennen Verfügungen, die sie mit öffentlichen Ehren belohnen. Sie suchen auch Beschäftigungen anderer Art, entweder vor oder in der Ehe oder als Alternative dazu. Zum Beispiel ließ man sich zur Ärztin ausbilden. Schon in früherer Zeit hatten Frauen als Hebammen praktiziert. Die Athenerin Hagnodike wird im 4. Jahrhundert als die erste Ärztin erwähnt. Ihr Haupttätigkeitsgebiet war wohl die Geburtshilfe. Einige Frauen schrieben auch Abhandlungen über gynäkologische Themen.

Weitaus häufiger und mit beachtlichem Erfolg wurden Frauen jedoch auf dem Gebiet der Schönen Künste tätig. Im 4. Jahrhundert hören wir von einem halben Dutzend Künstlerinnen, die ihr Talent meist vom Vater geerbt hatten. Die wegen ihrer Frauenporträts berühmte Laia von Kyzikos arbeitete kurz nach 100 in Rom. Wir wissen, daß es von ihr auch Selbstporträts gibt. Um die gleiche Zeit wird Phile von Priene als die erste Architektin erwähnt. Sie baute u. a. ein Wasserreservoir. Inzwischen waren einige Frauen auch als Musikerinnen hervorgetreten, so die Harfenistin Polygnota aus Theben, der man kurz nach 200 in Delphi Kränze wand. Sie mußte jedoch einen männlichen Verwandten als Begleiter mit auf ihre Konzertreisen nehmen.

Frauen widmeten sich auch der Dichtkunst. Eine der bekanntesten Dichterinnen war Erinna von Telos. Sie lebte nicht, wie die Antike manchmal glaubte, zur Zeit der Sappho (geb. um 612), sondern offensichtlich fast drei Jahrhunderte später gegen Ende des 4. Jahrhunderts. Erinna starb noch vor ihrem zwanzigsten Lebensjahr. Ein dreihundert Zeilen langes Gedicht, größtenteils im dorischen Dialekt geschrieben, wurde später unter dem Titel *Die Spindel* bekannt. Das Werk sollte an ihre Freundin Baukis erinnern, die kurz nach ihrer Heirat starb. Obwohl uns das Gedicht nur als Fragment erhalten ist, ist doch zu spüren, mit welchem Zartgefühl Erinna den kindlichen Zeitvertreib der beiden Mädchen schildert, ebenso ihre Eifersucht, als Baukis heiratet und die Freundin verläßt. Themen dieser Art dürften von Dichterinnen wohl häufig gestaltet worden sein. Trotz aller Frische und Spontaneität orientiert sich Erinna an der traditionellen Dichtkunst. Sie verband meisterhaft und mit unaufdringlicher poetischer Kraft Ursprünglichkeit der Aussage mit dichterischer Konvention. *Die Spindel* machte sie weithin bekannt: Antipatros von Sidon, ein führender Epigrammatiker des 2. Jahrhunderts, widmete ihrem Andenken einen bewegenden Nachruf. Eine weitere Dichterin ist Korinna aus Tanagra in Böotien, deren Wirken – obgleich häufig viel früher angesetzt – wohl erst um 200 nachweisbar ist. Für den Kreis ihrer Freundinnen schrieb sie erzählende lyrische Gedichte über böotische Themen (meist im Dialekt dieser Region).

Anyte von Tegea in Arkadien (um 300) gehörte einer Gruppe von dorischen bzw. peloponnesischen Epigrammatikern an, die sich mit dem Landleben und der Natur beschäftigten. Ihre noch erhaltenen Verse sind von ruhiger Schönheit und einfacher Anmut. Es war ein Gradmesser für Anytes Ruhm, daß die Bildhauer Kephisodotos (ein Sohn des Praxiteles) und Euthykrates (ein Sohn Lysipps) sie porträtierten. Derselben Schule gehörte auch die um einige Jahre jüngere Dichterin Nossis an. Ihre Epigramme geben kurze, doch eindrucksvolle Einblicke in die Welt der häuslichen Pflichten in ihrer süditalischen Heimatstadt Lokroi Epizephyrioi. Im gleichen Jahrhundert erwarben sich auch Aristodama von Smyrna und Alkinoë von Thronion poetische Lorbeeren; in verschiedenen Städten wurden ihnen große Ehren zuteil.

Auf dem Gebiet der Rhetorik scheinen Frauen nicht sonderlich hervorgetreten zu sein. Anerkannt und einflußreich waren sie jedoch in einigen Philosophenschulen, wenn auch ihre Zahl nicht groß war. Dagegen waren sie in den religiösen pythagoreischen Sekten im griechischen Süditalien und Alexandria zahlreich vertreten. Diese Gruppen nehmen die Tradition des Pythagoras wieder auf, der im 6. Jahrhundert unter seinen zweihundertfünfunddreißig Schülern siebzehn Frauen zählte (daher war es in der neopythagoreischen Schule üblich, die Namen berühmter Philosophinnen als Pseudonyme zu verwenden, um die Leserinnen zu beeindrucken). Wir hören auch von zwei weiblichen Platonikern – die eine namens Axiothea soll sich wie ein Mann gekleidet haben. Epikur war der erste philosophische Lehrer, der studierwillige Frauen den Männern völlig gleichstellte. So fanden sich in seiner Umgebung häufig *hetairai*, d. h. hochgebildete Prostituierte. Die wohlhabende, aus gutem Hause stammende Hipparchia gehörte zusammen mit ihrem Mann Krates der Schule der Kyniker an. Keinen Zugang allerdings erhielten Frauen zu den Kreisen der Peripatetiker, da Aristoteles der Ansicht war, sie seien keine vernunftbegabten Wesen. Auch die Stoiker verhielten sich ablehnend: Zenon sah sich außerstande, weibliche Wesen als gleichwertig zu betrachten.

Obwohl in den Mimen des Sophron von Syrakus (5. Jahrhundert) die weiblichen Rollen gleichwertig neben den männlichen stehen, und obwohl die großen athenischen Tragödien aus der gleichen Zeit keine Zurücksetzung der Frau erkennen lassen, spiegeln die Dialoge Platons, mit Sokrates als Wortführer, doch eine Gesellschaft wider, in der nicht nur das politische wie das gesellschaftliche Leben dem Mann vorbehalten war, sondern auch die Päderastie (Liebe zwischen älteren Männern und Jünglingen oder Knaben) allgemein akzeptiert wurde. Die obszönen Witze, die in den Komödien des Aristophanes über solche Verhältnisse erzählt werden, lassen allerdings erkennen, daß der weniger feinsinnige Polisbürger »normal« empfand. Dennoch wurden homosexuelle Verhaltensweisen durch Kameradschaft in Kriegszeiten, die Bewunderung männlicher Athleten und das gemeinsame Bildungserleben in der Männergesellschaft natürlich sehr gefördert. Immerhin ist noch zu Lebzeiten Platons eine veränderte Denkweise festzustellen, auch bei ihm selbst. Als er seine *Gesetze* niederschrieb, legte er einem athenischen Redner eine Äußerung in den Mund, die offensichtlich seine eigene Meinung zu diesem Thema wiedergibt: In der »idealen« Polisgemeinschaft habe die in den dorischen Städten, in Sparta und auf Kreta allgemein übliche Homosexualität keinen Platz.[30] Zu diesem Schluß kam er teils aus politischen Gründen, weil gemeinsame Mahlzeiten und Sportveranstaltungen das Entstehen von Geheimbünden und aufrührerischen Gruppen förderten, teils auch aufgrund von moralischen Erwägungen: Er empfand die Päderastie jetzt als unnatürlich.

Der Stoiker Zenon war da anderer Meinung. Er lehrte, daß heterosexuelle und unter bestimmten Bedingungen auch homosexuelle Liebe zulässig sei: Der Weise dürfe durchaus Knaben lieben, »deren physische Schönheit das Spiegelbild ihres guten Charakters ist«.[31]

Die Haltung der Gesellschaft gegenüber diesem Problem blieb weiterhin uneinheitlich, doch verloren die Befürworter der Knabenliebe allmählich an Boden. Wahrscheinlich spielten politisch-moralische Überlegungen, wie sie bei Platon erkennbar sind, keine große Rolle: Die homosexuelle Liebe war wohl deshalb im Schwinden begriffen, weil das traditionelle Gemeinschaftsleben, das nur das Wohl der Männer im Auge hatte, an Bedeutung verlor. Trotz des immer noch stark ausgeprägten physischen Elements in der hellenistischen Erziehung bewirkte die allmähliche Wandlung des Athleten vom Amateur zum Berufssportler, daß das Interesse am schönen männlichen Körper geringer wurde. Da aus dem Krieg ein Geschäft für Söldner geworden war, war beim Kampf der materielle Gewinn das wichtigste; die romantisierende Kameraderie trat in den Hintergrund. Plutarch vermerkt, daß weder bei Menander noch bei seinen Mitautoren der Neuen Komödie homosexuelle Beziehungen irgendeine Rolle spielen. Bei den Tragödien der Vergangenheit war dies nicht anders gewesen; dennoch dokumentiert nichts besser den Wandel, der sich vollzogen hat, als das völlige Fehlen der Homosexualität in der Neuen Komödie. Doch zurück zu den Epigrammatikern. Sicher ist die offen eingestandene Homosexualität des Kallimachos authentisch. Und selbst Dichter, deren Werke ein starkes Interesse an Frauen bekunden, formulieren Epigramme mit homosexueller Thematik, entweder weil ihr persönlicher Geschmack ambivalent war, oder weil sie sich einer Tradition verpflichtet fühlten. Asklepiades von Samos bekannte allerdings, daß Beziehungen zwischen Männern Traurigkeit erzeugten. Glaukos von Nikopolis beklagt sich darüber, wie kostspielig die Knaben geworden seien. Meleager von Gadara behauptet zwar, bisexuell veranlagt zu sein, beschließt aber, seine Beziehungen zu Männern abzubrechen. Was Meleager vor allem abstößt, ist der Geschlechtsverkehr mit erwachsenen Männern. Die Griechen der klassischen Zeit bevorzugten sportliche Jünglinge, doch schon im 4. Jahrhundert wollte man nicht mehr den jugendlichen Athleten, sondern verweichlichte Knaben, da sie Frauen ähnlicher waren. In letzter Konsequenz führte dies zu dem eigenartigen Kult der Hermaphroditen, einer Erfindung von Bildhauern, die ihren Statuen männliche Genitalien und weibliche Brüste gaben.

Natürlich verschwand die Päderastie nun nicht etwa mit einem Schlag – sie bestand im Gegenteil in großem Umfang weiter. Polybios berichtet von jungen Römern, die mit männlichen oder weiblichen Prostituierten Umgang pflegten, und daß »die Verführung von Knaben teurer war als Grund und Boden«.[33] Andererseits lehnt Plutarch (2. Jahrhundert) in seinem Dialog *Über die Liebe* den Gedanken an Beziehungen mit dem eigenen Geschlecht ab. Er ließ sie höchstens gelten aus Ehrfurcht vor den sokratischen Dialogen Platons.[34]

Der kulturelle Hintergrund für diesen Gesinnungswandel war die »Neu-
entdeckung« der Frau. Auch in Kunst und Literatur fand sie ihren
Niederschlag. Frauen waren nicht nur als entrückte Gestalten der
Tragödie interessant, sondern auch als Menschen von Fleisch und Blut:
Man beschäftigte sich plötzlich ausführlich mit ihrem Aussehen und
ereiferte sich darüber, was unter weiblicher Schönheit zu verstehen sei.
Platon war der Meinung gewesen, Frauen seien im allgemeinen den
Männern unterlegen, machte jedoch die Einschränkung, daß dies nicht
unbedingt der Fall sein müsse. Daraus folge, daß beiden Geschlechtern
die gleichen Pflichten und die gleiche Erziehung zugebilligt werden
sollten, schließlich, so Platon, machten wir ja auch beim Geschlecht der
Tiere keinen Unterschied. Aristoteles war in dieser Beziehung konserva-
tiver. Für ihn ist der Ehemann von Natur aus der beherrschende Partner,
und die Beziehungen zwischen Mann und Frau gleichen in seiner Sicht
denen des Wohltäters zur dankbar Empfangenden. Gleichwohl hatten
Platon wie Aristoteles nicht allzuviel über sexuelle Beziehungen zu
sagen, obgleich sie an der Verbindung von Mann und Frau offensichtlich
interessiert waren. Sie und ihre Zeitgenossen betrachteten das Ge-
schlechtliche als ein biologisches Phänomen, über das zu reden nicht
lohne – sowenig wie über Hunger oder Durst.

Dennoch stellte Antisthenes, der Vorläufer bzw. Begründer der
Kynikerschule fest, weibliche Gunst sei zwar durchaus schätzenswert,
aber er wolle doch lieber verrückt sein, als körperliche Freuden mit einer
Frau zu genießen. Sein Nachfolger Diogenes verfolgte die platonische
Idee weiter, nach der Frauen gemeinsamer Besitz aller sind. Er war aber
auch der Meinung, unter vernünftigen Leuten solle der Geschlechtsverkehr wie andere Dinge auch in Übereinkunft zwischen den Partnern
vollzogen werden, da beiden die gleiche Wahlfreiheit zustehe. Seine
Annahme, der Wille der Frau spiele beim Geschlechtsverkehr eine
wesentliche Rolle, war revolutionär. Eine Frau sei auch berechtigt, jeden
zu verführen, der sich mit ihr einlasse.[35] Die Kyniker propagierten auch
hierbei das natürliche Verhalten: So war Hipparchia als Anhängerin
dieser Schule trotz ihrer vornehmen Abkunft zum öffentlichen Beischlaf
mit ihrem Mann Krateros bereit. Als sie sich in einer Säulenhalle dazu
anschickten, hielt es der junge Zenon von Kition (damals auch ein
Kyniker) dennoch für tunlich, ihre Körper mit einem Mantel zu bedek-
ken. Paradoxerweise verfaßte gerade dieser Krateros bissige Attacken
gegen sexuelle Ausschweifungen: Wenn man Eros nicht einmal durch
Hunger oder den Ablauf der Zeit Einhalt gebieten könne, dann bleibe die
Schlinge des Henkers das einzige Mittel.

Als Zenon von Kition die Kyniker verließ, um seine Stoikerschule zu
gründen, kam er wieder auf die platonische Idee des Kollektivbesitzes an

den Frauen zurück (die allerdings später von seinen Schülern wieder aufgegeben wurde). Für den echten Philosophen sei die Ehe überflüssig, meinte Zenon. Freundschaft sei allein das Wahre, doch gab er zu, daß die physische Erregung die am weitesten verbreitete Art des »heftig bewegten Seelenzustands« *(pathos)* und ihre Befriedigung zweifellos ein Genuß sei. Epikur schätzte die Idee der Freundschaft noch höher ein, lehnte jedoch allzu heftige Gefühlsregungen ab, und betonte besonders das durch intensives Verlangen hervorgerufene Unbehagen. Keinesfalls wollte er den Beischlaf verbieten, denn er räumte ein, daß er keinen echten Schaden zufüge; Voraussetzung waren für ihn allerdings völlige Freizügigkeit, dazu Ruhe des Gemüts (die Leidenschaft an sich erschien ihm lächerlich). Der Geschlechtsakt bringe aber auch niemandem Vorteile, da er ja den Schmerz nicht verhindern könne – und die Abwesenheit von Schmerz sollte ja stets unser ideales Ziel bleiben.

Inzwischen wurde in Athen durch Menanders Neue Komödie ein menschliches und – nach heutigen Maßstäben – normales Bild vom Ungang der Geschlechter miteinander auf der Bühne dargestellt. Allen seinen Stücken sei ein erotisches Element gemeinsam, bemerkte Plutarch mit Recht. Nachdem sich Menander mit der erotischen Leidenschaft in den damals sehr viel gespielten Dramen des Euripides beschäftigt hatte, schien es ihm selbstverständlich, daß allein die Liebe die Welt in Bewegung hielt. Diese Überzeugung fand ein lebhaftes Echo bei seiner Leser- und Zuhörerschaft, zu der jetzt weit mehr Frauen gehörten als je zuvor. Das Thema Liebe wird daher in vielfältiger Abwandlung gestaltet, angefangen bei den Schwierigkeiten des Ehelebens bis zu den leidenschaftlichen Gefühlen eines Jünglings für eine Hetäre. Sehr oft lebt beispielsweise in seinen Stücken die Geliebte des Helden unter widrigen Umständen als Prostituierte *(hetaira)* oder als Sklavin, bis sich herausstellt, daß sie vornehmer Herkunft und damit dem Verehrer ebenbürtig ist. Er kann sie also heiraten!

Wenn Hetären eine so große Rolle spielen, so erklärt sich dies daraus, daß hier die Athener Gesellschaft gezeichnet wird, wie Menander sie kannte. Er zeigte die Frau weit stärker als Persönlichkeit, verglichen etwa mit der Alten Komödie eines Aristophanes aus dem 5. Jahrhundert. Bezeichnenderweise kennt er aber nur zwei Rollen für sie: Ehefrau oder Hetäre. In dieser Gesellschaft konnten unbescholtene Frauen kaum mit Männern in Berührung kommen, andererseits war es für junge Männer aus gutem Hause fast ausgeschlossen, heiratsfähige Mädchen kennenzulernen. Die Welt der *hetairai* war eine ganz andere. So konnte Menander sie mit Gefühlen ausstatten, die ihnen angemessen, für ehrenwerte junge Frauen aber nicht schicklich waren.

Trotz dieser Einschränkungen erfahren wir aus Menanders Spiel der

Geschlechter, daß den Frauen damals sehr viel Bedeutung geschenkt wurde. Die Ehe wird als Verbindung zweier Individuen gesehen, nicht mehr als Vertrag zwischen zwei Familien. Liebe widersetzt sich dem elterlichen Willen: Hochzeiten, die von zwei Vätern arrangiert wurden, finden nicht statt. In einigen Stücken wird eine brave Frau von ihrem Gatten oder Liebhaber mißverstanden und ungerecht behandelt; aber man kann bereuen, und die Dinge werden wieder ins Lot gebracht.

Selbst für die Darstellung ritterlichen Verhaltens bleibt genügend Raum. In Menanders *Misumenos* (*Der Gehaßte*) liebt Thrasonides ein gefangenes Mädchen, das sich in seiner Gewalt befindet. Sie jedoch haßt ihn, worauf er sie nicht weiter behelligt, ja er läßt sie sogar ohne Lösegeld frei, als ihr Vater auftaucht. Mehr noch, der Dichter bemüht sich um eine möglichst feine Differenzierung der Gefühle bei seinen jungen Paaren. Sie haben keine Scheu vor romantischen Herzensergießungen und äußern sich über ihre Empfindungen. Dabei vermeiden sie grobe Platitüden oder kitschige Klischees – zarte Andeutungen lassen ein höchst anmutiges Bild ihres Seelenzustands entstehen.

Die folgende Generation erlebte eine rasche Entwicklung der Elegie: mit dieser Form hatte die Liebe ein poetisches Ausdrucksmittel gefunden. Das elegische Distichon (Hexameter und Pentameter), das schon im Jahr 700 verwendet wurde, vermittelte mit seinen rhythmischen Spannungen und Kontrapunktierungen Zärtlichkeit und Wehmut. Bis zum 3. Jahrhundert waren Liebesgedichte offensichtlich selten. Danach wurde die Liebe zum bevorzugten Thema der Elegie, obwohl aus der Zeit des Hellenismus nur wenige Arbeiten auf uns gekommen sind. Ob Philetas von Kos (geb. um 320 oder später) der erste Verfasser solcher Liebeselegien war, ist unsicher. Sein Schüler Hermesianax von Kolophon (um 300), obwohl offensichtlich von geringer Begabung, wurde berühmt wegen seiner Gedichte über die alles durchdringende Gewalt der Leidenschaft. In seinem aus drei Büchern bestehenden Gedicht *Leontion* erzählte er seiner Geliebten (nach der das Gedicht benannt ist) unter Verwendung einer Fülle gelehrter Anspielungen, daß alle großen Männer der Geschichte die Macht der Liebe empfunden hätten.

Ein Zeitgenosse des Hermesianax, Kallimachos von Kyrene, verhalf der hellenistischen Elegie zum entscheidenden Durchbruch. Er schrieb Betrachtungen über Liebe und Tod, die literarisch meisterhaft und sehr ausdrucksstark sind. Trotzdem bleibt er stets ein distanzierter Beobachter. Im 1. Jahrhundert verfaßte der sehr beliebte Elegiker Parthenios von Nikaia seine *Metamorphosen* (mythologische Szenen und Klagelieder) und gab damit die kallimachische Elegie an die römische Literatur weiter. Dennoch bleibt unklar, wie weit die sehr persönlich gemeinte lateinische Elegie – sie befaßt sich u. a. auch mit dem Liebesverlangen des Dichters selbst – verlorenen hellenistischen Vorbildern nachempfunden ist.

Die im Hellenismus beliebteste und originellste Form, in der heterosexuelle Liebe poetisch dargestellt wurde, war ein Ableger der Elegie, das Epigramm, ebenfalls meist in Distichen. Ursprünglich behandelte es ganz andere Themen: Simonides von Keos beispielsweise (um 556–468) verfaßte Widmungen und Grabinschriften, die mit dem Thema Liebe nichts zu tun hatten. Im 4. Jahrhundert entstand eine neue, von Inschriften unabhängige literarische Form des Epigramms, das weit mehr Themen umfaßte. Man bezog nun auch die Darstellung emotionaler und erotischer Beziehungen ein, die Worte quellen reichlicher. In der Reihe von Anthologien ist der *Kranz* des Meleager von Gadara (um das Jahr 80) zwar nicht die erste, aber doch die früheste uns bekannte Sammlung von hohem Niveau. Sie ist auch in späteren Anthologien erhalten, die auf uns gekommen sind.

Bei der Suche nach Glück, nach einer Lebenshilfe, die den Menschen ungeachtet aller äußeren Wechselfälle aufrechthält, bestand der Beitrag des Epigramms darin, ein Gefühl intimer Vertraulichkeit zu vermitteln. Dabei wurden Gefühle, Betrachtungen, Pathos und Esprit in wenige Zeilen zusammengedrängt. Anhand einer kurzen Szene konnte man durch das Epigramm die Innenwelt des eigenen Ich aufdecken, oder Kommentare über die Außenwelt abgeben. Für den Blick nach innen, die Erforschung der Liebe, ein Vorzugsthema des hellenistischen Zeitalters, schien diese Form der Poesie genau zu passen, und sie errang ja auch, wo sie die Herzensangelegenheiten der Menschen aufgriff, ihre größten Erfolge (weshalb sie auch in dem vorliegenden Abschnitt behandelt wird). Die Epigrammatiker beschrieben ein breites Spektrum amouröser Situationen homosexueller wie heterosexueller Art in sterilen Klischees, funkelnden Aperçus oder auch in Ausbrüchen tief empfundener Leidenschaft.

Dieses Liebesepigramm, eine der wichtigsten Schöpfungen der hellenistischen Welt, überlebte viele andere poetische Formen, weil es gar nicht versuchte, es ihnen gleichzutun oder ihre Regeln zu befolgen. Man konnte ein Epigramm frei und aus sehr persönlicher Sicht niederschreiben. Zugegeben, es wiederholt schon früher Gesagtes, demonstriert antiquierte Gelehrsamkeit und adaptiert sie klug für seine Zwecke. Der Epigrammatiker hat Freude am eleganten Experiment, wie übrigens die gesamte Literatur der Zeit. Doch er trifft auch sehr oft den Ton erfrischender Offenheit, dem die übrige hellenistische Literatur nichts Vergleichbares zur Seite stellen kann. Derartige Gedichte verlangen vom Übersetzer ein hohes Maß an Einfühlung, da ihre Wirkung auf einer äußerst raffinierten Skala von kontrapunktisch angelegten Variationen in Ton, Rhythmus und Phrase beruht, die in die kürzestmögliche Form verdichtet werden.

Es entwickelten sich zwei Schulen des hellenistischen Epigramms, eine dorische, auf der Peloponnes, in Süditalien und Theben beheimatet, und eine ionische Schule mit den Zentren Samos und Alexandria. Die dorische Dichterin Anyte wurde bereits erwähnt. Der eigentliche Vollender des Epigramms aber war der Wahlalexandriner Kallimachos von Kyrene. Ganz verschwunden ist nun die traditionelle Verbindung zur poetischen »Aufschrift« (was das Epigramm ja ursprünglich war). Seine vierundsechzig erhaltenen Arbeiten behandeln ganz verschiedene Themen und bewegen sich zwischen einfachem, ergreifendem Mitgefühl und verstecktem Spott, beispielsweise in den Parodien auf die Religion. Andere Epigramme des Kallimachos berühren den Bereich persönlicher Emotionen oder beschreiben die Leiden des Liebhabers, auch seine eigenen. Wie auch in seinen Elegien werden die Herzensnöte mit einer leicht bissigen Objektivität dargestellt.

Zur gleichen Zeit (um 290) war offensichtlich Asklepiades von Samos der führende Kopf eines anderen alexandrinischen Dichterkreises. Er und einer seiner Mitarbeiter, Posidippos von Pella, wurden von Kallimachos wegen ihrer Bewunderung für das umfangreiche Epos angegriffen. Trotzdem ist Asklepiades vorwiegend durch seine kurzen Epigramme bekannt. Zusammen mit Posidippos und Hedylos von Samos veröffentlichte er eine Sammlung mit dem Titel *Der Getreidehaufen (Soros)*. Asklepiades' beste Epigramme befassen sich mit erotischen Themen, wobei das echte persönliche Gefühl wohl bewußt kontrastiert wird mit dem beherrschten, eher gefühlsarmen Stil des Kallimachos. Asklepiades kennt die heftigen Gefühlsaufwallungen der Verliebten sehr gut und erforscht sie mit einem natürlichen dramatischen Talent. Aber für ihn ist Liebe häufig eher purer Sex, kaum je ein romantisches Erlebnis. Seine Frauen sind meist attraktive Hetären, die er satirisch-frivol schildert, im Inhalt oft obszön, doch nie in der Form. Als kaum Zweiundzwanzigjähriger meinte er, er sei bereits lebensmüde.

Den Höhepunkt seiner Entwicklung erreichte das hellenistische Epigramm mit Meleager von Gadara (Jordanien, um 140–70). Seine verlorengegangene Epigrammsammlung *Der Kranz* soll Werke von mehr als vierzig Dichtern enthalten haben. Das von ihm verfaßte Vorwort existiert noch, und aus späteren Sammlungen haben sich etwa hundert seiner eigenen Epigramme erhalten, fast alle zum Thema Liebe. Von der Struktur her knapp und stilsicher aufgebaut, sind sie sehr scharfsinnig und geistreich. Meleager schreckt auch nicht vor Experimenten zurück, welche die epigrammatische Tradition beleben. Typisch für ihn sind seine üppige syrische Phantasie, die sich in süßlichen, gekünstelten, amourösen Bildern ergeht, und eine reiche Metaphorik. Meleager, der mit dem zeitgenössischen Autor des hebräischen *Liedes der Lieder* (*Das Hohelied Salomonis*) die geographische Heimat gemein hat, ist einer der größten Liebesdichter. Er weiß, daß manche Frauen häufig den Partner wechseln, andere wiederum dem Trunke ergeben sind. Doch das tut der Verehrung des weiblichen Geschlechts keinen Abbruch. In immer neuer Form feiert er die Liebe, und bisweilen erhebt er sie sogar in den Bereich des Religiösen.

Ebenso intensiv und erregend wird die Liebe bei Theokrit von Syrakus beschrieben, einem Zeitgenossen der frühen hellenistischen Epigrammatiker. Auch er verfaßte hervorragende Epigramme, aber gerade seine umfangreicheren Gedichte (später »Idyllen« genannt) erzählen meist von Frauen und Liebe. Das Thema steht in seiner umfassenden lyrischen Sicht von Mensch und Welt an erster Stelle.

Theokrit interpretiert die Liebe nicht als veredelnde oder reinigende Leidenschaft, denn er weiß sehr wohl um Liebesleid und Herzensqualen. In seinem ersten Gedicht *Thyrsis* erzählt er, wie die Göttin Aphrodite seine Leidenschaft verspottete. Der Dichter, nun in eher nachdenklicher Stimmung, stimmt ihr zu, denn für ihn ist die Kapitulation vor der Liebe eine Krankheit, eine Fehlleistung des Intellekts, ein wahrhaftes Versinken in jener Verwirrtheit, wozu die Menschen nur zu sehr neigen: Falls ihn nicht Resignation übermannt, bemüht er sich mit aller Kraft, der Bedrohung Herr zu werden.

Er versucht dies gelegentlich mit der ihm eigenen distanzierten humorvollen Ironie: Kümmernisse des gequälten Herzens werden zu heroischen Kämpfen. In einer anderen Dichtung nimmt er sich seines Themas ernsthafter an. Mit den feinen Stilmitteln der mimetischen Dichtung erzählt er im zweiten Stück der Sammlung, der *Wahrsagerin (Pharmakeutria)*, von der enttäuschten Liebe der Simaitha und von den Zaubersprüchen, die ihr helfen sollen, die Zuneigung ihres Liebhabers wiederzugewinnen. Fast könnte man hier den Dichter einen anspruchsvollen und einfühlsamen Feministen nennen. Doch war es einer der vielen Gegensätze und Widersprüche seines Wesens – Widersprüchlichkeit war für die hellenistische Zeit insgesamt typisch – daß er letztlich den Gegensatz zwischen Mann und Frau für unversöhnlich hielt, und genau das drückt er hier aus. In dem großartig gestalteten Gedicht kann sich Simaitha (die unbeherrscht und in fieberhafter Erregung den Mond anschreit) nicht damit abfinden, daß der Mann ihres Herzens sie ablehnt. Andere mythologische Frauengestalten, die dasselbe Schicksal erlitten, werden mit typisch hellenistischer Gründlichkeit aufgezählt, wodurch das Gedicht sehr langweilig hätte werden können. Bei Theokrit überstrahlt jedoch die Heldin mit ihren herzzerreißenden Gedanken und Gefühlen alle anderen.

Simaitha sucht nun nicht Trost im Gesang, sondern verschreibt sich der Magie. Aber die Magie, so behauptet Theokrit, ist ein nutzloses Gegengift und keine Hilfe für ihren Seelenzustand (es wäre besser gewesen, die hellenistische Welt hätte auf ihn gehört). Gegen Ende des Gedichts schwört sie zwar nicht der Magie ab; dazu ist sie innerlich zu sehr aufgewühlt. Bewegend sind ihre Worte am Schluß der Dichtung: »Mein Verlangen möchte ich so gut wie ich kann – wie ich es auch bisher tat – ertragen.«[36] Vielleicht kann sie durch Geduld, durch die Besinnung auf die eigene Kraft die unerträgliche Krise meistern, für die die Magie keine Lösung bietet. Theokrit hat dafür sein eigenes, neuartiges Rezept.

Apollonios Rhodios war der erste Dichter, der in seinen *Argonautika* (um 260) die Liebe zum Thema eines Epos machte. Es geht um die Leidenschaft Medeas zu Iason, eine romantische Liebe, bei der zunächst die Erregung beim ersten Anblick des anderen geschildert wird, dann die Idealisierung des Geliebten und die Bereitschaft, um eines in ferner Zukunft liegenden Zieles willen gegen alle Hindernisse anzukämpfen. Außer Sappho vierhundert Jahre zuvor hat kein anderer griechischer Dichter die Anfänge tiefempfundener weiblicher Leidenschaft so einfühlsam geschildert oder die dramatischen Verwicklungen mit so viel Anteilnahme beschrieben, nicht einmal Euripides, der für seine Heldinnen ein ganz besonderes Einfühlungsvermögen hatte. Für ihn stand jedoch die Beschreibung einer einzelnen Gefühlsregung im Vordergrund, nicht die abgerundete Darstellung einer Persönlichkeit. Apollonios schildert das Seelenleben mit einer bisher undenkbaren Gefühlstiefe und Intensität:

»Aber sie standen sich gegenüber, stumm und sprachlos, / Wie Eichen oder hohe Pinien / Die, fest im Berg verwurzelt / In Windstille unbeweglich stehen, dann aber, / Wenn sich ein Lüftchen regt, unendlich rauschen: / So begannen die beiden / Lange mit dem Atem der Liebe zu reden.«[37]

Dieses mit den feinsten Mitteln der hellenistischen Seelenkunde nachgezeichnete Porträt der jungen, unsterblich verliebten Medea macht die Liebesleidenschaft zum großen literarischen Thema. Apollonios benutzte die Form des Heldenepos, um eine phantastische Geschichte zu erzählen, in der sich ein Liebesmärchen mit dem ebenfalls neuartigen hellenistischen Hang zum Realismus mischt. Das Ergebnis ist überraschend und widersprüchlich: Das Gedicht selbst ist zu wirr, als daß es die traditionelle epische Geschlossenheit hätte erreichen können, ein Mangel, der dem von Kritikern so hoch gelobten Formsinn widerspricht. Doch kein geringerer als Vergil hat die *Argonautika* als Vorlage benutzt, und Apollonios ist es in der Hauptsache zu verdanken, daß seither die Liebe bis in unsere Zeit hinein das Hauptthema der erzählenden Literatur geblieben ist.

Die nun überall erscheinenden Liebesromane waren mittelmäßig, oft süßlich-naiv. Die Helden wurden von ihren scheuen Heldinnen erst melodramatisch getrennt, aber schließlich in einem glücklichen Schluß vereint. Vorläufer unserer heutigen Bestseller, deren Inhalt meist ganz ähnlich ist, waren zum Beispiel der *Ninos*-Roman, *Joseph und Aseneth*, *Der Traum des Nektanebos,* sodann (zur römischen Kaiserzeit) Heliodors *Aithiopika* und Longus' *Daphnis und Chloe.* Der Elegiker Parthenios von Nikaia, der im Jahr 73 als Kriegsgefangener nach Rom kam und dort mit seiner Kunst großen Eindruck machte, stellte auch ein Buch *Traurige Liebesgeschichten* zusammen, die er aus zahlreichen griechischen Schriften auswählte. Für den römischen Dichter Cornelius Gallus stellte sie eine Fundgrube für seine Elegien dar.

Pikanter und dem Trivialgeschmack des Publikums viel eher entsprechend waren die gleichzeitig in Mode gekommenen erotischen Kurzgeschichten, die Aristides von Milet (um 100) populär machte. Sie wurden unter dem Namen *Milesische Geschichten (Milesiaka)* bekannt. Vielleicht entstanden sie aus schlüpfrigen Anekdoten, die man sich bei Abendgesellschaften erzählte. Zu Beginn des 1. Jahrhunderts übersetzte bzw. übernahm Sisenna die »Geschichten« des Aristides für die Römer. Als die Parther sie nach der Schlacht bei Carrhae (53) im Gepäck römischer Offiziere entdeckten, waren sie darüber entsetzt. Weder Sisennas noch Aristides' Schriften sind erhalten, doch kann man sich Inhalt und Stil am besten bei der Lektüre der *Milesischen Geschichten* vorstellen, die Petronius und Apuleius in ihre lateinischen Romane eingearbeitet haben (das *Satyricon* aus dem 1. Jahrhundert n. Chr. bzw. der *Goldene Esel* aus dem 2. nachchristlichen Jahrhundert). Magie und Hexenzauber würzen diese Geschichten, doch das Hauptthema ist die Liebe, und zwar in dem – zynischen – Sinn, daß einem Mann, beweist er nur genügend Erfindungsreichtum, keine Frau widerstehen kann. Die Erzählungen beginnen oft – darin besteht der Witz – wie ein süßlicher Liebesroman und nehmen erst dann eine Wendung ins Frivole.

Auch auf dem Gebiet der bildenden Kunst entdeckte man die Frau. Das außerordentliche Interesse zeigte sich vor allem in der Verehrung der Aphrodite, der Göttin der Liebe und alles erhaltenden kosmischen Kraft, welche die Natur beseelt. Wenn Bildhauer und Maler sie nun in völlig neuer Manier mit größerem Realismus darstellten, so wollten sie nicht nur die weiblichen Formen, sondern das Weibliche schlechthin abbilden – oftmals als Akt. Dies förderte vielleicht nicht gerade die Achtung vor den Frauen, trug aber gewiß zu einem besseren Verständnis ihrer Wesensart bei.

Seit etwa 370 änderte sich zudem das bisherige Idealbild der Frau: Ein neuer Frauentyp kam in Mode, der mit den alten klassischen Formen immer weniger gemein hatte. Die »neue« Griechin hat schmalere, abfallende Schultern und kleine Brüste, aber breite, schwellende Hüften. Offensichtlich galten diese Merkmale damals als anziehend, denn die weicheren Formen sollten bewußt die Sinne ansprechen. Erstrebenswert waren nach damaligem Geschmack nicht so sehr die »schönen« weiblichen Formen, sondern das Verführerische. Die lebensechte Erotik der Kunstwerke sprach die Griechen an. Im 5. Jahrhundert soll der Maler Zeuxis aus Heraclia in Lukanien, der für die Stadt Kroton ein Bild der Helena malen wollte, sich angeblich sämtliche Mädchen des Ortes vorführen haben lassen. Er wählte fünf davon aus – und setzte aus den besonderen Schönheiten einer jeden ein Bild zusammen, um ein Höchstmaß an Wirklichkeitstreue zu erreichen. Im folgenden Jahrhundert wurde die Aphrodite Anadyomene (»die aus dem Meer auftaucht«) des Apelles als ein Meisterwerk des Realismus gefeiert. Auch die Bildhauer wollten nicht nachstehen. Praxiteles nahm angeblich seine Geliebte Phryne als Modell für seine Aphrodite von Knidos. Sie galt wegen ihrer Lebensechtheit als die schönste Statue, die jemals geschaffen wurde, und soll eine derart starke sinnliche Ausstrahlung gehabt haben – die noch erhaltenen Kopien lassen dies kaum glaublich erscheinen –, daß allerlei anzügliche Legenden entstanden über die Erregung der Männer, die sie betrachteten.

Aphrodite wurde von ihrem Sohn Eros begleitet, der die sexuelle Lust verkörpert, die bei den Philosophen als Krankheit galt. Seine Macht war lange Zeit unbestritten; auch Theokrit und Menander waren von seiner furchterregenden Kraft völlig überzeugt. Später allerdings machten Schriftsteller und Künstler aus dem gefährlichen Knaben ein schelmisches geflügeltes Wesen oder ließen gleich mehrere dieser Eroten auftreten – Sinnbild der vielfältigen Verwicklungen, die Eros im Namen Aphrodites anstiftete.

4. Kapitel:
Die Suche nach Seelenfrieden

1. Verzweiflung und Hoffnung

Wie wir gesehen haben, wandte sich das hellenistische Zeitalter dem einzelnen Menschen, Mann und Frau, zu. Folglich befaßten sich viele der besten Denker der Zeit mit der Analyse von Problemen, von denen beide Geschlechter betroffen waren, und damit, wie man den daraus entstehenden Schwierigkeiten und Ängsten begegnen könne. Dies hätte schon von der Definition her ein praktisches, realistisches Handeln vorausgesetzt. Wie das vorhergehende Kapitel zeigte, erlebte das Zeitalter in der Tat einen großartigen Aufbruch hin zum Realismus, eine ausgesprochene Suche nach den Realitäten des Lebens in all ihren verschiedenen Ausformungen, und übte sich geradezu darin, von Idealisierungen und Illusionen frei zu bleiben. Und doch ist es ein Paradoxon dieser an Widersprüchen so reichen Epoche, daß man auf der Suche nach realistischen Antworten auf Probleme des Lebens sich immer weiter von der Rationalität entfernte. Wie in anderen Perioden der Weltgeschichte auch, schien es, als könnten die Menschen nur ein bestimmtes Quantum an Wirklichkeit ertragen und müßten sich zur weiteren Befriedigung ihrer Bedürfnisse in die Irrationalität stürzen oder zumindest starkes Mißtrauen gegen die Ratio entwickeln. Freilich war dieses Gefühl trotz aller Lehren der Philosophen bei den Griechen schon von jeher unterschwellig vorhanden.

Viele Menschen wurden von einer rational nicht begründeten, schrecklichen, verzweifelten Ahnung erfaßt, das die gesamte Welt von der Tyche beherrscht sei, dem schicksalhaften Zufall. Geradezu überwältigend war das Gefühl, der Mensch treibe in einem unfühlenden Universum umher, alles sei zufällig, nicht verstandesmäßig zu erfassen, geschweige denn zu beherrschen. So trat der Kult der Göttin Tyche seinen Siegeszug über die mediterrane Welt an. Er vereinigte mehrere, schon viel früher geäußerte Ideen: Eine Stelle bei Pindar (518–438) interpretierte das Phänomen Tyche als das, was ein Mensch aus eigener Kraft erreichen konnte, es war aber auch das, was ihm der Zufall bescherte.[1] Dichter und Philosophen waren sich nicht einig darüber, ob die Götter die Herren der Tyche seien, oder ob deren Macht den Glauben an die Existenz der Götter ausschließen müsse. In einem Drama des Euripides ist sich der Herold Talthybios im unklaren, ob Zeus die Welt regiert oder der Zufall.[2] Die Idee von der Allmacht der Tyche gewann zunehmend die Oberhand, da die alte Religion langsam an Boden verlor. Jahrhunderte später faßte der römische Dichter Lukan diese Entwicklung zusammen: »Götter gibt es jedenfalls keine; der blinde Zufall reißt die Jahre mit sich – daß Jupiter regiere, machen wir uns vor.«[3]

Griechen, Römern und vielen Menschen früherer Zeiten schien Tyche oder Fortuna bisweilen das irrationale Lebensprinzip an sich. Theorien darüber waren nicht nötig. Jeder konnte ja sehen, wie die Menschen emporgehoben und zerschmettert wurden: heute ich, morgen du.

Die Vorstellung, daß es uns, nach willkürlichen Gesetzen, unvorhersehbar und unverdient gut oder schlecht gehe, gewann im 4. Jahrhundert und später beträchtlich an Boden. Es war bedeutungsvoll, daß gerade ein erfolgreicher Provinzfürst, Alexander von Pherai in Thessalien (gest. 358), von seinen Untertanen als Tychon verehrt wurde (der »Glückliche«; außerdem der Name eines Fruchtbarkeitsgottes). Zur Zeit Alexanders des Großen war die Allmacht des »Glücks« oder des »Zufalls« – Aristoteles versuchte einen Unterschied zwischen beiden zu finden[4] – unbestritten. Eine der am häufigsten debattierten Fragen war, ob Alexander seine Leistungen seinem Verdienst oder der Tyche verdanke. Seine unmittelbaren Nachfolger wurden von Zeitgenossen und Historikern als Glücksspieler bei einem sinnlosen Spiel angesehen, in dessen Verlauf jeden einzelnen sein verdientes Schicksal ereilte. Demetrios I. Poliorketes zitierte gern die tragischen Dichter, die die Launen des Zufalls beklagten. Er selbst diente als wandelndes Beispiel für die Wechselfälle des Lebens. Aber in dieser Epoche der Kriege, des Machtstrebens und der allgemeinen Orientierungslosigkeit hatte wohl jedermann das Gefühl, der Gunst oder Ungunst des blinden Zufalls völlig ausgeliefert zu sein.

Die vier Seiten eines Altars auf der Agora von Athen zeigten Darstellungen menschlichen Unglücks, herbeigeführt durch eine Schicksalswende. In Athen hatten zu Beginn des hellenistischen Zeitalters die Dichter der Neuen Komödie immer wieder die erbarmungslose Macht der Tyche betont, mit jener pessimistischen Melancholie, die sich in der griechischen Literatur sehr häufig findet. Besonders Menander schildert in seinen Stücken wiederholt das Walten eines unberechenbaren Schicksals. Der Mensch wird Opfer einer dunklen Macht, gegen die es kein Heilmittel gibt. So ruft eine seiner Gestalten voller Verzweiflung: »Jeder Gedanke, jedes Wort, jede unserer Taten ist nur Zufall. Alles, was du und ich tun können, ist, sich widerspruchslos zu fügen.«[5]

Andererseits glaubt Menander – oder einer der zeitgenössischen Dichter –, man dürfe nicht Tyche tadeln wegen all des Schlimmen, das wir selbst verursacht haben: »Selbstverständlich existiert das Schicksal nicht als Person – aber wer den natürlichen Lauf der Dinge nicht ertragen kann, gibt dem eigenen Charakter den Namen Tyche.«[6]

Die Philosophen versuchten, sich mit dem Phänomen Tyche zu arrangieren. Besonders die Aristoteliker (Peripatetiker) scheuten keine Anstrengungen, sich diese große Gegenspielerin der Philosophie dienstbar zu machen. Nicht daß sie ihre Existenz geleugnet hätten. Theokrit zum Beispiel kritisierte Aristoteles' Vorstellung vom geordneten Universum u. a. mit dem Argument, es geschehe sehr vieles rein zufällig und ohne erkennbaren Zweck. Ein anderer Peripatetiker, der athenische Politiker Demetrios von Phaleron, widmete, so weit wir wissen, als erster dem Wirken der Tyche eine ganze Abhandlung. Epikur hielt den Glauben an die göttliche Macht des Zufalls für einen weit verbreiteten Irrtum.[7] Mit dieser Ansicht stand er allerdings fast allein, denn viele verehrten sie als Göttin und setzten Tyche bereitwillig mit Kybele und Isis gleich oder sahen in ihr eine Begleiterin der Aphrodite und ein Symbol für die Unberechenbarkeit weiblicher Launen.

Man glaubte, jeder Mensch besitze eine ihm eigene Tyche. Der Gedanke entwickelte sich aus der antiken Vorstellung vom persönlichen *daimon* (Geist), der als Macht des Guten oder Bösen über jedes Individuum wache. So diente der Begriff Tyche allmählich dazu, die Individualität eines Menschen zu charakterisieren: einmal als schicksalhafte Gabe des Glücks – man konnte die Tyche eines Königs verehren – oder als launischen Zufall.

Diese Vorstellung dehnte man aus, so daß nicht nur jedem Individuum, sondern auch jeder Stadt ihre eigene Tyche zugestanden wurde. Die zugehörigen Kulte sollten jene Mächte beschwichtigen, die das Gemeinwesen mit nicht vorhersehbaren Schicksalsschlägen heimsuchen könnten. Man hoffte, daß das Glück (Agathe Tyche, Agathodaimon) die Städte sowie Grund und Boden segnen und vor Unbill schützen werde. Der früheste und bekannteste Kult dieser Art war im böotischen Theben beheimatet. Hier hält die Gestalt der Tyche das Kind Pluton (Wohlstand) in den Armen. Später finden sich ähnliche Kulte auch in kleineren Orten.

Man gab sich große Mühe, diese Idee auch sichtbar zu verwirklichen. Praxiteles schuf für die Stadt Athen eine Statue der Agathe Tyche. Die berühmteste Skulptur der Tyche – die alle späteren Darstellungen beeinflußte – gehörte zu einer Figurengruppe des Eutychides von Sikyon, die er für die kurz zuvor gegründete Seleukidenstadt Antiocheia in Syrien (296–293) geschaffen hatte. Das Original ist nicht erhalten, aber römische Kopien und Münzen lassen erkennen, daß Tyche auf einem Berg sitzend dargestellt wurde, den Flußgott Orontes zu Füßen, während die Seleukidenkönige Seleukos I. Nikator und Antiochos I. ihr Kränze darreichen. Gedankenvoll blickt sie in die Zukunft, Symbol einer neuen Stadtgründung. Die mit Türmchen besetzte Krone ist ein Sinnbild der Stadtbefestigung.

Der Historiker Polybios von Megalopolis (um 200 bis nach 118) faßte Tyche als das bestimmende Prinzip der von ihm geschilderten historischen Vorgänge auf, da er der Überzeugung war, daß der Wandel des Mittelmeers zum *mare nostrum* der Römer als ein epochales Ereignis begriffen werden müsse, das nur so erklärbar schien: »Denn so verschwenderisch Tyche alle möglichen Wechselfälle verursacht, so unbeirrbar wie sie im Leben der Menschen dramatische Momente hervorruft, hat sie dennoch niemals zuvor ein solches Wunder vollbracht oder ein solches Drama aufgeführt, wie das, dessen wir Zeuge wurden.«[8]
Polybios' Definition des »Schicksals« ist jedoch keineswegs eindeutig, was übrigens für die Ansichten der meisten Leute gilt, die sich mit diesem Thema beschäftigt haben. Manchmal ist Tyche bei Polybios das für den Menschen schlechthin Unfaßbare, Irrationale. Bisweilen muß der Begriff herhalten für rein zufällige Begebenheiten – oder um das Bewußtsein der Menschen dafür zu schärfen, daß jedem alles überall passieren kann. Gelegentlich gibt es einen Hinweis auf eine zielgerichtete Vorsehung oder auf die altgriechische, aus der Tragödie bekannte Idee, es sei die Aufgabe der Tyche, besondere Niedertracht, aber auch übermäßigen Reichtum zu bestrafen. Trotzdem ist Tyche bei Polybios nicht eigentlich eine moralische Instanz, denn auch der Tugendhafte wird von ihr nicht verschont. Vorwiegend sieht er Tyche allerdings dann am Werk, wenn gewaltige Ereignisse das politische Gleichgewicht erschüttern, das Glück und das Wohlergehen von Völkern sich beispielsweise plötzlich ins Gegenteil verkehren. Erscheint ihm jedoch eine rationale Begründung plausibel, zieht er diese vor und benützt Tyche nur als *dea ex machina* für sonst unerklärliche Ereignisse. Dem vom Schicksal geschlagenen Menschen (nicht dem Dummkopf, der sich selbst zerstört) gilt sein Mitgefühl. Alles, was ein unglücklicher Mitbürger tun kann, ist, sich in Leid und Not zu schicken und seine Würde zu bewahren, so gut er kann.
Polybios versucht durch seine Auffassung von Tyche/Fortuna auch dem Staatsmann und Historiker (er war selbst beides) bestimmte Ratschläge mit auf den Weg zu geben. Der Staatsmann muß aus der Geschichte lernen, nicht allein um vorhersehbare Entwicklungen besser abschätzen zu können; er sollte auch möglichst imstande sein, Unvor-

hersehbares vorauszuahnen. Was den Historiker betrifft, so hat dieser nicht nur Fakten, Ursachen und Folgen zu kennen, er sollte auch darauf hinweisen, daß es bisweilen Lücken in einer Kausalitätskette gibt, die von den Menschen als »Schicksal« (oder wie auch immer) empfunden werden. Sie müßten daher lernen, solchen unvorhersehbaren Ereignissen mutig die Stirn zu bieten. Tyche ist für Polybios die Seele der Geschichte. Sie war es, die Rom die Kraft gab, ein Weltreich aufzubauen. Und er selbst hatte ein Werk geschaffen, das (im Gegensatz zur Monographie) dieser neuen Epoche angemessen war, das den Pulsschlag der neuen Zeit adäquat wiedergab. Genaugenommen brachte erst das Studium der Tyche und die Untersuchung ihrer Wirkung auf die römische Geschichte Polybios dazu, seine großartige Weltgeschichte zu schreiben.

Indem Polybios das Wirken der Tyche mit dem Aufstieg Roms in Verbindung brachte, gab er dem Prinzip des Zufalls recht. Andererseits aber sah er darin auch ein Wirken der Vorsehung, und deshalb bleibt sein Konzept zwiespältig, denn er nahm an, daß die Eroberung der hellenistischen Welt Roms *Bestimmung* gewesen sei. Tyche wirkt hier also zielbewußt mit einer ganz bestimmten Absicht, wie der Regisseur eines Schauspiels, in dem die Menschen einzelne Szenen und Teilhandlungen selbst bestimmen, den Großen Plan aber nicht beeinflussen können. (Polybios' Landsleute fühlten sich durch diese Sicht entlastet, denn sie konnten sich so von der Schuld an der Niederlage gegen Rom freisprechen; es war nicht ihr Versagen, sondern das Walten einer höheren Macht.) Vor diesem Hintergrund schildert Polybios den Vormarsch der Römer, der sich so unaufhaltsam und ohne auf Widerstand zu treffen vollzog. Roms Leistung ist von gleicher Bedeutung wie das Wirken des Zufalls und der Vorsehung, kann sie doch nach Polybios rational als das Ergebnis großer Fähigkeiten erklärt werden. Er war sich der abgrundtiefen Verachtung seiner Landsleute gegenüber den Römern wohl bewußt, und doch fand er, daß die Besiegten zu Recht geschlagen worden seien. Es ist nun einmal ein Naturgesetz, daß die Schwachen von den Stärkeren regiert werden.

Logische Ungereimtheiten konnte man mit der Feststellung über spielen, daß die Götter denen helfen, die sich selbst helfen, und der Historiker sucht nach Beweisen, die diese Behauptung untermauern. Polybios sieht trotz seiner romfreundlichen Einstellung dennoch keinen Grund, warum das Römerreich dereinst nicht auch zum Niedergang verurteilt sein sollte, wie dies schließlich auch allen Menschen und Städten bestimmt war.[9] Die Römer selbst fanden es nötig, Fortuna/Tyche zu besänftigen: Freunde des Scipio Africanus errichteten ihr nach dem Zweiten Punischen Krieg (218–201) Altäre; der an ihrer alten Orakelstätte in Praeneste (Palestrina) erbaute Tempel war das prächtigste Heiligtum auf italischem Boden. Auch noch während der Kaiserzeit hatte die launische Gottheit nichts von ihrer düsteren Anziehungskraft verloren.

In der Spätantike allerdings, zur Zeit des frühen Christentums, sprach man weniger von Fortuna, dafür um so mehr von »Schicksal« oder »Bestimmung«, worüber schon Polybios meditiert hatte. Im »Schicksal« erblickte man häufig ein die Welt regierendes Ordnungsprinzip, das ungerührt eine Kausalitätskette auslöste. Gewiß war für den Durchschnittsmenschen kaum ein Unterschied zwischen Sätzen wie »Der Zufall wollte es so« und »Es war eine schicksalhafte Bestimmung«. Einige Schriftsteller, die jedoch erkannt hatten, daß es unlogisch war, an »Zufall« und »Schicksal« gleichzeitig zu glauben, versuchten, einen Unterschied herauszuarbeiten. Zenon, der Begründer der Stoikerschule (gest. 263), hielt den Glauben an die Macht des Schicksals für die bessere Lehre, da sie sich »wie ein dünner Faden durch das gesamte Dasein zieht«.[10] Sein Nachfolger Kleanthes widmete dem Schicksal eine berühmte Hymne und stellte es auf eine Stufe mit Zeus. Die Stoiker setzten das »Geschick« dem göttlichen Ratschluß gleich, der alles bestimmt und den der Mensch widerspruchslos hinzunehmen habe, wenn er auch wählen könne, auf welche Weise er ihm gehorchen wolle. Epikur war dagegen der Ansicht, es sei noch schlimmer, sich von solchen Vorstellungen Fesseln anlegen zu lassen, als den nutzlosen Göttern zu dienen, die vom primitiven Volk verehrt wurden. Für den Weisen, so meinte er, sei das Schicksal Gegenstand der Verachtung. Andere fühlten sich durch den unerbittlichen Despotismus des »Schicksals«, der das eigene Handeln des Menschen so wertlos macht, entmutigt und bedrückt. Trotzdem nahmen Millionen von Menschen diese Tyrannei klaglos hin.

Millionen von Menschen, darunter die gebildetsten ihrer Zeit, hingen einer mindestens ebenso fragwürdigen Lehre an, nämlich dem Astralglauben (Glaube an die Macht von Sonne, Mond und Sternen). Die Bewegungen der Gestirne konnten doch nicht ohne Einfluß auf Geschick und Glück der Menschheit sein. Dem lag zugrunde der weitverbreitete Glaube an eine Himmelsharmonie der Gestirne – eine kosmische »Sympathie«, die Erde und Himmelskörper den gleichen Gesetzen folgen läßt. Man war sich sicher – und die Philosophen bestärkten die Menschen darin – daß der Kosmos eine Einheit sei, aus einzelnen, voneinander abhängigen Teilen, vergleichbar den vor Troja aufmarschierten Heeren bei Homer. Es wurde eine Ordnung der Gestirne angenommen, die genauso auch auf der Erde anzutreffen sei. Man vermutete nämlich eine Abhängigkeit der Himmelskörper von den

Emanationen der Erde; so schien es nur vernünftig, anzunehmen, daß eine Beeinflussung auch in der umgekehrten Richtung stattfand.

Den schlagenden Beweis dafür schienen die Himmelskörper selbst zu liefern: Die Sonne läßt die Vegetation wachsen und vergehen, die Tiere in Schlaf fallen und brünstig werden. Sturmfluten kommen und gehen je nach Konstellation der Gestirne. Der Mond scheint über die Gezeiten wie ein Magnet zu herrschen. Da die Gesetze einer die Gezeiten erzeugenden Kraft unbekannt waren, erklärte man sie sich (soweit die Anwohner eines Meeres, das Ebbe und Flut fast nicht kannte, überhaupt daran interessiert waren) durch die kosmische Sympathie zwischen einem vermuteten Wasserplaneten und dem Element Wasser auf der Erde. So schien die Lehre verständlich, in sich schlüssig und durchaus im Einklang mit den Naturwissenschaften. Doch sie beruht auf einem Irrtum, denn die angenommene Abhängigkeit menschlicher Tätigkeiten und physikalischer Gegebenheiten der Erde vom Stand der Gestirne entbehrt jeder ernsthaften Grundlage.

Lehrmeinungen wie diese waren uralt und vielschichtig. Die griechischen Tragiker beschrieben Sonne, Mond und Sterne als Gottheiten. Platon übernahm diesen Glauben und stattete seinen Idealstaat mit einer durchdachten Astraltheologie aus. Auch Aristoteles leugnete Beziehungen zwischen der Erde und den Sternen nicht, betrachtete er doch die Gestirne als intelligente göttliche Wesen, eine Auffassung, die fast alle hellenistischen Schriftsteller teilten. Das Interesse der Menschen an der Sternenverehrung sowie an der Astrologie der alten Babylonier wuchs enorm. So studierte man eifrig die Erkenntnisse des Eudoxos von Knidos (um 390–340). Und nachdem seit Alexander dem Großen Babylonien zur griechischen Welt gehörte, begannen Berufsastrologen damit, das Wissen der dortigen Sterndeuter auch im Westen zu verbreiten.

Einer der ersten soll der babylonische Priester Berossos gewesen sein, der Übersetzer des *Auge des Bel.* Er zog nach Kos und gründete auf der Insel eine Astrologenschule (um 280). Aber erst nach 200 nahm die Bewegung wesentlich zu. Um diese Zeit verfaßte Bolos von Mendes in Ägypten (das die Astrologie aus Mesopotamien importiert hatte) eine Abhandlung *Über Sympathien und Antipathien,* worin er eine fiktive Übereinstimmung zwischen Himmelskörpern und Menschen nachzuweisen suchte. Sein Werk wurde zu einem der einflußreichsten Bücher aller Zeiten. Ein anderes erfolgreiches astrologisches Werk entstand wahrscheinlich um 150–120 unter den sicherlich fingierten ägyptischen Verfassernamen Nechepso und Petosiris.

Die Stoische Schule nahm diese Glaubenswelten gerne in ihre Lehren auf, um so mehr, als damals die Naturwissenschaften rapide an Einfluß verloren. Diogenes »der Babylonier« aus Seleukeia am Tigris (gest. 152) lehrte zwar ähnlich wie die Stoa, daß die Seele des Menschen einen Funken der alles ordnenden Himmelsmacht in sich trägt. Wie sein Vorgänger Kleanthes aber forderte er den Kult der Sonne und der Gestirne, wobei er die Astrologie als entscheidende Stütze für seine These von der »Sympathie der ganzen Schöpfung« feierte. Dagegen verwarf ein anderer bedeutender Vertreter dieser Schule, Panaitios von Rhodos (um 185 – 109), die Astraltheologie. Nur wenig später gewann diese Pseudowissenschaft jedoch durch das Wirken des Stoikers Poseidonios von Apameia in Syrien (um 135 – 50) beträchtliches Ansehen. Sein Glaube an eine einheitliche kosmische Kraft ist dem des Babyloniers Diogenes verwandt. Wie dieser sieht er in der Astrologie den Schlüssel für die Erforschung der Sphärenharmonie des Universums an.

Wer solchen Lehren anhing (selbst wenn diese dem freien Willen einen gewissen Spielraum erlaubten), beschränkte seine eigenen Leistungen auf ein Mindestmaß, denn letztlich sah er sich doch bestimmt von einer erbarmungslosen, unwandelbaren, unentrinnbaren Himmelsmacht, die alle zukünftigen Ereignisse voraus bestimmte. Viele allerdings lehnten sich gegen die mechanistische Vorstellung von dieser fürchterlichen Ausweglosigkeit auf und suchten nach Mitteln und Wegen, der Bedrohung durch die Himmelsmächte zu entgehen oder sie zu vermindern. Dazu mußte man zunächst erkunden, was die Gestirne überhaupt vermochten; dann kam es darauf an, die eigenen zukünftigen Tätigkeiten und den richtigen Zeitpunkt dafür genau zu planen, damit deren Wirkung möglichst gering blieb.

Diese schwierigen Probleme konnten nur mit Hilfe von Fachleuten bewältigt werden. So wurden die Berufsastrologen zu einer äußerst einflußreichen Kaste. Ihre wichtigste Aufgabe bestand darin, die »Sieben Planeten« – damals Saturn, Jupiter, Mars, Sonne, Venus, Merkus und Mond – zu beobachten, da diese nach der landläufigen Meinung alles, was unter ihnen lag, beeinflußten – vor allem aber die Erde, für die Mehrzahl der Menschen immer noch der Mittelpunkt des Weltensystems. Neben den Planeten hielt man auch die zwölf Tierkreiszeichen oder »Häuser der Sonne« für einflußreich.

Auf Planeten und Himmelszeichen, die das Geschick der Menschheit steuerten, mußten die Astrologen also ihr Hauptaugenmerk richten. Der Aristoteliker Theophrast erwähnt die außerordentlichen Fähigkeiten dieser Chaldäer (nach dem südlichen Teil Mesopotamiens so benannt), die Zukunft, Lebenslauf und Tod einzelner Menschen vorherbestimmen konnten. Der Historiker Diodor (1. Jahrhundert) schrieb, es sei wunderbar, daß sie »jeden Wechsel, sei er zum Guten oder zum Schlechten, vorhersagen könnten, und zwar nicht nur für Völker oder Länder, sondern auch für Könige und gewöhnliche Sterbliche.«[11] So versorgten die Astrologen zahlreiche Gläubige mit Lebenssinn, Trost und Anregung. Falls sich eine Vorhersage als falsch erwies, so konnte man immer noch behaupten, daß es an der Fehlerhaftigkeit eines einzelnen gelegen habe und nicht am System selbst.

Eine der Hauptaufgaben der Astrologen bestand darin, Horoskope zu erstellen. Dabei verwandte man bestimmte Grundmuster, die je nach der Konstellation der Gestirne zum Zeitpunkt der Geburt (oder Empfängnis) eines Menschen dessen zukünftiges Schicksal anzeigten. Die frühesten uns bekannten Horoskope stammen aus dem 5. Jahrhundert und verwenden babylonische Methoden. Später wurde das Horoskopstellen allgemein üblich, besonders im hellenistischen Alexandria.

Diese Entwicklung ist nicht nur der angeblichen Fähigkeit der Chaldäer zuzuschreiben, Zukünftiges vorherzusagen, sondern erklärt sich mehr noch aus der Annahme, sie könnten den Menschen beraten, *wie das Schicksal zu überlisten sei*, d. h. wie man Kräfte zwingen und beeinflussen könne, damit sie ihre Absichten tatsächlich änderten. Man schien also den Bedrohungen durch Sonne, Mond und Sterne bisweilen doch entrinnen zu können. Die Astrologen konnten ja offensichtlich die Tage, Stunden und Minuten herausfinden, an denen die Himmelskörper ihre Einflüsse geltend machen, und daher ihre Kunden warnen, etwas bei einer bestimmten Gestirnkonstellation zu tun oder nicht zu tun. Zweifler gab es natürlich auch, doch im Heer der Leichtgläubigen gingen sie völlig unter.

Der hellenistische Mensch war nicht nur der Astrologie verfallen, sondern auch dem Wunderglauben und der Zauberei, die den Lauf der Natur durch okkulte, esoterische Praktiken in bestimmte Bahnen zu lenken suchte. Theokrit hatte in seinem zweiten Gedicht mit einer großen dramatischen Rede die magischen Kräfte beschworen, Menanders *Thessalische Frau* den Mond zur Erde herabgezwungen. Nun verband Bolos von Mendes seine Lehre von der Astrologie mit dieser Art von Okkultismus, dazu mit Alchimie und Zauberei – Zutaten, die mit Begeisterung als rein naturwissenschaftliche Fachgebiete angesehen und als Anwendung praktischer Wissenschaft gefeiert wurden.

Magie und Zauberei blieben auch in der Folgezeit ungeheuer populär, so daß zahllose berufsmäßige Zauberkünstler und Scharlatane bequem ihr (allerdings etwas anrüchiges) Auskommen fanden, so der berühmte »Weise« Apollonios von Tyana (gest. nach 96?), ein Vertreter der Sekte der Neupythagoreer. Diese Neupythagoreer tauchten nicht vor dem 1. Jahrhundert in Rom und Alexandria auf. Freilich hatten »Gurus« unterschiedlichster Glaubensrichtungen schon lange zuvor die Leichtgläubigen gründlich geschröpft. Besonders erfolgreich war dabei der

Syrer Eunos, das Haupt des ersten Sklavenaufstandes in Sizilien (135–132), der von sich behauptete, er besitze Zauberkräfte.

Es gab aber auch Leute, die nicht an die Magie glaubten. Vor allem der Schluß von Theokrits zweitem Gedicht läßt darauf schließen, daß er zu den wenigen Skeptikern im Lande gehörte. Der Philosoph und Satiriker Lukian aus Samosata (geb. um 120 n. Chr.) war der berühmteste unter den Spöttern, die sich über den Aberglauben lustig machten. Und dennoch: Schon seit vorhellenistischer Zeit war im Volk eine fest verwurzelte Überzeugung vorhanden, daß magische Riten und der Glaube an sie nicht ganz falsch sein konnten, auch wenn es hie und da Betrüger gab.

Der Erfolg von Wahrsagern und Magiern, die ihre Halbwahrheiten mit Gewinn verkauften, bedeutet einen Hinweis darauf, daß der Zweifel an den Möglichkeiten echter wissenschaftlicher Forschung weit verbreitet war. Im 2. und 1. Jahrhundert läßt sich diese Entwicklung deutlich erkennen. Zu Beginn jener Periode hätte ein aufmerksamer Beobachter noch mit Recht annehmen können, man gehe einer Epoche wachsender Erkenntnisse, einem Zeitalter der Aufklärung entgegen – doch es sollte ganz anders kommen.

Euripides hatte in seinen *Bacchen* (um 405) bereits darauf hingewiesen, daß Vernunft allein nicht genug sei, und Aristoteles hatte mit Absicht dem Irrationalen in seinen Schriften genügend Raum gelassen. Jetzt aber bestand die Gefahr, daß die Menschen sich einer »vernünftigen« Weltsicht völlig verschlossen. Das Bemühen der Wissenschaftler, Schriftsteller und Künstler, die Welt zu erfassen, wie sie »wirklich« war, wurde durch diese völlig unwissenschaftliche Gegenströmung entscheidend eingeengt.

Astrologie und Magie waren nur zwei jener falschen »Wissenschaften«, die versprachen, man könne mit ihrer Hilfe nicht nur der langweiligen Wirklichkeit, sondern auch den Schrecken des Schicksals entfliehen. Zahllose andere Menschen hofften, die leidenschaftliche Verehrung der Götter könne ihre Ängste bannen.

Schon immer waren die Griechen ein tiefreligiöses Volk gewesen. Zugleich aber behandelte man die Götter mit einer gewissen familiären Vertraulichkeit, was sich anhand der *Ilias* und den *Homerischen Hymnen* leicht beweisen läßt. Die rationalistischen Bestrebungen des späten 5. Jahrhunderts hatten dem Ansehen der Gottheiten schweren Schaden zugefügt: Euripides zum Beispiel war durchaus imstande, die Götter, wenn er in ihnen nicht (wie in den *Bacchen*) die dunklen Kräfte der Seele sah, auch als anrüchige Verführer oder zweifelhafte Witzfiguren auf die Bühne zu bringen. Etwa gleichzeitig stellte Sokrates das ganze traditionelle System so beharrlich in Frage, daß seine Ankläger, die schon das Todesurteil bereithielten, ihm von ihrem Standpunkt aus zu Recht vorwarfen, »er glaubt nicht an die Götter, an die die ganze Stadt glaubt«.

Die frühe hellenistische Zeit behandelte die olympischen Götter nicht gerade mit Hochachtung. Viele Menschen sahen in den Göttern nur Symbole, und trotz ihres Glaubens an die göttliche Vorsehung interpretierten selbst die Stoiker viele einzelne Gottheiten als allegorische Darstellungen von Naturerscheinungen. Hellenistische Bildhauer sahen manche Götter und vor allem Göttinnen viel weniger idealistisch als ihre Vorgänger. Die Dichter Kallimachos und Theokrit machten deutlich, daß sie in einer Zeit lebten, in der die Götter nicht mehr dieselbe Rolle spielten wie früher.

Andere Autoren gingen noch weiter. Wenn Euhemeros bemerkte, die Götter Uranos, Kronos und Zeus seien einst große Könige auf Erden gewesen, so war dies sicher eine schmeichelhafte Geste gegenüber den lebenden Monarchen. Aber es war auch – zum Beispiel in der Vorstellung von Aphrodite als der ersten Hetäre – eine Erklärung und Rechtfertigung des Atheismus. Sein jüngerer Zeitgenosse Straton von Lampsakos (gest. 269) verkündete, er bedürfe der Hilfe der Götter nicht, um eine vernünftige Welt zu konstruieren. In der Hymne eines Atheners an Demetrios I. Poliorketes heißt es, daß die Götter, wenn sie überhaupt vorhanden seien, der Stadt gegenüber zumindest eine gleichgültige Haltung einnähmen. Menander (dieser eher beiläufig) wie Epikur stimmten dem zu, weil die traditionellen Götter sich offensichtlich als unfähig erwiesen hätten, die tägliche Unbill der Menschen zu erleichtern. Nachdem derartige Gedanken drei oder vier Jahrhunderte lang in Umlauf waren, war es kein Wunder, daß der Apostel Paulus die heidnische Kultur des Hellenismus als »Welt ohne Hoffnung – und ohne Gott«[12] bezeichnete.

Trotzdem war dieser Eindruck irreführend. Die heidnische Religion siechte nicht dahin, als das Christentum sie ablöste, ganz im Gegenteil. Man war jedoch während der hellenistischen Epoche häufig von den klassischen olympischen Kulten abgewichen. Formal wurden sie zwar weiterhin mit eindrucksvollen Zeremonien aufrechterhalten, doch niemand rechnete noch ernsthaft mit den alten Göttern. Die Hoffnung der Menschen klammerte sich mehr und mehr an einzelne göttliche Erlöser. Ihnen schrieb man zwei wunderbare Gaben zu: Sie verhalfen dem Menschen dazu, das Leben auf dieser Erde würdig zu ertragen, und verliehen ihm nach dem Tod Glückseligkeit und Unsterblichkeit. Die Religiosität war also keineswegs moribund, sondern ein sehr vitales Element der hellenistischen Zeit.

Die Verheißungen der Mysterienkulte, es gebe ein Leben im Jenseits,

240

übten eine besondere Anziehungskraft auf den hellenistischen Menschen aus. Wir erleben hier den Beginn einer Epoche – sie sollte mehr als zwei Jahrhunderte dauern –, in der die Gedanken und die Ängste der Menschen vor allem um das Leben nach dem Tode kreisten. Die Furcht vor dem Unbekannten hatte die Griechen schon während des 5. Jahrhunderts ergriffen und dauerte Platon zufolge auch im 4. Jahrhundert an. In früheren Zeiten glaubte man, das Leben nach dem Tode sei nur ein schattenhaftes Abbild des Lebens auf Erden, ein Ort, an dem die Seelen der Verstorbenen freudlos umherhuschten. Diese Vorstellung wich jetzt der Überzeugung, daß sich jenseits der Todesschwelle ein Reich der herrlichsten Belohnungen, aber auch der schrecklichsten Strafen eröffne.

Einige Philosophen mißbilligten diese Lehre sehr, allen voran die Epikureer, die es ablehnten, nur ein Wort davon zu glauben. Der Philosophie fernerstehende Zeitgenossen sahen das alles ganz anders und wollten sichergehen, im entscheidenden Augenblick auf der richtigen Seite zu stehen. Das Elixir, das alle Ängste vertreiben sollte, war die Religion – eben die für diese Zeit charakteristische Religion, die nicht etwa behauptete, es gebe keine Bestrafung im Jenseits. Sie versprach den Gläubigen nur, sie aus dem Bereich der Gefahren zu entfernen. Durch *ekstasis* (die Seele befreit sich vom Körper) und *enthusiasmos* (der Gott wird eins mit den Gläubigen), durch schwere Prüfungen und Kasteiungen sollten die Menschen in die göttlichen Geheimnisse eingeweiht werden. Als privilegierte Jünger der Gottheit waren sie dann nach dem Tode gegen alle schrecklichen Strafen gefeit. Magie konnte zwar das Schicksal beeinflussen, aber die Weihe *(mysterion)* entzog den Gläubigen den Fängen der dunklen Mächte. Die Seele des Eingeweihten erhob sich in Gefilde, wo die unheilvollen Sterne nicht auf ihn einwirkten, oder vereinigte sich in Harmonie mit ihnen, so daß sie ihm keinen Schaden mehr zufügen konnten.

Dieses Wunder geschah durch die mystische Vereinigung mit einem Erlösergott, der nach Meinung des Volkes oftmals selbst gestorben, danach aber wiedererstanden war. Der Gott war erlöst worden. Die Weihen brachten daher auch dem sterblichen Menschen Erlösung, und zwar durch den Vollzug von Taufen und Sakramentsfeiern, die nach strengen Vorschriften abgehalten wurden. Der Eingeweihte empfand dabei ein überwältigendes Gefühl der Teilnahme am Heiligen, das durch sein geschärftes Gewissen und sein Sündenbewußtsein noch verstärkt wurde. Vor allem aber empfand er tiefes Vertrauen in die Gottheit, die ihm Trost und den Frieden der Seele spendete, einen Frieden aus der Gewißheit, daß der Tod seine Schrecken verloren habe.

Die Anfänge dieser Riten gehen auf die Feierlichkeiten zu Ehren der

Erdgöttin Demeter in Eleusis bei Athen zurück. Zu den Riten gehörte offensichtlich ein kultisches Drama, das die heilige Hochzeit der Tochter Persephone mit Hades (Pluton), dem Gott der Unterwelt, darstellte. Diese mystischen Riten folgten ursprünglich dem jährlich wiederkehrenden Zyklus der Natur, erhielten aber bald schon eine neue Bedeutung: die Teilnahme sicherte den Eingeweihten die Gunst der Götter der Unterwelt und bürgte für ein glückliches Leben nach dem Tode.

Während der feierlichen Prozession zu Ehren der Demeter in Eleusis riefen die Teilnehmer einen Gott Iacchos an, der als Dionysos einer der wichtigsten Kultgottheiten der hellenistischen Epoche wurde. Pilger hatten in grauer Vorzeit diesen orgiastischen Kult aus Thrakien mitgebracht. Dionysos galt als der »Befreier« *(lysios)* von Männern und Frauen. Im 6. Jahrhundert arteten die Feierlichkeiten zu Ehren des Dionysos in so wüste Orgien aus, daß anscheinend die gesamte Gesellschaftsstruktur ernsthaft bedroht war. In klassischer Zeit versuchten die griechischen Stadtstaaten, die dionysischen Feiern in die offiziellen Kulte einzubinden. Doch in den *Bacchen* des Euripides lebt das ekstatische Treiben des Dionysosjünger weiter.

Der Dionysoskult wurde wie der Kult der Demeter bald zum Rahmen für die Feier grandioser Mysterien. In den Königreichen Alexanders des Großen und der Diadochen erfreuten sie sich großer Beliebtheit: Dionysos ist die Gottheit der makedonischen und griechischen Ostexpansion. Nach der Legende hatte er Asien im Triumph erobert – wie Alexander, dem die Einwohner von Nysa im Koh-i-Mor-Tal (Swat in Nordpakistan) versicherten, sie seien Abkömmlinge von Kriegern des Gottes Dionysos. Aber Dionysos soll sich dem Vergnügen und der Genußsucht hingegeben haben, nachdem seine Eroberungszüge den Menschen Frieden gebracht hatten. Beides hielt er auch für seine treuen Anhänger bereit, vielleicht schon in diesem, ganz gewiß aber im künftigen Leben.

Die Mysterien des Dionysos wurden zu einem der wichtigsten religiösen Kulte der Epoche, in dem viele fremde Religionen aufgingen. Der Dionysoskult war das Symbol für das erwachende Leben im Frühjahr, für den steigenden Saft in den Bäumen, für die Fortpflanzung von Mensch und Tier. Man wollte sich nach dem tödlichen Winter erheben und wohlig-berauscht schwelgen und leben. Die Rückkehr des Dionysos nach Europa stand symbolisch für die alljährliche Erneuerung der Fruchtbarkeit, und seine mystische Hochzeit mit Ariadne (die auch den Frauen ihren Platz im Kult gab) zeigte dem Eingeweihten, der vom Hades erlöst schien, wie er in Gesellschaft seines göttlichen Befreiers und Führers *(kathegemon)* im jenseitigen Leben das triumphale Festgelage der Seligen genießen konnte, indem er selbst zum »Dionysos« wurde.

Es war ein Lieblingsgedanke des Demetrios I. Poliorketes, diesen

Gott der Freude und Befreiung zu feiern. Auch die Ptolemaier förderten aus Gründen der Staatsraison den Dionysoskult. Sie behaupteten, von Dionysos abzustammen, um ihre Ansprüche auf den Königsthron zu legitimieren. Vom Königshof wurde dieser ekstatische Kult allerdings auch überwacht, damit keine Gegenkultur daraus erwachsen konnte. Eine kleine bronzene Dionysosbüste weist Ähnlichkeiten mit Ptolemaios I. Soter auf. Sein Sohn Ptolemaios II. Philadelphos veranstaltete prächtige Prozessionen zu Ehren des Gottes; in ihm sah er den Schutzherrn seines eigenen verschwenderischen Lebens und den Förderer der weinseligen Sorglosigkeit seiner Untertanen – aus schierer Berechnung, denn der Wein hielt sie ruhig und zufrieden. Der eifrigste Anhänger des Dionysos war Ptolemaios IV. Philopator, der trotz des Widerstandes seiner anspruchsvollen Frau Arsinoë III. viel dazu beitrug, daß der Kult sich verbreitete. Dahinter steckten auch finanzielle Interessen, da er ein Edikt über die Veranstaltung von Mysterien erließ, in dem er u. a. forderte, die Dionysospriester sollten sich registrieren lassen und über ihre Einnahmen Rechenschaft ablegen.

Schon früh hatte der Kult des Gottes dem griechischen Drama wichtige Anregungen gegeben; jetzt wurde Dionysos der Schutzgott der alexandrinischen Symposien, auf denen die hellenistische Dichtung vorgetragen wurde und auch Frauen auftraten. Unter den kultischen Vereinigungen waren es besonders die Dionysosanhänger, die sich mit Musik und Theaterspiel beschäftigten. Im Athen des frühen 3. Jahrhunderts schlossen sich wandernde Musikanten »im Dienst des Dionysos« zusammen. Malerei und Bildhauerkunst spiegelten die Dionysosbegeisterung wider. Die traditionelle Darstellung der ekstatischen Jüngerinnen des Gottes (der Mänaden) geht auf den Bildhauer Skopas zurück; auch Satyrn und Faune tauchen in der hellenistischen Kunst immer häufiger auf. Ein bronzenes Mischgefäß (um 320) aus Dherveni in Makedonien zeigt solche Mänaden und Satyrn im Gefolge von Dionysos und Ariadne. Der Kult griff über in die Campagna, nach Etrurien und nach Rom, wo er vom Senat zunächst toleriert wurde. Als die Anhänger dieses fast geheimbündlerischen Kultes allzu lebhafte Aktivitäten entwickelten, griff er jedoch energisch ein (186).

Das ptolemaiische Ägypten wurde zwar zu einer wichtigen Heimstatt der fremden Dionysosreligion, es blieb jedoch das Zentrum des noch berühmteren einheimischen Isiskultes.

Die zahlreichen Feste und Prozessionen zu Ehren dieser altehrwürdigen Gottheit und die tief im Volksglauben verwurzelten Riten beeindruckten die griechischen Neuankömmlinge ungemein. Die Isisverehrung wurde daher als einer der wenigen ägyptischen Kulte nachhaltig hellenisiert. Dieser Prozeß war im frühen 4. Jahrhundert schon recht weit gediehen, als Platon zwischen Athen und der Bevölkerung der ägyptischen Stadt Saïs eine Art Verwandtschaft entdeckte: Dort verehrte man in der Statue der Lokalgottheit Neith nicht nur Athene, sondern auch Isis.[13] Um 330 wurden die Griechen mit Isis noch besser vertraut, als ägyptische Metöken (Fremdbürger) den Kult in Piräus bekannt machten. Es war Ptolemaios I. Soter, der die Möglichkeiten der Isis, »der Königin über das ganze Land«[14], erkannte. Nach der Gründung Alexandrias gestaltete er die Isis-Feierlichkeiten nach Art der griechischen Mysterien, was ihm den Beifall der griechischen Neubürger sicherte. Partner der Göttin Isis war Osiris, der Gott der Unterwelt (er wurde mit Hades oder Pluton gleichgesetzt). Ehe er die Herrschaft im Totenreich angetreten hatte, symbolisierte er die zivilisierte Ordnung als Teil des menschlichen Lebens, aber auch Geburt und Tod im Jahresablauf. »Das Wiederfinden des Osiris« Mitte November war eindrucksvoller Höhepunkt der kultischen Feste und bot Anlaß zu ekstatischen Ausbrüchen. Neben den Hauptfesten fanden das ganze Jahr über täglich, ja fast stündlich Kultzeremonien statt. Auge und Ohr schwelgten in Farbe und Musik, während die Büßer psalmodierend durch die Straßen zogen und dabei ein Bild übertriebener Frömmigkeit und Bußfertigkeit boten.

Doch auch das kontemplative Element kam nicht zu kurz, wenn die Gläubigen in ehrfurchtsvollem Schweigen am Straßenrand standen, und das Bild der Isis in Leinengewand und Mantel in feierlicher Prozession vorübergetragen wurde. Ihre zarte Gestalt schien in vollendeter Form das weibliche Urprinzip in der Natur zu verkörpern. Kein Wunder, daß sich vor allem die Frauen fast unwiderstehlich zu dieser Herrin der Erde und des Lebens hingezogen fühlten. Überdies war sie die Personifizierung des Magischen, das den Geist des Zeitalters in so hohem Maße beherrschte. Isis war nicht irgendeine Gottheit, sondern vereinte alle Gottheiten in sich als die »Göttin mit den zehntausend Namen«. Es war eine Zeit, in der sich die Unterschiede zwischen den Göttern verwischten und alles in einen mehr oder weniger synkretistischen Monotheismus mündete. Nicht nur in Ägypten, sondern im gesamten Mittelmeerraum, verdrängte Isis nahezu jede andere Gottheit: »Du vereinigst in dir alle anderen Göttinnen, die von den Menschen angerufen werden«[15], heißt es in einer Hymne des 1. Jahrhunderts. Wir kennen lange Listen von Gottheiten in Kleinasien, Syrien und anderen Ländern, mit denen Isis in Verbindung gebracht wurde. Auch Tyche/Fortuna ist dabei, der die Menschen jener Epoche so großen Respekt zollten. In der Gestalt der Isis wurde sie zur Wohltäterin, zur Spenderin der Fruchtbarkeit. Das »Schicksal«, der zweite

Schrecken des Zeitalters, schien durch Isis seine Wirkung verloren zu haben. »Ich besiege das Schicksal« wurde ihr in den Mund gelegt, »und das Schicksal gehorcht meinem Willen«.[16]

Isis erschien den Menschen im Traum. Ptolemaios IV. Philopator und seine Frau Arsinoë III. Philopator wußten, daß sie ihren Tempel bei Nacht besuchte und zu denen kam, die im Tempelbezirk nächtigten. Eine solche »Inkubation« soll therapeutisch höchst wirkungsvoll gewesen sein, denn sie nannte den Kranken im Traum viele von ihr entdeckte Heilmittel; außerdem enthüllte sie die Geheimnisse des Universums. Sie war die Allwissende, sie vermittelte als Königin der Welt die Kraft der Erkenntnis. Vor allem aber half sie den Bedrängten durch Mitleid und Erbarmen, wie es der Nordafrikaner Apuleius mit großer Lebendigkeit beschrieben hat. Sie selbst hatte unermeßliches Leid erfahren und erduldet: In ihren Mysterien wurden Eingeweihte und Zuschauer beständig daran erinnert.

Mit der Hilfe einer so mächtigen Göttin konnte man im Diesseits überleben; Tröstungen hatte aber auch das Jenseits bereit. Immer schon hatte der Isiskult betont, daß die Göttin »das Universum retten« wolle. Die Lehre von der Verleihung der Unsterblichkeit und der Erlösung im Einswerden mit der Gottheit erfüllte in hellenistischer wie in römischer Zeit eines der emotionalen Grundbedürfnisse der Menschen jener Epoche.

Als Ptolemaios I. Soter den *neuen* Isiskult einführte, setzte er mit Serapis eine weitere ägyptische Gottheit ein, die bei den Riten das männliche Gegenstück zu Isis darstellen sollte. Serapis war vielleicht der einzige Gott in historischer Zeit, der offiziell zur Gottheit erhoben wurde – ein deutlicher Hinweis auf den aufgeklärten Empirismus der Zeit, aber auch auf die Absicht der politischen Führung, ihre Untertanen bis ins Privatleben hinein zu überwachen. In Memphis wurde der heilige Stier Apis als bekannteste Tiergottheit des Landes verehrt. Nach seinem Tod verschmolz er in der Religion der Ägypter mit Osiris *(Osor-Hapi)* und wurde dann nach der Ankunft der Griechen als *Oserapis* mit griechischen Zügen versehen. Aus dieser Mischgottheit wurde der Gott Serapis geschaffen. Der neue Name datiert vielleicht aus der Zeit Alexanders des Großen, der im ägyptischen Rhakotis (dem späteren Alexandria) diese Gottheit entdeckte. Sie soll ihn nach der Legende auf seinen Zügen durch ganz Asien begleitet haben. Ptolemaios I. entwickelte den Kult des Serapis, um eine Schutzgottheit für die Dynastie und sein ägyptisches Reich vorweisen zu können. Er sollte nicht, wie man früher meinte, Griechen und Ägypter im gemeinsamen Kult versöhnen, denn die Ägypter lehnten den neuen Gott ab. Serapis sollte vielmehr zum Schutzgott der griechischen Minderheit avancieren – eine Gottheit, die zwar altägyptische Wurzeln aufwies, aber doch als Gegengewicht zu den Kulten in Memphis und den anderen heiligen Stätten Ägyptens gelten konnte.

Zu diesem Zweck gestalteten die Griechen das Erscheinungsbild der Gottheit von Grund auf neu. Wahrscheinlich noch vor 300 schuf der attische Bildhauer Bryaxis eine große juwelenbesetzte Kultstatue, die – nach den Kopien zu schließen – entweder Zeus oder Poseidon ähnelte und als Symbol der Fruchtbarkeit ein Getreidemaß auf dem Haupt trug. Die Figur wurde in einem prächtigen Tempelkomplex, dem *Serapeion* aufgestellt, das von Ptolemaios I. Soter begonnen und von Ptolemaios III. Euergetes vollendet wurde. Auf einer Anhöhe in Alexandria gelegen, beherrschte es das Stadtbild.

Der Besucher konnte in diesem Tempel ungewöhnliche Sehenswürdigkeiten bestaunen, darunter einen ehernen Ares, der, durch Magneten und unsichtbare Seilzüge bewegt, eine Aphrodite in die Arme schloß – eine der vielen sinnreich erdachten Vorrichtungen der Ingenieure Ktesibios, Philo von Byzanz und Heron, die auf die Gläubigen ihren Eindruck nicht verfehlten. In alexandrinischen Tempeln wurden zum Beispiel Heber installiert, um aus Wasser Wein zu machen. Kamen die Scharen der Gläubigen im Tempel an, so ließen versteckte, hydraulisch betätigte Blasebälge Fanfarenklänge ertönen, oder das Altarfeuer loderte plötzlich zum Erstaunen der Anwesenden hell auf. Die beim Verbrennen der Opfergaben entstehende Heißluft wurde dazu benutzt, um die Tempeltüren unversehens vor den Gläubigen aufspringen zu lassen und das Götterbild vorwärtszubewegen – ein überraschender Willkommensgruß des Gottes. Man legte auch Wert auf zahlreiche Lichteffekte; so wurden Statuen häufig von innen erleuchtet. Der Historiker Polybios war mit alledem zweifellos einverstanden: Er fand es ja vernünftig, das einfache Volk durch die Religion zu beeindrucken oder zu erschrecken; auf diese Weise blieb dessen Loyalität erhalten. Wie die Tempel der Isis war auch das Serapeion ein Zentrum der Heilkunde, vielleicht auch der Weissagungen: Serapis galt als der heilende Gott – er rückte damit in die Nähe der griechischen Götter Apollon und Asklepios und wurde daher auch als Beschützer der großen medizinischen Fakultät in Alexandria verehrt. Der athenische Staatsmann Demetrios von Phaleron bezeugte, daß der Gott seine Sehkraft wiederhergestellt habe. Angeblich hat Demetrios ein umfangreiches Werk über die wundertätige Heilkraft des Serapis verfaßt. Wie Isis wurde auch Serapis nicht nur in Ägypten, sondern in der gesamten hellenistischen Welt außerordentliche Verehrung zuteil. Abertausenden galten beide als das mächtigste Herrscherpaar des Universums.

Der Verehrung der Erdmutter Kybele, Nachfolgerin der uralten anatolischen Naturgötter Ma und Enyo, wurde in ähnlich spektakulären Festen und Zeremonien Ausdruck verliehen; doch blieb ihr Kult insgesamt auf weit niedrigerem Niveau. Zentren des wilden orgiastischen Kults waren die Tempelstaaten Kleinasiens (Pessinos in Phrygien, Komane in Kappadokien, Komane in Pontos). Die dortigen rituellen Kulthandlungen symbolisierten den Tod und die Wiedergeburt des Attis, des jugendlichen Gefährten der Kybele, der (ähnlich Osiris in Ägypten) als Gott allen Werdens und Vergehens verehrt wurde.

Die kultischen Handlungen gehörten, was die Dauer und die religiöse Besessenheit betraf, die hier zum Ausdruck kam, zu den prachtvollsten Feierlichkeiten, die die alte Welt je gekannt hatte. Nach sieben Tagen des Fastens hielt man eine großartige Prozession ab, in deren Mittelpunkt die frisch geschlagene Pinie stand, das Symbol des verstorbenen Attis. Auf den Tag der Todesklage folgte der sog. Bluttag, an dem sich die Priester bis aufs Blut geißelten und fanatische Novizen sich vor den Augen der gaffenden Menge selbst kastrierten. Am Ende der Prozedur wurde verkündet: »Seid guten Mutes, ihr Eingeweihten, denn der Gott ist errettet: Auch wir werden nach all unseren Mühen Erlösung finden!«[17] Diese Worte gaben das Signal für einen wahren Begeisterungstaumel.

Dieser tragisch-blutige Kybelezyklus mit seinem orgiastischen Höhepunkt wurde von Hermesianax aus Kolophon (3. Jahrhundert) in Versen festgehalten (die nicht auf uns gekommen sind). Es gibt freilich eine Bearbeitung – von geradezu unglaublicher Zügellosigkeit – eines anderen hellenistischen Gedichts über das gleiche Thema durch den römischen Lyriker Catull (gest. 54), die ganz in der hellenistischen Tradition der *Euphorion-Sänger* steht (Euphorion war Dichter und Bibliothekar am Hofe Antiochos III., des Großen). Catulls Anrufung der Kybele gibt uns eine Vorstellung von der Macht, die diese Muttergottheit zu jener Zeit über die Herzen der Menschen hatte.

2. Die Antwort der Philosophen

Astrologie, Magie und mystische Riten sollten die Menschen vor der Tyrannei der Sterne und des Schicksals bewahren. Doch jene Allheilmittel wurden von vielen verständigen Leuten als nutzlos verworfen. Der Despotie der Angst mußte man mit anderen Maßnahmen beizukommen suchen.

Bei den Griechen mit ihrer Vorliebe für Diskussion und Argumentation war die Philosophie das Mittel, geeignete Lösungen zu finden. Aus diesem Grund beschäftigten sich die Gebildeten in hellenistischer Zeit mehr denn je intensiv mit philosophischen Fragestellungen. Die Philosophie hatte schon seit alters versucht, Wesen und Zusammenhang der Dinge sowie die Stellung des Menschen in der Welt zu erklären. Die Ansicht, daß dies nur durch rationales Denken möglich sei, gewann an Bedeutung, als der Sophist Protagoras von Abdera im 5. Jahrhundert erklärte, der Mensch als Individuum sei das Maß aller Dinge. Seitdem bemühten sich andere Philosophen, den Leuten klarzumachen, daß das erste und wichtigste Ziel die Pflege des eigenen Seelenlebens sein müsse. Platon berichtet, daß Sokrates (gest. 399) gerade dies den Athenern zu verdeutlichen versucht habe. Seine Anklänger zogen daraus den Schluß, Sokrates mache die Götter und die Religion verächtlich und wolle dafür seine eigenen Ansichten über die Lebensführung der Menschen verbreiten. Sie waren auch nicht gerade erfreut über die durchaus mögliche Folgerung, daß die Polisorganisation so notwendig eigentlich nicht sei: Denn Tugendhaftigkeit, so Sokrates, ist nicht abhängig von gesellschaftlichen Einrichtungen.

Nach Sokrates war demnach die Seele das Entscheidende, nicht der Körper. Er verwirklichte diese Ansicht auch in seiner persönlichen Lebensführung. Luxus, persönliche Sicherheiten und Pflege des Körpers bedeuteten ihm nichts. Lächelnd verglich er sich selbst mit Herakles, dem man eine ähnliche Einstellung nachsagte. So bereitete dieses sokratische Asketentum den später sehr populären eskapistischen philosophischen Lehren den Weg. Sein nur wenig jüngerer Zeitgenosse Demokrit von Abdera (berühmt wegen seiner Weltsicht, der Atomistik, wonach die Welt aus unendlich kleinen, unendlich vielgestaltigen Substanzen besteht) spielte bei dieser Entwicklung eine entscheidende Rolle mit der Lehre von der *euthymia*. Oft wird das Wort mit »Frohsinn« übersetzt; es bedeutet jedoch soviel wie »Ruhe des Gemüts«, »Unverletzbarkeit der Seele« im Angesicht der schicksalhaften Ereignisse, die den Menschen heimsuchen (die Römer nannten diesen Zustand *tranquillitas*). Demokrit bevorzugte daneben auch den Begriff *ataraxia* (das Befreitsein von Verwirrungen des Gemüts), der zum Schlüsselwort der Philosophie der hellenistischen Zeit werden sollte.

Antisthenes (um 445–360), der Sohn eines Atheners und einer thrakischen Sklavin und Vorläufer der Kyniker-Schule, verstand unter dem Begriff *to apathes* das Befreitsein von Leiden bzw. von Empfindung. Deshalb lehnte er auch jeglichen physischen Genuß ab. Er kam damit der asketischen Einstellung des Sokrates nahe. Die Kyniker erzählten zahlreiche Geschichten über Antisthenes, wie er in Streitgesprächen mit dem anspruchsvollen Elite-Philosophen Platon diesem immer wieder eine Abfuhr erteilte. Doch auch Platons Lehre von einer anderen, ewigen, unwandelbaren Welt jenseits unserer eigenen – einer Welt der Formen oder Ideen, deren Betrachtung höchstes Ziel menschlichen Strebens sein sollte – begünstigte die zeitgenössischen eskapistischen Tendenzen. Und obgleich für Aristoteles am Anfang der Philosophie die Beschreibung der Welt steht, so wie sie ist, maß auch er der Kontemplation und dem Ideal des *apathes* große Bedeutung bei.

Das *karma* der Inder mit seiner Betonung der individuellen Verantwortlichkeit und seiner Bereitschaft zur meditativen Selbstfindung liegt auf derselben Linie, etwa wenn wir die asketische Bruderschaft des Pythagoras von Samos mit der Lehre der Jaina (die sich damals vom Hinduismus abspalteten) oder auch mit buddistischen Lehren vergleichen. Deshalb wurde behauptet, erst Pythagoras, später auch Demokrit und Platon seien in Indien gewesen. Sehr wahrscheinlich waren aber Begleiter Alexanders des Großen die ersten gebildeten Griechen, welche indischen Boden betraten. Alexander selbst soll von den indischen Weisen in Taxila (Gandhara) tief beeindruckt gewesen sein. Bewundernswert bei den Indern erschien auch die erstaunliche physische und psychische Beherrschung des eigenen Körpers. Ihre selbstgenügsame Einsicht, der Mensch besitze nur das Land, auf dem er stehe, begeisterte die philosophisch geschulten Griechen: Megasthenes, der von den Seleukiden als Botschafter zu Chandragupta Maurya (um 321–296) entsandt worden war, stellte frappierende Ähnlichkeiten zwischen griechischer und indischer Philosophie fest.

Beiden Welten gemeinsam war das Streben nach der »Ruhe des Gemüts«, der *ataraxia*. Trotzdem blieb der Einfluß der indischen Philosophie auf das Denken der hellenistischen Zeit gering. Die griechischen Philosophen mußten sich um eine Bevölkerung kümmern, die in einer orientierungslos gewordenen Gesellschaft nach festen Leitbildern rief. Diese zu vermitteln war den neuen Weisen eine höchst willkommene Aufgabe. Von den Naturwissenschaften hatten sie sich zudem vollkommen gelöst – man überließ sie den Experten –, so daß sie gezwungen waren, ihr Fachgebiet aus sich selbst heraus zu erklären bzw. zu rechtfertigen. Philosophie verstand sich jetzt erstmalig als autonome Disziplin. Der Philosoph sah sich (im Gegensatz zu seinen früheren Lehrern, denen es um eine umfassende Weltschau ging) im wesentlichen als Freund, Berater, geistiger Führer. Philosophen genossen die leidenschaftliche Verehrung ihrer zahllosen Jünger und wurden berühmte Männer. Zu Theophrasts täglicher Vormittagsvorlesung strömten zweitausend Schüler, und als Stilpon, der Leiter der bekannten Dialektikschule in Megara zu Besuch nach Athen kam, liefen die Leute von der Arbeit weg, nur um ihn einmal zu sehen. Die Philosophen traten wie ihre Vorgänger mit dem Anspruch auf, die Wahrheit und die Wirklichkeit zu vermitteln. Doch ihre Gedankengebäude waren keineswegs logisch unangreifbar, und was sie wirklich boten, war nahezu das Gegenteil: nämlich den *Rückzug* aus der realen Welt mit dem Ziel, den Seelenfrieden zu erlangen. Diesen konnte man dann als eine Art höhere Realität darstellen, wogegen die Welt der Wirklichkeiten als banal geschildert wurde. Xenokrates (gest. 314), der Leiter der Platonischen Akademie, sprach für seine Kollegen, wenn er meinte: »Man entdeckt die Philosophie, um das zurückzudrängen, was im Leben Unruhe schafft.«[18] Die Peripatetiker als Anhänger des Aristoteles im Lyceum waren ähnlicher Ansicht. Um der Unterdrückung durch Tyche zu entgehen, ist Selbstgenügsamkeit vonnöten. So wurde Stilpon wegen seiner Antwort gerühmt, die er Demetrios I. Poliorketes gab. Als dessen Soldaten Stilpons Heimatstadt Megara zerstört hatten, fragte der König den Philosophen, ob er Hilfe benötige. »Nein«, erwiderte dieser, »ich trage alles, was ich habe, in mir.«[19]

Die einflußreichste Schule sollte die der Stoiker werden, die nach einer bemalten Säulenhalle *(stoá poikile)* in Athen benannt war, in welcher ihr Gründer Zenon (335–263) lehrte. Reste der Stoa wurden kürzlich ausgegraben. Zenon kam aus Kition auf Zypern, einer Stadt mit vorwiegend semitischer (phönikischer) Bevölkerung; vielleicht war er selbst Phöniker. Ohne Zweifel zählte er viele Nichtgriechen zu seinen Schülern. Sein Schriftgriechisch (von seinem Werk ist fast nichts erhalten) zeichnete sich nicht gerade durch besondere Eleganz aus. Trotzdem war der hagere Mann mittleren Alters, der gerne in der Sonne saß und grüne Feigen aß, ein ausgezeichneter akademischer Lehrer und eine eindrucksvolle Persönlichkeit.

Ein Meister der bildhaften Sprache, neigte er zu Effekthascherei und stützte sich auf vorschnelle, unqualifizierte Behauptungen. Inspiriert wurde er von seiner recht kühn verkündeten Liebe *(eros)* zum Ideal, einer Liebe, die der Athener für seine Vaterstadt zu empfinden hatte – Zenon als Fremder richtete sie statt dessen auf seine eigene Überzeugung und Lehre. In vieler Hinsicht war die Stoa eher Religion als Philosophie, vor allem unter Zenons Nachfolger Kleanthes. Dessen Nachfolger Chrysipp schrieb wahrscheinlich ein ähnlich ungeschlachtes Griechisch wie Zenon (auch sind beider Ansichten nicht immer deutlich auseinanderzuhalten), doch er wurde der große Gelehrte und Dialektiker der Stoa und baute sie zu einer »wissenschaftlichen« Philosophie aus.

Neu an Zenons Philosophie war die Überzeugung, daß nur das sinnlich Wahrnehmbare reale Materie sei; dies allein sei auch das Kriterium für Wahrheit (was einer völligen Abkehr von Platons Idealismus gleichkam). Es gibt nach Zenon zwei Arten der Materie: die

»aktive«, dynamische (Gott, Vorsehung, Schicksal, Notwendigkeit, die machtvolle göttliche Natur), und die gewöhnliche passive Materie, welche mit der in ewiger Tätigkeit begriffenen dynamischen Urkraft in dauernder Verbindung steht. Wir Menschen als Teil der passiven Materie befinden uns durch eben diese Verbindung im Umkreis des göttlichen dynamischen Prinzips, haben daher auch Teil an der Urkraft der Natur, dem göttlichen Weltwesen. Kosmische Ereignisse und menschliches Handeln gehören daher als ein einziger Vorgang untrennbar zusammen. »Nach der Natur« zu leben, gemäß dem heiligen, zweckbestimmten Gesetz, nach dem wir uns zu richten haben, ist uns also eingeboren. Dieser einheitliche Weltgrund und Weltsinn stellt für den Menschen die einzige zweckvolle und vernünftige Ordnung dar; er soll sie daher freudig bejahen.

Zenons Lehre von der zweckvollen Bestimmtheit aller Dinge wird ergänzt durch seine These, daß die erzeugende und gestaltende Kraft des Urprinzips von der Vernunft geprägt sei. Dies müsse so sein, weil Schönheit und Ordnung des Universums nur mittels eines allumfassenden rationalen Prinzips geschaffen werden könne. Ein zweiter Grund liege in den rationalen Qualitäten, die die Schöpfungen der göttlichen Urkraft aufweisen, d. h. die menschliche Fähigkeit, vernünftig zu handeln, sei gegeben, wir sind demnach imstande, das Rechte zu tun.

Das »Rechte« tun heißt, Übereinstimmung mit der Natur herzustellen, denn nur so ist moralisch einwandfreies Handeln möglich: Hat man einmal erkannt, daß die schaffende Weltkraft dem Prinzip des Guten und der Gerechtigkeit folgt, muß der Mensch notwendig das Gute tun. Die Unterordnung unter das göttliche Naturgesetz bedingt die Tugend des vollkommenen und daher glücklichen Individuums – alles andere ist dagegen bedeutungslos. Die Tugendlehre eines Sokrates und Platon taucht hier wieder auf, doch in einer neuen, zwingenden Art und Weise: Die Ethik ist der Kern der stoischen Lehre.

Ihr moralischer Imperativ, wenden heutige Philosophen ein, lasse sich logisch jedoch nicht begründen. Auch bleibe höchst zweifelhaft, wie die moralische Selbstvervollkommnung in die Praxis umzusetzen sei. Die spätere Stoa entwickelte die Idee eines Weltbürgertums, einer allgemeinen Menschenliebe. Offensichtlich grenzte Zenon selbst diesen Gedanken auf den kleinen Kreis der »Weisen« ein, auf diejenigen, die »das Rechte denken können«. Eine Schwierigkeit erwuchs auch aus der Vorstellung, es gebe eine Vorsehung, die alles aufs beste ordne. Welcher Entscheidungsspielraum bleibt uns aber dann zwischen Gut und Böse? Ja, lohnt es sich überhaupt, das Gute zu wollen? Die Antwort der Stoiker ist für viele nicht nachvollziehbar. Sie heißt: Wir müssen lernen, das Unvermeidliche zu *wollen*, d. h. wenn wir unser Schicksal annehmen, werden wir unverwundbar. Der Mensch wird verglichen mit einem an einen Karren angebundenen Hund: Wenn er nicht läuft, wird er gezogen, und das ist die schlechtere Lösung.[20] Klaglose Unterwerfung macht den Menschen gefeit gegen das Leid und läßt ihn jene *tranquillitas* (Frieden der Seele) erreichen, nach der neben den Stoikern auch alle anderen Philosophenschulen streben.

Der Weg zur *tranquillitas* führte über die vollständige Vernachlässigung des rein Körperlichen zugunsten des Seelischen. Im Vordergrund steht die Überwindung der Außenwelt mit dem Ziel einer vollkommenen Freiheit von den Affekten (*apatheia*, ein Begriff den man bis Antisthenes zurückverfolgen kann). Damit wird nicht der totalen Passivität oder Gefühllosigkeit das Wort geredet. Der Mensch soll lediglich darauf hinarbeiten, die irrationalen, unkontrollierbaren Gefühlsregungen (dazu gehört für Zenon auch die sexuelle Begierde) zu eliminieren. Gelingt dies, so kann jedermann, auch ein Bettler, von den Fährnissen des Schicksals unabhängig werden.

Den Stoikern wurde vorgeworfen, sie umhüllten sich selbst mit dem Leichentuch ihrer stocksteifen Tugendhaftigkeit: Sie nannten »Friede«, was doch nur trostlose Einsamkeit war. Allen Einwänden zum Trotz boten die Stoiker jedoch ein bezwingendes Bild von Mensch und Universum, das man allerdings entweder ablehnen oder eben als Ganzes akzeptieren muß. Ungeachtet der logischen Schwächen des Systems wies Cicero auf seine »bemerkenswerte (innere) Geschlossenheit und die außergewöhnliche Ordnung seiner Teile« hin.[21] Die Lehre fand viele aufrichtige Bewunderer, und das Ideal der Stoa, der unerschütterliche Weise, zog viele charakterfeste Menschen an, die dadurch in ihrem Selbstbewußtsein gestärkt wurden. Fünf Jahrhunderte lang blieb der Einfluß der stoischen Schule ungebrochen. Ihr auch ist es zu danken, daß im Begriff »philosophisch« immer zugleich die Begriffe »weise, ruhig, gemäßigt, zurückhaltend« mitschwingen.

Als in den beiden letzten vorchristlichen Jahrhunderten die Idee des Weltbürgertums größere Breitenwirkung gewann, erhielt der Stoizismus ein menschlicheres, weniger rigides Gesicht. Panaitios von Rhodos (um 185–109) bemühte sich ernsthaft, um ein harmonisches Verhältnis der Kräfte und Instinkte des Menschen zustande zu bringen – wobei »Mensch« für ihn nicht der vollkommene Weise war (den es ohnehin nicht zu geben schien), sondern die normalen Bürger. Es war wohl auch er, der den Begriff *apatheia* als irreführend verwarf (sie blieb ein unerreichbares Ziel), und auf die *euthymia* Demokrits zurückkam, worunter er die Ruhe der Seele verstanden wissen wollte, wie sie einer Harmonie der natürlichen Triebe entspringt.

Panaitios betrachtete den Stoizismus auch als guten Lehrmeister für den Politiker. Trotz des zurückgezogenen Lebens des stoischen Weisen hatte diese Philosophie dem öffentlichen Leben niemals völlig den Rücken gewandt. In einer Bemerkung Chrysipps kommt dies zum Ausdruck: Die Vernunft gebietet, daß Menschen im Interesse des Ganzen zusammenarbeiten. Er fügte allerdings hinzu, die Teilnahme der Stoiker sei wahrscheinlich eher lauwarm; der Weise würde schwerlich in die Dienste eines Staates oder einer Regierung treten.

Trotz dieser Bereitschaft zur (beschränkten) Mitarbeit im öffentlichen Leben spielte die Stoa angesichts der schwerwiegenden sozialen Probleme der Zeit keine sehr hilfreiche Rolle. Gewiß hatte Zenon nichts dagegen gehabt, daß arme und abgerissene Leute zu seinen Schülern gehörten. Doch seine Gleichgültigkeit gegenüber Äußerlichkeiten konnte sehr schnell in passive Hinnahme unmöglicher Lebensumstände umschlagen. Überdies war sein Leitbild vom perfekten, tugendhaften Weisen geeignet, konservative Institutionen zu bevorzugen, vor allem das Königtum. Dies läßt sich an den zahlreichen Fürstenspiegeln ablesen, die gerade jenes philosophische Ideal für die Herrscher propagierten. Als Stoiker wie Persaios von Kition am makedonischen Hof des Antigonos II. Gonatas oder Sphairos von Borysthenes (Olbia) bei Ptolemaios II. Philadelphos auftauchten, schien die Stoa zur Philosophie der Konservativen geworden zu sein. (Sphairos wurde übrigens nur deshalb als Berater des archaisierenden Reformisten Kleomenes III. in Sparta tätig, weil die Stoiker die uralte spartanische Verfassung bewunderten.)

Panaitios formulierte die politischen Vorstellungen seiner Philosophie deutlicher. Selbst ökonomisch unabhängig, feierte er Tugenden wie Gerechtigkeit, Tapferkeit und Liberalität als Eigenschaften, welche speziell der herrschenden Oberschicht in einer Monarchie oder Polis zukämen. Eine historische Aufgabe erfüllte er, als er die wesentlichen Elemente der stoischen Philosophie den Römern nahebrachte. Nach einem Aufenthalt in Athen siedelte er nämlich nach Rom über (um 144) und stieß dort zum Kreis des Scipio Aemilianus. Wie der Historiker Polybios bestärkte auch Panaitios die einflußreichen Mitglieder der römischen Aristokratie darin, ihre Autorität im Sinne der philosophischen Ideale zu gebrauchen. Panaitios betonte dabei nicht so sehr die Vorstellung Zenons vom Philosophen, der nur nach persönlicher Vervollkommnung strebt, als vielmehr das Leitbild des gebildeten Mannes von Welt — womit er bei der römischen Oberschicht großen Anklang fand. Er prägte auf diese Weise die politische Kultur der römischen Führungsschicht entscheidend mit. Die römischen Politiker und Juristen betrachteten das stoische Naturgesetz weitgehend als allgemeingültiges Prinzip. Es fügte sich harmonisch in die eigenen Vorstellungen von einem *ius gentium* ein, ursprünglich ein weit enger gefaßter Begriff:

Früher wurde es auf römische Bürger und Nichtbürger angewandt, jetzt sah man im *ius gentium* unter dem Einfluß der Stoa eine willkommene philosophische Rechtfertigung der römischen Weltherrschaft.

Poseidonios, der einflußreiche, unermüdlich forschende Universalgelehrte des 1. vorchristlichen Jahrhunderts, beeinflußte Rom ebenfalls im Sinne der stoischen Lehre. Auch Poseidonios glättete den rigoristischen Ansatz der Stoa insofern, als er die platonische Lehre von der Dualität der Seele wieder aufgriff. Sie berge sowohl rationale wie auch irrationale Elemente in sich. Moralische Schwächen seien naturgegeben, so daß das Böse, die Emotionen und Leidenschaften niemals ganz eliminiert, sondern höchstens unter Kontrolle gehalten werden könnten. Die eher der praktischen Seite des Lebens zugewandten römischen Schriftsteller späterer Zeiten legten allerdings mehr Wert auf die schwierige Aufgabe, der Leidenschaften Herr zu werden, als ihrer Entstehung nachzugehen. Stoiker wie Seneca (gest. 65 n. Chr.), Epiktet und Kaiser Mark Aurel im 2. Jahrhundert n. Chr. verbreiteten sich wesentlich ausführlicher über die stoische Philosophie als ihre Vorgänger – der erste in Latein, die beiden anderen in Griechisch –, doch keiner von ihnen verlor ihren Grundgedanken aus den Augen: die Suche nach der unzerstörbaren Seelenruhe des Weisen.

Der bedeutendste Gegner der Stoa war Epikur aus Samos. Als sein Vater von dort vertrieben wurde, ließ sich Epikur in Athen nieder. Er kaufte dort einen Garten und gründete die Schule der »Philosophen im Garten«.

Ganz Pragmatiker, verwarf Epikur alles zweckfreie Wissen, d. h. alles, was zur individuellen Glückseligkeit nichts beitrug. Glückseligkeit ist bei Epikur ebenfalls *ataraxia*, Befreiung von Schmerz, Seelenfrieden. Jegliches Bemühen um Bildung an sich, einschließlich aller mathematischen und dialektischen Übungen – die Platon für so wichtig hielt –, war für ihn pure Zeitverschwendung. Beredsamkeit und Logik schienen ihm unnütz, denn er sah darin einen Teil jener intellektuellen Anmaßung, die er verabscheute. Er weigerte sich auch beharrlich, anderen Menschen ein philosophisches Lehrgebäude aufzudrängen (außer seinem eigenen natürlich), das dann mit anderen verglichen und gewichtet werden könnte.

Epikur entwickelte sein Ideal der *ataraxia* wie die Stoiker aus einer materialistischen Weltsicht heraus: »Wenn man sich in einen Kampf gegen das klare Zeugnis der Sinne einläßt, wird man der Unsicherheit und Konfusion nicht entgehen, den Seelenfrieden also nicht erreichen können.«[22]

Der Weg zu diesem Ziel war aber ein ganz anderer, als ihn die Stoa vorschlug. Mit Leukipp von Milet und Demokrit von Abdera (beide Naturphilosophen des 5. Jahrhunderts) lehrt Epikur, daß die Sinne Objekte durch Ausströmungen wahrnehmen, die von den Objekten ausgesandt werden, und zwar durch die gradlinig-abwärtsgewandte Bewegung der Atome, aus denen alle Dinge im Universum zusammengesetzt sind (nur die Leere, das Nichts wird davon ausgeklammert). Obwohl Epikurs Lehre den theoretischen Ansichten der Stoiker entgegensteht, stimmt er mit ihnen in seiner materialistischen Grundüberzeugung überein.

Die materialistische Weltsicht schien Epikur ganz von selbst zwei der größten Hindernisse auf dem Weg zur Glückseligkeit aus dem Weg geräumt zu haben: die Todesfurcht und die Furcht vor den Göttern. Gerade die Mysterienreligionen hatten die weitverbreitete Todesfurcht bannen sollen. Epikur bot eine andere Lösung an. Da nach seiner Meinung auch die Seele eine atomistische Struktur wie das gesamte Universum aufweist, stirbt mit dem Körper auch die Seele: Die Furcht vor dem, was nach dem Tod mit ihr geschieht, ist daher unbegründet. Religiöse Menschen fanden in seiner Lehre wenig Trost; doch für Epikur ist sie die großartigste (und einzig logische) Tröstung, an die der Mensch sich halten kann.

Das zweite Hindernis sah er in der Furcht vor den Göttern. Er selbst hatte eine besondere und ungewöhnliche Auffassung von ihnen. Die Stoiker ließen sich trotz ihres Materialismus den Glauben an eine kosmische Vorsehung nicht nehmen, ebenso glaubte auch Epikur an (atomistisch strukturierte) Götter, die »zwischen den Welten« existierten, denn er sah wie Aristoteles ein, daß sie aufgrund eines »allgemeinen Konsensus« der Menschen vorhanden sein müßten.[23] Nichts aber beunruhigte den Philosophen mehr als die Vorstellung, diese übernatürlichen Wesen könnten das irdische Geschehen bzw. die Angelegenheiten der Menschen beeinflussen, eine Idee, die er neben der Todesfurcht als zweiten großen schrecklichen Irrtum ansieht. Götter müssen ihrem Wesen nach ein Leben völliger *ataraxia* führen – das könnten sie aber nicht, wenn sie ins Weltgeschehen eingriffen.

Sind die beiden Hauptgefahren gebannt, wird *ataraxia* auch für die Menschen erreichbar sein, denn nach Epikur werden wir dann zu echten »Lenkern der Seele«. Wie bei der Lehre der Stoa findet sich aber auch in Epikurs Philosophie das berühmte Haar in der Suppe. Wenn Mensch wie Universum als atomistisch aufgebaut und mechanistisch bewegt gedacht werden, kann es keinen freien Willen geben, d. h. die Vorstellung vom »Lenker der Seele« ist unlogisch. Das Dilemma wird elegant umschifft mit der These, die Bahnen der Atome seien bisweilen einer Abweichung *(parenklisis)* unterworfen. Denn Epikur will den Menschen unter keinen

Umständen als Sklaven des Schicksals oder des Zufalls sehen: Wir können das Ziel erreichen, wenn wir nur *wollen*.

Epikur hatte die Vorstellung von der Ataraxie neben anderen Gedanken von Demokrits Schüler Nausiphanes übernommen, der sie jedoch *akataplexia* (das Gefeitsein vor Störungen) nannte. In der epikureischen Lehre wird dieses »Ruhen in sich selbst« individueller gefaßt, es soll vor allem auch den Mitmenschen nicht behelligen. »Ziel aller Tätigkeit ist es, frei zu sein von Schmerz und Furcht. Ist dieses Ziel erreicht, sind die Stürme der Seele beendet.«[24] Das hört sich so an, als sei das Ideal ein Leben zwar ohne Ungemach, aber auch ohne jede Spannung, und tatsächlich hat ja auch kein anderer Philosoph den Rückzug aus der unruhevollen Welt so nachdrücklich gepredigt: »Lebe zurückgezogen«, »abseits der Neuigkeiten« *(lathe biosas)* ist Epikurs kompromißloser Rat. *Galene* ist das Zauberwort (Meeresstille, heitere Ruhe). Er weiß allerdings, daß wir dem Sturm immer ausgesetzt sind, zumindest seinen Wirbeln Freude und Leid.

In die Philosophiegeschichte ist Epikur als Prediger der Lust eingegangen. Schuld daran sind die Verleumdungen seiner Feinde. Sie gaben vor, die Beschäftigung der Epikureer mit sich selbst sei eine Form des Luxus. Die Anschuldigungen trafen gewiß nicht den Meister selbst, der »Lust« – eine bessere Übersetzung des Begriffs *hedone* ist »Freude« – keinesfalls als Ausschweifung begriff, sondern als Abwesenheit von Schmerz des Leibes wie der Seele, kurz als *ataraxia*. Daher war Epikur auch geneigt, sinnliche Freude insgesamt als normale Bedingungen der Glückseligkeiten anzusehen, denn Essen, Trinken, Musik, die Liebesfreuden und so fort halfen seiner Meinung nach, die Ruhe des Gemüts zu bewahren. Er wies jedoch darauf hin, daß unbeherrschte Empfindungen oder gar Besessenheit das Gegenteil einer abgeklärten Lebensführung bewirken: Ist der Mensch von Leidenschaften geschüttelt, müssen diese wie Krankheiten aus dem Körper vertrieben werden.

»Ein billiger und tugendsamer Luxus« (so der Dichter Abraham Cowley) wird zum Kennzeichen »epikureischer« Lebensführung. Tugendsam? Wer im Umkreis der jüdisch-christlichen Kulturtradition aufgewachsen ist, dem muß die Ethik Epikurs ziemlich fragwürdig erscheinen, denn Tugend ist hier kein Wert an sich, sondern nur ein möglicher Weg zur Ataraxie. »Ungerechtigkeit ist nicht von vornherein schlimm«, sagte Epikur, »sondern nur im Hinblick auf die Angst, die man empfindet, daß man der Aufmerksamkeit der dafür Verantwortlichen nicht entgeht«.[25] Anders ausgedrückt: Bleib lieber anständig. Denn wenn man dich erwischt, ist deine Ruhe dahin: Aus allein diesem Grund ist *ataraxia* unerreichbar, wenn es an Tugend und Gerechtigkeit gebricht.

Diese Art, die Dinge zu sehen, scheint amoralisch. Doch Epikur war ein (gewiß sehr eigenwilliger) Moralist: Freundschaft und Zuneigung hatten bei ihm einen hohen Stellenwert. Für die Menschen der Antike spielten Freundschaften (die nicht unbedingt sexuell motiviert sein mußten) im allgemeinen eine weit bedeutendere Rolle als heute, und dies galt besonders für die Griechen. Platons *Symposion* und *Phaidros*, vor allem aber sein *Lysis* legen Zeugnis dafür ab. Nach Aristoteles ist Freundschaft ein ganz wesentliches Element des Gemeinschaftslebens, sie bürgt für Glück und Zufriedenheit. Der zufriedene, in sich ruhende Mensch kann eigentlich kein Einzelgänger sein oder sich nur mit Fremden abgeben. Er ist auf Freunde angewiesen, denn paradoxerweise wird er ohne sie kein selbstgenügsames Leben führen können: Das Leben ohne Freunde wird sein wie ein gefahrvoller Aufenthalt im Dschungel.

Auch Menander pries die Freundschaft, ebenso die Epigrammatiker. Kallimachos' Epigramm an einen Freund: »Sie sagten mir, Heraklit, sie sagten mir, du seist tot«[26], beeindruckt den Leser tief. Bei den Stoikern wurde der Begriff allmählich erweitert in Richtung eines allgemeinen Weltbürgertums. Epikur geht den genau umgekehrten Weg; Freundschaft ist bei ihm nur im kleinen, erlesenen Kreis möglich, obwohl er andererseits erklärte: »Freundschaft und Zuneigung ermuntern uns, das Glück zu genießen.«[27] In seinem »Garten« umgab er sich mit einer auserlesenen Schar von Schülern und Freunden – gewiß ein Gegenstück zu den Gurus unserer Tage. Ein kleiner Freundeskreis schien ihm überschaubarer, außerdem meinte er, daß Philosophen nicht die Massen hofieren sollten.

Es war diese Pflege der Freundschaft mit kongenialen Persönlichkeiten, die die Atmosphäre des epikureischen »Gartens« bestimmte (Karl Marx bewunderte neben dem materialistischen Aspekt seiner Philosophie gerade den freundschaftlichen Umgang, den Epikur mit Gleichgesinnten pflegte). Trotz seiner Abneigung gegen übersteigerte Emotionen beschrieb der Philosoph leidenschaftlich die Rücksichtnahme und das Einvernehmen, das ein solcher Freundeskreis erforderte. *Apatheia* (Gefühlskälte) in derartigen Beziehungen schien ihm auch im Hinblick auf das Ziel der Ataraxie schlechthin unmöglich zu sein.

Es war seine Persönlichkeit, die die Menschen anzog. Obwohl er seit seiner Jugend an einer unheilbaren Krankheit litt, blieb er zeitlebens ein ausgeglichener Mensch mit großer Ausstrahlung. Durch das Gesetz, unter dem sein kleiner Freundeskreis stand (»Handle immer so, als schaue Epikur zu!«), mochte sich mancher wohl ein wenig eingeengt fühlen, und die barsche Sprache, mit der rivalisierende Philosophen belegt wurden, paßte auch nicht so recht zur Aufforderung des Meisters, allezeit dankbar und freundlich zu sein: Selbst Lehrer, denen Epikur viel verdankte, wurden mit unflätigen Bemerkungen bedacht. So nennt er zum Beispiel Nausiphanes einen ungebildeten Betrüger, einen Lustknaben und Lungenfisch (ein dummes Tier, unfähig, die Wahrheit zu erkennen). Zuzugeben, daß er irgendeinem Vorgänger oder Vorbild verpflichtet sein könne, war für ihn völlig ausgeschlossen. Wenn er Freundschaften als unerläßlich empfand, um den eigenen Egoismus im Zaum zu halten, dann war das nur ein zweitrangiger Grund. Denn er gab unumwunden zu, daß für ihn die Basis von Freundschaft das Eigeninteresse war. »Es gibt niemanden, der dem anderen gegenüber Zuneigung empfindet, ausgenommen, es gereicht ihm zum Vorteil.«

Lathe biosas, abseits der Neuigkeiten leben, heißt demnach, im kleinen Kreis der Gleichgesinnten Ruhe finden. Epikurs Lehre wurde zu einer Zeit bekannt, als nicht nur das Familienleben der Griechen, sondern auch der Polisgedanke viel von seiner früheren Verbindlichkeit verlor. Epikur sah den Nutzen der Polisgemeinschaft sehr wohl: Man findet in ihr Freunde, die man nun einmal braucht, und sie schützt, wie ein nützlicher Polizist, den Bürger vor äußeren Gefährdungen. Gesetz und Sitte bewahren den Menschen vor Unordnung, man sollte sich nach ihnen richten. Daher ist auch die Teilnahme am öffentlichen Leben nicht unbedingt negativ zu bewerten. Gefahr droht nur dann, wenn der Erfolg den Weg zur wahren Glückseligkeit versperren sollte.

Um Seelenfrieden – und damit Glück – zu erlangen, ist der Schutz durch die Mitbürger, ausgenommen der enge Freundeskreis, keineswegs nötig, wie Epikur mit Nachdruck bemerkt.[28] Damit verurteilte er den traditionellen Gemeinschaftssinn der Griechen, der schon von den Sophisten, dann von Sokrates kritisch analysiert worden war. Die früheren Philosophen, aber auch Platon und Aristoteles, hatten als Grundlage ihrer Überlegungen immer noch die Polisgemeinschaft vor Augen, deren Teil das Individuum schließlich war. Für Epikur hingegen war die Polis lediglich eine Hilfskonstruktion, deren Forderungen an den Bürger, politische, ethische und religiöse, abgelehnt wurden – sein »Garten« befand sich denn auch weit weg vom Marktplatz. Am Königtum zeigte er sich kaum interessiert, seine Schüler warnte er vor Kontakten mit den Regierenden. Es gab eigentlich kein politisches System, das den Epikureern annehmbar schien. Bezeichnend ist der Rat des Metrodoros von Lampsakos (um 331–278), des bedeutendsten Schülers von Epikur, an seine Gefolgsleute: Er schärfte ihnen ein, sich »nicht zu bemühen, Griechenland zu retten«.[29]

Ein Epikureer verstand sich als unerschütterlicher Fels in den Wogen des Lebens, die ihn umbrandeten. Wie bei den Stoikern entwickelte sich die epikureische Lehre zu einer weltlichen Sekte mit rigiden Grundsätzen. Dennoch fanden viele Menschen Gefallen an der großartigen Vereinfachung aller Existenzfragen, die zudem mit der frömmelnden Scheinheiligkeit der Zeit aufzuräumen schien. Die Philosophie des Epikur fand weite Verbreitung, nicht nur bei jenen, die ein geruhsames Leben als ideal empfanden, sondern auch bei den Politikern wie dem Caesarmörder Cassius, von dem kaum behauptet werden kann, er sei ein Quietist gewesen. Aber er spürte, daß sich Epikur ein auf der Zustimmung breiter Schichten basierendes Gemeinwesen gewünscht hätte, doch niemals die Herrschaft eines Diktators.

Die logischen Schwächen des Epikureertums brachten viele Philosophen gegen ihn auf, den politisch Verantwortlichen der hellenistischen und römischen Epoche mißfiel seine utilitaristische Gesellschaftslehre. Cicero etwa, obgleich weit davon entfernt, Epikur zu unterschätzen, reagierte empört angesichts der laxen Haltung des Philosophen gegenüber moralischen und patriotischen Prinzipien.

Die Suche nach *ataraxia* wurde auch von Diogenes aus Sinope (um 400– 325) betont, den man gemeinhin als Begründer der kynischen Schule ansah, obwohl manche seinen älteren Zeitgenossen Antisthenes für den ersten Kyniker hielten. Diogenes gab selbst zu, ein Schüler des Antisthenes zu sein: Er sei niemals mehr ein Sklave gewesen, seit Antisthenes ihn freigelassen habe. Als Alexander Diogenes in Korinth besuchte, soll ihn der Philosoph, dem eine Tonne als Wohnung diente, nur darum gebeten haben, aus der Sonne zu gehen. Zu jener Zeit hatte Diogenes schon seit Jahren die grundlegenden Konventionen griechischen Lebens in Frage gestellt.

Wie andere Philosophen seiner Zeit hielt er vom Staat nicht das mindeste. Er kritisierte die damals übliche Erziehung mit ihrer Betonung des Athletischen, das Streben nach Reichtum und die Institution der Ehe, wobei er Sparta als positives Vorbild lobte. Mit Rousseau hätte er sich bestens verstanden: Sieh zu, was die Gesellschaft tut, und tu genau das Gegenteil. »Verdirb die Währung« rief er, d. h. alles, was im Polisstaat als wertvoll galt, sollte für wertlos erklärt werden. »Regeln sind Fesseln«, d. h. lebe, wie es die Natur befiehlt. Ob jemand Blutschande treiben oder Menschenfleisch essen wollte, fand er unwichtig. Schon Sokrates, als Leitfigur von den Kynikern hochverehrt, hatte sich einer asketischen Lebensweise verschrieben. Diogenes jedoch verhielt sich nach Platons Ansicht wie »ein wahnsinniger Sokrates«. Nur das zum Leben Notwendigste ließ er als wichtig gelten, so daß er praktisch *wie ein Hund* (*kyon*, Hund, daher Kyniker) lebte und schlief. Sogar den Beischlaf vollzog er öffentlich. Im Winter lag er im Schnee und umarmte eine Marmorstatue, im Sommer wälzte er sich vergnügt im heißen Sand.

Eine philosophische Lehre ist bei ihm kaum zu erkennen. Auch die Mode, zu definieren, was »das Gute« sei, machte er nicht mit. Was er anzubieten hatte und in seinen (verlorenen) Tragödien zu verdeutlichen suchte, war das von anderen philosophischen Schulen ebenfalls empfohlene Ziel: ein Leben, das zum Seelenfrieden führt. Sein Weg dahin schien von allen der einfachste: Entledige dich der Konventionen, und alles wird gut werden.

»Dein Ruhm wird für immer weiterleben, Diogenes«, verkündete seine Grabinschrift in Sinope, »denn du lehrtest die Menschheit die Selbstgenügsamkeit.« Das Wichtigste im Leben sind für Diogenes die Freiheit, das tun zu können, was man will, und die allgemeine Redefreiheit. Der Weise macht von diesen Freiheiten regen Gebrauch, um mit wahrer Selbstbeherrschung sein eigenes Leben zu bestimmen. Diogenes' großes Vorbild war der mythische Held Herakles, den auch Sokrates verehrt hatte. Herakles hatte ein einfaches, schweres Dasein gehabt, er lebte, ohne Haus und Heimat, von einem Tag zum nächsten und übte sich in jener Askese, die für den Erwerb von Tugend und innerer Freiheit unabdingbar ist.

Herakles hatte auch den Stall des Augias ausgemistet. Die soziale Parallele zu dieser Arbeit offenbart uns den einzigen positiven Zug in der Lehre des Diogenes: Was sofort ausgemistet werden mußte, war die Armut; die Liebe zum Geld erschien ihm als Wurzel der meisten Übel auf dieser Erde. In sozialer Hinsicht war daher die kynische Schule allen anderen philosophischen Richtungen voraus, denn sie befaßte sich konkret mit der aktuellen Situation des Menschen. Diogenes entwickelte zwar keine umfassende Soziallehre, er bot auch keine Lösungen zur Abschaffung der verhaßten Armut an, doch er machte seinen Schülern das Problem bewußt. Daher waren die Kyniker der Überzeugung, sie seien berechtigt, anderen Lehrmeister zu sein.

Sie ahmten das seltsame Benehmen ihres exzentrischen Meisters mit Hingabe nach, ja sie erfanden noch weitere schockierende Abweichungen vom Normalverhalten, so daß das Wort »zynisch« allmählich seine heutige Bedeutung erhielt. Ihre halb ernstgemeinten, halb komischen populären Predigten entsetzten nicht nur zufällige Hörer, sondern brachte auch Ärger mit den städtischen Behörden; daneben hielten Kyniker jedoch auch ernsthafte philosophische Vorlesungen.

Der Typ des als Bürgerschreck auftretenden Kynikers wurde in frühhellenistischer Zeit sehr populär, so der bucklige Krates aus Theben (um 365–285), der in Athen von Diogenes persönlich zum Kynismus bekehrt wurde. In Begleitung seiner Frau (aristokratischer Herkunft) Hipparchia und seines Schwagers lehrte er als Wanderprediger, ging von Haus zu Haus – was die Mitglieder anderer Schulen nie taten – und

»lachte und scherzte, als ob das Leben ein Spiel sei«.[30] Der beste Weg in die Freiheit war auch nach Krates' Meinung die völlige Besitzlosigkeit. Er selbst hatte sein Geld ins Meer geworfen und erklärt, er stelle sich Tyche allein mit seinem persönlichen Mut. Krates gewann überdies großes Ansehen, da er am Unglück anderer Menschen mitleidig Anteil nahm, Trost spendete und verfeindete Parteien zu versöhnen suchte.

Krates entwickelte in seinen Schriften einen bemerkenswerten, lebhaft-oppositionellen Stil. Einige seiner Dramen sind erhalten: Die darin zum Ausdruck kommende kosmopolitische Haltung wandte sich vorzugsweise gegen traditionelle Konventionen der griechischen Polis. Eine andere Spezialität waren seine mit Bosheiten und radikalen Ansichten gespickten Travestien der Gedichte berühmter älterer Autoren. *Das ferne Land des Bettlers (Pera)* beschreibt ein Wunschland des Kynikers, das sich wie eine Insel aus dem Meer der Nichtigkeiten erhebt, ein Refugium für anständige Menschen. Ob Krates wie Diogenes die Armut als großes Übel ansah, entzieht sich unserer Kenntnis.

Bion aus Borysthenes (Olbia in Südrußland), um 325–235, wurde von Krates stark beeinflußt. Er war der Sohn eines Sklaven und einer ehemaligen Prostituierten. Als man seinen Vater des Betruges überführte, wurde die Familie erneut in die Sklaverei verkauft. Bion genoß bei seinem Herrn eine gute Erziehung, beerbte ihn und siedelte anschließend nach Athen über. Hier wurde er u. a. auch mit der Sozialkritik und dem ätzenden Humor der Kyniker konfrontiert, schloß sich ihnen allerdings nicht offiziell an. Bion war – darin liegt seine Bedeutung – der erste in die Breite wirkende Philosoph seiner Zeit. Nach Eratosthenes versuchte er, seine Lehre »aufzuputzen«, indem er sie im Flittergewand von Dirnen präsentierte.[31] Man nannte Bion auch *theatrikos* (»der für das Volk spielt«).

Bion lehrte in der Form der *Diatribe*, der philosophischen Unterhaltung, dem fiktiven Dialog. Diese Dialoge waren, soweit wir anhand von Fragmenten urteilen können, zwar witzig, enthielten aber auch vulgäre Schmähreden im Stil der Wirtshaus-Rhetorik. Als Zielscheibe mußten Leidenschaften oder Vorurteile der Mitmenschen herhalten, die derb zurechtgerückt wurden. Wie andere den Kynikern nahestehende Philosophen interessierte sich Bion mehr für die Lebensführung, als für Philosophie an sich. Sein fesselnder Vortrag lockte Scharen von Zuhörern; rhodische Matrosen unterbrachen sogar ihre Arbeit, um ihm zu lauschen. Doch sie hörten keine neue Botschaft, keine Vorschläge zur Verbesserung ihrer Lage. Statt dessen forderte sie der Kyniker lediglich auf, mit dem Vorhandenen zufrieden zu sein und das eigene Schicksal widerspruchslos hinzunehmen.

Einige Jahrzehnte später hören wir von einem positiver eingestellten radikalen Kyniker namens Kerkidas, der wahrscheinlich mit jenem hohen Beamten identisch ist, der den Reformkönig Kleomenes III. von Sparta bei Sellasia (222) besiegen half. Trotzdem widmete er sich in Wort und Schrift leidenschaftlich dem Los der Armen, wenngleich wir seine Lösungsvorschläge nicht kennen. In einem Stilgemisch, in dem er sich an die Diatriben des Bion anlehnte und Anklänge an Homer, Aristophanes und ältere Satiriker (deren jambisches Metrum er imitierte) hinzufügte, verspottete er die aufgeblasenen Spekulationen der anderen Philosophen und machte sich lustig über die überfeinerten Methoden, mit denen die Menschen ihre Bedürfnisse befriedigten.

Ein Zeitgenosse des Kerkidas war Menippos von Gadara (Jordanien). In seiner Jugend angeblich Sklave in Sinope, hatte er später bei einem Kyniker studiert. Er trat mit einer neuen Form der philosophischen Belehrung an die Öffentlichkeit, dem *spudogeloion* (ernsthafte Posse), einem Prosavortrag mit eingestreuten Versen, der in seiner semitischen Heimat überaus beliebt war. Seine zahlreiche Leserschaft sah hierin sogar eine spezifische literarische Form, die sog. Menippische Satire. Von Menipps Homilien existieren nur noch wenige Fragmente. Er karikierte offensichtlich alles und jeden, Religionen und Philosophien eingeschlossen. Der römische Philosophenkaiser Mark Aurel (gest. 180 n. Chr.) nannte ihn wegen seines beißenden Witzes einen »Spötter, dessen Zielscheibe das vergängliche Wesen des Menschen ist«, Lukian beschrieb Menipp etwa zur gleichen Zeit als »schrecklichen Hund mit verräterischem Biß«.[32]

Aus Megara kam wahrscheinlich der Kyniker Teles (um 235), der seinen Schülern davon abriet, sich Weib, Kind, Freunde oder Luxusgüter anzuschaffen, denn ihr Verlust verursache nur Kummer. Falls eine Brise dein Lebensschiff vorantreibt, gut so, falls Windstille herrscht, bleibe dort, wo du stehst. Das Schicksal ist nach Teles ein Dramatiker, der für sein Stück verschiedene Rollen vorsieht: Spiele deinen Part so gut es geht, dann wirst du *ataraxia* erlangen.

Die kynischen Lehrer verkündeten durchaus richtige Gedanken, wenn sie verkrustete Konventionen oder hierarchische Strukturen angriffen. Ihre zu einer kräftigen Gegenkultur heranwachsende Bewegung regte die Menschen an, ihr Geschick in die eigenen Hände zu nehmen: Bedürfnislosigkeit bannt alle Enttäuschungen des Lebens. Nur fehlte weithin ein positives Stimulans: Die angebotene Lösung war nicht geeignet, den Menschen Sicherheit in den Wechselfällen des Lebens zu geben.

Viele Griechen waren derselben Meinung. Sie erkannten bei allen Philosophenschulen logische und gesellschaftliche Unzulänglichkeiten.

Die Enttäuschten fanden Zuflucht bei den Tröstungen des Skeptizismus (*skeptikos*, einer, der Betrachtungen anstellt).

Völlig neue Wege gingen allerdings auch die Skeptiker nicht. Die Zweifel, ob man bei so vielen rivalisierenden Meinungen und Theorien gesichertes Wissen erlangen könne, gab es schon zu Zeiten des Dichterphilosophen Xenophanes von Kolophon (6. Jahrhundert). Selbst Protagoras von Abdera (um 485 – 415) mit seiner These »Der Mensch ist das Maß aller Dinge« schien gerade die Relativität allen Wissens zu betonen, mit anderen Worten: Er weigerte sich, irgendeinen Glauben oder ein Stück Wissen als allgemeingültig zu betrachten. Protagoras sah sich daher auch außerstande zu sagen, ob Gott nun existiere oder nicht. Sokrates' Gesamthaltung war, nach den frühen Dialogen Platons zu schließen, die, daß der Mensch nur wissen könne, daß er eben nichts weiß. Später äußerte sich Aristoteles' Schüler Theophrast ganz ähnlich, so daß »skeptische« Thesen eigentlich schon vor den Skeptikern gang und gäbe waren.

Theophrasts jüngerer Zeitgenosse Pyrrhon von Elis (etwa 365/60 – 275/70) gilt traditionell als der erste große Lehrer des Skeptizismus. Er meint, wie Sokrates, daß man praktisch nichts wissen könne, jede Spekulation sei daher unnütz und gebe nur zu Ängsten Anlaß – man solle deshalb aufhören, sich überhaupt Meinungen zu bilden. Obwohl Pyrrhons Methoden und Schlußfolgerungen sich von denen der Stoiker, Epikureer und Kyniker unterschieden, blieb sein Ziel doch das gleiche: *ataraxia*, Seelenfrieden. In seinem *Abriß des Pyrrhonismus* erklärte Sextus Empiricus, der Skeptiker befürworte »Gleichmut gegenüber Meinungen. Der Mensch, der nicht zwischen dem natürlich Guten oder Bösen unterscheidet, weist weder etwas zurück noch verfolgt er eine andere Sache mit Eifer: *Folglich läßt er sich nicht beunruhigen*«.[33] Dogmatismus jeglicher Art war Pyrrhon verhaßt, denn er wollte sich um keinen Preis festlegen lassen. Auch dem Skeptiker gelang es seiner Meinung nach oft nicht, zur *reinen* Ataraxie vorzustoßen, denn er wird immer wieder durch Kälte, Hunger oder andere unvermeidliche Erscheinungen belästigt. Doch dies beeinflußt ihn nur am Rande und führt keineswegs dazu, daß er sein grundsätzliches Streben nach Gelassenheit aufgibt.

Des Skeptikers »Gleichmut gegenüber Meinungen« bedeutet freilich, daß er Zweifel gegenüber allem und jedem hegt, um nur ja nicht aus dem seelischen Gleichgewicht zu geraten. Da Pyrrhon keine Schriften hinterließ (wohl um den Eindruck zu vermeiden, er sei ein Dogmatiker) und keine offizielle Schule gründete, bleibt unklar, inwieweit der spätere Skeptizismus auf ihn zurückgeht. Viele Anekdoten rankten sich um seine Person: Auch er soll indische Weise getroffen haben und von ihnen beeinflußt worden sein. Es heißt auch, man habe ihn davor bewahren müssen, von Eselskarren überfahren zu werden oder über steile Abhänge hinabzustürzen, da er weder das Vorhandensein von Eselskarren noch von steilen Abhängen billigte.

Der Skeptizismus basiert also auf zwei grundlegenden Gedanken: der Überzeugung, man könne nichts wissen, und der Empfehlung, man solle sich mit Entscheidungen zurückhalten *(epoche)*. Glauben und Wissen wurden daher gleichermaßen abgelehnt. Pyrrhons auf *adiaphoria* (Gleichgültigkeit) gegründeter Quietismus sollte nicht zu völliger Lethargie führen, sondern war lediglich ein Nichtbetroffensein von den Dingen der Welt, mit dem Ziel der Ataraxie. *Ataraxia* kommt zu dir – zufällig bzw. ganz nebenbei –, wenn du alle aktiven Versuche eingestellt hast, dir über irgend etwas Gedanken zu machen.

Es war leicht, den Skeptizismus als völlig negative und nihilistische Lehre abzutun. Lukian (2. Jahrhundert n. Chr.) machte sich in seinem Werk *Der Verkauf der Philosophen* sehr wirkungsvoll über die Skeptiker lustig. Andere Kritiker hielten die von den Skeptikern empfohlene Lebensführung nicht für praktikabel und sprachen ihnen daher jede Autorität ab. Trotzdem gab es viele bedeutende Lehrer unter ihnen, die, indem sie den einfältigen, engen Dogmatismus sprengten, große philosophische Integrität bewiesen.

Im 4. vorchristlichen Jahrhundert erklärte Metrodoros von Chios (ein Anhänger der atomistischen Naturphilosophie Demokrits), daß »keiner von uns irgend etwas weiß – wir wissen nicht einmal, ob wir etwas wissen oder nicht«.[34] Es war Timon von Phlios (um 320–230), der den Skeptizismus für die Nachwelt rettete. Als junger Mensch war er Tänzer gewesen, hatte dann in Megara bei Stilpon, in Elis bei Pyrrhon Philosophie studiert und war später nach Athen gegangen. Von Timons zahlreichen Schriften – nur Fragmente sind erhalten – waren seine *Silloi* (schielende Stücke, d. h. Spott- und Schmähstücke) sehr bekannt. Mit seinem dreihundert Jahre älteren Kollegen Xenophanes führt er fiktive Dialoge und attackiert dabei voller Witz und Satire die Leichtgläubigkeit der Philosophen. Seine in Hexametern verfaßten Gedichte (drei Bücher) müssen auch für ein gebildetes Lesepublikum geschrieben worden sein, da sie gute Kenntnisse in der Philosophiegeschichte voraussetzen; sein Erfolg war aber auch bei der breiten Masse groß.

In seinem Gedicht *Indalmoi* (Phantasien), im elegischen Versmaß geschrieben, setzt er sich mit der Lehre des Pyrrhon auseinander, den er als großen Neuerer feiert; alle anderen Philosophen werden dagegen als Illusionisten abgetan. Timon war auch Verfasser einer Abhandlung über Python, einen Schüler des Pyrrhon. Er verteidigt darin den Skeptizismus mit lebhafter, bilderreicher Sprache. Er beschließt die Schrift mit einem pragmatisch-moderaten Schlußwort: Da man nichts wissen könne, solle man zweckmäßigerweise die Gesetze und Traditionen der Umwelt akzeptieren – zwar ohne besonderen Eifer, doch mit hinreichendem Anstande, damit man sich dem Hauptziel des Skeptikers, der Ataraxie, ohne große Behinderungen nähern könne.

Timons Essay *Der Totenschmaus des Arkesilaos* behandelt sehr respektvoll das Wirken des ehemaligen Leiters der Platonischen Akademie (316/15 – um 241, Lehrer an der Akademie um 268 – 265), obwohl sich Timon bei früheren Gelegenheiten noch über ihn lustig gemacht hatte. Arkesilaos, der wahrscheinlich noch bei Pyrrhon studiert hatte, griff die Stoiker heftig an. Unter seiner Leitung wandte sich die Akademie auch von Platons transzendentalem Idealismus ab und der Gedankenwelt der Skeptiker zu. Arkesilaos begründete diesen Schritt mit dem sokratischen »Ich weiß, daß ich nichts weiß.« Er ging aber noch weiter, denn er kritisierte auch Sokrates: Wenn Sokrates *wisse*, daß er nicht wisse, so sei er im Irrtum.

Arkesilaos war ein vielseitiger Mann. Sein Witz – meist hatten andere Philosophen darunter zu leiden – gewann ihm viele Freunde, so daß er es nicht für nötig fand, dem ungebildeten Volk nach dem Munde zu reden. Obwohl er nichts Schriftliches hinterließ, bedeutet sein Wirken doch einen Wendepunkt in der Geschichte der Akademie. Sie legte seitdem mehr Wert darauf, ihre Zweifel zu artikulieren, als sich um die Erkenntnis der ewigen kosmischen Wahrheiten zu bemühen wie ehedem.

Etwa hundert Jahre später wurde Karneades von Kyrene (214/13 – 129/28) das Haupt der Platonischen Akademie. Auch er griff scharf die Lehrmeinungen der Stoa an und tat deren Götter und Schicksalsgewalten als groteske Theorie ab. Mit Arkesilaos war er einig in der Überzeugung, daß keine These völlig richtig oder völlig falsch sei, doch er räumte immerhin ein, daß es in den meisten Fällen möglich sei, zu erkennen, was als wahr *erscheine*; danach möge man ruhig handeln. Er entwickelte damit die Theorie des sog. Probabilismus (Lehre von der Wahrscheinlichkeit) und rettete den Skeptizismus davor, daß ihn seine negative Philosophie in eine Sackgasse führte.

Wie Arkesilaos hinterließ auch Karneades keinerlei Schriften, so daß seine Schüler bisweilen äußerst unsicher waren darüber, wo sie nun eigentlich standen. In Rom hielt er im Jahr 155 einen großen Vortrag über die Gerechtigkeit, am folgenden Tag nahm er, sozusagen als *advocatus diaboli*, die Gegenposition ein. Dieses Kunststück beeindruckte in der Hauptstadt sehr viele Zuhörer, aber ebensoviele fühlten sich brüskiert. Den Römern schien diese Art typisch für die Griechen – sie waren eben fast zu gescheit.

Die Lehren der Skeptiker beherrschten die Akademie bis ins 1. vorchristliche Jahrhundert, dann wandte man sich von ihnen ab. Der Skeptizismus wurde jedoch weiterhin auch außerhalb der Akademie gelehrt, meist in seiner kompromißlosen pyrrhonischen Form; Ainesidemos von Knossos ist dafür ein Beispiel. Er machte der Akademie schwere Vorwürfe, weil sie die Skeptiker vertrieben hätte, wobei er auch verschiedene neue Argumente fand, die ihn als einen der letzten eigenständigen Denker des Altertums ausweisen. Plotin (im 3. Jahrhundert n. Chr.) ist in dieser Reihe der letzte Philosoph auf der Suche nach *ataraxia*. Allerdings geht er einen anderen Weg; er greift die mystischen Elemente des Platonismus wieder auf.

3. Literarische Fluchtwege

Während viele Schriftsteller und Künstler bemüht waren, sich ernsthaft mit der Realität auseinanderzusetzen, meinten die Philosophen, das Gleiche zu tun. In Wahrheit lehrten sie jedoch, wie man den Realitäten des Lebens entgehen könne, indem man sich in den Zustand des Seelenfriedens versetzte. Man konnte der Wirklichkeit aber auch entfliehen, indem man eine bessere Welt konstruierte, in der endlich alle Hindernisse, die einem glücklichen Lebenswandel entgegenstanden, niedergerissen wurden: Das Erfinden utopischer Staatswesen war daher in hellenistischer Zeit ein gerne geübtes Gedankenspiel.

In solch einem Phantasieland wurde die ersehnte Ataraxie durch den guten Willen und die Zusammenarbeit aller Bewohner erreicht. Trotz oder wegen der vielen Kriege der Zeit war man der Meinung, daß allen Menschen letzten Endes doch ein gewisses Maß an Humanität innewohnt. Schon im 5. Jahrhundert hatten der athenische Rhetor Antiphon sowie der Naturphilosoph Demokrit von Abdera diese Überzeugung mit Nachdruck verkündet. Seitdem hatten die Lippenbekenntnisse der Führer der panhellenistischen Bewegung, vor allem des Isokrates (436–338), sich für als auch gegen solche kosmopolitischen Vorstellungen ausgewirkt: positiv insofern, als sie halfen, die Schranken zwischen den verschiedenen griechischen Staaten niederzureißen; negativ, weil der Krieg gegen die »Barbaren« (die Perser) als Hauptzweck des Panhellenismus herausgestellt wurde. Auch bei Aristoteles findet sich ein Panhellenismus dieser eher chauvinistischen Ausprägung: Trotz aller ihrer Begabung beschrieb er die asiatischen Völker als von Natur aus »versklavt und unterworfen«.

Sein Schüler Alexander der Große stimmte mit dieser Ansicht offensichtlich nicht überein. Mit den Persern wollte er ein aufgeklärt-partnerschaftliches Verhältnis eingehen; seine Eroberungszüge schufen die Voraussetzung für eine Art internationaler Regierung; Alexander selbst schwebte zweifellos eine rassenübergreifende elitäre Führungsschicht vor: Gott ist zwar der Vater aller Menschen, soll er gesagt haben, aber den edelsten und besten wählt er speziell für seine Zwecke aus.[35]

Alexanders schier unglaublicher Expansionsdrang, der unmittelbar nach der Unterwerfung der griechischen Stämme durch seinen Vater Philipp II. zutage trat, hatte die Ideale des engen Polisstaates ins Wanken gebracht und ihn und seine Einrichtungen der Kritik ausgesetzt. Die neue griechische Kolonisation war dazu angetan, über »die Welt« (oikumene) als geistige Heimat der Menschen neu nachzudenken und zu einem kosmopolitischen Bewußtsein anzuregen, das auch die Nichtgriechen umfaßte – obwohl sich gleichzeitig griechische Lebensart und Kultur mit einer gemeinsamen Sprache (koiné) in ungeahntem Maße ausbreiteten. Dies alles wirkte auch auf Literatur und Philosophie. »Ich nenne keinen ehrenwerten Mann einen Fremdling«, bemerkte Menander. »Wir haben alle die gleiche Natur. Hat jemand einen edlen Charakter, der ihn zu einem guten Lebenswandel anspornt, dann ist er von edler Geburt, und sei er ein schwarzer Afrikaner.«[36] Aristoteles' bedeutendster Schüler Theophrast betonte in ähnlicher Weise die Verwandtschaft alles Lebendigen in einer Welt, die die gemeinsame Heimat von Göttern und Menschen sei.[37]

In der neuen griechischen (bzw. teilweise hellenistischen) oikumene reisten viele Philosophen von Ort zu Ort. Weil sie nirgends fest verwurzelt waren, weitete sich ihr Gesichtsfeld im kosmopolitischen Sinne. Der Kyniker Diogenes konnte daher erklären: »Ich bin ein Bürger des Universums.«[38] Er ging indes nicht so weit, die ganze Menschheit als Einheit anzusehen; den Stadtstaat wies er jedoch mit Nachdruck als eine weitere Einengung des ungebundenen Lebens zurück. Ebenso erklärte sein Schüler Krates von Theben, er fühle sich keiner Polis zugehörig – sein Ränzel sei ihm Stadt genug –, denn die Welt sei seine Festung und sein Haus.

Epikur hatte fünfzehn Jahre in der Verbannung ohne festen Wohnsitz verbracht, bevor er sich in Athen niederließ. In seiner Ablehnung politischer und sozialer Wertvorstellungen verrät sich daher ebenfalls der Philosoph auf (erzwungener) Wanderschaft. Der Begründer der mit ihm rivalisierenden Stoikerschule, Zenon, war gleichfalls ausgebürgert worden. Persönliche Haltung, Lebensgeschichte und Schülerkreis lassen sich auch von diesem Aspekt her bestimmen. Man war Emigrant, hatte die Bürgerrechte und -pflichten der Heimatpolis hinter sich gelassen und lebte nun als Bürger zweiter Klasse in dem schließlich gewählten Wohnort. Verständlich, daß Zenons Frühwerk Der Staat (Politeia), von dem nur noch Fragmente existieren, so radikalrevolutionär ausfiel. Er plädiert hier in der vehementen Sprache des Kynikers für die Abschaffung aller für den Stadtstaat konstitutiven Elemente, Eheschließungen, Kulthandlungen im Tempel, Münzprägung usw., so daß seine Schüler später Mühe hatten, seine Thesen etwas abzuschwächen.

Zenons kosmopolitisch geprägter Idealstaat, den er anstelle des überholten Polissystems anpries, war allerdings nicht egalitär gedacht, im Gegenteil: Die Weisen und Guten sollten in ihm die führende Rolle spielen. Vielleicht sollten sie überhaupt die einzige Bevölkerungsgruppe im Staat sein; jedenfalls sollte er eine Kosmopolis der Philosophen werden. Denn Zenon wie sein Nachfolger Chrysipp meinten, nur der Weise sei fähig zu herrschen, zu richten und zu reden. Sie erwarteten mit Sehnsucht den Idealstaat der Zukunft, hatten jedoch auch für die Gegenwart eine Botschaft parat: Die Staaten sollten als Lenker die Weisen und Guten einsetzen. Diese zogen sich nicht, wie es der späteren Stoa vorschwebte, aus der Welt zurück, sondern sollten sich für jene praktische Aufgabe aktiv vorbereiten.

Ein Schlüssel zur stoischen Lehre war auch die Erkenntnis, daß alle Menschen Brüder und Schwestern sind, weil sie alle an der göttlichen Urkraft teilhaben; diese Lehre entwickelten allerdings erst die späten Stoiker. Für den Meister selbst waren nur die Weisen und Guten »gottähnlich und der Gottheit teilhaftig, denn der Böse entbehrt des Göttlichen«.[40] Dem frühen Zenon schwebte daher *homonoia* (einträchtiges Beisammensein) einer Elite vor, die den neuen Idealstaat leiten sollte, doch später gab er zu, daß die Polis doch einen akzeptablen Rahmen für politische Tätigkeit darstelle. Wichtig war ihm vor allem die Entwicklung der eigenen Persönlichkeit in einer Umwelt, die durch die imaginäre Regierung der Philosophen günstig beeinflußt wurde. Alles außerhalb des eigenen Ich erschien ihm gleichgültig.

Um 250 propagierte der Gründer eines unabhängigen Zweigs der stoischen Schule namens Ariston von Chios eine stark vereinfachte kynische These, als er rundweg behauptete, kein Mensch habe ein Vaterland, denn die Trennungslinie verlaufe nicht zwischen den Nationen, sondern zwischen den Guten und den Bösen. Ariston beeinflußte u. a. auch den führenden Polyhistor der Epoche, Eratosthenes von Kyrene, den Leiter der alexandrinischen Bibliothek. In einer Zeit der Spannungen zwischen den griechischen und ägyptischen Bevölkerungsteilen griff Eratosthenes vermittelnd ein, als er die Einteilung der Menschheit nach Rassen entschieden ablehnte und nur menschliche Qualitäten gelten ließ. Als erfahrener Geograph konnte er mit besonderer Autorität sprechen, was wiederum (wie auch die Reisen des Pytheas und anderer) die Einheit der durch die Eroberungszüge Alexanders geschaffenen Welt bewies.

Der Historiker Polybios (um 200–nach 118) sah die Idee eines Weltbürgertums schon in der Geschichte verwirklicht, und zwar durch die Römer. Der Stoiker Poseidonios von Apameia, ein Universalgelehrter von mindestens demselben Rang wie Eratosthenes, bekräftigte diese romorientierte Interpretation des neuen Kosmopolitismus. In der festen Überzeugung, daß die Welt ein unteilbares harmonisches Ganzes sei, versuchte er in seinen Schriften ein genaues Ebenbild dieser durch Tyche gelenkten kosmischen Ordnung herzustellen. Wie Polybios legte er die Ausführung des großen Plans in die Hände des römischen Imperialismus, denn auch er glaubte, daß der zur Weltherrschaft bestimmte Römerstaat die einzig mögliche Verwirklichung der Kosmopolis-Idee sei. Um ihres eigenen Vorteils willen sollte man daher die weniger zivilisierten Nationen dazu überreden (oder zwingen), die römische Herrschaft zu akzeptieren. Poseidonios, ein unterhaltsamer und sehr einflußreicher Autor, ist höchst lesenswert; er trug wesentlich dazu bei, daß diese prorömische Variante der hellenistischen Weltbürger-Idee an spätere Universalhistoriker weitergegeben wurde.

Schon lange vor Poseidonios hatte sich die Idee des Weltbürgertums in einer ganz anderen Richtung entwickelt: Als man statt eines zukünftigen oder gegenwärtigen säkularen Einheitsstaates verschiedene imaginäre »Utopien« erfand, um den von Thomas Morus 1516 geprägten Begriff zu gebrauchen (griechisch *ou:* nicht und *topos:* Ort). Im Gegensatz zu späteren Visionen imaginärer Schreckensorte *(dystopia, kakotopia)* waren diese frühen Utopien Traumbilder von einer vollkommen organisierten Gesellschaft, zum Beispiel die Insel der Seligen, die Gärten der Hesperiden (Heimat der Hyperboräer), die homerische Insel Scheria (bewohnt von den Phäaken) oder das Land Aia bzw. Aiaia nach der aufgehenden Sonne hin, das Ziel der Argonauten. Während der schlimmen Zeit des Peloponnesischen Kriegs zwischen Athen und Sparta (431–401) beschäftigten sich die Dichter der Alten Komödie intensiv mit solchen utopischen Entwürfen. Des Aristophanes Meisterwerk *Die Vögel* spiegelt solche ständigen Sehnsüchte nach der heilen Welt wider.

Sich die Eigenschaften der phantastischen Idealgesellschaft vorzustellen, war eine ständige Beschäftigung der Griechen. Einige konservativ oder auch radikal eingestellte Denker fanden in den uralten spartanischen Institutionen Ansätze dafür. Hippodamos von Milet, der berühmte Städteplaner, zählte im 5. Jahrhundert charakteristische Züge dieser perfekten Gesellschaft auf, und Phaleas von Chalkedon (um 400) erstellte ein Verzeichnis ihrer wichtigsten Ziele. Dazu gehörten u. a. gleiche Erziehung für alle, gemeinschaftliches Eigentum an den vorhandenen Gütern, Verstaatlichung der Industrie. Platons Phantasie-Insel Atlantis (in seinem unvollendeten *Kritias*) ist das älteste uns bekannte Utopia der Griechen. Offensichtlich war auch ein (verlorenes) Werk des Onesikritos von Astypalaia von utopistischen Gedankengängen durchsetzt. Dieser Schriftsteller reiste mit Alexander bis nach Indien und schrieb daraufhin, durch die Taten des Königs angeregt, eine historisierende Erzählung.

Der Alexanderzug bescherte der utopischen Literatur eine Blütezeit. Obwohl sie insgesamt kaum Einfluß auf die Politik der Zeit hatte, machte Kassandros' Bruder Alexarchos einen merkwürdigen Versuch, solche Ideen zu verwirklichen: Ehrgeizig wie er war gründete er eine »Himmelsstadt« *(Uranopolis)* in Makedonien. Wir wissen leider nur wenig über das Leben der »Uraniden« in dieser neuen Polis. Ein anderes Mitglied aus Kassandros' Freundeskreis, Euhemeros von Messene, schrieb ein fiktives Reisebuch, worin Utopia allerdings wieder in die Welt des Scheins zurückverlegt wird. Nach den erhaltenen Fragmenten seiner *Heiligen Schrift* zu schließen, schildert er einen Besuch auf der imaginären Insel Panchaia im Indischen Ozean. Wie viele seiner Zeitgenossen war Euhemeros hingerissen von den aufregenden Ereignissen und neuen Erkenntnissen über andere Völker, die Alexanders Eroberungen vermittelten. Mit seiner These, alle Götter hätten früher auf Erden gelebt, förderte er daneben den Anspruch der Diadochen auf Vergöttlichung. Auf Panchaia ist wie auf den sagenhaften Inseln der Seligen alles im Überfluß vorhanden. Da sie Handelsbeziehungen nach außen unterhält, ist sie kein künstliches, isoliertes Gebilde Durch die von dem römischen Dichter Ennius ins Lateinische übertragene Fassung (frühes 2. Jahrhundert) wurde die Utopia des Euhemeros sehr populär. Viele Werke dieses Genres, auch Swifts *Gullivers Reisen*, gehen auf ihn zurück.

Etwa um die Zeit von Ennius' Übersetzung verfaßte ein gewisser Iambolos, offensichtlich ein Nabatäer, einen weiteren phantastischen Bericht über die Reise zu einer Trauminsel, der »Sonneninsel«, die man über Äthiopien erreicht. Der Erzähler wird von den Einwohnern überfallen und auf die Insel mitgenommen, wo er anschließend sieben Jahre lang lebt. Iambolos verwendet die üblichen Märchenmotive und Alexanderlegenden, bringt aber auch eine wichtige soziale Komponente ein, die zeitgenössische Ideen enthält. Auf seiner Insel ist der Sonnengott Helios (der im monotheistisch orientierten Hellenismus sehr beliebt war) Herrscher, Befreier und Hüter des Rechts. Er wacht über eine Gesellschaft, die sich auf Brüderlichkeit und die Würde der freien Arbeit gründet. Unter dem Einfluß der kynischen Lehre fließen auch kommunistische Vorstellungen ein. So sind beispielsweise die Frauen gemeinsamer Besitz aller, Klassengegensätze existieren nicht. Solche Utopien

270

erfreuten sich gerade beim einfachen Volk besonderer Beliebtheit, denn sie förderten die Idee des sozialen Wandels. So erklärt sich, daß Aristonikos um Unterstützung für seinen Kampf gegen die Annexion Pergamons durch Rom (133–130) mit der religiös-sozialrevolutionären Vision von einer neuen »Sonnenstadt« *(Heliopolis)* warb, einer direkt aus dem Buch des Iambolos übernommenen Idee.

Die exotische Umwelt der griechischen Romane drückt eine ähnliche utopische Sehnsucht aus, doch dachte dabei niemand an die praktische Durchführung. Über utopische Staaten zu schreiben hieß gleichzeitig, die Schwierigkeiten des realen Lebens zu ignorieren und die von allen ersehnte Ataraxie zu suchen, welche die Außenwelt unbeachtet ließ. Die geistige Elite des hellenistischen Zeitalters sah noch einen anderen Fluchtweg. Wer die notwendige Qualifikation nachwies, konnte sein Bündel schnüren und sich in den Elfenbeinturm zurückziehen, den die Ptolemaier in Alexandria erbaut hatten: das *Museion*.

Ursprünglich deutete das Wort auf einen Ort, der in Zusammenhang mit den Musen stand bzw. auf die mit ihnen verbundenen Künste. Manchmal umschloß ein Museion auch einen Tempel für diese Gottheiten. Häufiger wurde der Begriff jedoch im literarischen bzw. kulturellen Bereich gebraucht und bezog sich auf eine Schule oder ein Studienzentrum, eine Stätte der schöpferischen Phantasie. Dieser Art waren auch die »Museen« in Platons Akademie und im Lyceum des Aristoteles. Das berühmteste Museion war das alexandrinische, das sich in der Nähe des Königspalastes befand (es konnte bis heute nicht lokalisiert werden). Wahrscheinlich wurde es auf Anraten des aus Athen vertriebenen Demetrios von Phaleron durch Ptolemaios I. Soter erbaut und nach strengen Direktiven des Königs verwaltet. Dem Einfluß der aristotelischen Schule verdankt das Museion seinen liberalen, weltoffenen Geist, und seit den frühen Ptolemaiern wuchs es zu einem immer bedeutenderen Zentrum der griechischen Gelehrsamkeit heran, zu einem Kristallisationspunkt der griechischen Kultur wie ihn die Welt noch nicht gesehen hatte. Naturwissenschaftliche und philosophische Forschung im weitesten Sinne fanden hier eine sichere Heimstatt, so daß seither Alexandria als Weltstadt der Gelehrten mit Athen wetteiferte.

Das Museion bot etwa dreißig Gelehrten Unterkunft, denen die Ptolemaier stattliche Gehälter zahlten, so daß die besten Köpfe nach Alexandria kamen. Ein vom König bestellter Leiter führte die Geschäfte. Das Institut, zu dem u. a. auch ein gemeinsamer Speisesaal, eine halbkreisförmige Säulenhalle für Besprechungen und ein säulengeschmückter, mit Bäumen bestandener Garten gehörte, diente vorwiegend der Forschung, nicht der Lehre. An den gelehrten Disputationen nahmen gewöhnlich auch die Könige (fast alle hochgebildete Männer) teil. Hier wurden Literaturpreise vergeben, hier fanden zahlreiche Festessen und Trinkgelage statt, bei denen man Probleme in geistvoller, kultivierter Atmosphäre besprach. Der Skeptiker Timon von Phlios (um 320–230) nannte die so bevorzugten Gelehrten bissig »gemästetes Geflügel, das sich endlos im Hühnerstall der Musen streitet«.[41]

Die alexandrinische Bibliothek befand sich zwar nahe beim Museion, war aber organisatorisch unabhängig. In späterer Zeit wurde sie noch berühmter als dieses. In seinem Lyceum zu Athen hatte Aristoteles eine Bibliothek aufgebaut, die als Modell für die Institution in Alexandria diente. Auch sie wurde von Ptolemaios I. Soter gegründet (mit Unterstützung des Demetrios von Phaleron) und später wahrscheinlich von Ptolemaios II. Philadelphos entscheidend ausgebaut. Die Bestände der Bibliothek werden unterschiedlich mit hunderttausend bis siebenhunderttausend Bänden angegeben; realistisch ist wohl eine halbe Million.

Bücher wurden aus Papyros hergestellt, einer Pflanze, die im Nildelta reichlich gedieh. Das Stengelmark wurde vertikal in dünnste Streifen geschnitten und in jeweils zwei Schichten übereinandergelegt, so daß durch den Zellsaft fest verklebte Doppelschichten entstanden. Dann leimte man diese zu einem bis zu zehn Meter langen und etwa zwanzig Zentimeter breiten Streifen zusammen. Zum Schreiben benutzte man eine Rohrfeder und Kohletinte (pflanzlicher Klebstoff mit Ruß und Wasser vermischt), der Papyros wurde in vertikalen Kolumnen beschrieben. Hinterher rollte man ihn auf einen Stock. Beim Lesen hielt man die Rolle mit der linken Hand und rollte sie mit der rechten ab. Nachdem ein Abschnitt gelesen war, wurde er wieder eingerollt. Es gab in der Bibliothek zahlreiche Ablagefächer für Papyrosrollen, die alle etikettiert und registriert waren.

Hervorragende Gelehrte arbeiteten an der Bibliothek als Leiter. Sie wurden wie die Leiter des Museions vom König ernannt. Daneben waren sie meist als Erzieher der Prinzen und Prinzessinnen tätig. Der erste uns bekannte Leiter der Bibliothek war Zenodotos von Ephesos (um 284), ein Schüler des gelehrten Dichters Philetas von Kos, der selbst schon den jungen Ptolemaios II. Philadelphos unterrichtet hatte. Darauf folgte Apollonios Rhodios (um 260). Sein ehemaliger Lehrer und literarischer Rivale Kallimachos erstellte einen wissenschaftlichen Katalog der Bibliothek (in hundertzwanzig Büchern). Über die Benutzerordnung wissen wir nichts, doch ist anzunehmen, daß der Zugang zur Bibliothek auf Gelehrte und Dichter beschränkt war, vor allem natürlich auf die Wissenschaftler, die im Museion wohnen durften. Eine kleine Zweigstelle neben dem Serapis-Tempel stand vielleicht der Öffentlichkeit zur Verfügung oder zumindest den Lehrern der Staatlichen Schulen.

Die ersten Ptolemaier gaben für den Unterhalt dieser Institution riesige Summen aus. Sie beschäftigten auch zahlreiche Agenten, die Manuskripte der bewunderten Klassiker kaufen sollten, wo immer sie in der griechischen *oikumene* aufzutreiben waren. Ptolemaios III. Euergetes ließ auf den Rat von Eratosthenes, der nach Apollonios die Leitung der Bibliothek übernahm, die Werke des Aischylos, Sophokles und Euripides ankaufen, und Ptolemaios IV. Philopator richtete eine Abteilung ein, die sich ganz der Erforschung der homerischen Schriften widmete. Solche Erwerbungen setzten die Gelehrten in die Lage, die Texte früherer Autoren systematisch zu sammeln, kritisch zu vergleichen und verbesserte Ausgaben herzustellen – dies alles zum ersten Mal in der Geschichte.

Zenodotos begründete die wissenschaftliche Erforschung der Werke der klassischen Dichter und versuchte, dabei zurückzugehen bis auf den Originaltext der homerischen Gesänge. Der Nachfolger des Eratosthenes in der Leitung der Bibliothek, Aristophanes von Byzanz (gest. 180), bemühte sich um verbesserte textkritische Ausgaben des Homer und edierte die Werke vieler anderer Dichter. Mit seinem Schüler Aristarch von Samothrake (gest. 145) begann dann die eigentliche wissenschaftliche Forschung. Er gab zahlreiche Kommentare und Abhandlungen heraus; spätere Autoren hielten ihn für den bedeutendsten Kritiker aller Zeiten.

Obgleich es auch schon in früherer Zeit Anzeichen für ein wachsendes literaturgeschichtliches Interesse gegeben hatte, begründeten die alexandrinischen Gelehrten erst jetzt die »klassische« philologische Literaturkritik – und das in einer Umwelt, in der der krasseste Aberglaube seine Blüten trieb. Sie waren in einem nie mehr erreichten Maß mit der gesamten griechischen Literatur vertraut; zu einer Zeit, als Bildung glühend bewundert wurde, gewann ihre Forschungstätigkeit sozusagen eigene Existenzberechtigung. Ihr methodisches Vorgehen wurde verbindlich für die Buchproduktion und die literarische Analyse in der gesamten hellenistischen Welt; die von ihnen so sorgfältig gesammelten und erforschten Schriften der Alten kamen über die Römer schließlich auf uns.

Die Katastrophe brach über Museion und Bibliothek im Jahre 145 herein, als Ptolemaios VIII. Euergetes II. (Physkon, »der Fettwanst«) sich gegen die dort tätigen Gelehrten wandte, weil sie mit seinem verhaßten Bruder Ptolemaios VI. Philometor zusammengearbeitet hatten. Beide Zentren erlitten durch die Flucht vieler Gelehrter einen Aderlaß, von dem sie sich nicht wieder erholten. Mit ihnen verlagerte sich das Wissen der Zeit nun auch in andere Metropolen.

Viele hellenistische Großstädte besaßen schon umfangreiche Bibliotheken. So unterstützten die Seleukiden eine in Antiocheia, König

Perseus war an einer Bibliothek in Makedonien interessiert. Bedeutendste Rivalin Alexandrias wurde die von Attalos I. gegründete und von seinem Sohn Eumenes II. Soter (197–160/59) weiter ausgebaute Bibliothek in Pergamon, die gute Verbindungen zur Platonischen Akademie und zum aristotelischen Lyceum in Athen pflegte. Diese Bibliothek (die früheste von den Archäologen im griechischen Kulturkreis aufgefundene) befand sich neben dem Tempel der Athene, der Schutzgöttin der Stadt. Der Bücherbestand soll etwa zweihunderttausend Bände betragen haben. Eifersüchtig wachten Ptolemaier wie Attaliden über ihre Bibliotheken: Ptolemaios V. Epiphanes suchte zum Beispiel den Rivalen in Pergamon durch das Ausfuhrverbot von Papyros am Erwerb von Büchern zu hindern, worauf man dort ein neues Schreibmaterial aus geglätteter Tierhaut erfand (nach Pergamon »Pergament« genannt). Es war zwar teurer als Papyros, hatte aber den Vorteil, daß es beidseitig beschrieben werden konnte. Für wichtige Bücher zahlten beide Dynastien unerhört hohe Preise, was natürlich die Herstellung von Fälschungen zur Folge hatte.

Die Bedeutung der alexandrinischen Bibliothek lag nicht allein in der textkritisch-philologischen Arbeit der Gelehrten. Die Dichter, die dort ihren Wohnsitz hatten, benutzen diese Texte auch als Quellen für ihre eigenen Schöpfungen.

In den Jahren vor dem Alexanderzug war die einzige anerkannte Dichtung die athenische Mittlere und Neue Komödie, doch war sie nicht eigentlich »poetisch«, sieht man davon ab, daß sie in Versen geschrieben war. Die Prosa stand damals weit über der Poesie. In der beginnenden Phase des kulturellen Aufbruchs hören wir wieder von sehr vielen hellenistischen Dichtern (allerdings kaum etwas von ihren Werken), und unter der Sonne ptolemaiischer Gunst erlangte die Dichtkunst allmählich ihre frühere Bedeutung. Man spricht daher gerne von einem neuen »Goldenen Zeitalter der Poesie« während der Jahre 290/80 und 240.

Die klassische Tragödie jedoch erlangte ihre ehedem führende Rolle nicht wieder. Wir kennen die Namen von hundertdreißig hellenistischen Tragödiendichtern, von denen sich aber nur vierhundert Zeilen erhalten haben. Daraus läßt sich schließen, daß es keinerlei wichtige Neuentwicklungen auf diesem Gebiet gab. Das Bühnenschauspiel hatte, abgesehen von dem kurzen Höhepunkt, nämlich Menanders Neuer Komödie, nicht mehr den ersten Platz im kulturellen Bewußtsein der Griechen. Man las damals lieber, anstatt ins Theater zu gehen und zuzuhören. Das damalige Publikum läßt sich in zwei unterschiedliche Interessengruppen einteilen: Der Geschmack der breiten Masse wurde bereits beschrieben. Einige hochgebildete Dichter und ihre Gönner und Freunde blickten lieber nach innen, als nach außen – ihre Kunst zog sich auf sich selbst zurück und kümmert sich nicht mehr um Politik, Gesellschaft und Religion, der Quell, aus dem sie früher geschöpft hatten. Die Dichter gaben bereitwillig zu, daß ihnen die Fülle des Lebendigen nicht mehr so wichtig war. Man befaßte sich vorwiegend mit der Lösung esoterischer Probleme und betrieb Kunst um ihrer selbst willen.

Überdies beschäftigten sich die meisten Dichter damals in einer Art Besessenheit mit dem Formalen. Nach Vorbildern wie der *Poetik* des Aristoteles gab sich die Zeit »literarisch« in dem Sinne, daß feste Regeln nahezu alles bedeuteten. Man bevorzugte ein sehr einfaches Versmaß, das aber keineswegs von ursprünglicher und ungezwungener Frische war, sondern von höchstem Raffinement und deshalb hohes Können voraussetzte. In Stil und Sprache konnten sich hellenistische Dichter auf die gesamte griechische Literatur bis zurück zu den »heroischen« Zeiten stützen, deren Meisterwerke ihnen in den Bibliotheken zur Verfügung standen. Sie ließen sich durch die Materialfülle keineswegs entmutigen oder erdrücken und gestalteten selbstbewußt und erfindungsreich eigenständige Variationen des überkommenen kulturellen Erbes. Wörter, Phrasen, seltene Techniken der älteren Autoren wurden wieder benutzt; die alte Sprache wurde mit der modernen verschmolzen, wobei es oft auch zu interessanten Mischungen und neuen Wortbedeutungen kam.

Jene Dichtergelehrten entnahmen der Vergangenheit nicht nur sprachliche, sondern auch thematische Anregungen, und zwar mit großer Variationsbreite. Sie plünderten Mythen, Legenden, alte Geschichten und geheimnisumwobene Plätze und entnahmen ihnen den Stoff für ihre Zwecke. Der erweiterte Gesichtskreis, verbunden mit wissenschaftlicher Sorgfalt und akribischer Sammlertätigkeit, gewährte dem Dichter eine bisher nicht gekannte Freiheit im Umgang mit Zeit und Raum. Er fing nun bewußt an, die kulturelle Tradition zu nützen, eine Tradition, von der er nicht mehr nur ein lebender Teil war; vielmehr sah er sich als ihr selbstbewußter Abkömmling und Nachfolger.

Da das Wesen dieser Dichtkunst vorwiegend in Nachahmung und Anspielung besteht, ist für den kritischen Betrachter eine angemessene Beurteilung nicht gerade einfach. Man muß ein riesiges, ausgefallenes Vokabular beherrschen und die Bedeutung der Wörter bei den klassischen Dichtern kennen, um einzelne Nuancen des hellenistischen Gebrauchs aus den Texten herausfiltern zu können. Solche Probleme haben jedoch nicht nur wir. Bereits die Zeitgenossen und die Dichter selbst geben dies offen zu: Nur wer eine hervorragende literarische Bildung genossen hatte, konnte historisierende Anspielungen begreifen und auch würdigen. Die hellenistischen Dichter waren nicht in der Lage und auch nicht willens, für die Masse zu schreiben, wie es die Alten getan hatten. Wenige schrieben für wenige, der Kreis der Kenner blieb unter sich. Nur zu gern gewährten ihnen die Könige großzügig Wohnung und Unterhalt, denn sie sahen es lieber, daß sich die Geistigen aus dem öffentlichen Leben zurückzogen, als daß sie das Regime kritisierten.

Die wohlversorgten hellenistischen Dichter hatten aber noch mehr zu bieten als bloßes Raffinement oder technische Brillanz. Innerhalb der selbstgewählten Konventionen finden wir eine Fülle von Themen in eigenständiger Bearbeitung, genaueste Beobachtungen, eine Skala von zarten Gefühlen und das Bestreben, Poesie und private Interessen in Einklang zu bringen dort, wo die große Welt sich einer zusammenfassenden Synthese entzog. Ironische Anspielungen oder gewollt naive Scherze und überraschende Wendungen milderten die gravitätisch einherschreitende Gelehrsamkeit der Texte. So schockierte man beispielsweise die Zuhörerschaft bewußt mit sehr »menschlichen« Göttern und Mythen. Nach zeitgenössischen Maßstäben (die freilich nicht die unseren sind) und innerhalb der selbstgesetzten Grenzen waren diese Dichtergelehrten höchst kompetent in ihrem Fach, das sie zu einer ernstzunehmenden Disziplin ausbauten. Sie ließen in ihre Werke durchaus auch ihren persönlichen Geschmack, Stimmungen und Vorlieben einfließen.

Der große Meister der hellenistischen literarischen Szene war Kallimachos aus Kyrene (um 310/05 – 240). Schon in jungen Jahren siedelte dieser hochbegabte Dichter und Gelehrte nach Alexandria über und lebte dort als Lehrer in einer Vorstadt. Als ihn später Ptolemaios II. Philadelphos kennenlernte, erhielt er einen Posten in der Bibliothek. Voller Dankbarkeit schrieb Kallimachos für den königlichen Hof, daneben aber auch eine Fülle von Gedichten.

Das bedeutendste Werk des Dichters sind seine teilweise erhaltenen *Aitia* (Ursachen). Im Vorwort zur zweiten Ausgabe berichtet er über die ihm von Apollon übermittelten Ratschläge: »Geh auf dem Pfad, wo keine Karren fahren, bewege dich nicht in den Spuren anderer auf breiter Straße, sondern auf deinem eigenen Weg, und sei er auch eng.« »*Ich hasse alle gemeinen Dinge*«, erklärt Kallimachos in einem Epigramm.[42] Das hellenistische Ideal esoterischer Exklusivität hätte man nicht besser beschreiben können. Ein Gedicht darf nichts Gewöhnliches, es muß technisch vollkommen sein, ja sogar hochartifiziell: kein Lesestoff für den Geschmack der Vielen, die Straße mußte unbedingt eng bleiben. Apollon riet in diesem Zusammenhang, der Dichter solle »seine Muse schlank erhalten, denn wir singen für jene, die das Zirpen der Zikade, nicht das Geschrei der Esel lieben«. Das Kleine und Feine ist es, was Kallimachos mag; die spezifisch hellenistische Vorliebe für Delikatesse scheint immer wieder durch: Kurze Gedichte sind köstlicher; ein großes Buch, ein großes Übel.[43]

Seine Kritiker (allen voran Apollonios Rhodios, der Leiter der Bibliothek) lehnten des Kallimachos Thesen heftig ab. Der Grund, warum er lange Gedichte verabscheue, sei sein Unvermögen, selbst solche zu schreiben. Der Angegriffene wehrte sich mit spitzzüngiger Bosheit, wie dies für die neue Dichtergeneration typisch war. Obwohl sonst keineswegs von heftiger Gemütsart, reagierte Kallimachos auf die Kritik seiner Widersacher sehr entschlossen, da er es für ein Gebot der Stunde hielt, sich vom abgedroschenen, bombastisch aufgetakelten epischen Zyklus zurückzuziehen: »Ich hasse das zyklische Gedicht.« »Der Euphrat ist groß, aber viel Schmutz und Schlamm wälzt er mit sich.« »Wegen des Donners komm nicht zu mir: Geh zu Zeus, zu dessen Aufgaben gehört es.«[44]

Die *Aitia* beschrieben eine Traumreise des Dichters zum Berg Helikon. Dort habe er von den Musen selbst Unterweisung in vielen Mythen erhalten. Die alten Mythen dienten den Dichtern (wie später auch Ovid und anderen römischen Dichtern) als Fundort für die damals sehr beliebte Ursachenforschung *(Ätiologie)*, die Tatsachen, Vorstellungswelt und Traditionen systematisch zusammentrug, um mehr Licht in das Dunkel der Ursprünge griechischen Lebens zu bringen. Im Verlauf solcher volkstümlicher Nachforschungen (Ergebnisse tauchen auch in den *Hymnen* des Kallimachos auf) behandelte er die Götter bzw. deren Abenteuer wenig respektvoll, wobei er viel von Homer und Euripides übernahm und gegen die übliche ehrfürchtige Idealisierung dieser Gottheiten bewußt zu Felde zog.

Vollbepackt mit literarischen und mythischen Anspielungen – sie halfen, dem Werk die geforderte Kürze zu geben –, sind die *Aitia* in einem glasklaren, pointierten Stil geschrieben, der gelegentliche Fallen und unerwartete Sticheleien bereithält. »Großes Wissen ist für den, der seine Zunge nicht im Zaum hält, ein bedauerliches Übel«,[45] bemerkt der Dichter, eine gewinnende, geradezu typische Selbstkritik: Denn manchmal geht seine eigene Gelehrsamkeit mit ihm durch. Die *Aitia* sind nicht gerade das Kurzgedicht, für das er sich so nachdrücklich einsetzte – es hatte immerhin siebentausend Zeilen. Allerdings war es auch kein kontinuierliches »zyklisches« Gedicht, vielmehr eine Reihe miteinander verknüpfter Skizzen.

Der Meister schrieb daneben auch kleine epische Stücke von großer Geschlossenheit; später wurde ein solches Werk *Epyllion* genannt. Sein berühmtestes Werk dieses Typus war das uns nur in kümmerlichen Fragmenten erhaltene Stück *Hekale*. In der Erzählung vom Kampf des Theseus mit dem wilden Stier von Marathon steht allerdings thematisch nicht mehr die traditionelle blutige Auseinandersetzung zwischen Held und Bestie im Vordergrund, sondern das viel intimere Thema der armen alten Frau Hekale, die Theseus auf seinem Weg zu dem Ungeheuer gastlich bewirtet.

Trotz der geringen Zahl der erhaltenen Werke besaß Kallimachos ganz offensichtlich eine besondere Begabung zu kühnem und geistreichem Experimentieren, wobei er häufig lebensnahe, auch pikante persönliche Dinge mit ausdrückte. Seine große Virtuosität, seine Erforschung der überraschendsten Seitenwege der Gelehrsamkeit lassen uns zwangsläufig kalt. In der Welt der Antike war er jedoch der am meisten bewunderte hellenistische Dichter, der von Catull begeistert nachgeahmt wurde. Kallimachos war es, der den Griechen eine »neue Poetik« vermittelte. Nach seiner Auffassung erhielt die Dichtkunst ihre Legitimation nicht durch irgendwelche ihr innewohnende transzendentalen Wahrheiten, sondern durch ihre eigene, von ihr nicht abzutrennende Form.

Der Rivale des Kallimachos, Apollonios Rhodios (um 295 – 215, geboren in Alexandria oder einer noch älteren Griechenstadt in Ägypten, Naukratis), wurde, als Nachfolger von Zenodotos von Ptolemaios II. (264 – 260) zum Leiter der alexandrinischen Bibliothek bestellt. Sein Hauptwerk war das Epos *Argonautika*, das sich erhalten hat. Es erzählt, wie die Argonauten unter Iason aus Iolkos in Thessalien mit dem Schiff *Argo* an den entferntesten Strand des Schwarzen Meeres segelten, um das Goldene Vlies des Königs Aietes im Kolcherlande zu holen. Zum ersten Mal wird hier die romantische Liebe zentrales Thema der epischen Dichtung. Die für das alte Epos typischen Heroen dankten gewissermaßen ab zugunsten neuer Strömungen und der veränderten Weltsicht des Hellenismus. Der Dichter nimmt jede Chance wahr, Gelehrsamkeit zu demonstrieren; sein Thema gibt ihm reichlich Gelegenheit dazu. So beschäftigt er sich zum Beispiel ausführlich mit der »neumodischen« Ursachenforschung und entwickelt eine echte Leidenschaft für die bunte Vielfalt der alten Mythen. Andererseits zeigt Apollonios großes Geschick darin, Sprache und Stil Homers seiner eigenen literarischen Welt anzupassen, die nichts mehr mit Homer gemein hat. Das zeigt sich u. a. in seiner »unhomerischen« Oberflächlichkeit: Seinen Helden Iason schildert er als belanglos und unbedeutend, auch macht er nicht einmal den Versuch, die Geschlossenheit der homerischen Meisterwerke annähernd zu erreichen. So zerfällt seine Dichtung letztlich in unzusammenhängende, wenn auch häufig sehr schöne Einzelteile.

Trotzdem müssen die *Argonautika* für Kallimachos ein Greuel gewesen sein, da er das Epos als Form ablehnte. Apollonios stellte sich damit ganz bewußt gegen die neu entwickelte »alexandrinische« Ästhetik des Kallimachos, die das kurze Gedicht bevorzugte. Nach der Überlieferung sah sich Apollonios zu einem ernsthaften Disput über grundsätzliche Fragen mit Kallimachos gezwungen, der, obschon sein früherer Lehrer und bereits ein älterer Herr, doch in der Bibliothekshierarchie unter ihm stand. Apollonios soll den älteren Kollegen einen Holzkopf genannt haben, umgekehrt habe dieser ihn des Plagiats bezichtigt. Dieser Vorwurf konnte damals leicht erhoben werden, da es geradezu zum guten Ton gehörte, Schriften anderer Dichter zu kopieren oder geschickt zu adaptieren. Außerdem konnte man dadurch den Apollonios in einige Verlegenheit bringen, weil er tatsächlich lange Passagen aus Kallimachos' Werken kaum verändert übernommen hatte. Es wäre sogar denkbar, daß die Fehde von einem phantasiebegabten Kritiker erfunden wurde, der jene literarischen Anleihen bemerkt und sich eine dazu passende Geschichte ausgedacht hatte. Wahrscheinlicher ist jedoch, daß die Überlieferung recht hat und Kallimachos bei dem Disput die Oberhand behalten habe, worauf Apollonios Alexandria verließ und nach Rhodos übersiedelte, weshalb er »der Rhodier« genannt wurde.

Auch wenn Kallimachos vorübergehend gesiegt haben sollte – die Nachwelt stellte sich nicht eindeutig auf seine Seite. Denn auch in der nächsten Generation wurden lange Epen geschrieben, und sie fanden ihre Liebhaber. Das in lateinischer Sprache geschriebene Epos sollte später sogar einen erstaunlichen Aufschwung erleben, zunächst in den archaisierenden Heldengedichten des Ennius, später vor allem in der *Aeneis* des Vergil, der Apollonios viele Anregungen verdankt.

In den *Argonautika* finden sich zwar Ansätze zu Realismus und Naturalismus, aber gleichzeitig auch Elemente der Realitätsferne: Als typisches Produkt der alexandrinischen Schule war das Gedicht für den Geschmack einer geistesverwandten Elite geschrieben; außerdem war das Kolchis des Königs Aietes (Iasons Ziel) ein utopisches Wunderland wie die Inseln des Euhemeros und des Iambolos (Ausgrabungen der prachtvollen teilhellenisierten Stadt Vani in Kolchis, heute im sowjetischen Georgien, haben allerdings gezeigt, daß der Schilderung dieses Landes doch einige Fakten zugrunde liegen dürften).

Eine solche Realitätsferne paßte zu der damals weitverbreiteten Sehnsucht nach *ataraxia*. Der zeitgenössische Dichter Theokrit verfolgte dasselbe Ziel, allerdings auf ganz anderen Wegen. Mit kurzen (daher notwendigerweise inadäquaten) Worten ausgedrückt: Theokrits Rezept war das Aufgehen des Menschen in Natur und Landschaft; kein völlig neuartiger Gedanke, doch der Dichter erfüllte ihn mit neuem Leben und sorgte dafür, daß ein ganzes Bündel entsprechender Ideale bis in unsere

Zeit weitergereicht werden konnte. Ursprünglich voller kraftvoll-dramatischen und bewegenden Empfindungen, entartete die Naturdichtung – allerdings erst viel später – zur süßlich-lieblichen Schäferpoesie.

Theokrit, vermutlich in Syrakus in Sizilien geboren, verbrachte den größten Teil seines Lebens fern der Heimat, da ihn König Hieron II. offensichtlich nicht unterstützte. Er ging wahrscheinlich über Süditalien nach Kos, später nach Alexandria. Dort verfaßte er ein *panegyrikos*, eine Lobrede, auf Ptolemaios II. Philadelphos; welche Art Protektion ihm dafür zuteil wurde, bleibt unklar. Neben Epigrammen werden ihm einunddreißig Gedichte zugeschrieben. Etwa zweihundert Jahre später bezeichnete man diese Arbeiten als »Idyllen« (*eidyllia*, Diminutiv von *eidos*: Form, Stück), wie auch schon die *Oden* des Pindar (5. Jahrhundert) genannt wurden. Die Verwendung des Diminutivs ist recht passend für Theokrits kleine, ausgefeilte Meisterwerke, von denen jedes einzelne eine selbständige Einheit darstellt. Theokrit lag damit ganz auf der Linie des Kallimachos, der auch die kurze Form bevorzugte. Lange Gedichte sind das Werk von Krähen, die Nachtigallen zu imitieren suchen, läßt er eine seiner Gestalten sagen.

Theokrit setzte sich entschieden von der epischen Tradition Homers ab, doch die Art und Weise, wie er das tat, fanden seine mit Homer vertrauten Leser höchst paradox. Immerhin waren sie schon durch die Epen des Apollonios und anderer vorbereitet. Denn seine Dichtung ist in typisch hellenistischer Manier voll von Anspielungen auf Homer, doch stellt er ihn völlig auf den Kopf. Er bleibt zwar im Versmaß der *Ilias* und *Odyssee*, dem Hexameter, mischt jedoch zugleich ganz und gar unhomerische künstliche dorische Dialektwörter unter. Außerdem übernimmt er Handlungselemente und Themen, Eigennamen und ganze Passagen aus Homer. Diesen Anleihen werden aber absichtlich dauernd unhomerische Wendungen gegenübergestellt, so daß ein Durcheinander von Sinnverdrehungen entsteht, das auf seine kultivierten Leser überraschend, schockierend – aber auch höchst amüsant wirken mußte. So läßt Theokrit seine einfachen, derben Hirten in unpassenden und daher komisch wirkenden epischen Reminiszenzen schwelgen oder überträgt ironisch die alten homerischen Handlungselemente in ein modernes und höchst unheroisches Umfeld. In der für den Hellenismus charakteristischen Art (die seine Freunde zu schätzen wußten) ließ er die mythologische Epik wieder aufleben, aber er tat dies mit sehr modernen und nachgerade revolutionären sprachlichen Mitteln.

Heute kann man (auch wenn er dies vielleicht selbst nicht getan hat) seine erhaltenen Gedichte in Mimen und pastorale bzw. »bukolische« (von *bukolos*, der Kuhhirte) Dichtungen einteilen. Über die Mimen und ihren Beitrag zu den damaligen realistischen Strömungen wurde bereits gesprochen. Die bukolischen Stücke entfernten sich bewußt völlig vom Realismus und leisteten so ihren eigenen Beitrag zu dem zeitgenössischen Streben nach *ataraxia*. Oberflächlich betrachtet behandeln sie scheinbar wenig tiefgründige Themen wie Wettsingen, Streitigkeiten und Neckereien zwischen Schäfern, Sehnsucht nach ländlichen Liebhabern oder auch alte volkstümliche Erzählungen über sagenhafte Kuh- und Schafhirten und deren Freuden und Leiden. Spuren der Hirtendichtung fanden sich bereits bei Homer, aber ihr eigentlicher Schöpfer soll Daphnis gewesen sein, ein legendärer Hirte aus Sizilien oder Euböa. In historischer Zeit beschäftigten sich als erste Epicharmos und Sophron, zwei sizilische Dichter des 5. Jahrhunderts mit der Natur, die im Hellenismus immer mehr zu einem Modethema für Literatur und bildende Künste wurde. Einige der frühen Schriftsteller dieser Zeit, besonders Anyte von Tegea, waren gewissermaßen Wegbereiter von Theokrits pastoraler Dichtung. Es ist auch denkbar, daß er durch die Lieder beeinflußt wurde, welche die sizilischen Hirten seiner Zeit tagtäglich sangen. Es waren alte Lieder, die vermutlich schon die Hirten der Vorzeit gesungen hatten. Wie dem auch sei: Die Hirtengedichte des Theokrit stellten in diesem relativ späten Stadium der griechischen Literaturgeschichte eine neue Literaturform dar, wie er selbst stolz feststellt.[46] Sie inspirierten später Werke wie die *Eklogen* des Vergil, John Miltons *Lycidas* und Percy Bysshe Shelleys *Adonais*.

Die Schauplätze von Theokrits ländlichen Szenen sind schwer zu lokalisieren. Es ist nicht sicher, wann und wie lange er sich in Syrakus, Kos und Alexandria aufgehalten hat, und die Landschaft jener Orte findet sich zerstreut in den erhaltenen Gedichten, falls sie überhaupt eindeutig auszumachen ist. So spielen einige Gedichte auf der Insel Kos (VII. und wahrscheinlich II.), während Themen und Gestalten manchmal sizilisch bzw. süditalisch anmuten. Der ägäischen Region sind jedenfalls die meisten szenischen Details zuzuordnen, wobei wir nicht wissen, ob sie auf eigener Anschauung oder der Vermittlung durch andere Dichter beruhen.

Die ländlichen Szenen Theokrits eignen sich jedoch weniger für eine »Ortsbestimmung«; vielmehr sind es »Bühnenbilder« mit festen Versatzstücken. Im ländlichen heiligen Bezirk wohnen in der griechischen Lyrik, im Epigramm und in der bildenden Kunst des Hellenismus die Götter: Laß dich im Hain nieder und pflege der Ruhe! Die Gedichte Theokrits sind Ausdruck einer städtischen Kultur, für Stadtbewohner verfaßt. Seine Landleute nehmen die Schönheiten der ländlichen Umgebung wahr und beschreiben sie mit beredten Worten wie Städter, die an einem schönen Tag einen Ausflug aufs Land machen. Theokrit kannte das Leben in der Stadt und auf dem Land und wendet sich gegen die erbarmungslose Menschenfeindlichkeit des Lebens in Großstädten wie Syrakus und vor allem Alexandria. Ein Großteil der Bevölkerung Alexandrias war nicht lange zuvor zugezogen und betrachtete sich als heimatlos wie der Dichter selbst. Die Stadt brauchte einen Mythos, den man ihren Mängeln entgegenstellen konnte, und genau den lieferte Theokrit. Er hat noch nicht den moralisierenden Tonfall späterer bukolischer Dichter, aber für den, der genau hinhört, wird eine Moral deutlich: »Nicht so viel Eile. Du stehst nicht in Flammen. Du wirst viel schöner singen, wenn du dich hier im Wäldchen unter dem wilden Olivenbaum niederläßt.«[47]

Im »Erntefest«, dem feingefügten, etwas rätselhaften siebenten Gedicht, gelingt es dem Ziegenhirten Lykidas, den Freund Simichidas zu diesem lockenden Ziel hinzuführen. Es ist nicht sicher, ob Lykidas für einen zeitgenössischen Dichter stehen soll; Simichidas ist jedenfalls Theokrit selbst. Wenn Lykidas mit einem Anklang an Hesiod (der etwa ein halbes Jahrtausend zuvor über das Landleben geschrieben hatte) zu seinem Freund sagt: »Ich will dir meinen Schäferstab geben, denn du bist ein Sproß, den Zeus ganz für die Wahrheit geschaffen hat«[48], personifiziert Theokrit in der Gestalt des Hirten die Inspiration und das dichterische Können: Lykidas kann den Simichidas (d. h. Theokrit) zu diesem Ziel führen. Das Gedicht endet mit der triumphalen und überschwenglichen Darstellung der fruchtbaren Lebenskraft, die Simichidas-Theokrit dann besitzen wird. Hierbei feiert er die Erntegöttin Demeter als Verkörperung der Süße des Nektars und der Schöpferfreude; in ihr vereinen sich Himmel und Meer, die Theokrit so leuchtend beschreibt: Demeter wird ihn am Ende seines dichterischen und menschlichen Suchens willkommen heißen.

Ein andermal übt er an der ländlichen Szene seine meisterhafte Technik der humorvollen Überraschung. Begriffe und Sprachformen von äußerster Verfeinerung werden oft derb-rustikalen Redensarten gegenübergestellt, so daß das Landleben im ersten Moment idealisiert erscheint, im nächsten Augenblick aber vor frischem, prallem Realismus strotzt: Die Landbevölkerung, die sich gerade noch in vornehmen literarischen Gemeinplätzen ergangen hatte, verfällt plötzlich in die deftige Sprache des Bauernhofs. Derartige Effekte waren bei den hellenistischen Lesern sehr geschätzt. Doch dies ist nur *ein* Beispiel von Theokrits Humor, mit dem er Realität und Kunst geistreich miteinander vermischt und gegeneinanderstellt. Seine Sprache ist gewählt, konzentriert und prägnant. Jedes Wort, sei es homerisch oder umgangssprachlich, steht genau an der richtigen Stelle.

Die Beziehung, die Theokrit zwischen dem Stadtleben und der bisweilen poetisch überhöhten Phantasiewelt des Landlebens herstellt, ist vieldeutig und schwer zu fassen. In gewissem Sinn ist seine pastorale Szenerie eine ländliche Gartenlaube, die von der Außenwelt abgeschlossen ist, und in der die einfachen Gesetze der Natur keine Geltung haben. Man muß aus der Gemeinschaft gewöhnlicher Sterblicher fliehen, um herauszufinden, wo das Zauberland liegt. Diese Oase ist jedoch nicht völlig von der Außenwelt abgeschnitten. Hinter der amüsanten Ironie Theokrits verbirgt sich nicht einfach die Sehnsucht nach der Natur, sondern nach einer Gemeinschaft, die ihre wahren Möglichkeiten in einer stärkenden und heilenden Umwelt verwirklicht. In einer solchen vollkommenen Landschaft wird der Mensch fähig sein, in Freiheit, Harmonie und Liebe zu leben, weil dort die seelische Harmonie zum Ideal erhoben ist, sich als Maßstab für andere Gesellschaftsformen bewähren muß, *um schließlich zu triumphieren.*

Der Dichter versucht also, Probleme und Lösungen anzubieten, die im Bereich intellektueller und ästhetischer Erfahrung liegen. Er strebt nach einer allumfassenden Vision für die Erlösung der Menschheit, in der das bisher unterdrückte Individuum zu seinem befreiten Selbst erwachsen kann. Theokrit will die Menschen mit den Realitäten und Zwängen ihrer Situation versöhnen und schlägt eine Lösung vor, die seiner Meinung nach nicht rein utopisch und unerreichbar ist, sondern durchaus eine reale Möglichkeit für die, die sie ergreifen. Dazu ist nicht unbedingt eine bukolische Landschaft vonnöten; wichtig ist, daß Herz und Seele entsprechend eingestimmt sind.

Ein Schlüsselbegriff ist *hasychia* (die dorische Form von *hesychia*, Frieden und Ruhe) die genau der Ataraxie entspricht, nach der sich alle sehnten. Im 5. Jahrhundert hatte sie Pindar als politisches Ziel gepriesen. Theokrit aber sieht in ihr ein Verlangen allgemeinerer Art: »Auf *hasychia* sei unser Sinn gerichtet«, singt ein Hirte dem anderen zu[49] und meint damit das Ideal, das der Dichter verkündet. Ein anderes von Theokrit häufig verwendetes Wort ist *hadys (hedys)*, was wörtlich »süß« bedeutet (das dazugehörige Nomen ist *hadona*: Vergnügen oder Freude), aber die heitere Ruhe beschreiben soll, die Theokrit aus der Natur gewinnt. Die Natur selbst ist, wie der Dichter erklärt, *hadys*. Mit dem Wort *hadys* beginnt auch der Hirte Thyrsis in dem programmatischen ersten Gedicht Theokrits. Es ist ein dramatischer Dialog, unterbrochen von einer längeren erzählenden Beschreibung und durch Thyrsis' Klage über den Tod des Daphnis. Der Mythos von Daphnis wird dazu benutzt, Dichtkunst als ausgleichende Kraft gegenüber den Naturgewalten darzustellen. Thyrsis' Lied verkündet die Süße und Freude des Lebens, und doch ist seine Stimmung wehmütig – die Idylle atmet ein Gefühl von Tod und Vergehen. Denn das Paradies ist, so der Dichter, ein Ort oder eine Idee, die zerbrechlich und daher ständig gefährdet sind. Das Lied des

Hirten zeigt, daß Friede und Kampf sehr nahe beieinander liegen. Tatsächlich spiegelt sich in Theokrits bukolischer Vision das Bewußtsein von einander widerstreitenden und gegensätzlichen Kräften. Während er das Bild von Ruhe und Harmonie auf einer grünen Weide entwirft, schränkt er im selben Augenblick seine eigene Vision ironisch ein oder stellt sie in Frage. Der Frieden ist nicht nur durch die Außenwelt bedroht, sondern auch durch die Disharmonie im Innern des Menschen. So sind die Gedichte Theokrits voller dynamischen Spannungen, die sich gegenseitig die Waage halten: Gegensätze zwischen Stadt und Land, Mann und Frau, Natur und Gesellschaft, Natur und Kunst, Wollen und Tun sowie vor allem zwischen der harten Realität und der Welt der Träume. Neben anderem ist es gerade dieser Widerspruch, der das Wesen des von ihm so treffend verkörperten Zeitalters ausmacht.

Bisweilen sind Theokrits Landschaften bewußt so unwirklich gehalten, daß sie uns zum Unmöglichen, nicht Durchführbaren zu verlocken scheinen. Aber das Aufeinanderprallen von harten Tatsachen und Träumen kann zu einer Versöhnung führen: Die Antithese führt zur Synthese. Der erwünschte Seelenfrieden ist tatsächlich schwer zu fassen, kann aber doch irgendwo gefunden werden, wenn wir nur genügend Kraft und Phantasie aufbringen. Die verlockende und bewegende Schönheit dieser Botschaft macht Theokrit zum einzigen hellenistischen Dichter, der modernen Lesern noch Wesentliches zu sagen hat, falls sie bereit sind, die scheinbar trivial-derbe Oberfläche zu durchstoßen und zu den darunter verborgenen Tiefen vorzudringen. Theokrit überbrückt den Gegensatz zwischen dem zeitgenössischen Drang zur Realität und dem nicht weniger starken Wunsch, sich ganz aus ihr zurückzuziehen. Diese Doppelrolle braucht uns nicht zu überraschen, denn in seinen Mimen war er bereits einer der ersten, die dem Realismus huldigten. Aber vor allem hat er uns mit seiner Hirtendichtung den Rückzug aus dem Alltagsleben in die Ataraxie vorgezeichnet. Dieser Rückzug ist, wie Theokrit betont, keine Flucht, da der Seelenfrieden ja das einzige wahre Leben ist – ein Leben, das wir erreichen können, wenn wir nur wollen.

Epilog

So vereint Theokrit den auffallendsten Widerspruch seiner Zeit in sich: den Drang, die Dinge so zu sehen, wie sie wirklich sind, und den absoluten Gegensatz dazu – Realitätsflucht und Suche nach Seelenfrieden, der den Menschen unverwundbar macht gegenüber den Launen des Schicksals.

Derselbe Widerspruch zeigt sich im gesamten Umfeld des hellenistischen Lebens. Der Naturwissenschaftler war bestrebt, die Dinge realistisch zu sehen, viele Künstler und Schriftsteller bemühten sich, den Menschen wirklichkeitsgetreuer darzustellen als je zuvor. Doch im scharfen Gegensatz dazu versuchten Mysterienkulte Phantasiewelten aufzubauen, um so die Menschen vor den Leiden des realen Lebens zu schützen. Die Philosophen betrachteten es fast einmütig als ihre Pflicht, ein allgemeines Verlangen nach Ataraxie, nach endgültiger Überwindung der Sorgen dieser Welt, zu stillen. Zu Beginn unseres Jahrhunderts wurden der Hang zum Eskapismus und dessen Symptome als besonders charakteristisch für die hellenistische Welt herausgestellt. In letzter Zeit hat die Forschung mehr die positiven, aktiven und konstruktiven Züge des Zeitalters betont. Beide Auffassungen sind richtig, geben aber nur die halbe Wahrheit wieder.

Ein Nebeneinander widersprüchlicher Tendenzen innerhalb einer Gesellschaft ist natürlich nichts Einmaliges. Es ist durchaus nicht ungewöhnlich, daß in einer Gemeinschaft zur selben Zeit Menschen wirken, die mit Herz und Verstand in entgegengesetzte Richtungen streben, sei es nun zu ihrem Schaden oder zu ihrem Nutzen. Überdies ist es sogar völlig normal, daß ein Mensch in seiner persönlichen emotionalen und intellektuellen Erfahrungswelt zwei völlig entgegengesetzte und vielleicht auch widersprüchliche Charakterzüge in sich vereint, wie dies anscheinend bei Theokrit der Fall war. Die Praxis des *Doublethink* in *1984*, George Orwells antiutopischer Vision einer menschlichen Gesellschaft, bedeutete nichts anderes als die Fähigkeit, gleichzeitig zwei einander widersprechende Auffassungen zu haben und beide zu akzeptieren. In *1984* war dies ein unbewußter Vorgang und deshalb so schrecklich. Doch schöpferische Persönlichkeiten können solche Widersprüche sehr wohl aushalten und bewußt erleben. Theokrit war eine solche Persönlichkeit, aber auch der Dichter Catull, einer der größten römischen Erben des Hellenismus, der von seiner Geliebten sagte: *Odi et amo,* »Ich hasse und liebe sie gleichzeitig«, und fortan sein Dichterleben damit zubrachte, zu erklären, wie dies möglich sei.

Der hellenistische Widerspruch zwischen Realismus und Weltflucht ist ein wichtiger Aspekt desselben Phänomens. Er findet sich (wenn auch nicht immer in demselben Ausmaß) in jeder Gesellschaft mit einer die Phantasie anregenden Literatur, die den einzelnen aus der eigenen in eine andere Welt zu versetzen sucht, um ihn wenigstens für kurze Zeit den Härten des Alltagslebens zu entrücken. Wie T. S. Eliot feststellte, kann die Menschheit nicht sehr viel Realität ertragen. Und wenn ein Dichter wie William Wordsworth sich ganz ähnlich äußerte, so verdienen seine Worte besondere Aufmerksamkeit, denn vielleicht ist es gerade das England des späten 18. und des ausgehenden 19. Jahrhunderts, das mit der Welt des Hellenismus am ehesten vergleichbar ist. Gab es doch auch hier den Kontrast zwischen dem ungehemmten Vorwärtsdrängen der industriellen Revolution und dem gleichzeitigen Rückzug in die Welt der Phantasie (beispielsweise in den Romanen von Sir Walter Scott), wobei beide Tendenzen durchaus in Zusammenhang standen. Die Unterschiede zwischen diesen beiden Epochen sind natürlich zahlreich. Ähnlichkeiten bestehen in dem scharfen Widerspruch zwischen zwei gleichzeitig nebeneinander existierenden Erscheinungen: einerseits eine optimistische, gänzlich diesseitige Aktivität, andererseits der heilsame Rückzug in die Passivität, welcher den unerträglichen Druck jenes aufreibenden Realismus mildern sollte.

Bei genauerer Betrachtung wird klar, daß dieser Kontrast nur eines der vielen Paradoxa des hellenistischen Lebens ist. Ein anderer krasser Gegensatz war der zwischen der erdrückenden Größe der Staaten und der hilflosen Bedeutungslosigkeit einzelner Bürger. Mit Hilfe der Anweisungen eines Sokrates und anderer Geistesgrößen schlug sich jeder recht und schlecht allein durchs Leben und versuchte dabei seine eigene Persönlichkeit zu entwickeln, so gut es eben ging. Die Städte, in der Vergangenheit ein zuverlässiger Schutzraum, hatten viel von ihrem früheren Glanz verloren, so daß nun dem Individuum, und zwar Mann *und* Frau, mehr Bedeutung zukam. Das Zeitalter des Hellenismus war auch eine Epoche der großen Monarchien, neben denen Stadtstaaten meist nur eine untergeordnete Rolle spielten, wenn sie sich nicht gelegentlich zu Städtebünden zusammengeschlossen hatten. Paradoxerweise behielten diese Stadtstaaten dennoch ihre Bedeutung bei, und abgesehen von wenigen Ausnahmen sahen die Monarchen in ihnen gewissermaßen den Kern für den Aufbau ihrer Großreiche. Dies ist jedoch nur ein besonderer Aspekt des viel umfassenderen Gegensatzes von Tradition und Moderne: Neues und Altes prallt aufeinander und geht gleichzeitig eine neue Verbindung ein, eine aus vielen Epochen und Regionen bekannte Erscheinung. In hellenistischer Zeit wurde dieses Phänomen jedoch in ganz besonderer Weise zur Grundlage der kulturellen Leistungen. Die großartige klassische Vergangenheit blieb zwar allgegenwärtig, man war aber auch eifrig bemüht, sich von ihr zu lösen und führte daher auf den verschiedensten Gebieten bahnbrechende Neuerungen ein.

Die hellenistische Zeit wurde bisweilen etwas abfällig als relativ uninteressante Übergangsperiode zwischen dem Griechenland der Klassik und dem emporstrebenden Römerreich abgetan – eine kuriose Fehleinschätzung. Wir können natürlich nicht sagen, ob und wann die hellenistische Welt – hätte es Rom nie gegeben – an ihrer Schwäche und den inneren Spannungen auf alle Fälle zugrundegegangen wäre. Vermutlich wäre dies jedoch nicht allzubald geschehen, auch wenn keine Gesellschaft ewig besteht, wie schon Polybios bemerkte.[1] Jedenfalls haben die hellenistischen Staaten und Völker eine durchaus eigenständige Kultur geschaffen, die man getrost zu den bedeutendsten Leistungen der Weltgeschichte rechnen kann, und zwar der westlichen Hemisphäre. Denn trotz der Vielvölkerstruktur der hellenistischen Staaten sind die wichtigsten Schöpfungen doch meistens griechisch, ungeachtet aller Einsprengsel anderer Kulturen.

Als dieses Zeitalter von der Epoche des römischen Weltreichs abgelöst wurde (nach unserer modernen Terminologie), zeigte sich ein Widerspruch, der vielleicht noch frappierender war als die bisher aufgezählten. Denn die Herrschaft Roms bedeutete nicht Unterdrückung, sondern sie verbürgte die Stabilisierung und den Fortbestand der hellenistischen Gesellschaft. Rom war natürlich schon seit Jahrhunderten hellenistischen Kultureinflüssen ausgesetzt gewesen. Nach den Worten des Dichters Horaz »nahm das eroberte Griechenland den grausamen Sieger gefangen«.[2] Er spielte damit auf frühere Zeiten an, in denen die Römer die griechische Kultur ihren eigenen Bedürfnissen und Zielen angepaßt hatten. Aber zu Lebzeiten des Horaz war auch ein anderes sichtbar geworden: Obwohl die griechische Welt politisch unter römischer Herrschaft stand, war und blieb sie weit entfernt von jeglicher Romanisierung. Dieser Teil des Römerreiches, dessen räumliche Ausdehnung sogar eher zu- als abnahm, sollte auch in Zukunft griechisch bleiben.

Vergil verband seine ehrfürchtige Bewunderung der kulturellen Tradition der Griechen mit der ebenso festen Überzeugung, daß die Römer politisch die Vorherrschaft behalten müßten.[3] Derselben Meinung waren Augustus und viele andere bedeutende Römer. Doch am

Ende widerfuhr den Griechen Genugtuung. Dies zeigte sich zum erstenmal, als Konstantin der Große (um 280–337 n. Chr.) das römische Heidentum zugunsten des christlichen Glaubens zurückdrängte, den der Apostel Paulus in den griechischen Ländern eingeführt hatte. Konstantin verschaffte den Griechen noch eine weitere Genugtuung: Auf dem Gebiet der griechischen Stadt Byzanz, weit außerhalb der lateinischen Welt, legte er den Grundstein zu Konstantinopel, und diese Neugründung löste Rom als Hauptstadt des Reiches ab. Als das Imperium im folgenden Jahrhundert in zwei Hälften geteilt wurde, erlag die westliche, lateinische Hälfte bald den germanischen Eroberern. Das »Römische Imperium« – denn so hieß es offiziell weiter – war seitdem die östliche, griechische Hälfte der Mittelmeerwelt. Römisches Wesen, *Romanità*, hielt sich weiterhin am Hofe von Konstantinopel. Noch im 6. Jahrhundert n. Chr. ließ Kaiser Iustinian I. Gesetze in lateinischer Sprache kodifizieren, doch drei Jahrhunderte nach ihm waren dann selbst die Münzaufschriften griechisch geworden. Von Byzanz aus breiteten sich die politische Macht, die Sprache, die Kunst und das Denken der Erben des Hellenismus beständig weiter aus. Die griechische Welt hatte nicht nur überlebt – sie war auch Sieger geblieben.

Anmerkungen

Vorwort

1 Der Historiker Gustav Droysen
(1808–84) prägte den Begriff »Hellenismus«, so wie wir ihn heute verstehen. Vgl. C. Preaux, *Le monde helle-
nistique*, Band I, S. 7 ff., aber auch
S. 5 ff.

Kapitel 1:
Die hellenistischen Königreiche

1 Polybios, XVI, 13,1; Livius XXXIV,
31,11 ff. und 32,9
2 Theokrit, XVII, 13 ff., 85 ff.
3 B. P. Grenfell, A. S. Hunt u. a.
(Hrsg.), *Tebtunis Papyri* III, 703, 230
4 Diodor, III, 12–14
5 W. L. Westermann, E. S. Hasenöhrl
(Hrsg.), *Zenon Papyri* I, 66 Z. 19–21;
J. F. Oates, A. L. Samuel, C. B. Welles (Hrsg.), *Yale Papyri in the Beinecke
Rare Book and Manuscript Library* 46,
Sp. 1, Z. 13
6 U. Wilcken, *Urkunden der Ptolemäer-
zeit* 7, 8, 15; *Papyri greci e latini* IV, 421
7 Grenfell, Hunt (Hrsg.), *Hibeh Papyri*
II, 198
8 Plutarch, *Moralia* 328 E, vgl. *Von der
Ruhe des Gemüts: Maximen* (Hrsg.
B. Snell, Zürich 1948) S. 212 ff.
9 Plinius d. Ä., *Naturalis historia* VI, 30,
122
10 Malalas, XVIII, 418
11 Arrian, *Anabasis* VII, 9–10
12 *Corpus Papyrorum Judaicorum* 4
13 1. Makkabäer, 1, 12
14 2. Makkabäer, 4, 9
15 Fl. Josephus, *Antiquitates Judaicae*
XIII, 318

16 Y. Meshorer, *Jewish Coins of the
Second* Temple Period, S. 118 ff.
Nrn. 1 ff.
17 *Oracula Sibyllina*, III, 271
18 N. Davis, C. M. Kraay, *The Hellenistic
Kingdoms: Portrait Coins and History*,
Nrn. 174, 175, 178
19 Lukan, *Bürgerkrieg*, X, 141 ff.
20 Plutarch, *Moralia*, 790 A
21 Pseudo-Platon, *Alcibiades*, 107 E
22 Platon, *Politikos*, 294 A (vgl. 296 ff.)
23 Pseudo-Isokrates, *An Demoikos* 36
24 Aelian, *Varia Historia*, II, 20
25 Pindar, *Nemäische Oden*, VI, 5 f.
26 Plutarch, *Alexander*, 27
27 Athenaeus, VI, 253
28 *Orientis Graeci Inscriptiones Selectae*,
212
30 Plutarch, *Über Isis und Osiris* 24; *Maximen* (Antigonos), 7; *Moralia*, 182 C

Kapitel 2:
Stadtstaaten und Bündnissysteme

1 Polybios, III, 59
2 Polybios, XV, 24
3 W. Dittenberger, *Sylloge Inscriptionum
Graecarum*, 527
4 Platon, *Gesetze*, I 626 A; *Staat*, V 471
A–B
5 Apollonius Rhodius, *Argonautica*, II,
541
6 Aristoteles, *Politik*, VII, 1327 B
7 Plutarch, *Camillus*, 22,3
8 Menander, *Fragmente*, 537 Kock = 614
Sandbach
9 Polybios, XXXVI, 17
10 F. Jacoby, *Fragmente der griechischen
Historiker*, A 112 ff., 72
11 Isokrates, *Archidamos*, 50

12 Aeneas Tacticus, *Poliorcetica*, 14
13 Pseudo-Demosthenes, XVII, 5
14 W. Dittenberger, op. cit. 526, Z. 22 ff.
15 Polybios, XX, 6
16 Pseudo-Aristoteles, *Oeconomica*, 1344 A–B
17 Philemon, *Fragmente*, 39 Meineke = 95 Kock
18 Menander, *Fragmente*, 563 A Körte
19 F. Jacoby, op. cit. A 87, 108 C und F
20 Homer, *Ilias*, IX, 443
21 Plutarch, *Lucullus*, 22
22 Plutarch, *Über die Kindererziehung*, 8 = *Moralia* 5 E
23 Julian, *Gegen die Galiläer*, 229 E
24 Aristoteles, *Rhetorik*, 1413 B 12
25 F. Jacoby, op. cit., C. 697
26 *Inscriptiones Graecae*, II, 2², 1368
27 Athenaeus, VII, 276 B–C
28 Cicero, *Div.*, II, 86–87

Kapitel 3:
Realität und Individuum

1 Theophrast, *Metaphysik*, 11 B 24–12 A 2
2 Platon, *Staat*, VII 528 C
3 Simplicius, *Kommentar zur Physik des Aristoteles*, 1110,5
4 Vitruv, IX, 11
5 Plinius d. Ä., *Naturalis historia*, XXVI, 24, 95
6 Aristophanes, *Plutos*, 653–744
7 Alexis, *Fragmente*, 30, Kock
8 Polybios, X, 47,12
9 Plutarch, *Marcellus*, 17,3
10 Syrianus, *Kommentar zu Hermogenes von Tarsos* 2, 23
11 F. Jacoby, op. cit., A 76,1; vgl. Diodor XX 43,7
12 Polybios, V, 33
13 Plinius d. Ä., op. cit., XXXIV, 19,52
14 Xenophon, *Memorabilia*, III, 10, 1–3
15 Aristoteles, *Nikomachische Ethik*, IV, 3, 1–34
16 Plinius d. Ä., op. cit., XXXV, 44, 153
17 Ibid., XXXIV, 19, 65
18 Ibid., XXXIV, 19, 82
19 Ibid., XXXV, 44, 153

20 Quintilian, XII, 10,9
21 Aristoteles, *Poetik*, 2
22 Plinius d. Ä., op. cit., XXXV, 36, 88
23 I. Carradice, *Ancient Greek Portrait Coins*, S. 2, Abb. 2
24 Xenophon, *Oeconomica*, 7, 30, vgl. 14
25 J. U. Powell, *Collectanea Alexandrina*, 238, 45
26 *Ägyptische Urkunden aus den Staatlichen Museen Berlin* (Griechische Urkunden), XIV, Nr. 2376 (Herakleopolis)
27 B. P. Grenfell, A. S. Hunt u. a., *The Oxyrhynchus Papyri*, 1380, Z. 130
28 O. Rubensohn, *Elephantine-Papyri*, 1
29 W. Dittenberger, op. cit., 578
30 Platon, *Gesetze*, I, 636
31 Diogenes Laertius, VII, 129
32 Plutarch, *Tischgespräche*, VII, 8 = Moralia 712 C
33 Polybios, XXXI, 25,3
34 Plutarch, *Abhandlung über die Liebe*, 23 = Moralia 768–769
35 Diogenes Laertius, VI,3
36 Theokrit, II 164
37 Apollonius Rhodios, *Argonautika*, III, 967–972

Kapitel 4:
Die Suche nach Seelenfrieden

1 Pindar, *Olympische Oden*, XII, 2–12
2 Euripides, *Hekuba*, 488–491
3 Lukan, *Bürgerkrieg*, VII, 445–47
4 Aristoteles, *Physik*, II, 4–6
5 Menander, *Fragmente*, 482 Kock = 417 Sandbach
6 Ibid., 594 Kock
7 Epikur, *Briefe*, III, 134
8 Polybios, 1,4
9 Polybios, VI, 57
10 Zenon, *Fragmente*, 87 Arnim
11 Diodor, I 49,5
12 Paulus, *Epheserbrief*, 2,12
13 Platon, *Timaios*, 21 E
14 Diodor, I, 27,4
15 *Supplementum Epigraphicum Graecum*, VIII 548
16 Apuleius, *Metamorphosen*, XI, 6, 15

290

17 Firmicus Maternus, *De err. prof. religionum* 22 ff.
18 Xenokrates, *Fragmente*, 4, Heinze
19 Diogenes Laertius, II, 115
20 J. von Arnim, *Stoicorum Veterum Fragmenta*, II, 975
21 Cicero, *De finibus*, III 22, 74
22 Epikur, *Ratae Sententiae (Kyriai Doxai)*, 22, 23
23 Epikur, *Briefe*, III, 123
24 Ibid., 128, 4–5
25 Epikur, *Rat. Sent.*, 34
26 Kallimachos, *Epigramme*, 2
27 Epikur, *Gnomologium Vaticanum*, 22
28 Epikur, *Rat. Sent.*, 14
29 A. Körte, *Neue Jahrbücher*, Suppl. 17, 536
30 Plutarch, *Moralia*, 466 E
31 Diogenes Laertius, IV, 52
32 Mark Aurel, *Selbstbetrachtungen*, VI, 47; Lukian, *Zweimal angeklagt*, 33
33 Sextus Empiricus, *Abriß des Pyrrhonismus*, 12
34 H. Diehls, W. Kranz, *Fragmente der Vorsokratiker*, 70 A–B (2, 231–34)
35 Aristoteles, *Politik*, VII, 7, 1327 B; Plutarch, *Moralia*, 329 D

36 Menander, *Fragmente* 602 Kock, 533 Kock = Sandbach
37 Vgl. Porphyrius, *De Abstinentia*, III 25
38 Diogenes Laertius, VI, 63
39 Ibid. VI, 85–93
40 J. von Arnim, op. cit., III 13
41 Athenaeus, I, 22 D
42 Kallimachos, *Aitia*, I, 1, 25–28 Trypanis; *Anthologia Palatina*, XII 43, 4
43 Kallimachos *Aitia*, I, 24, 29–34 Trypanis; Athenaeus, II, 72
44 *Anthologia Palatina*, XII 43,1 Kallimachos, *Hymnen*, II, 108–109; *Aitia*, I, 1, 20 Trypanis
45 Kallimachos, *Aitia*, III, 75, 8–9 Trypanis
46 Theokrit, XVI, 106–110
47 Ibid., V, 31–32
48 Ibid., VII, 43–44
49 Ibid., VII, 126
50 Ibid., VII, 143

Epilog

1 Polybios, VI 5, 8; 57,1–9
2 Horaz, *Briefe*, II, 1, 156
3 Vergil, *Aeneis*, VI, 847–853

Zeittafel

Osteuropa	Westliches Asien	Ägypten
336 Alexander III. d. Gr. Nachfolger Philipps II. als König von Makedonien und Herr über Griechenland	334–332 Alexander d. Gr. erobert Teile Kleinasiens, Syrien und Palästina	332 Alexander d. Gr. erobert Ägypten; Gründung Alexandrias (331)
323 Antipatros in Makedonien und Griechenland; Sieger über Athen im Lamischen Krieg (322).	328 Zipoëtes gründet den bithynischen Staat (König 297)	323–283 Ptolemaios I. Soter; er besiegt Demetrios I. Poliorketes bei Gaza 312 (König 305/04)
319 Kassandros wird Nachfolger von Antipatros	321 Antigonos I. Monophthalmos in Asien (König 306, Tod bei Ipsos 301)	
315–281 Lysimachos in Thrakien etc.	312–281 Seleukos I. Nikator König 305/04) besiegt Lysimachos bei Korupedion (281)	
304/303 Spartokos III. König des Bosporanischen Reiches		
297–272 Pyrrhos I. König von Epirus	301 Mithridates I. Ktistes gründet das pontische Reich	um 295 Gründung des Museions und der Bibliothek in Alexandria
294–288 Demetrios I. Poliorketes in Makedonien und Griechenland (Belagerung von Rhodos 305/04)	282–263 Philetairos Herrscher von Pergamon	283–246 Ptolemaios II. Philadelphos
	281–261 Antiochos I. Soter; besiegt die Gallier (Galater) um 273	um 279 Errichtung des Pharos-Leuchtturms in Alexandria
284–239 Antigonos II. Gonatas König von Makedonien; Siege über die die Gallier bei Lysimacheia (278/77), Athen und Sparta im Chremonideischen Krieg (267–62), Ägypten vor Kos und Andros (258, 245)	263–241 Eumenes I. in Pergamon; löst sich vom Seleukidenreich	um 276–270 Arsinoë II. beeinflußt die ptolemaische Politik
		262–etwa 242 Apollonius Finanzminister
	261–246 Antiochos II. Theos	

Osteuropa	Westliches Asien	Ägypten
245–213 Aratos Führer des Achaierbundes; erobert Korinth (343)	um 255 Ariaramnes als König von Kappadokien anerkannt	246–221 Ptolemaios III. Euergetes
244–192 Reformkönige in Sparta (Agis IV., gest. 241; Kleomenes III., besiegt bei Sellasia 222; Nabis, gest. 192)		
229–221 Antigonos III. Doson		
229, 219 Römische Interventionen in Illyrien		
221–179 Philipp V.; Kriege mit Rom (215–205, 200–197: Kynoskephalai); »Freiheit« Griechenlands, Rhodos wird belohnt	223–Antiochos III. der Große; besiegt die Ägypter bei Panion (200; die Niederlage bei Raphia 217 ist damit wettgemacht); besiegt durch Rom (191, 190: Vertrag von Apameia 188)	221–205 Ptolemaios IV. Philopator; besiegt Antiochos III. bei Raphia (217)
192–182 Philopoimen Führer des Achaischen Bundes	197–160/59 Eumenes II. Soter König von Pergamon	205–180 Ptolemaios V. Epiphanes; von Antiochos III. bei Panion besiegt (200)
189 Ätolischer Bund wird Bundesgenosse Roms		
179–168 Perseus; Krieg mit Rom (Pydna); Ende des makedonischen Königtums	175–163 Antiochos IV. Epiphanes; Rückzug aus Ägypten (168)	180–145 Ptolemaios VI. Philometor
167 Deportation von Epiroten durch Rom; Delos wird Freihafen	167–14? Aufstand der Makkabäer (Hasmonäer) in Judaea	164–163, 145–132, 127–116 Ptolemaios VIII. Euergetes II.
	160/59–138 Attalos II. Philadelphos in Pergamon	
146 Rom zerstört Korinth, löst den Achaierbund auf; Makedonien und Griechenland werden annektiert	150, 146, 138 Kleopatra Thea heiratet mehrere aufeinanderfolgende Seleukidenkönige	

Osteuropa	Westliches Asien	Ägypten
	133 Attalos III. Philometor Euergetes vermacht sein Reich Rom	
	120–63 Mithridates VI. Eupator Dionysos der Große König in Pontos; drei Kriege mit Rom enden mit der Annexion seines Reiches	
	103–76 Alexander Yehonatan König in Judaea	
88, 69 Delos leidet unter Angriffen der pontischen Flotte, dann der Seeräuber	94–74 Nikomedes IV. Philopator von Bithynien; überläßt sein Reich Rom	107–89/88 Ptolemaios X. Alexander I. von Kleopatra III. zum dritten Mal auf den Thron erhoben
um 60–44 Burebistas von Dakien: Reich auf dem Balkan	83–66 Tigranes I. der Große; verliert Syrien an die Römer (annektiert 63)	
48 Caesar besiegt Pompeius bei Pharsalus	42–30 Marcus Antonius beherrscht den Osten des Römischen Reiches	51–30 Kleopatra VII. Philopator Philadelphos Philopatris; mit Caesar in Ägypten 48–47; mit M. Antonius 41–40, 37–30; Annexion Ägyptens durch Rom (30)
31 Octavian (Augustus) besiegt M. Antonius bei Aktium	37–4 Herodes I. der Große König von Judaea	

Der Osten	Westeuropa	Amerika
331–326 Alexander III. d. Gr. erobert Babylonien, Persien und Baktrien und dehnt die Reichsgrenze bis zum Indus aus	Spätes 4. Jh. Pytheas von Massalia umsegelt Britannien	(die Daten basieren auf Schätzungen)
323 Kolonistenaufstand in Baktrien	345–337 Timoleon in Syrakus	
	317–289 Agathokles in Syrakus	um 300 Tonwaren in SW-Neu-Mexiko (etc.); die Cochise(Wüsten-)Kultur geht langsam in die sog.
312–281 Seleukos I. Nikator (König 305/04); überläßt die Ostgebiete dem König Chandragupta Maurya (um 303)	310 Die Römer stoßen durch den dichtbewaldeten *mons Ciminius* nach Zentraletrurien vor	Mogollon-Kultur über (vorwiegend Ackerbau)
	294, 281 Römische Siege über Volsinii (Etrurien)	nach 300 Das Zeremonialzentrum Kaminaljuyu (bei Guatemala City) erreicht in der Miraflores-Periode einen ersten Höhepunkt
	290 Nach Abschluß der Samnitenkriege Vormachtstellung Roms in Mittelitalien	
	288–278 Hiketas in Syrakus	300 v. Chr.–150 n. Chr. Zweite Entwicklungsperiode des Religionszentrums Monte Alban im Land der Zapoteken; Elemente der vorklassischen Maya-Kultur (Oaxaca, Mexico) nachweisbar
	280–275 Pyrrhos I. von Epirus in Italien und Sizilien	
281–261 Antiochos I. Soter		300 v. Chr.–300 n. Chr. In Izapa (Chiapas, Mexico) entwickelt sich ein verfeinerter Stil der Steinbearbeitung
um 274–232 König Ashoka (Maurya-Dynastie)	um 269–215 Hieron II. König in Syrakus	um 300 v. Chr.–400 n. Chr. Hopewell-(Wald-)Kultur der Indianer in Illinois und Ohio
	264–241 Der Erste Punische Krieg endet mit der Annexion großer Teile Siziliens und ganz Sardiniens durch Rom	

Der Osten	Westeuropa	Amerika
um 235–200 Euthyde-mos I. Theos; vergrößert das baktrische Reich	237–206 Karthago gewinnt Teile Spaniens; Gründung von Carthago Nova (228)	
	225 Rom besiegt die Kelten (Invasion aus Norditalien) bei Telamon	
223–187 Antiochos III. der Große; Vorstoß nach Osten (212–206)	218, 211, 195 Emporion (Kolonie der Stadt Massalia) Nachschubhafen für römische Expeditionen in Spanien	
221–207 Ch'in-Dynastie in China (begründet von Schi Huang Ti)		
	218–201 Zweiter Punischer Krieg. Hannibal scheitert in Italien	
202 v. Chr.–221 n. Chr. Han-Dynastie in China	215/14 Hieronymus von Syrakus geht zu den Karthagern über	
um 185 Das Maurya-Reich geht auf die Sunga-Dynastie über (Pusyamitra); die Griechen beherrschen Gebiete östlich des Khaiber-Passes	213/12 Belagerung von Syrakus durch die Römer 206 Scipio Africanus vertreibt die Karthager aus Spanien (Sieg bei Ilipa)	um 200 die ersten Tempelpyramiden der Maya im guatemaltekischen Tiefland (Tikal, Uaxactún)
um 171–138 Mithridates I.; erweitert das Reich der Parther	149–146 Dritter Punischer Krieg; Zerstörung Karthagos	
um 170/65–155 Eukratides I. der Große; macht sich von den Euthydemiden unabhängig	um 135–132 Erster Sklavenaufstand in Sizilien	
ab etwa 175–140/30 Größte Ausdehnung des indo-griechischen Reiches unter Menander Soter Dikaios	133, 123/22 Die Gracchen bemühen sich in Rom um Sozialreformen	
	125–121 Ein Hilferuf Massalias hat die Annexion Südgalliens durch Rom zur Folge	

Der Osten	Westeuropa	Amerika
141–87 Wu Ti erweitert das chinesische Reich; Forschungsreisen des Chang Ch'ien (138–125)	um 125–100 Nachweis der ersten befestigten Siedlungen von Gallien bis hin nach Böhmen	
138–129 Antiochos VII. Euergetes Sidetes; Invasion des Partherreiches (130/29)	um 113–101 Südwanderung der Kimbern und Teutonen	
um 130 Baktrien wird von den Skythen (Sacae) und den Yüetschi einverleibt	104–100 Zweiter Sklavenaufstand in Sizilien	
	102/101 Marius Sieger über Kimbern und Teutonen	um 100 v. Chr. – 300 n. Chr. Die späte vorklassische Periode der Maya-Kultur; Urbanisation des präklassischen Dorfes Teotihuacán
	82–80 Sulla Dictator in Rom	
	73–71 Aufstand der Sklaven unter Spartacus in Italien	
53 Parthischer Triumph über den römischen Triumvirn Crassus bei Carrhae	58–51 Caesars Gallischer Krieg	
	49–45 Bürgerkrieg zwischen Pompeius (gest. 48) u. a. und Caesar (Dictator 49, gest. 44)	
um 40–1 Hermaios Soter letzter indo-griechischer König		
	36 Octavian (Augustus) übernimmt Sizilien von Lepidus	

Bibliographie

I. Die antiken Quellen

1. Griechische Schriftsteller

Das uns von den griechischen Schriftstellern übermittelte Bild der hellenistischen Welt ist äußerst reich und vielgestaltig (M. M. Austin, The Hellenistic World from Alexander to the Roman Conquest: A selection of Ancient Sources in Translation, Cambridge 1981), doch insgesamt bleibt die Überlieferung sehr lückenhaft und fragmentarisch. Lediglich von einem einzigen bedeutenden Historiker, Polybios, ist ein größerer Teil seines Werkes auf uns gekommen, und auch dieser umfaßt nur etwa eine Periode von fünfundsiebzig Jahren. Ein Großteil der hellenistischen Literatur hat sich nicht erhalten, wenn auch hie und da Auszüge von sehr unterschiedlicher Länge vorliegen. Es folgt eine Aufzählung zeitgenössischer und späterer Autoren, die uns Kenntnisse über das Zeitalter vermitteln. Dabei werden Schriftsteller, deren Werke in größerem Umfang erhalten sind, durch Kapitälchen hervorgehoben. Die Namen sind aus bibliographischen Gründen vorwiegend in ihrer lateinischen Form wiedergegeben.

Aelian (Claudius Aelianus) von Praeneste. Um 170–235 n. Chr. Von seinen erhaltenen Arbeiten seien die *Varia Historia* genannt, Exzerpte und Anekdoten über Mensch und Geschichte, sowie eine ähnliche Sammlung *De Natura Animalium*.

Aeneas Tacticus, wahrscheinlich ein arkadischer Feldherr aus Stymphalos, 1. Hälfte des 4. Jahrhunderts, Militärschriftsteller. Seine *Poliorketika*, ein Werk über den Festungsbau, sind erhalten.

Aenesidemus von Knossos. 1. Jahrhundert. Skeptischer Philosoph.

Agatharchides von Knidos. 2. Jh. Historiker und Geograph. Berichtet über Asien z. Zt. der Diadochen, über die europäische Geschichte von 323(?) bis 146 und über das Rote Meer. In Auszügen erhalten.

Alexis von Thurioi (lebte in Athen). Um 375–275. Dramatiker der Mittleren und Neueren Komödie. Von seinen 245 Stücken sind 140 Titel sowie 340 Fragmente bekannt.

Antipater aus Sidon. Spätes 2. Jh. Epigrammatiker. Etwa fündundsiebzig Epigramme sind erhalten.

Anyte aus Tegea. Um 300 v. Chr. Ihre Gedichte sind nicht auf uns gekommen, doch etwa achtzehn Epigramme (in dorischem Dialekt).

Apollonius aus Perga. Spätes 3. Jh. Mathematiker und Astronom. Die ersten vier Bücher seines achtbändigen Werkes über die *Kegelschnitte* sind in griechischer Sprache erhalten, von den Büchern fünf bis sieben gibt es eine arabische Übersetzung. Die Namen seiner nicht erhaltenen Werke sind bekannt.

Apollonius Rhodius. Geb. in Ägypten. Um 295–215 Leiter der alexandrinischen Bibliothek. Verfasser des vierteiligen Epos *Argonautika*.

Appian von Alexandria. 2. Jh. Verfasser der *Romaika* in 24 Büchern, welche die Eroberungen Roms behandeln. Die Bücher sechs bis sieben und elf bis siebzehn sind vollständig, eins bis fünf und acht bis neun in Fragmenten erhalten.

ARATUS von Soli. Um 315–240/39. Sein bekanntestes Werk ist das astronomische Gedicht *Phainomena:* Die Namen der verlorenen Gedichte sind bekannt.

ARCHIMEDES von Syrakus. Um 287–212. Mathematiker und Astronom. Neun vorwiegend mathematische Arbeiten sind im griechischen Original erhalten, von zweien gibt es arabische Bearbeitungen. Fast alle seine astronomischen Werke sind nicht auf uns gekommen.

Aristarchus von Samos. 1. Hälfte des 3. Jahrhunderts. Astronom, der die These vom heliozentrischen Weltbild entwickelte, obwohl seine einzige erhaltene Abhandlung *Über die Größen und die Entfernungen von Sonne und Mond* auf der geozentrischen Sicht beruht.

Aristarchus von Samothrake. Um 217–145. Leiter der alexandrinischen Bibliothek. Sprachforscher und Literaturkritiker. Von seinen achthundert Werken ist seine Edition der homerischen Epen das bekannteste (mit Kommentar).

Aristides von Milet. Um 100. Verfasser der *Milesischen Geschichten,* einer Sammlung erotischer Kurzgeschichten.

Ariston aus Keos. Spätes 2. Jh. Populärphilosoph und Biograph. Er gehörte der peripatetischen (aristotelischen) Schule an. (Der Stoiker Ariston hinterließ nur Briefe.)

Aristophanes aus Byzanz. Um 257–180. Leiter der alexandrinischen Bibliothek. Philologe, Literaturkritiker und Grammatiker.

Aristoxenus aus Tarent. Um 375/60 bis nach 300 (?) Musikwissenschaftler, Biograph und Antiquar. Teile seiner Werke *Prinzipien und Elemente der Harmonielehre* und *Elemente des Rhythmus* sind erhalten.

ARRIAN aus Bithynien. 2. Jh. Verfasser einer *Anabasis* (Geschichte Alexanders d. Gr.), einer *Geschichte der Diadochen* (wovon vieles erhalten ist) und einer verlorenen *Geschichte Parthiens und der Indike.*

ASKLEPIADES von Samos. Frühes 3. Jh. Epigrammatiker, der zusammen mit Hedylus und Posidippus eine Epigramm-Anthologie herausgab *(Soros).*

ATHENAEUS aus Naukratis (Ägypten). Um 200 n. Chr. Verfasser des enzyklopädischen Werkes *Deipnosophistai (Das gelehrte Bankett)* in fünfzehn Büchern.

Berossus aus Babylon. Frühes 3. Jh. Verfasser *der Babyloniaka,* einer Geschichte Babylons in drei Büchern.

Bion aus Borysthenes (Olbia). Um 325–nach 239. Populärphilosoph, Autor der *Diatribai* (kurze Lehrsprüche zur Ethik, humorvoll gewürzt), von denen noch Fragmente existieren.

Bion aus Phlossa (bei Smyrna). Um 100. Siebzehn Fragmente seiner *Bukolika* sind erhalten. Eine *Klage um Adonis* (98 Zeilen) wird ihm oft zugeschrieben.

Bolus aus Mendes. 3. Jh. Paradoxograph und Pharmakologe.

CALLIMACHUS aus Kyrene; lebte in Alexwierig, bestimmte »Schulen« zu identifizieren. Doch die in Pergamon arbeitende Künstlergruppe verdient diese Bezeichnung: Pergamon war die einzige königliche Residenzstadt, in der Bildhauer weise. Sein kleines Epos *Hekale* ist nicht auf uns gekommen.

Callisthenes aus Olynth, Neffe des Aristoteles. Historiker, im Jahre 327 auf Veranlassung Alexanders d. Gr. hingerichtet.

Cercidas. Dichter und kynischer Philosoph, wahrscheinlich identisch mit dem Staatsmann und Feldherrn aus Megalopolis, um 290–220. Neun Fragmente seiner Gedichte sind erhalten.

Chrysippus aus Soli. Um 280–207. Ein Hauptvertreter der Stoa, deren Philosophie er in zahlreichen Schriften verteidigte.

CLEANTHES aus Assos, 331–232. Ein Hauptvertreter der Stoa. Sein *Hymnus an Zeus* und Fragmente von Gedichten und Prosa sind erhalten.

Clitarchus aus Alexandria. Spätes 4. bis frühes 3. Jh. Seine *Geschichte Alexanders* findet sich als Kurzfassung in Diodors *Weltgeschichte* wieder.

Corinna aus Tanagra. Wahrscheinlich um 200. Schrieb Lyrik. Fragmente ihrer Gedichte wurden kürzlich durch einen Papyrusfund ergänzt.

Crates aus Mallos. Linguist und Literaturwissenschaftler, der sich im Jahr 168 in Rom aufhielt.

Crates aus Theben (Böotien). Um 365–285. Kynischer Philosoph und Dichter, von dessen Werk Fragmente erhalten sind.

Dicaearchus aus Messana (Sizilien). Spätes 4. bis frühes 3. Jh. Philosoph der peripatetischen (aristotelischen) Schule. Er verfaßte das *Leben Griechenlands (Bios Hellados)*, die verfassungsrechtliche Studie *Tripolitikos* und ein Werk zum *Erdumfang*. In Fragmenten erhalten.

DIODORUS SICULUS aus Agyrium in Sizilien. 1. Jh. Seine Weltgeschichte in fünfundvierzig Büchern *(Bibliotheke)* reicht bis zu Caesars *Gallischem* Krieg (54 v. Chr.). Die Bücher eins bis fünf elf bis zwanzig sind vollständig, der Rest ist fragmentarisch erhalten.

Diogenes aus Seleukeia (Tigris) gen. »aus Babylon«. Um 240–152. Ein Hauptvertreter der Stoa, der sich vor allem mit Grammatik befaßte.

DIOGENES LAERTIUS. 3. Jh. (?). Autor des aus zehn Büchern bestehenden Werkes *Leben und Meinungen* (oder *Geschichte) der Philosophen*.

Duris von Samos. Um 340–260. Autor des Werkes *Historiai* in mindestens dreiundzwanzig Büchern, die wahrscheinlich die Zeit 370–280 behandelt haben. In Fragmenten erhalten.

EPICURUS von Samos. 341–270. Begründer der epikureischen Schule (»Der Garten«). Von seinem Werk (300 Bücher) sind drei Briefe, vierzig *Wichtige Lehren (Kyriai Doxai)* und einundachtzig ähnlich kurze Aufzeichnungen (das sog. *Gnomologium Vaticanum*) erhalten.

Erasistratus aus Keos; arbeitete in Alexandria. 1. Hälfte des 3. Jhs. Verfasser medizinischer Werke, vor allem auf dem Gebiet der vergleichenden Anatomie.

Eratosthenes aus Kyrene. Um 275–194. Leiter der alexandrinischen Bibliothek. Verfasser mathematischer und geographischer Werke *(Geographika)*. Sein Buch über die Erdmessung behandelt einen Aspekt der mathematischen Geographie, das Werk *Chronographiai* Fragen der Chronologie. Eratosthenes betätigte sich auch als Dichter.

ERINNA aus Telos. Spätes 4. oder frühes 3. Jh. Sie starb mit neunzehn Jahren und hinterließ das Gedicht *Die Spindel* sowie Epigramme.

EUCLIDES aus Alexandria. Spätes 4. und frühes 3. Jh. Verfasser des aus dreizehn Büchern bestehenden mathematischen Lehrwerkes *Die Elemente (Stoicheia)* sowie anderer Werke über Geometrie.

Euhemerus aus Messene. Spätes 4. und frühes 3. Jh. Autor der Reiseerzählung *Heiliger Bericht (Hiera Anagraphe)*. Fragmente und ein Auszug daraus sind erhalten.

Euphorion aus Chalcis, geb. 276/75. Dichtete u. a. Kleinepen *(Epyllia)* und andere mythologische Lyrik, z. T. in Fragmenten erhalten.

Eupolemus aus Judäa. Um 250. Der hellenisierte Jude verfaßte die populäre *Geschichte der Könige in Judäa*.

FIRMICUS MATERNUS von Syrakus. 1. Hälfte des 4. Jhs. n. Chr. Astrologe, zum Christentum übergetreten. Seine Arbeit *Über den Irrtum profaner Religionen* ist erhalten.

Hecataeus aus Abdera. Um 300. Autor der *Aigyptiaka*, einer Geschichte Ägyptens.

Hegesias aus Magnesia am Sipylos. Frühes 3. Jh. Historiker (*Geschichte Alexanders* fragmentarisch erhalten) und Rhetor. Hauptvertreter des »asiatischen« Stils.

Heraclides Ponticus aus Herakleia Pontika. Um 388–315. Philosoph (Platoniker), Physiker, Astrologe und Eschatologe. Fragmente sind erhalten.

Hermagoras aus Temnos. Um 250. Führender Theoretiker der Rhetorik.

Herodas (Herondas) von Kos (?). Spätes 3. Jh. Mimen-Dichter, von denen sieben erhalten sind. Von anderen existieren Fragmente.

Hieronymus von Kardia. 4./3. Jh. Verfasser der *Geschichte der Diadochen* vom Tode Alexanders (323) bis 272 oder 263.

Iambulus, wahrscheinlich aus dem Nabatäerland (Arabien) stammend, 3. Jh. (?). Verfasser der phantastischen Reisegeschichte zu einer Sonneninsel.

JOSEPHUS (Flavius). 38 bis nach 93/94 n. Chr. Jüdischer Historiker. Bekannt sind vor allem seine in griechischer Sprache verfaßten *Antiquitates Judaicae* (in zwanzig Büchern) sowie sein *Bellum Judaicum* (in sieben Büchern).

LEONIDAS aus Tarent. Spätes 4. Jh. bis etwa 260. Er verfaßte Epigramme, von denen sich etwa noch hundert erhalten haben.

LUCIAN aus Samosate. Etwa 120/25 – 180 n. Chr. Satiriker, Populärphilosoph. Seine zahlreichen Arbeiten geben uns Kenntnis über viele Philosophenschulen, vor allem die der Kyniker.

Manetho, Oberpriester in Heliopolis (On). Frühes 3. Jh. Seine *Aigyptiaka* reichen bis in das Jahr 323. Zwei (?) spätere Historiker fügten (z. T. gezielte antisemitische) Interpolationen ein.

Megasthenes aus Ionien. Um 350 – 290. Verfasser der *Indike* (Geschichte Indiens in vier Büchern).

MELEAGER aus Gadara. Um 100. Etwa hundert seiner Epigramme sind erhalten, seine in kynischem Geist verfaßten »Menippischen« Satiren (teils Prosa, teils Versdichtung) dagegen verloren. Meleager stellte die erste größere Anthologie griechischer Epigramme zusammen *(Die Girlande)*.

MENANDER aus Athen. Um 342 – 292. Er verfaßte über hundert Komödien, von denen zehn mehr oder weniger vollständig erhalten sind. Hauptvertreter der Neuen Komödie.

Menippus aus Gadara. 1. Hälfte des 3. Jhs. Seine dreizehn Bücher (Prosa- und Versdichtungen) begründeten die tragikomische Stilrichtung der »Menippischen Satiren«.

Metrodorus von Chios. 4. Jh. Anhänger des Naturphilosophen Demokrit von Abdera. Verfasser von meteorologischen, astronomischen und historischen Arbeiten *(Troika, Ionika)*.

Metrodorus aus Lampsakos. Um 331/30 – 278/77. Der bedeutendste Schüler Epikurs. Zahlreiche Fragmente seiner Schriften sind auf uns gekommen.

Mnaseas aus Lykien. 3. Jh. Er verfaßte geographische Schriften und Berichte über Mythen und stellte eine Sammlung delphischer Orakelsprüche zusammen.

Moschus aus Syrakus. Um 150. Dichter und Grammatiker. Auszüge aus seinen *Bukolika* und der *Flüchtigen Liebe* sowie ein Epigramm sind erhalten, seine grammatischen Werke verloren.

Nausiphanes aus Teos. Geb. um 360. Anhänger Demokrits von Abdera; Schüler des Pyrrhon, der auch Epikur unterrichtete. Fragmente seiner Schriften sind erhalten.

NICANDER aus Kolophon. Nach 150. Seine *Georgika* und epische Dichtungen sind nicht erhalten, lediglich zwei Lehrgedichte: Die *Theriaka* (eine Abhandlung über wilde Tiere) und die *Alexipharmaka* (über Heilkräuter).

NICOLAUS aus Damaskus. Um 64 v. Chr. bis nach 4 n. Chr. Historiker und Philosoph. Sein wichtigstes Werk war eine *Universalgeschichte* in 144 Büchern. Durch Bearbeitungen und Zitate ist ein beträchtlicher Teil davon erhalten geblieben.

NOSSIS aus Lokroi Epizephyrioi. Dichterin, um 300. Ihre Lyrik ist verloren; wir kennen zwölf ihrer Epigramme.

Onesicritus aus Astypalaia. Spätes 4. Jahrhundert. Er begleitete Alexander nach Indien und verfaßte einen historischen Roman, in dem der König als kynischer Held auftritt.

Panaetius von Rhodos; lebte in Athen und Rom. Um 185/80–109. Stoiker. Von seinen teilweise erhaltenen Schriften seien die Arbeiten *Über die Vorsehung* und *Über das angemessene Handeln* erwähnt, die zum Teil aus Ciceros *De officiis* rekonstruierbar sind.

Parthenius aus Nikaia. 1. Jh. Es existieren zahlreiche Gedichtfragmente, z. B. von *Metamorphosen, Iphitos, Herakles* und verschiedenen Klageliedern. Seine Prosa-Anthologie *Schmerzliche Liebesgeschichten* ist erhalten.

PAUSANIAS aus Lydien. 2. Jh. n. Chr. Verfasser einer *Periegesis* (Beschreibung Griechenlands) in zehn Büchern.

Persaeus aus Kition. Um 306–243 n. Chr. Der Stoiker verfaßte die Schriften *Über das Königtum, Über die Spartanische Verfassung* und *Dialoge*. In Fragmenten erhalten.

Philemon aus Syrakus; lebte in Athen. Um 365/60–264/63 Verfaßte nahezu einhundert Theaterstücke der Neuen Komödie. Sechzig Titel sind bekannt, über zweihundert Fragmente erhalten

Philetas aus Kos; lebte in Alexandria. 308–? Dichter und Gelehrter. Wir kennen fünf Titel und fünfzig Fragmente seiner Gedichte, außerdem sind dreißig Fragmente seiner *Ataktoi Glossai* (ein Lexikon seltener Wörter) erhalten.

Philinus aus Akragas. Historiker des 1. Punischen Krieges (264–241), ein Parteigänger Karthagos.

Philinus aus Kos. Um 250. Er soll die »Empirische Hochschule für Medizin« gegründet haben.

PHILO von Byzanz. Spätes 3 Jh. Verfasser eines Lehrbuchs der Mechanik in neun (?) Büchern. Die Bücher vier und fünf sind vollständig, die Bücher sieben und acht teilweise erhalten.

PHILO JUDAEUS. Um 30 v. Chr. bis 45 n. Chr. Jüdischer Schriftsteller, der zahlreiche Werke zur Religion der Hebräer und zur Philosophie verfaßte, in denen er Griechentum und Judentum zu versöhnen trachtete.

PHILODEMUS aus Gadara; lebte in Italien. Um 110–40. Epikureischer Philosoph und Dichter. Zwei Drittel einer Kollektion von vierhundert karbonisierten Papyri (insgesamt fand man achtzehnhundert), in Herculaneum entdeckt, wurden als Monographien Philodems identifiziert. Erhalten sind auch fünfundzwanzig seiner erotischen Epigramme.

Phylarchus aus Athen. Neben anderen Arbeiten verfaßte er eine Geschichte *(Historiai)* der Jahre 272–220, von der Fragmente erhalten sind.

PLUTARCH aus Chaironeia. Vor 50 n. Chr. bis nach 118 n. Chr. Philosoph und Biograph. Ihm werden 227 Werke zugeschrieben, von denen 128 erhalten sind, darunter auch fünfzig Biographien berühmter Griechen und Römer.

POLYBIUS aus Megalopolis. Um 200–118 Seine Geschichte in vierzig Büchern *(Historiai)* behandelt die Zeit 220–146. Die Bücher eins bis fünf sind vollständig erhalten, von den übrigen existieren mehr oder weniger umfangreiche Auszüge.

Pytheas von Massalia. Spätes 4. Jh. Geograph und Forschungsreisender. Seine Abhandlung *Über den Ozean* ist nur in Bearbeitungen bzw. Zitaten bekannt.

Rhinton aus Taras. Um 300. Autor vieler *Phlyax*-Stücke (dorische Farcen); insgesamt achtunddreißig von ihnen werden ihm zugeschrieben. Außer neun Titeln sind nur wenige Fragmente bekannt.

Satyrus aus Kallatis Pontika; lebte in Ägypten. 3. oder 2. Jh. Biograph, dessen Arbeiten nur fragmentarisch erhalten sind, u. a. Teile einer Vita des Euripides

Serapion aus Alexandria. Gründer oder Neubegründer der »Empirischen Hochschule für Medizin«. Um 200–150. Verfasser medizinischer Abhandlungen.

SEXTUS EMPIRICUS. Um 200 n. Chr. (?) Mitglied der »Empirischen Hochschule für Medizin« und Anhänger der Stoa, über die er eine historische Abhandlung schrieb. Verfasser kritischer Artikel über andere Philosophenschulen und Berufszweige.

SIMPLICIUS aus Kilikien. 6. Jh. Verfasser von Kommentaren zu Aristoteles.

Sopater aus Paphos. Um die Wende 4./3. Jh. Schrieb Parodien und Farcen *(Phlyakes)*.

Sosylus aus Sparta. Verfaßte eine historische Arbeit über Hannibal, den Karthager (247–183/82), in sieben Büchern.

Sotades aus Maroneia. 3. Jh. Er schrieb skurrile und obszöne Gedichte, von denen nur wenige erhalten sind.

Sphaerus aus Borysthenes (Olbia). Um 285 (bzw. 265) bis mindestens 221. Als Anhänger der stoischen Schule verfaßte er Abhandlungen zur gesamten Philosophie.

Stilpo aus Megara. Um 380–300. Der dritte Hauptvertreter der Philosophenschule von Megara schrieb mindestens zwanzig Dialoge, von denen einige Titel überliefert sind.

STRABO von Amaseia. Um 63 v. Chr. bis mindestens 21 n. Chr. Seine *Geographie* in siebzehn Büchern ist erhalten, seine *Historika Hypomnemata* (historische Miniaturen) in siebenundvierzig Büchern behandelten die Zeit 146–44 oder später und sind fast vollständig verloren.

SYRIANUS aus Alexandria. 5. Jh. n. Chr. Neuplatoniker. Erhalten sind zwei Kommentare zu Arbeiten des Rhetorikers Hermogenes von Tarsos (2. Jh.).

Teles aus Megara (?). 3. Jh. Autor von kynischen *Diatribai* (vgl. auch Bion von Borysthenes), von denen Fragmente erhalten sind.

THEOCRITUS aus Syrakus; lebte auf der Insel Kos und in Alexandria. Um 300–260 (?). Unter den ihm zugeschriebenen neunundreißig Gedichten sind sechs bukolische »Idyllen«, einige mimenähnliche Stücke und Verse mythologischen Inhalts.

Theophrastus aus Eresos. Um 370–288/85. Nachfolger des Aristoteles als Leiter der peripatetischen Schule. Seine 240 Arbeiten behandelten Themen zur Rhetorik, Ethik, Politik, Religion, Metaphysik und Physik, doch nur zwei sind vollständig erhalten: eine *Untersuchung*

über die Pflanzen in neun, sowie eine *Pflanzen-Aitiologie* in sechs Büchern.

Xenokrates aus Chalkedon. Leiter der Platonischen Akademie 339–314. Schrieb philosophische Werke, in denen er die Philosophie Platons formalisierte.

Zeno aus Kition (Zypern). 335–263. Begründer der Stoa, deren Philosophie er in mehreren Schriften entwickelte. Daneben verfaßte er früh eine *Politeia* (bzw. *Res publica*), sowie eine Schrift *Homerische Probleme* in fünf Büchern und eine Studie über Hesiods *Theogonie*.

Zenodotus von Ephesos. Geb. um 325. Erster Leiter der alexandrinischen Bibliothek. Herausgeber kritischer Editionen der *Ilias* und der *Odyssee* und von Werken Hesiods *(Theogonie)*, Pindars und Anakreons. Er verfaßte ein homerisches *Glossar* und die Kompilation *Fremdwörter (Lexeis ethnikai)*.

Die Verfasser der folgenden Werke sind unbekannt:

Alexanderroman, Der Traum des Nektanebos, Joseph und Asenath, Der Brief des Aristeas, Nechepso und Petosiris über die Astrologie, *Ninosroman, Oracula Sibyllina*.

2. Lateinische Schriftsteller

Die folgenden lateinischen Schriftsteller wurden im Buch erwähnt:

APULEIUS aus Madaurus (Numidien). Geb. um 125 n. Chr. Sein wichtigstes Werk waren die *Metamorphosen (Der Goldene Esel)* in elf Büchern; im letzten Buch wichtige Erläuterungen zum Isiskult.

CATO d. Ä. aus Tusculum. 234–149. Von seinen Werken ist nur *De agricultura* (bzw. *De re rustica, Über den Landbau)* erhalten. Seine *Origenes*, eine Geschichte Roms bis in seine Zeit, ist nur in Fragmenten erhalten, auch seine Reden sind verloren.

CATULLUS aus Verona. Um 84–54. Seine Gedichte orientieren sich an hellenistischen Vorbildern. Erwähnt sei seine *Hymne an Attis*.

CICERO aus Arpinum. 106–43. Rhetor, Philosoph, Dichter. Wichtiger Gewährsmann für hellenistische Philosophie und Rhetorik.

ENNIUS aus Rudiae. Geb. 239. Sechshundert Zeilen seiner *Annalen* (ein Epos in achtzehn Büchern) und siebzig Zeilen seiner *Satiren* sind erhalten. Zwanzig Titel seiner Tragödien (in Fragmenten erhalten) sind bekannt; er machte durch seine Bearbeitung die *Heilige Schrift* des Euhemeros bekannt.

Gallus (Cornelius Gallus) aus Forum Iulii (Südgallien). 69–26. Schrieb Elegien (vier Bücher *Amores*), die z. T. auf Parthenios' *Schmerzliche Liebesgeschichten* zurückgriffen, außerdem ein Miniaturepos über den Apollo-Altar in Gryneion (Äolis), wobei er Euphorion kopierte.

HORAZ aus Venusia. 65–8. Seine *Oden, Epoden, Satiren* und *Briefe* sind vielfach hellenistischen Vorbildern verpflichtet.

LUKAN aus Corduba. 39–65 n. Chr. Sein *Bürgerkrieg* (*Bellum Civile* bzw. »Pharsalia«) endet mit dem zehnten Buch (Caesar und Kleopatra VII. in Alexandria).

PLAUTUS aus Satsina. Um 254/50–184. Die einundzwanzig ihm zugeschriebenen Theaterstücke sind Bearbeitungen Menanders und anderer Autoren der Neuen Komödie.

PLINIUS d. Ä. aus Novum Comum. 23/24–79 n. Chr. Fünf Bücher seiner *Naturalis Historia* (in siebenunddreißig Büchern) behandeln ausführlich hellenistische und andere griechische Kunst. Seine *Römische Geschichte* in einunddreißig Büchern ist verloren.

Pompeius Trogos aus Vasio (Südgallien). Spätes 1. Jh. Verfasser einer Universalgeschichte in vierundvierzig Büchern; die letzten dreißig Bücher behandelten die Zeit des Hellenismus bis Augustus.

QUINTILIAN aus Calagurris (Spanien). Um 35–100 n. Chr. Professor der Rhetorik. Im zehnten Buch seiner *Institutio Oratoria (Einführung in die Redekunst)*

stellt er eine Leseliste griechischer und lateinischer Autoren zusammen, zum Gebrauch für Studierende.

Sisenna. Frühes 1. Jh. Seine *Historiae* in zwölf (dreiundzwanzig ?) Büchern behandelten die Zeitgeschichte. Er übersetzte (oder bearbeitete) die obzönen *Milesischen Geschichten* des Aristides von Milet. Fragmente sind erhalten.

TERENZ aus Karthago. Um 195/85–159. Seine sechs Theaterstücke sind (mehr als die des Plautus) thematisch dem Menander und anderen Autoren der athenischen Neuen Komödie verpflichtet.

VERGIL aus Andes (bei Mantua). 70–19. Das Dichtertalent Vergils war durchaus originär; dennoch sind seine *Eklogen* auch von Theokrits bukolischen *Idyllen* inspiriert. Seine *Georgika* weisen inhaltlich auf Nikander und Aratos. Die Geschichte von Dido und Aeneas in der *Aeneis* ist inspiriert von der Liebesgeschichte zwischen Iason und Medea in den *Argonautika* des Apollonios Rhodios.

Hebräische, indische und chinesische Quellen sind außerdem heranzuziehen.

3. Inschriften

Moretti, L. (Hrsg.), *Iscrizioni storiche ellenistiche*, Florenz 1967. Vgl. auch die Bibliographie in C. Preaux, *Le monde hellénistique*, Band I, Paris 1978, S. 20–24.

4. Papyri

Wichtigste Quellengattung für das ptolemaiische Ägypten. Vgl. C. Preaux, op. cit., S. 24–27.

5. Münzen

Ibid. S. 27–31; G. K. Jenkins, *Ancient Greek Coins*, London 1972; C. M. Kraay, M. Hirmer, *Greek Coins*, London 1966; C. T. Seltman, *Greek Coins* 3. Aufl. London 1960; M. R. Alföldi, *Antike Numismatik*, 2 Bde., Mainz 1978. Die wichtigste, oft die einzige Quelle für die indo-griechischen Königreiche: M. Mitchiner, *Indo-Greek and Indo-Scythian Coinage*, 9 Bde., London 1975–76.

II. NEUERE LITERATUR

Aalders, G. J. D.: *Political Thought in Hellenistic Times*. Amsterdam 1976.

Actes du Colloque international sur l'idéologie monarchique dans l'antiquité. Krakau-Mogilany 1977.

Actes du Huitième congrès international d'Archéologie classique, 1963 (Le rayonnement des civilisations greque et romaine sur les cultures périphériques). Paris 1965.

Actes du Sixième Congrès de la Fédération internationale des associations des Études classiques, 1979 (Section II: Hellenistic World). Budapest 1981.

Adcock, F. E.: *The Greek and Macedonian Art of War*. Berkeley 1957, 1967.

Africa, T. W.: *Phylarchus and the Spartan Revolution*. Berkeley, Los Angeles 1961.

Alexander the Great (Greece and Rome, 2nd series, XII, 2). Oxford 1968.

Allen, R. E. *The Attalid Kingdom. A Constitutional History*. Oxford 1982.

Andronikos, M.: *The Royal Graves at Vergina*. Athen 1978.

Arnott, W. G.: *Menander Plautus and Terence*. Oxford 1975.

Avi-Yonah, M.: *Hellenism and the East*. Ann Arbor 1978.

Aymard, A.: *Études d'histoire ancienne*. Paris 1967.

Badian, E.: *Studies in Greek and Roman History*. Oxford 1964.

Badian, E.: *Römischer Imperialismus in der späten Republik*. Stuttgart 1980.

Baldry, H. C.: *The Unity of Mankind in Greek Thought*. Cambridge 1965.

Bar-Kochva, B.: *The Seleucid Army*. Cambridge 1976.

Bartson, L. J./M. Hammond: *The City in the Ancient World*. Cambridge (Mass.) 1972.

Bell, H. I.: *Cults and Creeds in Graeco-Roman Egypt*. 2. Aufl. Liverpool 1952.

Bengtson, H.: *Herrschergestalten des Hellenismus*. München 1975.

Berve, H.: *König Hieron II*. München 1959.

Berve, H.: *Die Herrschaft des Agathokles*. München 1972.

Bevan, E. R.: *The House of Seleucus*. London 1902.

Bevan, E. R.: *A History of Egypt under the Ptolemaic Dynasty*. London 1927, Amsterdam 1967.

Bieber, M.: *Alexander the Great in Greek and Roman Art*. Chicago 1964.

Bieber, M.: *The Sculpture of the Hellenistic Age*. Rev. Aufl. New York 1969.

Bonacasa, N./A. di Vita (Hrsg.): *Alessandria e il mondo ellenistico* (Studi in onore di Achille Adriani, I–III). Rom 1981.

Bonnard, A.: *Civilisation grecque*, III: *D'Europide à Alexandrie*. Lausanne 1959.

Bouché-Leclerq, A.: *Histoire des Lagides*. Paris 1903–1907, Brüssel 1963.

Bouché-Leclercq, A.: *Histoire des Séleucides*. Paris 1913, Brüssel 1963.

Boyle, A. J. (Hrsg.): *Ancient Pastoral*. Berwick (Victoria) 1975.

Braunert, K.: *Das Mittelmeer in Politik und Wirtschaft der hellenistischen Zeit*. Kiel 1967.

Brendel, O. J.: *Etruscan Art*. Harmondsworth 1978.

Brown, B. R.: *Anticlassicism in Greek Sculpture of the Fourth Century BC*. New York 1973.

Bruno, V. J.: *Form and Colour in Greek Painting*. London 1977.

Bury, J. B./E. A. Barber/E. R. Bevan/ W. W. Tarn: *The Hellenistic Age*. 2. Aufl. Cambridge 1925.

Buschor, E.: *Das hellenistische Bildnis*. 2. Aufl. München 1971.

Cary, M.: *History of the Greek World from 353 to 146 BC*. London 1977.

Cary, M./E. H. Warmington: *Die Entdeckungen der Antike*. Zürich 1966.

Cerfaux, L./J. Tondiau: *Le culte des souverains dans la civilisation gréco-romaine.* Paris 1957.

Charbonneaux, J./R. Martin/F. Villard: *Grèce hellénistique.* Paris 1970.

Chesterman, J.: *Classical Terracotta Figures.* New York 1974.

Clayman, D. L.: *Callimachus' Iambi.* Leiden 1980.

Cloché, P.: *La dislocation d'un empire: les premiers successeurs d'Alexandre le Grand.* Paris 1959.

Cohen, G. M.: *The Seleucid Colonies.* Wiesbaden 1978.

Colledge, M. A. R.: *The Parthians.* London 1967.

Cook, J. M.: *The Greeks in Ionia and the East.* London 1962.

Cook, R. M.: *Greek Art.* 2. Aufl. Harmondsworth 1979.

Davis, N./C. M. Kraag: *The Hellenistic Kingdoms: Portrait Coins and History.* London 1973.

Deininger, J.: *Der politische Widerstand gegen Rom in Griechenland, 217–6 v. Chr.* Berlin, New York 1971.

Delorme, J.: *Le monde hellénistique, 323–133 avant J.-C.,* Paris 1975.

Dodds, E. R.: *Die Griechen und das Irrationale.* Darmstadt 1970.

Dover, K. J.: *Greek Homosexuality.* London 1978.

Downey, G.: *A History of Antioch in Syria from Seleucus to the Arab Conquest.* Princeton 1961.

Drachman, A. G.: *The Mechanical Technology of Greek and Roman Antiquity.* Kopenhagen 1963.

Dunand, F.: *Le culte d'Isis dans le bassin oriental de la Méditerranée.* Leiden 1973.

Dunand, F./P. Lévêque: *Les syncrétismes dans les religions de l'antiquité.* Leiden 1975.

Eddy, S. K.: *The King is Dead. Studies in the Near-East Resistance to Hellenism.* Lincoln (Nebraska) 1961.

Ehrenberg, V.: *Der Staat der Griechen.* 2. Aufl. Zürich 1965.

Ehrenberg, V.: *Man, State and Deity.* London 1974.

Eisen, K. F.: *Polybiosinterpretationen.* Heidelberg 1966.

Errington, R. M.: *Philopoemen.* Oxford 1969.

Farrington, B.: *Greek Science.* 3. Aufl. Harmondsworth 1965.

Ferguson, J.: *The Heritage of Hellenism.* London, Ithaca, New York 1973.

Ferguson, J.: *Utopias of the Classical World.* London, Ithaca 1975.

Ferguson, J.: *Callimachus.* Boston 1980.

Finley, M. I.: *Das antike Sizilien.* München 1979.

Finley, M. I. (Hrsg.): *The Legacy of Greece. A New Appraisal.* Oxford 1981.

Finley, M. I. (Hrsg.): *Die Sklaverei in der Antike.* München 1981.

Fischer, T.: *Seleukiden und Makkabäer.* Bochum 1980.

Forbes, R. J./E. J.: Dijksterhuis: *History of Science and Technology,* Bd. I. Harmondsworth 1963.

Forrest, W. G.: *A History of Sparta 950–192 BC.* London 1968.

Fox, R. Lane: *Alexander der Große.* Düsseldorf 1974.

Fox, R. Lane: *The Search for Alexander.* London 1980 (1981).

Fraser, P. M.: *Ptolemaic Alexandria.* Oxford 1972.

Fyfe, D. T.: *Hellenistic Architecture.* Chicago 1974.

Gajdukevič, V. E.: *Das Bosporanische Reich.* Berlin 1971.

Garlan, Y.: *War in the Ancient World. A Social History.* London 1975.

Garnsey, P. D. A./C. R. Whittaker: *Imperialism in the Ancient World.* Cambridge 1978.

Giangrande, G.: *L'humour des Alexandrins.* Amsterdam 1975.

Giuliano, A.: *Urbanistica delle città greche.* 3. Aufl. Mailand 1978.

Godwin, J.: *Mystery Religions in the Ancient World.* London, San Francisco 1981.

Goldberg, S. M.: *The Making of Menander's Comedy.* Berkeley, Los Angeles, London 1980.

Gossel, B.: *Makedonische Kammer-gräber*. Berlin 1980.

Grant, M.: *Rom*. Zürich 1960.

Grant, M.: *Kleopatra*. Bergisch Gladbach 1977.

Grant, M.: *Pompeji, Herculaneum. Untergang und Auferstehung der Städte am Vesuv*. Bergisch Gladbach 1978.

Grecs et Barbares (Entretiens sur l'antiquité classique, Fondation Hardt, Vol. VIII). Vandoeuvres–Genf 1961.

Greece and Italy in the Classical World (Acta of the XI International Congress of Classical Archaeology). London 1978.

Griffith, G. T.: *Mercenaries of the Hellenistic World*. Cambridge 1935.

Griffith, G. T.: *Alexander the Great. The Main Problems*. Cambridge 1966.

Grimal, P. u. a.: *Der Hellenismus und der Aufstieg Roms*. Frankfurt/M. 1965.

Gruben, G.: *Die Tempel der Griechen*. 2. Aufl. München 1966.

Habicht, C.: *Gottmenschentum und die griechischen Städte*. 2. Aufl. München 1970.

Habicht, C.: *Untersuchungen zur politischen Geschichte Athens im 3. Jahrhundert vor Christus*. München 1979.

Hadas, M.: *Hellenistic Culture. Fusion and Diffusion*. New York, London 1959.

Halperin, D.: *Before Pastoral. Theocritus and the Ancient Tradition of Bucolic Poetry*. New Haven 1982.

Hammond, N. G. L.: *Epirus*. Oxford 1967.

Hammond, N. G. L.: *Alexander the Great*. London 1981.

Hansen, E. V.: *The Attalids of Pergamon*. 2. Aufl. Ithaca, London 1971.

Havelock, C. M.: *Hellenistic Art*. Oxford 1971.

Hayes, J. H./J. M. Miller: *Israelite and Judaean History*. London 1977.

Haynes, D. E. L.: *Greek Art and the Idea of Freedom*. London 1981.

Heath, T. L.: *A History of Greek Mathematics*. Oxford 1921.

Hengel, M.: *Judentum und Hellenismus*. Tübingen 1969.

Hengel, M.: *Juden, Griechen und Barbaren*. Stuttgart 1976.

Herm, G.: *Die Diadochen*. München 1978.

Heuß, A.: *Stadt und Herrscher des Hellenismus*. Leipzig 1963.

Higgins, K. A.: *Greek Terracottas*. London 1967.

Hoddinott, R. F.: *The Thracians*. London 1981.

Holleaux, M.: *Études d'épigraphie et d'histoire grecques* (Hrsg. v. L. Robert). Paris 1968.

Hooker, J. J.: *The Ancient Spartans*. London 1980.

Hornblower, J.: *Hieronymus of Cardia*. Oxford 1981.

Hornblower, S.: *Mausolus*. Oxford 1982.

Hornbostel, W.: *Sarapis*. Leiden 1973.

Jones, A. H. M.: *Cities of the Eastern Roman Provinces*. 2. Aufl. Oxford 1971.

Jones, A. H. M.: *The Greek City from Alexander to Justinian*. Oxford 1981.

Jouguet, P.: *L'impérialisme macédoine et l'hellénization de l'Orient*, (rev. Aufl.). Paris 1972.

Kiani, M. Y.: *Parthian Sites in Hyrcania*. Berlin 1981.

Larsen, J. A. O.: *Greek Federal States*. Oxford 1968.

Launey, M.: *Recherches sur les armées hellénistiques*. Paris 1949–50.

Lawrence, A. W.: *Later Greek Sculpture and its Influence in East and West*. London 1927.

Lawrence, A. W.: *Greek Aims in Fortification*. Oxford 1979/80.

Leclant, J.: *Ägypten Bd. 3: Spätzeit, Hellenismus und Christentum*. München 1981.

Lesky, A.: *Geschichte der griechischen Literatur*. 3. Aufl. Bern, München 1971.

Lévêque, P.: *Pyrrhos*. Paris 1957.

Levi, M. A.: *L'ellenismo e l'ascesa di Roma*. Turin 1969.

Lintott, A.: *Violence, Civil Strife and Revolution*. London 1981.

Lloyd, G. E. R.: *Greek Science after Aristotle*. London 1973.

Long, A. A.: *Problems in Stoicism.* London 1971.

Long, A. A.: *Hellenistic Philosophy. Stoics, Epicureans, Sceptics.* London 1974.

Longega, G.: *Arsinoe II.* Padua 1968.

McShane, R. B.: *The Foreign Policy of the Attalids.* Urbana 1964.

Macurdy, G. H.: *Hellenistic Queens.* Baltimore, London 1932.

Maehler, H./V. M. Strocka: *Das ptolemäische Ägypten.* Akten des Internationalen Symposiums in Berlin, 1976.

Magie, D.: *Roman Rule in Asia Minor.* Princeton 1950.

Mahaffy, J. P.: *Greek Life and Thought from the Age of Alexander to the Roman Conquest.* 2. Aufl. London 1896.

Malamat, A. u. a.: *Geschichte des jüdischen Volkes*, Bd. I: *Von den Anfängen bis zum 7. Jahrhundert.* München 1978.

Marlowe, J.: *The Golden Age of Alexandria.* London 1971.

Marrou, H. I.: *Geschichte der Erziehung im klassischen Altertum.* München 1977.

Martienssen, R. D.: *The Idea of Space in Greek Architecture.* 2. Aufl. Johannesburg 1968.

Martin, R.: *L'urbanisme dans la Grèce antique.* 2. Aufl. Paris 1974.

Martin, R./R. B. Bandinelli/ P. Moreno: *La cultura ellenistica.* Mailand 1977.

Mastromarco, G.: *Il pubblico di Eronda.* Padua 1979.

Meloni, P.: *perseo e la fine della monarchia macedone.* Rom 1953.

Ménandre (Entretiens sur l'antiquité classique, Fondation Hardt, Bd. XVI). Vandoeuvres–Genf 1970.

Meyer, E.: *Blüte und Niedergang des Hellenismus in Asien.* Berlin 1925.

Michalowski, K./A. Dziewanowski: *Alexandria.* Wien, München 1971.

Momigliano, A. D.: *Contributo alla storia degli studi classici (el del mondo antico)*, I–VI, Rom 1955–80.

Momigliano, A. D.: *The Development of Greek Biography.* Cambridge (Mass.) 1971.

Momigliano, A. D.: *Alien Wisdom.*

The Limits of Hellenization. Cambridge 1975.

Momigliano, A. D.: *Essays in Ancient and Modern Historiography.* Oxford 1977.

Momigliano, A. D.: *Hochkulturen im Hellenismus.* München 1979.

Moreau, J.: *Stoicisme, epicurisme: tradition hellénique.* Paris 1979.

Mørkholm, O.: *Antiochus IV. of Syria.* Kopenhagen 1966.

Mossé, C.: *Der Zerfall der athenischen Demokratie.* Zürich, München 1979.

Murray, G.: *Five Stages of Greek Religion.* London 1935.

Narain, A. K.: *The Indo-Greeks.* Oxford 1957.

Narain, A. K.: *From Alexander to Kanishka.* Varanasi, Benares 1967.

Neugebauer, O.: *The Exact Sciences in Antiquity.* 3. Aufl. New York 1962.

Newell, E. T.: *Royal Greek Portrait Coins.* New York 1937, Racine (Wisconsin) 1961.

Nicolet, C.: *Rome et la conquête du monde méditerranéen.* Paris 1977.

Nilsson, M. P.: *The Dionysiac Mysteries of the Hellenistic and Roman Age.* New York 1975.

Nock, A. D.: *Convession. The Old and the New in Religion from Alexander the Great to Augustine of Hippo.* Oxford 1933, 1961.

Nock, A. D.: *Essays on Religion and the Ancient World.* Oxford 1972.

Oliva, P.: *Sparta and her Social Problems.* Amsterdam, Prag 1971.

Oliva, P./J. K. Burian u. a.: *Soziale Probleme des Hellenismus und im römischen Reich.* Prag 1973.

Onians, J.: *Art and Thought in the Hellenistic Age.* London, New York 1979.

Palanque, J. R.: *Les impérialismes antiques.* Paris 1960.

Pedech, J.: *La géographie des Grecs* Paris 1976.

Perry, B. E.: *The Ancient Romances* Berkeley 1967.

Peters, F. E.: *The Harvest of Hellenism.* New York 1970.

Petit, P.: *La civilisation hellénistique*. 2. Aufl. Paris 1965.

Pfeiffer, R.: *History of Classical Scholarship from the Beginnings to the End of the Hellenistic Age*. Oxford 1968.

Pohlenz, M.: *Der hellenistische Mensch*. Göttingen 1946.

Polybe (Entretiens sur l'antiquité classique, Fondation Hardt, Bd. XX). Vandoeuvres–Genf 1974.

Pomeroy, S.: *Goddesses, Whores, Wives and Slaves*. New York 1975.

Préaux, C.: *L'économie royale des Lagides*. Brüssel 1939.

Préaux, C.: *La civilisation hellénistique, 2. Aufl. Paris 1965*.

Préaux, C.: *Le monde hellénistique*. Paris 1978.

Richter, G. M. A.: *Three Critical Periods in Greek Sculpture*. Oxford 1951.

Richter, G. M. A.: *Greek Portraits*. Brüssel 1955–62.

Richter, G. M. A.: *Handbuch der griechischen Kunst*. Köln 1966.

Richter, G. M. A.: *The Portraits of the Greeks*. London 1972.

Rider, B. C.: *Ancient Greek Houses*. Chicago 1964.

Rist, J. M.: *Stoic Philosophy*. Cambridge 1969.

Rist, J. M.: *Epicurus*. Cambridge 1972.

Rist, J. M.: *The Stoics*. Berkeley, London 1978.

Ritter, H. V.: *Diadem und Königsherrschaft*. München 1965.

Robertson, C. M.: *History of Greek Art*. Cambridge 1975/76.

Robertson, C. M.: *Shorter History of Greek Art*. Cambridge 1981.

Robertson, D. S.: *Greek and Roman Architecture*. Cambridge 1969.

Rosenmayer, T. G.: *The Green Cabinet. Theocritus and the European Pastoral Lyric*. Berkeley, Los Angeles 1969.

Rostovtzeff, M.: *Iranians and Greeks in South Russia*. Oxford 1922.

Rostovtzeff, M.: *Gesellschafts- und Wirtschaftsgeschichte der hellenistischen Welt*, 3 Bde. Darmstadt 1955/56.

Russell, D. S.. *The Jews from Alexander to Herod*. Oxford 1967.

Sandbach, F. H.: *The Comic Theatre of Greece and Rome*. London, New York 1977.

Sarton, G.: *History of Science*. Bd. II: *Hellenistic Science and Culture in the Last Three Centuries BC*. Cambridge (Mass.) 1979.

Schefold, K.; *Die Griechen und ihre Nachbarn*. Frankfurt/M., Berlin 1967.

Schlumberger, D.: *L'orient hellénisé*. Paris 1970.

Schneider, C.: *Kulturgeschichte des Hellenismus*, 2 Bde. München 1969.

Schneider, C.: *Die Welt des Hellenismus*. München 1975.

Schofield, M./M. Burnyeat/J. Barnes: *Doubt and Dogmatism. Studies in Hellenistic Epistemology*. Oxford 1980.

Schürer, E.: *Geschichte des jüdischen Volkes im Zeitalter Jesu Christi*, I. 3. Aufl. Leipzig 1901.

Sedlar, J. W.: *India and the Greek World*. Totowa, New Jersey 1980.

Segal, C.: *Poetry and Myth in the Ancient Pastoral*. Princeton 1981.

Sevenster, I. N.: *The Roots of Pagan Anti-Semitism in the Ancient World*. Leiden 1975.

Shimron, B.: *Late Sparta and the Spartan Revolution 243–146 BC*. Buffalo 1972.

Skeat, T. C.: *The Reigns of the Ptolemies*. 2. Aufl. München 1969.

Solmsen, F.: *Isis among the Greeks and Romans*. Cambridge (Mass.), London 1980.

Stambaugh, J. E.: *Sarapis under the Early Ptolemies*. Leiden 1972.

Tarn, W. W.: *Hellenistic Military and Naval Developments*. Cambridge 1930.

Tarn, W. W.: *The Greeks in Bactria and India*. 3. Aufl. Cambridge 1966.

Tarn, W. W.: *Antigonus Gonatas*. Oxford 1969.

Tarn, W. W./G. T. Griffith: *Die Kultur der hellenistischen Welt*. Darmstadt 1966.

Tcherikover, V.: *Hellenistic Civilisation and the Jews*. Philadelphia 1959.

Trendall, A. D.: *South Italian Vase Painting*. 2. Aufl. London 1976.

Treu, K.: *Die Menschen Menanders. Kontinuität und Neuerung im hellenistischen Menschenbild*. Berlin 1976.

Trypanis, C. A.: *Greek Poetry. From Homer to Seferis*. Chicago 1981.

Turner, E. G.: *Greek Papyri. An Introduction*. 2. Aufl. Oxford 1980.

Vermaseren, M. J. (Hrsg.): *Studies in Hellenistic Religions*. Leiden 1980.

Vidman, L.: *Isis und Serapis bei den Griechen und Römern*. Berlin 1970.

Vogt, J.: *Sklaverei und Humanität*. 2. Aufl. Wiesbaden 1972.

Walbank, F. W.: *Aratus of Sicyon*. Cambridge 1934.

Walbank, F. W.: *Philip V. of Macedon*. Cambridge 1940.

Walbank, F. W.: *Polybius*. Berkeley, Los Angeles, London 1972.

Walbank, F. W.: *The Hellenistic World*. London 1981.

Walker, S. F. *Theocritus*. Boston 1980.

Wardmann, A.: *Rome's Debt to Greece*. London 1976.

Ward-Perkins, J. B.: *Cities of Ancient Greece and Italy. Planning in Classical Antiquity*. New York 1974.

Webster, T. B. L.: *Hellenismus*. Baden–Baden 1966.

Webster, T. B. L.: *Hellenistic Art*. London 1967. *The Art of Greece: The Hellenistic Age*, New York 1967.

Webster, T. B. L.: *An Introduction to Menander*. 2. Aufl. Manchester 1974.

Wehrli, C.: *Antigone et Démétrios*. Genf 1968/69.

Welles, C. B.: *Alexander and the Hellenistic World*. Toronto 1970.

White, H.: *Essays in Hellenistic Poetry*. London 1980.

Wiedemann, T.: *Greek and Roman Slavery*. London 1981.

Will, E.: *Histoire politique du monde hellénistique*. 2. Aufl. Nancy 1979–81.

Will, E./C. Mossé/P. Goukowsky: *Le monde grec et l'orient*. Bd. II: *Le quatrième siècle et l'époque hellénistique*. Paris 1975.

Witt, R. E.: *Isis in the Graeco-Roman World*. London, Ithaca 1971.

Woodcock, G.: *The Greeks in India*. London, New York 1966.

Zanker, P. (Hrsg.): *Hellenismus in Mittelitalien*. Göttingen 1976.

Register